Great Lives
위대한 생애 ⑩

# 마틴 루터 킹의 생애

김심온/옮김

● 일신서적출판사

## 머리말

내가 FOR(融合會)의 전국 스태프에 가담한 것은 몽고메리의 버스보이콧 운동이 시작된 후 한 달도 되지 않은 1956년 1월이었다. 당시는 마틴 루터 킹의 이름이 그로부터 1년 후, 그토록 유명해지리라고는 상상도 하지 못했으며 나 자신 역시 그렇게 큰 영향을 받으리라고는 생각지도 못했었다.

FOR의 본부에 드나든 수주 동안 나는 킹 목사가 기고한 원고의 최초의 교정을 보았는데 그 후 내 나름의 방법으로 킹 목사로 상징되는 정의를 위하여 일하게 되었다.

내가 킹 목사를 직접 만난 것은 이보다 훨씬 뒤인데 서신 교환을 통하여 개인적인 연관이 전혀 없었던 것은 아니었다.

FOR의 스태프로서 일하는 6년 동안 나는 글랜 스마일리와 말할 기회가 많았다. 그는 아마 거의 같은 무렵 FOR의 전국 스태프가 되었으며, 그 이래로 킹 목사와 계속 접촉을 갖고 있었다.

나는 결코 지도적인 활동가는 아니었고 킹 목사의 일생에 영향을 미칠 만한 일은 아무것도 하지 않았지만 사태의 추이에 따라 계속 쫓아다녀야 하는 입장에 있었으며, 냉정한 기자(記者)로서뿐만 아니라 운동의 공적, 사적 모임에 관계하는 참가자로서 이 책에 등장하는 많은 사람들과 만나거나 이야기할 수 있는 특권을 가지고 있었다.

프레드 샤틀즈워즈라는 랠프 아바나시 같은 사람들은 FOR본부에 자주 방문한 관계로 종종 만날 수 있는 기회가 있었으며 당연한 일이지만 글랜 스마일리를 통하여 이들에 대해서는 전부터도 잘 알고 있었다. 이 사람들과는 별로 이야기를 나누지 않았으나 제임스 로슨이라든가 베이어드 러스틴 같은 사람들과는 잡지 〈해방〉에서 몇 달 동안 함께 일한 적도 있으며 이론상, 실제적인 문제에 대해서 장시간 이야기할 기회가 있었다. 그러한 기회에 킹 목사에 대해서 말이 나오지 않을 때는 거의 없었다.

즉 내가 이 책을 저술하려고 생각하기 훨씬 전부터 준비를 계속했던 셈이다. 내가 여기에 인용한 자료의 대부분은 다른 목적으로 사용할 생각이었다.

1960년 초부터 나는 그 전해에 킹 목사의 인도 방문 때 종종 초대를 받았던 간디 스마라크 니디가 발행하는 계간지 〈간디 마르그〉의 정기 기고가가 되었다. 편집장인 T. K. 마하데반은 나에게 킹 목사 부처의 인도 여행시의 자료나 사진을 보내주었다. 나의 이전의 저서 《비폭력(非暴力)》은 동지에 기고한 각종 논문을 바탕으로 쓴 것이다. 이 책 중 새로운 각 장은 자료 수집과 집필 과정에서 구상이 정리되었다. 가령 버밍햄에 관한 1장은 처음에 버밍햄뉴스, 애틀랜타 콘스티튜션, SCLC 뉴스레터, 흑인의 신문 잡지, 대도시의 일간지, 주요 주간지, 그 밖의 자료철을 비롯하여 1963년에 일어난 사건에 관한 자료를 바탕으로 하여 초고를 쓰고 킹 목사의 측근의 한 사람이었던 안도르 J.영의 감수를 받아 약간 손질한 후, 초고를 축소하여 전저 《비폭력》의 한 실례집으로 추가한 것이다.

본서의 버밍햄에 관한 1장은 전저의 이 부분을 킹 목사의 개인적인 역할을 중심으로 개작한 것이다. 그 이하의 각 장은 전저 《비폭력》이 이미 교정으로 넘어가고 세르마의 한 건이 확산되고 있어서 《비폭력》과는 직접적으로는 관계가 없다.

내가 최후로 킹 목사에게 편지를 쓴 것은 그가 멤피스에 체재하고 있을 때였다. 그의 화신을 기다리고 있는데, 그의 부보를 접하게 된 것이다. 돈독한 크리스트교의 신자 마틴 루터 킹과의 만남은 1956년, 나 자신이 크리스트교 신자로서의 나를 발견하기 시작하던 무렵

머리말 5

이었다. 나는 폴 틸리히의 신학(神學)에 감탄하고 있던 터라 킹 목사와 같은 신학상의 순례를 한 셈이다. 1965년의 세르마 운동과 틸리히의 죽음은 나에게 있어서 2대 사건이었다.

킹 목사가 저격되었다는 소식을 들었을 때 나는 도저히 믿어지지 않았다. 그것이 사실이라면 너무나 큰 손실에 나 자신을 지탱하지 못할 것으로 생각했기 때문이었다. 그러나 한 시간 뒤 그가 죽었을 때 나는 즉각 책상으로 돌아가서 그를 소생시키는 것이 나의 의무인 양 생각되어 그의 생애에 대해서 다시 펜을 들었다.

내가 그의 죽음을 실감하게 된 것은 1주일 후 이 책에서 그의 죽음에 관한 부분을 쓰기 시작하고서였다. 그때는 그의 죽음에 대해서 가까스로 견디어낼 수 있었다. 그러나 그와 동시에 새로운 쇼크를 느꼈다. 하루 종일 나는 손끝 하나 까딱하지 않고 이 쇼크와 싸우지 않으면 안 되었다. 마틴 루터 킹의 생애는 어떤 의미에서 완료되었던 것이다. 새로운 것을 덧붙일 시간은 필요치 않았으며 그가 우리들에게 남긴 유산은 무한했다. 이렇게 생활은 이어져 가는 것이다. ──그렇게 깨달았을 때, 나는 다시 펜을 놀릴 수 있었던 것이다.

이 책을 집필할 때 몇 사람의 도움이 있었음은 이미 말한 바 있다. 그러나 협조해준 사람들은 이 밖에도 많이 있다. 비폭력 운동의 소박한 선구자이며 FOR의 일원이었던 존 제빈 세어, 윌 캠벨, 제임스 비벨, 찰스 셔로드, C.T. 비비안, 필립 베리건, 다니엘 베리건과 같은 분들에게서도 1963년 이후 오늘날까지 이 책을 완성하는데 여러 도움을 받았다. SRC(남부지방회의)의 마가렛 롱, 종교 니즈 사의 릴리언 R. 블록 등도 협력을 아끼지 않았다. 많은 저널리스트 중에서도 디트로이트 뉴스의 M.S. 헤이든에게는 특히 감사한다. 제임스 R. 매그로, 스티븐 C. 로스, 로버트 뉴먼, 새뮤얼 S. 힐, 웨슬리 호치키스, 톨먼 B. 더글라스 기타 여러 성직자──특히 친우 맬컴 보이드──같은 분들도 협력해주었다. 그들은 내가 백인 교회에서 매우 비판적이라는 이유를 일반 독자 이상으로 이해해줄 것으로 믿어

의심치 않는다. 우리들은 완전한 인종 평등을 실현하기 위하여 교회 내부에서 수없이 많은 투쟁을 벌여왔으나 교회는 여전히 이 싸움에 전면적으로 참가하려 하지 않기 때문이다.

끝으로 이 책은 여러 가지 의미에서 사랑의 선물이다. 아내 루이스는 나와 함께 이 책을 위하여 혼신의 힘을 기울여주었으며 아내가 없었더라면 이 책은 쓰지 못했을 것이다. 조사, 원고의 낭독, 개정 등 실로 여러 면에서 협력하여 주었다. 특히 아내는 깊은 사랑으로 나를 뒷받침해 주었다. 아내는 나와 킹 목사와 이 책의 내용을 믿어 주었다. 검은 것은 아름답다. 나에게는 이 흑인 여성과 그 사랑의 강력함을 보는 것만으로도 충분하다. 혁명을, 킹 목사가 자신의 생활을 바친 것같이 혁명을 낳는 것은 이 조용한 힘이며 자질인 것이다. 루이스의 사랑을 느낄 때 나는 마틴 루터 킹의 삶과 죽음이 결코 헛되지 않았다고 확신한다.

       1968년 6월
        뉴욕 시에서
          윌리엄 로버트 밀러

## 차 례

제 1 장  바람에 흔들리는 갈대 / 8
제 2 장  하느님과의 순례 / 25
제 3 장  위인에의 길 / 45
제 4 장  비폭력의 못자리 / 80
제 5 장  연좌와 '자유의 편승' 운동 / 108
제 6 장  올바니의 엄한 교훈 / 136
제 7 장  버밍햄——승리와 비극 / 157
제 8 장  "나에게는 꿈이 있다" 워싱턴 대행진 / 187
제 9 장  세인트 오거스틴의 시련 / 214
제10장  산꼭대기를 내려와서 / 244
제11장  흑과 백의 블루스 / 278
제12장  멤피스로 돌아서 가는 길 / 298
제13장  넋의 부활로 / 328
■ 역자 후기 / 349

## 제 1 장
## 바람에 흔들리는 갈대

　미국 남부 조지아 주 애틀랜타의 한복판에 있는 유명한 피치트리 거리와 교차하는 언덕길 오우반 가(街)는 남부의 유력한 흑인사회의 발상지이다.
　17블록에 걸치는 이 길의 양측에는 〈애틀랜틱 데일리 월드〉지(紙)나 시티즌즈 신탁회사를 비롯해서, 흑인이 소유하는 기업의 회사들이 늘어서 있다. 언덕길의 변두리는 주택가인데 빅토리아 왕조풍의 주위와 잘 조화된 차분한 집들에는, 근면하고 기업정신이 왕성한 흑인 청교도들이 살고 있다. 언덕길에 사무실을 차려놓고 있는 기업은 모두 이 사람들의 것이다.
　언덕길에는 또 교회도 많다. 베셀 아프리칸 미소디스트 에피스코팔 교회, 위트 스트리트 뱁티스트 교회, 에베니더 뱁티스트 교회 등등이 그것이다. 언덕의 꼭대기 가까이에 흰 창틀과 넓은 베란다가 달린 회색 지붕의 집이 있었는데 사람들은 이 베란다에서 시원한 저녁바람을 쐬는 키가 큰 흑인목사 애덤 다니엘 윌리엄즈의 모습을 가끔 본 사람도 많았다.
　윌리엄즈 목사는 링컨의 노예해방선언이 발표된 1863년 태생으로 노예 출신이었다. 뱁티스트(浸禮敎) 파의 목사였던 그는 교회, 요컨대 흑인 스스로에 의한 최초의 사회조직——당시 노예인 흑인들에게 허용된 사회적인 조직은 교회뿐이었다——의 지도자였다.
　백인의 교회와는 달리 흑인의 교회는 그들의 유일한 전통 보존기관이며 아메리카적 음악 유산의 온상이며 신앙이나 교육 등이 싹트기 시작한 사회적 관심의 묘상(苗床)이기도 했다. 윌리엄즈 목사의 에베니더 교회를 비롯해서 흑인교회에 예배보러 오는 사람들에게 교회는 정신적인 의미뿐만 아니라 흑인사회의 생활센터이기도 했다.

1800년 초이래, 남부에 번창한 백인들의 뱁티스트 교회나 메소디스트(監理敎) 교회에 대해서도 비슷한 말을 할 수 있는데, 이들 백인교회는 백인들의 엄한 권력기구의 지주가 되어 남북전쟁 후의 남부제주(諸州)의 재건시대와 인종을 초월한 휴머니스트들의 꿈이 깨어진 뒤의 수십 년 동안 현상유지를 위해서 봉사해 왔다.

남부에서는 백인의 프로테스탄티즘은 내향적인 종교가 되어 섹스나 무도회나 위스키를 눈엣가시처럼 여기도록 시야가 좁은 개인적인 신앙을 역설해서 백인우위라는 지방근성을 정당화하기 위해서 기독교의 광대무변한 인간애를 비소(卑小)한 이웃사랑으로 살짝 바꿔치기하고 말았다.

오우반 가의 흑인청교도들도 도덕적인 점에서는 이들 백인들과 마찬가지로 편협했을지도 모르지만 그들의 천국관에는 당시의 사악한 사회질서에서 구제받고 싶다는 꿈이 깔려 있었으며 '요단강 저쪽으로'라든가 '가나안의 땅으로'라는 성서 구절은 그들에게 이제 여기서 그 꿈을 실현시키고 싶다는 희망을 의미하는 것이었다.

정치권력도 공민권도 가질 수 없었던 흑인들에게는 나날의 생활 속에서 항상 자신들의 인간으로서의 품위를 짓밟히고 더욱이 이것을 견뎌나가기 위한 지주가 될 정신적인 힘이 필요했던 것이다.

그 때문에, '교회는 흑인들의 생활에서는 둘도 없는 몹시 소중한 것이 되어 흑인들의 생활과 신앙에 독특한 형태를 부여하게 되었다. 윌리엄즈 목사 시대나 그 이후에도 일요예배는 울적한 감정을 숨김없이 털어놓게 해서 후련한 기분이 될 수 있는 기회이기도 했다. 목사가 복음서를 읽는 것을 묵묵히 듣고 있을 뿐만 아니라 목사가 마치 블루스라도 부를 때와 같이 억양을 붙이고 운율을 맞추어 독특한 발성으로 복음서를 읽어 내리는데 맞추어서 "아멘!"이라든가 "목사님, 그 대목을 다시 한 번!"이라든가로 함께 외치고는 했었다.

에베니더 뱁티스트 교회에서는 찬송가나 영가(靈歌)를 가사나 곡조에 맞추어서 노래부를 뿐만 아니라 백인이 지배하는 세계에서 지난 일주일 동안 억압당해 온 감정을 털어놓고 마음껏 노래불렀다.

윌리엄즈 목사와 같은 사람들의 자유로의 전진은 결코 용이하게 성취될 수 있는 것은 아니었다. 재건법에서 인정된 약간의 공민권이 10년 남짓 동안 흑인의 인권에 대해서 적의를 품거나 냉담한 종교와 국민의 손으로 차례차례로 부정되어간 뒤에 흑인을 굴욕적인 열등자의 지위에 몰아넣은 배신자들로부터 겨우 얻어낸 성과였기 때문이다.

20세기 초에 흑인들은 아직도 그들의 손에 남겨져 있던 이 약간의 인권조차도 거의 박탈되어 가고 있었다. 남부에서도 가장 진보적인 도시의 하나였던 애틀랜타에서는 1906년에 대규모의 폭동이 일어나 다수의 흑인시민이 백인에게 폭행당하거나 학살당했다. 이 사건은 윌리엄즈 목사의 마음속에 평생 잊을 수 없는 상처를 남겼다.

이 참사를 계기로 남부지방회의의 전신인 두 인종 공동의 애틀랜타 시민연맹이 탄생되었으나 6년 후에는 거주지구의 분리가 법제화되어 윌리엄즈 목사는 닫혀진 창의 블라인드의 빈 틈으로 분노를 참고 매일밤 KKK단(Ku-Klux-Klan; 남북전쟁 후 미국 남부제주에 일어난 비밀결사, 옛 노예 소유자들이 결성한 백인 지상주의를 내세워 흑인을 박해했다. 제1차대전 후에 재차 각지에 일어나 국수주의를 내세워 구교도, 동양인 등을 배척하고 진보주의자들에게 테러 폭행을 가했다.)의 족속들이 백인목사를 동반하고 오우반 거리를 마구 행진하는 것을 보고 있지 않으면 안 되었다.

'스위트 오우반'이라는 호칭도 실은 비교적 부유한 흑인들의 거주구에 대한 완곡한 표현에 지나지 않았는데 여기에 사는 가장 유력자인 흑인들조차도 백인의 우위란 백인이 정치권력을 가졌다는 것뿐인데도 모든 도덕의 기준이라고 생각되는 배우지 못하고 문맹인 백인 농부들 정도의 공민권조차도 허용되어 있지 않았다.

이것이 흑인들에게 일방적으로 강요된 조건의 실태였다. 그러나 중세유럽의 게토(헙밀인거주지)의 천민들과 마찬가지로 윌리엄즈 목사와 같은 사람들은 이런 굴욕에 견인불발의 굳은 의지로 참으면서 인종 차별을 초월해서 기도드리며 하느님과 자신들의 이름으로 천부의 인권을 획득하는 일에 노력했던 것이다.

이를테면 윌리엄즈 목사는 뛰어난 설교사였을 뿐만 아니라, 세속적인 일에 있어서나 교회를 위해서도 훌륭한 활동가였다. 1894년에 창설된 에베니더 뱁티스트 교회를 재정위기에서 구해낸 것도 그의 지도력과 의지의 산물이었다. 그는 이 교회를 흑인사회의 신앙의 거점의 하나로 성장시켰을 뿐만 아니라 생활향상과 사회적인 항의의 기지로서 발전시켰다.

윌리엄즈 목사는 다듬어지지 않은 보석이었다. 모어하우스 컬리지에서 신학을 배웠지만 선인들과 마찬가지로 소박한 성서신앙을 잊지 않고 조금도 뽐내는 데가 없었다.

어느 때에 오우반 가의 한 실업가가 그의 소박한 설교에 몹시 싫증을 내어 거꾸로 그에게 설교를 한 적이 있었다. 그로부터 며칠 뒤의 어느 날 밤에 에베니더 교회의 재정위원회 모임에서 기부금의 보고가 행해졌을 때에 목사는 풍자적인 웃음을 띠면서 "나는 백 달러를 기부했는데도, 나에게 설교한 저 신사는 한 푼도 내지 않았습니다."고 털어놓았다. 마침 그 자리에 있던 대부분의 사람들은 이 '만만찮은' 목사님에게 공명했다. 문법은 몰라도 윌리엄즈 목사의 설득력과 사업의 재간에 감탄했기 때문이었다.

또 한 사람 그와 비슷한 마이크 킹이라는 사람이 있었다. 그는 1899년에 애틀랜타에서 30킬로미터쯤 떨어진 스톡블리지에 가까운 농장에 살았던 술꾼이지만 근면한 소작인인 제임스 킹과 그 아내 데일리아의 사이에서 열 남매의 차남으로 태어났다. 제임스는 아일랜드인과 흑인의 혼혈이었다.

백인지배의 사회에서 흑인으로 태어나는 것은 처음부터 해로우며 위험한 일이기도 했다. 백인지주들은 흑인 소작인들에게 언제나 돈을 빌려주어 꼼짝달싹 못하게 해두고 사실상 노예와 마찬가지로 부려먹었다. 제임스 킹도 마찬가지로 얘기를 다하면 길어지지만 토요일 밤만 되면 제임스가 술주정으로 아내인 데일리아에게 마구 화풀이하는 것도 무리가 아닌 일이었다.

제임스는 데일리아를 사랑하고 있었지만 마이크도 아버지 못지않게 어머니를 사랑하고 있었다. 그런 까닭에 아버지가 어머니에게 마구 화풀이하는 것을 보고만 있을 수는 없었다. 마이크는 본명이 아니고 사실은 마틴이었는데 어머니가 그렇게 불렀다. 어머니의 소망도 있었겠지만 마이크도 소작인의 아들로 만족할 생각은 없었다.

열다섯 살이 되어 몸과 마음이 성숙해진 마이크는 여전히 토요일 밤에 술취한 아버지가 어머니에게 마구 화풀이하는 것을 더 참고 보고 있을 수는 없었다.

"엄마한테 손을 대지 말아요!" 하고, 외치자마자 아버지의 멱살을 잡고 마룻바닥에 던졌다. 벌떡 일어난 아버지는 큰소리로 외치면서 아들을 때리려고 달려들었다. 마이크는 그런 아버지를 또다시 걷어차고 분노에 이성을 잃고 쓰러진 아버지 위에 걸터앉아 양손으로 목을 죄었다. 어머니와 다른 아이들이 간신히 두 사람을 서로 떼놓았다. 아버지는 바깥으로 뛰어나가는 마이크를 향해서 돌아오라고 아우성치다가 나중에는 앞뒤의 분별도 없이 벽에 걸린 엽총을 손에 잡았다.

그날 밤 마이크는 결국 돌아오지 않았다. 일요일 오후에 술이 깨서 제정신을 되찾은 아버지는 돌아온 아들을 보고 이렇게 말했다.

"마이크, 네가 엄마를 생각하는 기분은 잘 안다. 누구든지 엄마한테 난폭한 짓을 안 하기를 바란다는 거지. 좋아, 나는 두 번 다시 그런 짓은 하지 않을 테니까."

그날 이후 아버지는 난폭한 짓을 그만두었다.

그러나 마이크는 얼마 후에 집을 나갔다. 그는 열여섯 살에 애틀랜타의 차고에서 자동차수리의 견습공이 되었다가 다시 나이를 속이고 기관차의 화부로 전직했다. 이렇다 할 기능을 갖지 않은 흑인으로서 이런 일은 가장 좋은 일의 하나였다. 그러나 어머니에게 그것을 얘기하자 바로 철도회사에 달려가서 아들의 나이를 사실대로 털어놓고 말았다. 위험한 화부의 일따위를 아들에게 시킬 수가 없다고 생각했기 때문이었다.

그러나 제1차대전에 미국이 참전하게 되자 취직자리가 늘어나서 마이크는 일자리를 구하는 데 곤란을 겪지 않게 되었다. 다만 마이크도 국민학교 4학년의 학력만으로는 마음대로 처신할 수 없다는 것을 깨달았다. 특히 교회에서 교육받은 목사의 훌륭한 설교를 들을 때마다 그것을 통감했다.

마이크는 야학에 다니기 시작했다. 그리고 야학에서 공부하는 동안에 자신의 진로를 발견했다. 그는 1925년에 고등학교를 졸업했으나 이미 재학 중에 두 군데의 작은 뱁티스트 교회에서 일요일마다 설교를 할 정도가 되었던 것이다.

1924년에 어머니의 사망을 계기로 그는 본명 마틴 루터 킹이라는 이름을 쓰게 되었다. 이듬 해의 가을에 모어하우스 컬리지에 입학한 그는 친구들에게 마틴으로 불리우게 되었다. 그러나 동네친구들은 여전히 그를 마이크로 불렀다. 그 중에는 여동생의 친구로 윌리엄즈 목사의 딸인 알바타도 있었다.

마틴과 알바타는 이미 2, 3년 전부터 아는 사이였다. 그러나 1925년에 알바타가 버지니아의 핸프턴 학교에서 2년 간의 교직과정을 마치고 돌아왔을 때부터 두 사람은 훨씬 더 친해졌다. 귀향한 그 날, 그녀가 아버지와 함께 오우반 가의 자기 집 베란다에 앉아 있노라니 마틴이 뛰어 올라와서 한자리에 끼었다.

1년쯤 있다가 그는 윌리엄즈 목사의 목사관(牧師舘)의 식구가 되었다. 1926년의 감사제의 날에 두 사람은 성대한 결혼식을 올리고 목사관에 새살림을 차렸다. ── 목사관은 두 집이 충분히 살 만큼의 넓이가 있었다. ── 처음에는 임시적인 거처로 작정했으나 살기가 좋았기 때문에 두 사람은 윌리엄즈 목사가 작고(作故)한 1931년까지 이 집에서 살게 되었다.

1929년 1월에 두 사람 사이에서 사내아이가 태어났다. 담당직원의 착오로 호적에 마이켈 루터 킹 시니어의 장남 마이켈 루터 킹 주니어로 등록되고 말았다. 그래서 28년 후에 마틴 루터 킹 주니어가 여권 신청을 해서 아버지가 호적명 정정의 수속을 밟을 때까지 그대로 통하고 말았다.

아들 마틴은 난산이었다. 1월 15일 정오에 겨우 태어났을 때에도 아기는 울음소리조차 내지 않아 사람들은 사산아인 줄로만 알았을 정도였다. 의사도 첫 울음소리를 내게 하는 데에 두 세번 갓난아기를 두들기지 않으면 안 될 정도였다.

목사의 아들로서 마틴 소년은 행복한 소년시대를 보냈다. 오우반 가의 흑인 부르주아의 계급은 마틴 탄생 후의 불황시대에 흑인대중이 겪은 실업(失業)의 고충도 거의 모르고 지냈다. 당시에 애틀랜타의 흑인 65퍼센트가 실업보험에 의지하고 수천의 소작인들이 농토에서 쫓겨났을 정도였다.

킹 가(家)나 윌리엄즈 가의 생활은 안락했다. 자기 집도 있었고 마틴이 태어나자마자 외조부인 윌리엄즈 목사는 아버지 마틴 시니어에게 두 군데의 작은 교회의 일을 그만두고 자신의 에베니더 교회의 부목사가 되라고 권했다. 마이크는 망설였다. 조그마한 교회에서 유명한 교회로 옮기고 싶어서 윌리엄즈 목사의 딸과 결혼했다는 따위의 험담을 듣고 싶지 않았기 때문이었다. 그러나 1931년 3월에 당자인 윌리엄즈 목사가 심장마비로 급사했기 때문에 사위인 그는 그 뒤를 잇는 일에 겨우 동의했다.

마틴 소년은 집안에서는 'M.L'로 불리고 있었다. 삼남매 중의 누나인 크리스 즉 윌리 크리스틴과는 한 살 차이였고, 한편 동생인 'A.D' 즉 알프레드 다니엘은 한 살 아래였으나 키만은 형보다 컸다.

킹 가는 아버지 중심, 교회 중심의 견실한 가정이었다. 아버지가 목사일 뿐만 아니라 에베니더 교회는 근처의 사람들에게는 학교보다도 친근한 중요한 존재였기 때문이었다. 알바타나 윌리엄즈 부인도 교회를 위해서 열심히 일했으며 아이들도 일요일은 말할 것도 없었고, 보통때에도 오후나 밤에는 교회에 있는 일이 많았다. 네 살이 되자 킹 어린이는 빠르게도 엄마의 피아노에 맞추어 교회의 의식에서 찬송가를 부르게 되었다. 그가 좋아한 노래는 〈예수처럼 되고 싶다〉라는 노래로, 이것을 블루스 조(調)로 멋지게 불러내었다. 덕분에 마틴 어린이는 인기를 독차지하게 되어 전도집회에 자주 초대받게 되었다.

마틴 어린이는 튼튼하고 똑똑한 소년으로 성장해갔다. 중산계급의 소년들이 흔히 하듯이 그는 일곱 살 때 여름에 누나 크리스나 동생 다니엘과 함께 스프트 드링크의 스탠드를 열었으며, 여덟 살 때에는 흑인상대로 주간지를 팔아 용돈을 벌기도 했다. 열세 살이 되자 일과 후에 〈애틀랜타 저널지〉의 배달을 해서 곧 그 판매점의 주인대리에 승진했다. 동지(同紙)의 최연소 판매점주대리(販賣店主代理)였다. 그가 백인이었더라면 좀더 승진할 수 있었을 것이다. 그러나 판매점주는 백인이 아니면 안 되게 되어 있었다.

그는 글자 그대로 석두(石頭)이기도 했다. 어느 날 집 뒤의 빈 터에서 야구를 하고 있을 때의 일인데 동생 다니엘이 휘두른 배트가 쑥 빠져나가 캐처를 보고 있던 마틴의 머리에 맞은 일이 있었다. 그는 쓰러졌지만 금방 벌떡 일어나더니 이렇게 말하며 태연해했다.

"끄덕없어. 다니엘, 너는 아웃이야." 마틴 소년은 성격적으로 변덕스럽고 성미가 급한 아버지와 무턱대고 당황하지 않는 침착한 어머니의 양쪽 피를 이어받고 있었다. 그러나 몹시 내향적이고 섬세한 양심의 소유자이기도 해서 자칫하면 자학적(自虐的)이 되는 일도 있었다. 마틴이 열두 살 때의 일인데, 동생 다니엘이 계단의 손잡이를 미끄러져 내려오다 외조모님과 부딪쳐 외조모님을 기절시킨 적이 있었다.

마틴은 동생을 말렸어야 했다는 자책감과 외조모님이 죽고말았다는 착각에서인지, 2층의 창문으로 몸을 던져 죽으려고 했을 정도였다. 몇 달 뒤에 그 외조모님이 중병으로 입원을 했다. 그때에 그는 몰래 집을 빠져나가 퍼레이드를 구경하러 갔었는데 외조모님의 죽음을 듣고 집에 돌아오자마자 후회한 나머지 또다시 창에서 몸을 던지고 말았다. 다행히도 두 번 모두 상처하나 없었으며 그것으로 그럭저럭 죄의식도 풀렸다.

인종차별이 침투된 사회에서는 아무리 훌륭한 흑인가정에서도, 매일매일 자신들이나 수백만 흑인의 생명을 위협하는 추악한 현실에서 자식들을 멀리해둘 수는 없다. 풍요한 가정의 어린이도, 영화의 주인공도, 변두리 가게의 점원도, 경관도, 의원도, 스포츠 아나운서나 광고 모델도 모두가 백인들뿐이라는 것을 조만간에 깨닫게 되었다. 마틴 소년은 오우반 가에서 한 걸음만 나서면, 모두가 그러하다는 것을 알고 있었으며, 어른이 된 뒤에도 예외적인 경우는 거의 볼 수 없었다.

아니, 오우반 가마저도 인종차별과 인연이 없을 수는 없었다. 그가 '인종관계'에 대해서 처음으로 안 것은 여섯 살 때였다. 그의 소꿉동무 중에 근처의 식료품가게 아들인 쌍둥이 백인어린이가 있었다. 그러나 마틴이 국민학교에 입학했을 때에 교실에 두 아이의 모습이 보이지 않았다.

두 아이는 다른 백인들만의 국민학교에 입학한 것이다. 처음 얼마 동안 마틴 어린이는 그 일을 마음에 두지도 않았다. 그러나 두 아이들한테 놀러가면, 그 엄마는 무엇인가 구실을 붙여서 마틴을 돌려보내고 마는 것이었다. 그리고 마지막에는 이런 말까지 했다.

"우리는 백인인데, 너는 검둥이니까 이제는 함께 놀 수 없단다."

마틴은 창피하고 불쾌해서 울부짖으면서 돌아왔다. 어머니가 자식에게 자신들의 조상이 어떻게 사냥당해서 노예로 삼아졌는가 벌써 몇 대(代)나 전에 미국에 끌려와서, 가축과 같이 혹사당해 왔는가,

어쩌다가 착한 사람도 있었지만 대부분은 잔혹한 백인들의 지배 밑에 언제나 놓여져 왔다는 것을 순순히 알아듣도록 되풀이해서 타일렀다.

흑인도 역시 자유인이어야 하며, 벌써 70년 이상 전부터 그러했어야 했다. 그러나 백인들의 공포감은 사라지지 않아서, 흑인차별의 법률이나 습관, 태도는 좀체로 없어지지 않았다. 어머니가 아들의 질문에 대답할 때마다 소년의 가슴에는 새로운 의문이 솟아올랐다. 그리고 그 의문은 어른이 된 뒤에도 그의 가슴에서 사라지는 일은 없었다.

"확실히 나는 검둥이다. 왜 그럴까? 흑인이라는 것은 실제적으로 무엇을 뜻하는 것일까? 왜 이런 상태가 아니면 안 되는 것일까?"

소년의 이러한 의문에 엄마는 잘 대답할 줄을 몰랐다. 그래서 결국은 식료품가게의 안주인이 한 말로 얘기를 되돌려서 말하는 것이 고작이었다.

"너무 마음에 담아두지 말아라. 자신이 백인보다 나쁘다는 따위로 생각해서는 안 된다. 너는 누구와 비교해도 착한 아이니까. 그것을 절대로 잊지 않도록 해라."

2년 후에 마틴 소년은 아버지를 따라 시내로 구두를 사러 간 적이 있었다. 가게에 들어가서 창가쪽의 의자에 앉았더니 백인 점원이 말했다.

"미안하지만 뒤쪽의 의자로 옮겨주었으면 좋겠는데요."

"여기라도 상관없지 않소?"

그 아버지는 울컥 화가 치미는 듯이 말했다.

"모처럼이지만, 뒤쪽으로 앉아줘야 되겠는데요." 하고, 점원은 겉으로는 정중하지만 실은 건방지게 말했다. 그러자 아버지는 호통을 쳤다.

"나는 여기에 앉아서 구두를 사겠소. 그것이 안 된다면 구두 따위는 한 켤레도 사지 않겠소!"

백인 점원은 분하다는 듯이 건방진 태도로 아버지를 보라는 듯이 되돌아보았다. 조지아 주의 법률과 습관을 방패삼은 자신만만한 표정이었다. 아버지는 잔뜩 골이 나서 한참 동안 거기에 앉아 있었으나 이윽고 묵묵히 일어서더니 아들의 손을 잡고 당당히 밖으로 나갔다.

거리로 나오자, 아버지는 분노에 몸을 부들부들 떨면서 마틴 소년에게 말했다.

"앞으로 몇 해를 이런 세상에서 살아가야 될지 모르지만 아버지는 절대로 타협하지 않는다. 죽을 때까지 반대할 테니까."

그러나 부자(父子)가 마음속으로 아무리 화를 내었던들, 백인이 만든 가치체계를 인정치 않고는 살아갈 수 없는 것이 현실이었다. 이런 심적인 고민, 백인에게 강요당한 조건의 밖에서는 살아갈 수 없다는 사실만큼 흑인의 인격을 손상시키는 것은 없었다.

아무리 듣기 좋은 표현을 한들, 그들의 품위는 이것으로 밑바닥부터 손상당하지 않을 수가 없었다. 나이든 사람들은 인격을 손상당한 자신들의 부모의 분노가 돌고 돌아서 자기자신이나 가족들에게 터뜨려지는 것도 무리가 아니라고 생각했다.

살아가기 위한 댓가는 자승자박이라는 것이며 정신적인 노예가 되는 일이었다. 제임스 킹을 비롯한 많은 흑인들이 술로 배출구를 찾게 되는 것도 그 때문이었다. 술에 젖지 않는 자는 시종 흠칫흠칫하고 있거나, 깡패나 노름꾼이 되는 수밖에 없었다. 어쨌든지 흑인들은 어른이나 아이들 모두 마음에 상처입지 않은 자는 없었다. 마틴 소년도 상처를 받았다. 아버지의 몫까지도.

미국사회의 이런 구조는 킹 일가(一家)에도 여러 가지의 영향을 주었다. 킹 시니어는 솔선수범하며 전력을 다해서 사사건건 이에 저항했다. 경관에게 "보이" 하고, 불러세워졌을 때에도 그는 아들을 가리키면서 반박했다.

"이 애가 보이이고 나는 킹 목사입니다." 이런 종류의 말대답은 자칫 잘못하면 신변의 위험을 초래할 수도 있었다. 킹 목사 정도의 유력자가 아니면 그로 인해 사직을 강요당하는 지경에 빠질 위험까지 있었던 것이다.

　흑백을 불문하고 청교도의 가정에서는 예절이 엄했는데 킹 가도 그 예외는 아니었다. 잘못된 일을 하면 벨트나 채찍으로 손바닥이나 엉덩이를 얻어맞았다. 더욱이 때리는 역할은 아버지의 명령으로 아이들 중의 한 사람이 맡지 않으면 안 되었다. 마틴 소년은 자신이 매맞아도 꾹 참고 있었지만 동생 다니엘을 때려주라는 명령을 받았을 때에는 몹시 싫어했고 누나를 때려줄 생각은 전혀 없었다.

　그렇다고는 해도 맞붙는 싸움이라든가, 말다툼의 결말을 우격다짐으로 내는 일이라든가, 근처의 아이들과 돌팔매로 편싸움을 하는 따위의 소년다운 난폭한 짓이 결코 싫은 것은 아니었다. 특히 축구를 좋아해서 풀백으로 뛰었는데 그 맹렬한 돌진에는 맞설 아이가 없을 정도였다.

　그러나 자신이 방어로 돌아오면 아무리 괴로운 일에도 견뎌내었다. 열한 살 때에 엄마와 시장에 갔었는데 엄마가 길모퉁이에서 기다리라고 말했다. 길모퉁이에 서 있노라니, 낯모르는 백인 여성이 성큼성큼 곁에 다가오더니,

　"검둥이 꼬마녀석, 네가 내 발을 밟았지?"라고 하면서 느닷없이 그의 따귀를 때렸다. 그러나 소년은 그 자리에 꼼짝않고 서 있었다. 그리고 엄마가 돌아오자 이렇게 말했을 뿐이었다.

　"백인 아줌마한테 얻어맞았어."

　마틴 소년은 성적이 우수했으며, 조숙하고 근면한 학생이었다. 국민학교는 공립학교였으나, 마침내 애틀랜타 대학 부속 국민학교로 옮기고 다시 부커 T. 워싱턴 고등학교로 전학해서 9학년과 12학년을 월반(越班)해서, 열다섯 살에 모어하우스 컬리지의 입학시험에 합격했다.

　목사의 아들이면서 그는 고교시대부터 목사는 되지 않으려고 결심하고 있었다. 교회라는 데는 정상적인 곳이 아니라고 생각하고 있었기 때문이다.

아버지는 이미 지방의 유력한 목사일 뿐만 아니라, 모어하우스 컬리지의 이사나 전미국 뱁티스트 회의의 평의원을 겸임하고 있었다. 또 애틀랜타 흑인유권자연맹이나 전미국 유색인종 지위향상협회(NAACP) 지부(支部)의 지도자도 맡고 있었다.

마틴 소년에게는 아버지의 감화력이 전과 같지는 않았으며 그 자신의 인생관도 아버지와는 달라져가고 있었다. 흑인동포에 봉사하고 싶다는 생각에서 그는 고등학교에 진학하자마자 의사가 될 결심을 했다. 그렇다고는 해도 의학공부에 그다지 관심을 가졌던 것도 아니며 오히려 웅변술에 뛰어나 흑인과 헌법에 관한 연설로 웅변대회에서 우승할 정도였다.

모어하우스 대학 2학년 때에 그는 웹 웅변대회에서 2위에 입상했다. 그의 연설은 아버지의 교회에서 어릴 적부터 귀에 들어온 수백 번의 설교 영향이 없지도 않았으나 낡아빠진 미사여구나 죄나 악에만 관련되어 있는 편협한 신앙심과는 동떨어진 매우 비종교적이고 도시적인 것이었다. 여기서 그는 사회학을 전공하고 법과(法科)로 나아갈 결심을 했다.

그의 대학시절은 역사적으로도 중요한 시대였다. 제2차대전이 시작되어 실업의 해소와 호황의 덕분에 킹 가는 블루바알 거리의 벽돌집으로 이사할 수 있었다.

마침 인권평등의 소리가 새로이 높아지는 시기이기도 했다. 1941년 1월에 침대차 보이조합의 위원장인 A. 필립 랜돌프가 산하 십만 명의 흑인조합원들에게 워싱턴에서 인종차별 반대의 데모를 벌이자고 부르짖었다. 모든 회사가 국방계약으로 전부 수주(受注)받아 호황을 누렸는데도 흑인만은 신통한 직종을 얻을 수 없었기 때문이었다. 데모는 실행까지 이르지는 않았지만 이 기세에 눌린 대통령 루스벨트는 데모 예정일 일주일 전에 공정고용관행 확립위원회의 설치를 명했다.

전쟁이 장기화됨에 따라 흑인들은 지금까지 따돌려졌던 직장에 조금씩 진출할 수 있게 되었다. 1944년에 마틴이 모어하우스 대학에 입학했을 무렵에는 수만 명의 흑인남녀가 군수공장에서 백인들과 어깨를 나란히하고 일할 수 있게 되었다. 군대에서 장병소집에 응한 흑인도 백 만을 넘었는데 그 절반은 해외에 파견되었다.

1945년 봄에 군대에서 차별을 폐지하는 조치가 처음으로 취해졌다. 마틴이 2학년이 되었을 때에 흑인병사들은 루스벨트의 이른바 '4가지의 자유'의 실현요구를 내걸고 제대해서 돌아왔다.

흑인들의 요구는 결코 순탄하게 통과된 것은 아니었다. 1943년 6월에는 이틀간에 걸쳐서 디트로이트를 습격한 폭동으로 스물여섯 명의 흑인과 아홉 명의 백인이 살해되었다. 전쟁 중이나 전후를 불문하고 소규모적인 충돌은 미국에서나 해외에서도, 군대에서나 민간에서도, 도처에서 발생했다. 그러나 전체적으로 남북전쟁 후의 남부 재건시대 이래 일찍이 없었던 인권향상을 위한 전진이 실현되었다.

모어하우스의 학생들은 이러한 사건에는 직접 관계하지는 않았다. 흑인 남학생뿐인 캠퍼스는 작기는 했지만 자유로운 세계여서, 여기서 처음으로 마틴 킹은 인종문제를 구애받는 일 없이 생각하는 기회를 가질 수가 있었던 것이다. 모어하우스 대학은 북미 뱁티스트 회의의 재정후원으로 설립된 사립대학으로, 조지아 주의 백인 지배기구로부터는 아무런 신세도 지고 있지는 않았다. 학생이나 교수들도 자유로이 '체제'를 비판할 수가 있었으며 자기자신의 의견을 말할 수도 있었다.

여기서는 오우반 가의 흑인 엘리트들이 즐겨 찾는 길일 뿐만 아니라, 랜돌프나 W.E.B.뒤보이스(뒤브와) 따위의 흑인 급진주의자의 길을 택할 수도 있었다.

그러나 마틴은 급진파의 활동에는 휩말려들지 않았다. 그는 집에서 통학하면서 YMCA나 NAACP(전미국 유색인종 지위향상 협회)의 모어하우스 지부의 활동에도 적극적이지는 않았다. 그의 사상에 깊은 영향을 준 것은 그가 속해 있던 또 하나의 조직인 인터컬리지 에이트 카운셀이었다. 이 단체는 백인대학과 흑인대학 쌍방의 학생대표에 의해서 조직되어 있었다.

"이 단체 속에서는 우리의 관계에서 나는 백인, 특히 젊은 세대의 백인 속에 많은 동지가 있다는 것을 믿게 되었다. 그때까지 나는 백인을 별로 가치없는 것으로 인정하여 통틀어서 원망하고 있었지만 백인들과 접촉하게 됨으로써, 나의 원망도 풀리고 협력하려는 기분이 되었다." 하고 그는 뒷날 이렇게 술회하였다.

그는 여름방학에 사잔 스프링 베드 매트리스 회사 창고지기의 아르바이트를 했을 때에도 다른 백인들과 서로 알게 되었다. 흑인이나 백인이 뒤섞여서 일하는 동안 그는 인간의 사고방식이나 감정에 큰 차가 없다는 것을 발견했다. 최대의 차이는 같은 일을 하면서도 백인 쪽이 봉급이 많다는 일이었다.

"돈은 악의 근원일 뿐만 아니라, 인종차별이라는 특별한 악의 근원이기도 하다." 하고 말한 사회학 교수의 말을 이처럼 명백히 실증하는 것은 없었다.

남부의 경영자들은 오랫동안 남부의 백인종업원들을 북부보다 저임금으로 억제해 왔기 때문에 남부의 흑인들은 더욱 저임금을 받았다. 그들은 노동조합의 조직책을 흑백의 임금 격차를 파괴하려는 '인종혼동주의자'라고 구슬리고 있었기 때문이었다.

어느 여름에 마틴은 학우들과 함께 코네티컷의 담배밭에서 아르바이트를 한 적이 있었다. 주말에는 하트포드에 가서 남부에서는 흑인이 갈 수 없었던 영화관이나 레스토랑에서 자유로이 지낼 수가 있었다. 애틀랜타의 빈민가의 흑인전용 영화관과 비교해서 이것은 대단한 차이였다.

흑인들이 평등한 취급을 받지 못하는 것은 무엇 때문일까. 애틀랜타에서는 왜 하트포드보다 못한 변변치 않은 것밖에 사먹을 수가 없을까. 백인의 직장에서 '니거(검둥이)'라고 멸시를 당하면서 한여름 동안을 레일웨이 익스프레스 에이전시로서 일하지 않으면 안 되는 이유는 대체 어디에 있을까.

　물론 그는 도중에서 그만두고 말았지만, 이런 종류의 아르바이트를 할 필요도 없었다. 돈이 필요하면 오우반 가에는 언제든지 일자리가 있었기 때문이다. 그러나 그는 자력으로 해나가고 싶었으며 아버지의 보호를 받고 싶지는 않았다.

　게다가 노동자의 생활을 직접 체험해보고 싶었던 것이다. 요컨대 이것은 그로서는 에베니더 교회나 오우반 가 바깥 세계 탐험의 일부이며 자기 자신이라는 것의 탐구의 일단이었던 것이다.

　그러나 마틴은 사색가 타입은 아니었다. 양복을 맵시있게 잘 입었으므로 '트위드'라는 별명이 붙을 정도였으며 볼품이 있고 댄스에 능했으므로 예쁜 아가씨들이 그에게 열을 올렸지만 그 누구와도 깊은 교제는 하지 않았다.

　그와 결혼하게 되면 그 아가씨로서는 바로 연 타고 시집가는 행운을 잡은 것이며 아버지의 교회로서도, 장남이자 설교를 잘하는 그를 후계자로 할 수 있다면 불감청이언정 고소원이었다. 그러나 그로서는 너무나도 안이한 길로만 생각되었다.

　이리하여 내심으로는 저항을 느끼면서도, 그는 차츰 목사가 되어야 한다는 천명을 느끼게 되었고, 특히 조오지 D. 켈시 박사와 같은 신학교에서 교육을 받은 교수들이나 모어하우스 대학의 걸출한 학장 벤자민 E. 메이즈 박사와 같은 인사를 알게 됨과 더불어 같은 기독교의 목사라고 해도 여러 가지의 차이가 있을 수 있다고 다시 생각하게 되었다.

　이런 인사들의 설교는 듣는 사람의 지성을 자극해서 사회적인 관심을 높이는 것이었다. 예배 후에 마틴 청년은 메이즈 박사를 붙들고 질문 공세를 퍼부었다. 후에 박사는 이렇게 술회했다.

　"그는 젊음에 어울리지 않게 균형이 잡힌 성숙한 청년이었으며 그의 인생관은 걸출한 것이었다."

　마틴 청년은 종교학 부장이기도 하며 가장 존경하고 있던 켈시 교수의 박학, 깊이, 인격에 마음이 끌렸다. 친구들 중에서는 특히 월터 매콜과 찰스 에반즈 모튼에 매력을 느끼고 있었다. 두 사람 모두 장래의 희망은 목사였다. 상급생인 모튼은 목사란 어떠해야 하는가에 대해서 마틴에게 깊은 감화를 준 근대적이고 지적인 예민성을 가지고 내세를 꿈꾸며 현세의 고통에서 도피하기보다는 이 세상에서 싸워야 한다. 이것이 모튼이 가르친 이상적인 목사상이었다.

　마틴 청년은 흑인교회에서 신자들이 부르짖는 주장을 경멸하지는 않았다. 그러나 진정한 종교라는 것은 간접적인 감정의 발로일 뿐만 아니라, 신자의 정신이나 인격에까지 저촉하는 것이 아니면 안 된다고 생각했다. 3학년이 되었을 때에 이러한 친구들의 감화로 그는 더욱더 목사가 될 결심을 굳혔다.

　1947년에 마틴 청년은 성직위(聖職位)를 수여받고, 이제는 에베니더 뱁티스트 교회의 부목사가 되라는 아버지의 요구를 거절할 수는 없다고 생각하게 되었다. 물론 아직 이것이 인생의 기로는 아니었다. 아버지의 일을 거들면서 귀중한 경험을 쌓을 수도 있었으며 학문을 계속할 수도 있었기 때문이었다. 이듬해 6월 열아홉 살의 마틴 루터 킹 주니어는 모어하우스 컬리지를 졸업하고 예술학사가 되었다. 그러나 벌써 목사가 되어 있던 그는 다시 신학공부를 하려고 결심했다.

## 제 2 장
## 하느님과의 순례

　1948년 9월의 맑게 개인 어느 날 마틴 킹 청년은 넥타이를 다시 고쳐 매고, 기숙사의 창에서 바깥을 내다보았다. 창 밑 안뜰의 나무에서 언치새가 한 마리 날아갔다. 마틴 청년은 날아가는 새의 행방을 눈으로 쫓았다. 새는 한낮의 태양을 향해서 날개치더니 그 눈부시는 햇빛 속으로 모습이 사라져버렸다.
　그는 빙그레 웃으며 한 번 크게 심호흡을 하더니 사람의 그림자 하나 없는 조용한 캠퍼스를 바라보았다. 언덕의 기슭에 체스터가 보였다. 멀리 필라델피아가 아물거리고 있었다. 고향 집에서 천 킬로미터나 떨어져 있고 이 쾌적한 수도원과도 같은 장소가 앞으로 3년 동안 그의 거처가 될 것이다.
　같은 해에 외부세계도 변해가고 있었다. 전년에 수도 워싱턴 D.C의 커다란 호텔들은 처음으로 흑인손님의 예약을 접수하게 되었다. 연방판사는 사우스캐롤라이나 주의 민주당 대통령후보 예선을 백인에게만 제한해서는 안 된다는 판정을 내렸다. 연방 최고재판소는 요 10년남짓 동안에 소수민족에게도 더욱 많은 자유를 부여하는 조치를 점진적으로 취해 왔으나, 이제서야 거주구역의 제한을 금지했던 것이다.
　그러나 트루먼 대통령이 연방정부 공무원의 공정한 고용을 결정한 대통령령(大統領令)을 내리자, 격분한 남부의 정치가들은 J. 스톰 서먼드 상원의원을 추대해서 신당을 결성했다. 필라델피아를 지나쳤을 때에 마틴은 차기 대통령에 제각기 민주당의 트루먼, 공화당의 듀이, 진보당의 월레스를 지지하는 삼인 삼색(三人三色)의 플래카드를 볼 수 있었다. 나라 안이 온통 들끓고 있었다.

그러나 마틴 청년으로는 이러한 '외부'의 사건은 자신에게는 아무런 관계도 없는 것같이 생각되었다. 그가 이것에 눈을 돌린 것은 아니었지만 휘말려들거나 하는 일은 없었으며, 어쨌든 그의 개인적인 생활에는 그다지 영향을 미치지는 않았다.

그는 클로우저 신학교에 들어가 있었던 것이다. 백 명 남짓한 학생 중에서 흑인은 겨우 오륙 명밖에 없었다. 일 분이라도 수업시간에 늦거나, 구두가 더럽거나, 바지에 다리미질이 되어 있지 않거나 하면 백인학생들의 눈초리가 사나워지겠지라는 생각을 하고 거울 앞에 섰다. 깨끗하고 단정한 자신의 모습을 보고 그는 스스로 만족하고 혼자 웃었다. 그러나 너무 멋을 부리지 않는 편이 낫다. 경박한 흑인으로 여겨질지도 모르니까── 그렇게 다시 생각하고 그는 진지한 표정으로 되돌아갔다.

마틴 청년은 학업성적이 우수했다. 3년 후에 그는 졸업생 대표로서 답사를 읽었다. 물론 그 동안에 백인의 학우들과도 허물없이 교제하는 처세술을 배웠으며 친구들도 많이 생겼다. 친구 중에는 같은 조지아 출신의 백인 학생 듀프리 조던과 프랜시스 스튜워드도 있었다. 마틴과 마찬가지로 이 두 친구도 피부색이 다른 학생과 책상을 맞대고 공부하는 것은 처음이었다. 스튜워드는 가족을 거느린 사람으로 기혼자용의 숙사에서 살고 있었지만 마틴 청년은 자주 손님으로 초대받았다.

그러나 한 번은 불쾌한 사건도 있었다. 노스 캐롤라이나 출신의 백인학생이 자신의 방이 더럽혀졌다면서 느닷없이 마틴에게 총을 들이대었던 것이다. 이때에 마틴은 조금도 당황하지 않고 젖은 옷이라면서 되밀쳐버렸다. 결국 상대는 오해했다고 사과해서 졸업할 무렵에는 서로 절친한 사이가 되었다.

이러한 경험들은 모두 도움이 되었는데, 그가 여기에 입학한 첫째 이유는 이러한 경험들을 쌓기 위해서는 아니었다. 클로우저 신학교는 신학교 중에서도 명문교의 하나였다. 여기서 장학금을 받고 공부하는 것은 더할 나위 없는 영광이었다.

방학하면 집에 와서 쉬는 것도 즐거움의 하나였다. 그는 여름방학 때마다 귀가했는데 돌아올 때마다 한층 더 성장하고 있었다. 아버지는 그런 아들을 자랑스러워했고, 아들이 차츰 성인이 되어가는 것을 기뻐했다. 그리고 귀가했을 때에는 억지로 떠맡기는 것같이 시키지 않고, 아들의 기분이 내키는대로 설교를 하게 했다. 물론 사천 명 가까이 불어난 신도들에게 설교하는 것은 쉬운 일이 아니었다. 그러나 마틴의 친구들 중에서 이처럼 자신을 목사로서의 능력을 시험할 기회를 가진 자도 드물었던 것이다.

마틴 청년의 최대 관심사는 클로우저 신학교에서의 발견과 탐구에 있었다. 1학년 때에는 성서비판에 주안을 두었으며, 모어하우스 대학에서는 탈피할 수 없었던 소박한 교양에서 벗어남에 따라 그는 모우튼 스코트 엔슬린 교수의 분방한 신약성서의 해석에 매력을 느끼게 되었다.

엔슬린 교수에 의하면 사도 바울은 심원한 도덕사상가이고, 예수는 새로운 타입의 예언자였다. 교수는 초기 크리스트교도들의 생활을, 당시에 그를 둘러싸고 있던 시대나 환경과 관련해 묘사해 보였다. 그것은 지금까지와는 다른 가장 절실한 것으로서 추진력을 가지고 마틴 청년에게 다가왔다.

1학기에 마틴 청년은 자신의 경험에서 사회에 대한 신학적인 기본적 사상을 파악했으나, 이것은 엔슬린 교수의 성서관과 일치하는 바가 매우 많았다.

마틴 청년이 독자적인 사회관을 갖기에 이른 최대의 계기는 월터 라우센부쉬의 저서 《크리스트교와 사회적 위기》였다. 이 저서는 트러스트의 전성기인 데오도어 루스벨트 대통령의 시대인 1907년에 초판이 나왔는데, 가까운 장래에 지상에 하느님의 나라가 실현된다는 지극히 낙천적인 견해로 장식되어 있었다.

그것이 잘못임을 마틴 청년도 곧 간파했지만, 뒷날에 그 자신이 글쓰고 있듯이,

"복음서는 인간의 영혼뿐만 아니라 육체까지도 다루는 것이며, 정신적인 복지뿐만 아니라 물질적인 복지까지도 다루는 것이다."라고 한 라우셴부쉬의 주장은 그의 머리속에 깊이 새겨졌다.

"라우셴부쉬를 읽은 이래, 인간의 영혼에만 관심을 가지고 영혼을 손상시키는 사회·경제상태에 관심을 나타내지 않는 종교는 모두 정신적으로 쇠퇴한 종교이며 죽음을 기다릴 뿐이라고 믿게 되었다."라고 후년에 킹 목사는 그의 저서 《자유에의 위대한 걸음》에서 이렇게 말했다.

2학년이 되자 교회사와 구약의 예언자들에 대한 연구가 수업의 중심이 되었다. 근대의 예언자 칼 마르크스의 강독도 과외로 행해졌다. 1948년의 대통령선거의 반향(反響)과 학원에서의 냉전논의에서 마틴 청년은 공산주의에 한층 더 흥미를 가지게 되었다. 1948년의 크리스마스 휴가 중에 그는 오로지 마르크스의 《자본론》, 《공산당선언》 그 밖의 마르크스주의나 소련판인 레닌주의에 대한 여러 가지 연구서적들을 닥치는대로 읽었다.

라우셴부쉬의 경우와 마찬가지로 그는 마르크스의 주장에도, 교회의 사회의식이 없음에 대한 비판과 경제적 불평등에 대한 분노가 있음을 간취했다. 그러나 마르크스와 자신의 견해에는 대립점이 더 많은 것도 발견했다. 그리고 마르크스의 비판을 통해서 자신의 가치관을 연마해 나갔던 것이다. 마르크스의 사적유물론에는 신이 개재할 여지는 전혀 없었다. 윤리적으로는 상대주의로서 모든 종류의 악이 그 목적을 이룩하는 것을 허용하는 것이었다. 다시 후년에 킹 목사 자신이 글쓰고 있듯이,

"인간이 국가라는 선반의 톱니바퀴로밖에 될 수 없다."고 한 것

같은 정치질서를 초래하는 것이었다.

이에 대해서 젊은 신학생인 킹 청년은 신이 존재하지 않으면 안 된다. 그것도 어떠한 신이라도 좋다는 것이 아니라, "이 세상의 일체현상의 기초이며, 본질일 것 같은 하나의 창조적, 인격적인 힘을 가진 신"이 아니면 안 된다고 했으며 "역사는 근본적으로는 물질이 아니라 정신에 의해서 유도되는 것이다."라고 생각했다. 그 위에 이 신성한 힘이 중심에 자리하는 이상, 세계는 윤리적인 질서를 갖지 않으면 안 되며 올바르고 선한 원칙을 가지지 않으면 안 된다.

그 속에서 인간은 '신의 아들'이어서 비인격적인 목적을 위한 수단이 아니라 '인간자체가 목적'이라는 원칙도 포함된다. 인간으로서 완전하며, 크리스트교도이기 위해서는 사회개혁과 사회악의 극복에 있어서도 이 원칙을 살려나가지 않으면 안 된다고 그는 생각했다.

그는 전에 없을 정도로 사회의 개혁을 실현하지 않으면 안 되며 실현은 가능하다고 생각하게 되었다. 문제는 그 방법을 찾아내는 일인데 아직 막연하기는 하지만 그 길은 그의 속에서 겨우 초점을 맺기 시작했다. 마틴 청년으로서 그 길은 신의 뜻에 따르는 길이 아니면 안 되었으며, 예수 크리스트가 경험한 것 같은 정신적, 도의적인 힘을 가진 길이 아니면 안 되었다.

마틴 루터 킹 주니어가 이렇게 믿게 되었을 무렵에, 지구의 반대측에서는 그의 부친의 세대에 속하는 인물이 어떤 중요한 회의에 출석하고 있었다. 그 인물이란 하버드 대학 총장인 모우디가이 W.존슨 박사였다. 이 회의는 1949년 1월로 예정되어 있었으나, 그 지도적 인물인 마하트마 간디가 암살로 쓰러졌기 때문에 연기되어 개최되었다. 세계 평화주의자 회의가 그것이었다.

존슨 박사는 1945년의 국제연합 창설에도 정식 옵서버로서 참석했지만 인도의 벵골에서 열린 세계 평화주의자 회의의 참석도 또 평생의 소원이던 세계평화를 위한 새로운 의사표시였다. 박사는 세계

34개국에서 모인 아흔세 명의 대표(이 중 예순일곱 명은 인도 이외의 나라에서 온 대표였다)의 한 사람으로서 이 회의에 참석했다. 종파를 초원한 이 회의는 1949년의 크리스마스의 날에 세바그람에 있는 고(故) 간디의 암자(庵子)에서 열려 계속되는 일주일 동안에 산티니케탄에 있는 시성(詩聖) 타고르의 옛집에서 토의가 행해졌다.

그런데 존슨 박사가 이 회의에 참석한 것은 평화를 위해서만은 아니었다. 간디와 마찬가지로 신심이 깊었던 그는 이 깡마른 검은 피부의 힌두교인 간디의 비폭력 투쟁에 철저해서 백인의 지배에서 인도의 자유를 쟁취한 데에 깊은 감명을 받았다.

이미 1932년에 신학자인 라인홀트 니이버는 미국의 인종평등의 투쟁에도 간디의 방법을 응용할 수 있지 않을까 하고 시사한 일이 있었다. 간디 자신이 몇 번이나 이것을 부르짖어 흑인지도자들과도 접촉을 가졌었다.

존슨 박사로서는 들어줄 아량이 없는 백인들에게 호소하기보다도 간디의 길을 택하는 편이 유효할 것으로 생각되었다. 단순한 변혁의 희망이 아니라 변혁 그 자체를 실현하는 길이며 크리스트교의 사랑에 대한 예수의 가르침에도 들어맞는 것같이 생각되었다. 세계 평화주의자 회의가 진전되는 동안 존슨 박사는 그대로 인도에 체류하면서 각지를 돌아 많은 사람들과 대화를 가졌다.

인도에 한 달 반 동안 있다가 미국에 돌아온 존슨 박사는 그 길로 강연여행에 나섰다. 필라델피아의 장학생회관에서 박사의 강연이 행해졌을 때에 킹 청년도 들으려고 갔다. 박사가 모어하우스 대학 출신의 대선배였을 뿐만 아니라 그 자신이 간디에 관심을 가지고 있었기 때문이었다.

그는 그때까지 간디의 생애에는 그다지 끌리지도 않았으며 그를 비실제적인 이상주의자의 한 사람으로 생각하고 있었다. 그때까지도 지도적인 평화주의자의 한 사람인 A.J.마스트 목사의 얘기를 듣고 감탄한 적은 있었지만 그의 주장은 킹 청년을 납득시키기에는 이르지 못했다. 인간끼리의 사랑의 구제력은 무조건적으로 믿을 수가 있었다.――그것이야말로 예수의 생애와 그 가르침의 핵심을 이루는 것이었기 때문이다. 그러나 그것이 사회적인 힘을 갖느냐 어떻냐에 이르면 무조건적으로 믿을 생각은 들지 않았던 것이다.

그러나 존슨 박사의 강연을 들었을 때에 그 유창한 웅변 앞에서 킹 청년의 의문은 사라져갔다. 간디의 위대성은 무엇일까. 존슨 박사는 이렇게 간디를 평가했다.

그는 인도를 해방시켰다. 더욱이 한 발의 총도 쏘는 일 없이 그것을 성취했다. 그는 접촉해서는 안 될 천민까지도 신의 아들로서 포용했으며, 그때까지 그들을 배제해서 차별하고 있던 사회에 그들이 차지할 자리를 주었다. 그의 모범적인 성자와도 같은 개인생활만 보더라도 그는 위인이었다.

그러나 무엇보다도 위대했던 것은 사랑의 포용력을 사회문제에도 살릴 수 있는 길을 제시해서 그것에 의해 변혁을 실현시킨 일이었다. 그 외에 그는 예수와도 같이 그의 죽음에 의해서 독립 후의 힌두 교도와 회교도 사이에서 일어난 가공할 항쟁을 유화시켰다.

킹 청년은 놀랄 만한 느낌을 받았다. 이것이야말로 오랫동안 그의 마음속에 맺혀져 있던 감정을 풀어주는 새로운 내용이었기 때문이다. 존슨 박사가 간디에게 심취하는 것도 당연하다고 그는 생각했다.

존슨 박사의 열성적인, 더구나 논리정연한 웅변에 감동한 킹 청년은 강연장을 나오자 바로 책방에 가서 간디의 생애나 철학에 관한 책을 대여섯 권을 사서 탐독했다.

물론 그는 당장에 간디 신자로 개종한 것은 아니었다. 아직도 여러가지의 의문이 남아 있었다. 비폭력은 토착의 압도적 다수의 인간이 외래의 소수 백인과 대치하고 있던 인도였으니까 통용한 것이며 백인이 다수를 차지하고 소수파의 흑인이 시민권의 일부를 손에 넣기 훨씬 이전부터 이 나라에 생명을 걸고 있던 미국에서는 과연 잘 되어 나갈까.

이런 의문을 오히려 이론상의 것으로, 그가 이에 대한 올바른 해답을 찾아내든 말든 현실에는 관계가 없었다. 그는 결국, 자신은 이 운동의 지도자는 아니며 클로우저 신학교의 3학년 학생에 불과하고 아직 1년 남짓 공부할 것이 많이 남아 있다고 생각했던 것이다.

자신이 성직자나 교사가 될 운명을 예감하고 있었으므로 당면한 간디의 철학을 실천에 옮길 기회는 없다고 생각했던 것이다. 그에게는 간디주의의 지도자가 될 만큼 적극적으로 몸을 던질 생각은 없었다. 그러나 가령 순이론적인 의문이라 하더라도, 학원에 있는 동안 늘 이 의문을 느끼지 않을 수 없었던 것은 무엇 때문일까.

킹 청년이 4학년이 되던 해에 연방 최고재판소는 식당차나 주(州)와 주에 걸친 장거리 열차 내에서의 인종차별을 금지시키는 판결을 내렸다. 이것은 그로서는 잊을 수 없는 사건이었다. 처음으로 북부 코네티컷 주의 하트포드에 왔을 무렵에는 아직도 식당차의 일부를 커튼으로 칸막이한 흑인전용실에서 식사를 하지 않으면 안 되었다. 그 때문에 하트포드에서 평등한 취급에 익숙해졌다가 애틀랜타에 돌아갈 때마다 그는 자기자신의 속에 커튼으로 칸막이가 되어 있는 것 같은 기분이 들었다.

당시에 그는 변호사가 될까 하고도 생각하고 있었다. 간디는 처음에 변호사가 되었지만 마침내 종교적인 신념에 입각한 직접행동의 지도자가 되었다. 미국에서도 1942년 이래 간디의 길을 본받은 북부인의 작은 그룹인 '인종평등 회의(CORE)'가 있었지만 킹 청년은 그들의 활동에 대해서는 그다지 알지 못했다. 그가 알고 있던 것은 서어굿 마셜의 지도 밑에 법정투쟁을 통해서 한 걸음 한 걸음 자유를 획득하는 운동을 펼치고 있던 NAAEP(유색인종 지위향상협회) 쪽이었다.

킹 청년은 모어하우스 시대의 학우로 1년 뒤에 클로우저 신학교에 들어온 월터 매콜과 사이가 좋았는데 어느 날 밤에 여자친구와 모두 네 명이 델라웨어 강을 건너 뉴저지 주로 드라이브한 적이 있었다.

캄덴의 동쪽인 메이플 셰드 마을에 당도했을 때에 매콜 청년이 말했다.
"배가 고파졌어."
"저기에 근사한 가게가 있잖아." 하고 여자아이 한 명이 가리켰다.
"좋아." 킹 청년은 이렇게 대답하고 차를 가게 옆에 세우고, 가게에 들어가 의자에 앉아 웨이터가 오기를 기다렸다.
"아무래도 무시당하고 있는 것 같은데." 하고 매콜이 말했다.
"그런 것 같다. 흑인은 나쁜인 것 같으니까." 하고 킹 청년은 대답했다.
"다른 데로 갈까?"
"어떻게 되는지, 좀더 버텨보자."
여자친구들이 대답했다. 가게주인이 처음에는 모호하게, 그러나 나중에는 분명히,
"모처럼이지만, 다른 데로 가는 편이 좋겠어요." 하고 말하자마자 어깨를 움츠리고 저쪽으로 가버렸다. 그러나 남녀 네 명의 흑인이 떠나려 하지 않는 것을 보고 주인이 되돌아와서 화가 난 표정으로 말했다.
"나가주었으면 하는데."
그래도 네 명은 움직이려 하지 않았다. 상대는 얼굴이 시뻘겋게 되어 고함지르기 시작했다. 그리고 권총을 꺼내더니 문의 바깥을 향해서 느닷없이 발사하고는 말했다.
"남은 총알로 쏴 죽이겠다."
네 사람은 모여서 차에 타고 일단은 떠났다가, 이번에는 경관을 데리고 되돌아왔다. 경관은 허둥대는 가게주인을 체포했다. 일행은 가게 안의 손님들에게 돌아다니며 물었다.
"조금 전의 일을 보셨지요?" 하고 킹 청년은 넋을 잃고 있는 부부에게 물었다.
"뭐요? 아니 아무것도 모릅니다. 미안합니다." 하고 남편쪽이 대

답했다. 그러나 그 자리에 있던 펜실베니아 대학의 백인학생 세 명이 증인으로 나서겠다고 약속해주었다.

NAACP 캄덴 지부는 뉴저지 주의 공민권법에 입각해서 가게주인을 제소했다. NAACP의 변호사는 네 사람에게 승소가 틀림없다고 보장해주었다. 그러나 결국 증인이 압력에 굴복해서 증언을 거부했기 때문에 이 소송은 흐지부지되고 말았다.

법만으로 해결할 수 없는 것이 명백했다. 적어도 법적조치 이외에 어떤 보조적인 일이 필요했다. 예의 백인학생들이 태도를 돌변한 것은 무엇 때문일까. 그렇게 하지 않게 하기 위해서는 어떻게 하면 좋을까. 이때야말로 간디의 등장이 필요한 것이 아닐까. 사건은 흐지부지되고 말았지만, 이 사건을 계기로 그의 마음속에 솟은 이러한 의문은 해답이 나오지도 않은 채 언제까지나 마음 한구석에 걸려 있었다.

마지막 학년에 킹 청년은 우등으로 졸업하기 위해 열심히 공부했다. 졸업과목에는 종교심리학, 사회사상, 크리스트교 윤리 등이 있었다. 그 때문에 신학자 라이홀트 니이버를 공부했다. 니이버는 처음에 라우센부쉬의 신봉자였으나 1930년대에 평화주의자를 버리고, 동지들과 함께 '기독교적 리얼리즘'을 부르짖게 되었다.

킹 청년은 니이버의 평화주의나 비폭력주의에 대한 비판을 연구함에 따라 자신은 평화주의와 비폭력주의의 이상을 위해서 일하려는 생각이 차츰 강해져갔다.

처음으로 니이버를 읽었을 때에 그는 곤혹스러웠다. 니이버의 저서에는 인간의 성질, 특히 민족이나 사회적 집단의 행동에 대한 걸출한 통찰이 있었다. 특히 인간의 동기에는 복잡한 것이 있다는 것, 인간에게는 선과 악 어느 쪽의 일이라도 할 수 있는 능력이 있다는 것을 니이버한테서 배웠다. 그러나 킹 청년은 니이버가 인간의 죄가 많음을 너무 강조하고 있으며 리얼리즘의 이름으로 평화주의를 부정하는 것은 옳지 않다고 생각했다. 이리하여 그는 니이버의 연구에서,

라우센부쉬 그 밖의 드러내놓은 낙관주의와는 별도의 더욱 현실적인 평화주의의 입장을 취하게 되었다.

1951년 6월에 킹 청년은 소기의 목적이던 신학사의 학위를 받고 클로우저 신학교를 졸업했다. 졸업생의 대표가 되었을 뿐만 아니라 우등생에게 수여되는 펄 프래프너 상과 천이백 달러의 루이스 클로우저 장학금까지도 획득했다. 이 장학금은 자신이 원하는 대학이나 연구소에서 연구하는 비용에 충당해도 되게 되어 있었다. 아버지는 졸업축하로 녹색의 시보레 자동차를 사주었다.

고향의 사람들 중에는 그해 여름에 애틀랜타에 돌아온 그를 붙들고 이렇게 충고해주는 사람도 있었다.

"공부를 너무 한 것이 아닌가! 뱁티스트의 목사는 그렇게 많은 학문은 필요없는 거야. 학식이 너무 많으면 교회신자들과 접촉하기 힘들게 되니까 조심하는 편이 나을 거야."

그러나 킹 청년은 미소지으면서 이렇게 대답했다.

"실은 장학금을 천이백 달러나 받았습니다. 설마 이 돈을 버리라는 것은 아니겠지요?"

물론 아버지도 아들에게 애틀랜타에 조금은 있어주기를 바라는 쪽의 한 사람이었다. 지난 해의 여름에 아버지는 킹 청년을 부목사의 위인 준목사로 승격시키고 있었다. 아버지 마틴 킹 시니어는 당시에 아직 쉰한 살이었지만, 자신의 은퇴 후의 에베니더 교회의 장래를 벌써 생각하고 있었던 것이다.

교회는 세습제와도 같은 것이었다. 그러나 아버지는 밑의 동생인 다니엘은 후계자로는 부적당하다고 보고 있었다. 다니엘은 아버지에게 거역하여 컬리지를 그만두고 소꿉친구이던 나오미 바버와 결혼하고 말았다. 다니엘도 결국 성직자가 되기는 했지만 그 자신이나 아버지도 후계자로서는 적임이 아니라고 생각하고 있었다.

반대로 장남 마틴 쪽은 에베니더에서도, 모어하우스에서도, 클로우저에서도, 발군의 성적을 나타내었다. 그로서는 이대로 공부를 계속해서 박사학위라도 땄으면 더할 나위가 없겠다고 생각하고 있었다. 그 때문에 가을이 되자 아버지의 허락을 받고 새 차에 일용품을 싣고 또다시 학원으로 되돌아갔다.

그는 보스턴 대학의 대학원에 들어가기로 결심하고 있었다. 진보적인 신학과 인격주의 철학의 아성으로 알려지고 있었는데 그 자신도 강하게 마음이 끌리고 있었기 때문이었다.

이 파(派)의 미국 지도자의 한 사람에 에드거 셰필드 브라이크만이 있었다. 브라이크만은 신은 아득한 저편에서 우주를 지배하는 현세부재(現世不在)의 왕이 아니라, 그의 저서《신의 문제》에서 써 놓고 있듯이 "일견 대립하는 것 같은 것을 만나더라도, 그 목적을 이룩하는 힘"으로서 현세에 존재한다. 이것이야말로 인격 —— 고정적인 가치도 불변의 실체도 아닌, 투쟁과 성장의 과정이며, 그 과정을 통해서 실체가 밝혀진다 —— 의 본질이다.

브라이크만은 자신의 신학사상의 근저를 개인으로서의 인간의 진화와 경험에 두었다. 또한 성서의 사상과 관련해서는 인격의 근저를 사랑에 있다고 하여 그 사랑도 인간이 경험하는 고통과 구제의 과정 그 자체라고 보았던 것이다.

킹 청년이 브라이크만 교수 밑에서 배운 기간이 길지는 않았다. 교수는 1953년에 작고했기 때문이다. 그러나 교수와 그 협력자인 L.해롤드 데울르프의 가르침은 인격적인 신과 모든 인간의 존엄과 가치에 대한 그의 필생의 신념을 형성하는 위에서 사라질 수 없는 감화를 그에게 주게 되었다.

킹 청년은 브라이크만 교수의 영향으로 헤겔도 배웠다. 그는 정신세계의 의지를 구현해서 역사를 종국의 방향으로 향해서 전진시키는 세계적, 역사적인 개인이라는 헤겔의 사상에 특히 감명받았다. 간디는 바로 그와 같은 개인의 한 사람이었다. 그것은 어쨌든, 헤겔의 변증법적사관은 마르크스의 그것보다 훨씬 더 그의 마음에 맞는 것이었다. 마르크스와는 달리 헤겔의 그것은 신과 개인을 인정하는 것이었기 때문이다.

보스턴에서 킹 청년은 장 폴 샤르트르, 칼 야스퍼스, 마르틴 하이데거 등의 실존철학의 저서들도 읽었다. 니체도 읽었으나 이것에는 어찌할 바를 몰랐다.

모디카이 존슨 박사를 알 때까지 크리스트교의 소위 '노예도덕'에 대한 니체의 통렬한 비난 때문에 킹 청년의 사랑에 대한 신념은 한때 흔들렸다. 실존주의자들의 저서를 읽고, 그는 헤겔의 관념적, 추상적인 비전을 수정하는 데 필요한 것을 거기에서 발견하고 실존주의를 통해서 그는 폴 틸리히의 신학에 흥미를 느꼈다.

뒤에 그가 《사랑하는 힘》속에서 말하고 있듯이 실존주의적인 여러 가치 중에서 가장 중요한 것은 "실존이라는 위험이 많은 애매모호한 구성체에 의해서 인간의 개인적, 사회적인 생활 속에 생기는 불안과 갈등의 인식"이라는 것이었다. 데울르프 교수의 지도로 킹 청년은 학위논문의 주제로서 신에 대한 폴 틸리히의 사상과 경험주의적, 자연주의적 신학의 창도자인 헨리 넬슨 위먼 사상의 비교를 선택했다.

보스턴에 처음 왔을 무렵에 그는 학원에서 조금 떨어진 곳에서 하숙을 했었다. 그러나 2학기가 되자 모어하우스의 졸업생으로 태프츠 대학의 신학부에 와 있던 필립 레나드와 아파트를 빌리기로 하여 사보이 볼룸 맞은 편의 매사추세츠 가(街)에 있는 꽤 넓은 아파트로 옮겼다. 레나드 청년의 요리솜씨가 좋은 덕분에 킹 청년은 뒷설거지를 맡아서 할 형편이었다. 두 사람은 여자 친구를 데리고 '토템 폴' 등에 밤놀이를 하러 가기도 했다.

이 두 사람의 짝지움은 원만해서 서로 공부의 방해는 하지 않았던 반면, 공통의 취미에 대해서는 함께 동참하기도 했다. 두 사람의 논의는 마침내 보스턴 지구의 대학원이나 연구소에서 공부하고 있는 열 명 남짓한 흑인학생들의 정기적인 회합으로 발전되어 갔다.

매주 금요일이나 토요일 밤에 '철학클럽'에 모여서 누군가가 자신이 선택한 테마로 보고를 하면 이것을 중심으로 토론을 하는 것이다. 이 회합은 소문이 나서 모임이 넓혀져 백인이나 여성들도 끼게 되었다.

킹 청년은 벌써 3년 반이나 북부에 살고 있었지만 마음은 여전히 남부 사람이었다. 기호면에서는 코스모폴리탄으로 어떤 요리라도 기꺼이 먹었지만 향토요리의 애착은 사라지지 않아, 여전히 돼지 다리 고기의 햄과 고기로 돌돌 말은 야채요리를 특히 좋아했다.

보스턴에서 가장 마음에 든 가게는 〈웨스턴 런치 박스〉로 잭슨 부인이라는 켄터키 태생의 갈색피부를 가진 부인이 그가 좋아하는 '남부 흑인 요리'를 만들어주었다. 여기에만 오면 자기 집에 온 것같이 마음이 느긋해지므로, 그는 애틀랜타에서 온 친구들을 데리고 잭슨 부인의 가게에 자주 드나들었다.

1952년 2월의 어느 날, 그는 평소 안면이 있는 메리 파우엘 부인과 이 가게에서 점심을 들고 있었다.

"메리 부인, 나는 고향에서 온 여자와 알고 지내고 싶은데 보스턴의 처녀와는 아무래도 친해질 수가 없거든요. 좀 너무 딱딱한 것 같아요." 하고 털어놓았다.

며칠 후에 파우엘 부인은 두 아가씨를 소개해주었다. 한 사람은 이미 알고 있는 여성이었으며 또 한 사람은 앨라배마의 마리온 출신의 아름다운 여성으로, 최근에 앤티오크 컬리지를 졸업하고 그와 마찬가지로 보스턴에 와서 얼마 안 되는 뉴잉글랜드 음악학교 성악과의 학생이라고 했다.

"마틴, 그녀는 무척 예뻐요. 이름은 코레타 스코트라 해요." 하고, 파우엘 부인은 말했다.

"그거 근사하군요."

"마틴에게 전화번호를 가르쳐줘도 되는지 어떤지 물어보겠어요."

"하지만, 그걸 말해도 정말 괜찮습니까?"

"나한테 맡겨둬요."

코레타는 미인으로 노래만 잘부르는 것이 아니었다. 킹 청년과 마찬가지로 삼남매 중 둘째였다. 아버지는 부유한 농민으로 상점도 경영하고 있었다. 다만 킹 청년의 집안과는 달라서 30년대의 불황 때문에 살림살이가 결코 편하지는 않았다.

몽고메리의 서쪽 약 백 킬로미터, 셀머의 북쪽 10킬로미터 못 미쳐 있는 앨라배마 주 페리 군(郡)에서는, 민주주의의 혜택을 받고 있는 것은 칠천 명도 못 되는 백인들 뿐이었으며 이와는 반대로 이만 명의 흑인들은 자신들의 고통을 털어놓을 수단도 제대로 없이 반쯤 무시당하고 있는 곳이었다.

흑인이 지주로서 영위 해나가기 위해서는 기업정신과 용기가 필요했는데 재건시대의 당초부터 스코트 가(家)는 그것을 발휘해서 1880년대 백인들의 반격에 견뎌냈고 야음을 틈타 해방된 흑인들을 습격해서 흑인들을 떨게 하고 재산을 탈취하거나 경제적으로 막다른 길로 몰아넣거나 하는 KKK단의 횡행시대에도 버티어왔다.

코레타의 어린 시절에 아버지 오베디어 스코트는 흔히 근처에서 들은 무서운 이야기를 들려주기도 했다. 아버지는 길가에서 백인들이 앞길을 가로막거나 총을 들이대는 일을 당한 적도 있었다. 아버지가 하루의 일을 끝내고 무시히 돌아올 수 있을지 어떨지를 몰라 아이들의 걱정은 이만저만이 아니었다.

킹 청년과는 달리 코레타는 격정적인 성격의 소유자였다. 말괄량이여서 주먹이나, 막대기나 돌멩이로, 때로는 목화밭에서 쓰는 괭이까지 들고 나와 친구들과 싸움을 하는 일까지 있었다. 어른이 됨에 따라 이런 성격은 매사에 열광적이 되는 쪽으로 달라져갔다. 일찍부터 대단한 독서가였던 그녀는 차츰 인종평등에의 소원을 높여갔다. 시골의 국민학교를 나온 그녀는 마리온 읍내의 크리스트교 계통의 학교인 링컨 학교에 입학했다. 교사는 백인이나 흑인도 있었다.

그녀는 여기서 처음에는 음악에 열중했다. 1945년 열여덟 살때에 이 학교를 졸업했다. 코레타는 흑인을 위한 특별장학금을 받아, 오하이오 주 옐로우 스프링의 안티오크 컬리지에 입학했다.

그리고 보스턴에 오고부터는 고독한 편이어서 정신적인 번민에 사로잡혀 있었다. 어린 시절부터 정들여 온 뱁티스트 교파에도 환멸을 느끼고 퀘이커나 유니테리언이라도 될까 하고 있는 참이었다.

친구처럼 지내는 메리 파우엘 부인으로부터 애틀랜타 출신의 우수한 젊은 목사가 만나고 싶어한다고 들었을 때 코레타는 신앙심이 깊고 완고하며, 성서책만 뒤적거리고 있는 촌스러운 아가씨와도 같이 괜찮다고 쌀쌀맞게 거절해버렸다. 그러나 메리는 그것으로 물러서기는커녕, 킹 청년의 훌륭함을 들추어 늘어놓고 끝내 코레타를 설득시키고 말았던 것이다.

그후 얼마 안 가서 그녀에게 전화를 걸었다. 킹 청년은 바리톤으로 이렇게 말했다.

"당신의 매력에 걸리면 마치 워털루에서 패배한 나폴레옹이 된 것 같은 기분이 듭니다."

"바보같은 소리 말아요. 아직 정식으로 만난 적도 없으면서." 하고 코레타는 되받았다.

"당신의 소문은 온세상에 울려퍼지고 있으니까요." 이렇게 마틴은 대답하고 나서 그로부터 이십 분이나 전화로 끈덕지게 하소연을 했다. 그녀는 마침내 다음날의 점심약속을 승낙하지 않을 수 없게 되고 말았다.

마틴 청년과는 정오에 음악학교에서 데이트를 했다. 전화의 목소리에서 좀더 키가 큰 청년인 줄로만 알았는데 기대에 어긋났지만 그의 신사적인 태도에 호감을 가질 수 있었다. 식사를 하면서 두 사람은 우선 음악 얘기를 하고 그 뒤에 자본주의와 공산주의 얘기를 하기 시작했다.

코레타는 이런 종류의 딱딱한 화제에도 질리지 않았다. 마틴은 그녀의 매력에 대해서는 이미 전화로 다 얘기했지만, 이번에는 정면으로 칭찬하면서 부탁했다.

"머리도 대단하군요. 간간히 또 만나주지 않겠어요?"
"내일밤 파티에 초대받았는데 함께 가지 않겠어요?" 하고 말해주었다.
마틴은 차로 코레타를 집까지 데려다주었다. 집 앞에서, 그는 그녀 쪽을 뒤돌아보고 자신도 모르게 중얼거리고 말았다.
"당신이 나의 부인이 되어준다면 가장 이상적이겠는데." 하고 말하자 코레타는 어이가 없어서 말도 나오지 않았다. 그러나 놀란 것은 그녀만은 아니었다. 그렇게 말을 한 장본인인 마틴도 스스로 자신에게 깜짝 놀라고 말았다. 지금까지 부인이 있었으면 하는 생각은 한 번도 한 적이 없었기 때문이다.
그로부터 몇 달 동안 두 사람은 이미 떨어질 수 없게 되었다. 음악회에도, 영화관에도, 웨스턴 런치 박스에도, 어디에 가든 두 사람은 늘 함께였다. 함께 책상을 맞대고 같이 공부하는 경우도 있었다. 교제가 깊어짐에 따라 서로의 이해도 깊어졌다. 두 사람은 어릴 적부터 친숙해온 종파라든가 전통이니 하는 의미에만 그치지 않는, 같은 신앙을 가지고 있다는 것도 발견했다.
마틴의 가슴속에서 하나의 꿈이 키워져가고 있었다. 그는 코레타의 마음이 자신과 일심동체인 것을 발견하고, 차츰 사명감을 품게 되었다. 그는 자주 그것을 얘기해서 코레타에게 자신의 결심과 고상한 숙명인 '흑인'과 인류를 위해서 공헌하고 싶다고 생각한 일들을 털어놓았다. 그녀 쪽에서도, 그의 마음 속에서 자신이 여태까지 그 일을 위해서 싸워온 이상과 희망이 그대로 숨쉬고 있는 것을 느꼈다. 두 사람은 사랑에 빠졌다.
코레타는 미래의 남편을 찾아서 보스턴에 온 것은 아니었다. 훨씬 전부터 장차 가수로서 무대에 설 예정으로 있었던 것이다. 마틴은 음악학교를 그만둘 필요는 없으며, 결혼 후에도 바란다면 음악을 계속해도 좋다고 말해주었다. 그러나 음악학교의 친구들은 그런 약속 따위는 믿을 수가 없으며 목사의 아내가 되면 노래를 부를 시간적

여유 따위는 없다고 충고해주었다. 친구들은 그녀가 목사의 아내가 되는 것은 어울리지 않는다고 생각하고 있었으며 음악을 버리게 하고 싶지 않았기 때문이라고 했다. 사랑을 위해서 예술을 희생시킨다는 것은 무의미하며, 부도덕하다는 것이었다.

코레타도 그것은 알고 있었지만, 한편 마틴을 깊이 사랑하고 있었다. 그녀는 이것이냐 저것이냐 어느 한쪽을 결심하지 않으면 안 되었다. 고민끝에 신에게 기도했다.

"너는 예술을 희생시킬 수 있을 만큼 그를 사랑하고 있는가?" 그 신은 이렇게 물어오고 있는 것 같았다.

"예." 하고 그녀는 대답했다.

"그를 단념하고 그 없이 살아갈 수가 있는가?"

"없습니다."

될 수만 있다면 결혼도 하고 싶었고 음악도 계속하고 싶었다. 그러나 어느 한쪽을 택하지 않으면 안 된다면 음악을 버릴 수밖에 없다는 것이 고민 끝에 도달한 코레타의 결론이었다.

학년말이 되자, 마틴과 코레타는 그녀의 고향으로 돌아갔다. 두 사람의 결혼식은 페리 군에 사는 흑인들로서는 근래에 없던 성대한 것이었다. 식은 1953년 6월 18일에 스코트 가의 앞뜰에서, 마틴 루터 킹 시니어 목사의 주례로 거행되었다. 마틴의 아우 다니엘이 들러리를 섰다.

신혼여행에서 돌아오자 두 사람은 음악학교 근처에 있는 방 네 개 달린 아파트에 새살림을 차렸다. 코레타는 다시 음악학교에 다니기 시작했지만, 3학년으로 졸업할 수 있는 교직과정으로 과(科)를 바꾸었다. 마틴은 이미 대학원 과정을 마치고 거의 집에 있으면서 학위 논문 집필에 여념이 없었다. 매주 목요일은 코레타의 수업이 늦어지는 관계로 저녁준비는 마틴의 담당이었다.

두 사람은 다음 여름에 보스턴을 떠날 작정이었으므로 새로운 계획을 짜기 시작했다. 성적이 우수한 마틴 청년에게는 어디에나 일자리가 있었다. 북부에서 두 군데, 남부에서 두 군데, 제각기 교회로부터 와달라는 초청이 왔다. 그럴 생각만 있다면 컬리지의 학부장이나 대학의 교수가 될 수도 있었다. 관리가 되는 길도 열려 있었다.

그로서는 학문을 계속하고 싶은 생각도 강했지만 코레타와 의논한 끝에 무엇이 어떻든 간에, 우선 목사로서 일하기로 결정했다. 문제는 어디의 목사가 되느냐였는데 코레타는 이젠 남부는 질렸으니까 북부의 교회에 봉직해달라고 했다. 그러나 마틴은 사명감에서 역시 남부에 머무르지 않으면 안 된다고 생각했다.

그는 앨라배마 주 몽고메리에 있는 덱스터 뱁티스트 교회를 택하기로 했다. 애틀랜타도 가깝고 코레타의 친정집에서도 차로 두 시간도 안 걸렸기 때문이었다. 게다가 덱스터의 신자들 중에는 앨라배마 주립대학의 교직원이나 소득이 많은 직업인들이 많아 감정에 사로잡히지 않는 지적인 분위기가 있었다.

1954년 1월, 마틴 루터 킹 주니어 목사는 덱스터 가(街)의 교회에서 첫 설교로 '완전한 생활의 세 가지의 면'을 행했다.

그는 요한 묵시록 제21장을 텍스트로 설교를 시작했다.

"파트보스라는 고도(孤島)에 유폐된 요한은 생각하는 자유 이외에, 거의 모든 자유를 빼앗겼습니다. 그러나 요한은 거기서 과거의 추억에 잠기는 것만으로는 만족치 않고 진정한 성도(聖都)인 새 예루살렘을 꿈꾸었습니다. 그리고 요한은 새 예루살렘이 길이나 넓이도, 높이도 같다는 결론에 도달했던 것입니다."

이렇게 서두를 달고, 킹 목사는 이런 입체(立體)위에 자신의 설교를 구축시켰던 것이다.

"인생의 길이는 즉, 사람이 그 개인적 목적을 달성하기 위한 내부에의 여정(旅程)인 것입니다. …… 인생의 넓이란 타자(他者)의 복지라는 외부에의 관심의 넓이이기도 합니다. …… 인생의 높이란 하늘에 계시는 하느님의 곁에까지 올라가는 일입니다. 가장 좋은 인생이란 세 개의 꼭지점을 갖는 삼각형과도 같은 것입니다.

하나의 정점에 자신이 있고 다른 정점에는 타인이 있습니다. 그리고 또 하나의 가장 높은 정점에 무한한 인격 즉 하느님이 계십니다. 이 세 개의 정점이 제각기 알맞게 신장되지 않으면 어떠한 인생도 완전한 것으로 될 수 없는 것입니다."

이 세 가지 면의 특징을 개관(概觀)한 뒤에 킹 목사는 이렇게 말하며 설교를 맺었다.

"이치에 합당한 건전한 이기(利己)를 위해서라면 자기자신을 사랑하십시오. 여러분은 그렇게 할 의무가 있습니다. 그것이 인생의 길이[長]라는 것입니다. 자신을 사랑하듯이 이웃사람도 사랑하십시오. 여러분은 그렇게 할 의무가 있습니다. 이것이 인생의 넓이라는 것입니다. 그러나 그것보다도 커다란, 첫째로 달성해야 할 의무가 있다는 것을 절대로 잊지 마십시오.

이것은 '너희들의 마음의 모두, 너희들의 혼의 모두, 너희들의 정신의 모두를 가지고 너희들의 주님이신 하느님을 사랑하라'는 것입니다. 이것이 바로 인생의 극치인 것입니다. 이상의 세 가지를 악착같이 땀흘려 신장시킴으로써 비로소 완전한 인생을 영위할 수가 있는 것입니다."

그 해의 5월에 연방최고재판소는 공립학교에서의 인종차별을 금지하는 획기적인 재정(裁定)을 내렸다. 마틴 루터 킹 주니어 목사가 덱스터 가의 교회에 부임한 것도 기이하게도 5월이었다. 최고재판소도 스물다섯 살의 청년목사도 아직 깨닫지 않고 있었지만 이때 하나의 혁명의 막이 내려졌던 것이다.

## 제 3 장
## 위인에의 길

 1954년 9월 1일, 마틴 루터 킹 주니어 목사내외는 앨라배마 주 몽고메리에 거처를 정했다. 사우스 잭슨 스트리트 309의 목사사택의 보수공사가 끝날 때까지 두 사람은 어느 신자의 집에서 신세를 지고 있었다.
 킹 목사는 곧 일에 착수했다. 그때까지도 한 달에 한 번은 보스턴에서 찾아와서 설교를 하고 있었는데, 7월이 되자 코레타 부인도 남편과 동행하게 되었다. 그녀 쪽은 어릴 적부터 몽고메리를 잘 알고 있었지만 그는 그때까지 한 번 지나친 적이 있을 뿐이었다.
 몽고메리는 어쩐지 매력이 있는 아름다운 도시였다. 시내의 중앙 광장에는 백악(白堊)의 주의회(州議會) 의사당이 서 있었다. 1851년에 건립되었으나 10년도 채 못 되어 이 백악의 빌딩은 백인우위의 보루가 되고 말았다.
 1861년 1월 7일에 앨라배마 주가 미합중국에서 분리하기로 의결한 것도 여기서의 일이었다. 같은 해의 2월 18일에 제퍼슨 데이비스는 이 돌계단에서 남부 11개주로 이루어지는 아메리카 연방의 대통령 취임선서를 행했다. 최초의 연방기(聯邦旗)가 휘날린 것도 여기였다. 또 앨라배마 주의 진보적인 재건법이 기초되고 1868년에 공포된 것도 여기서의 일이며, 이후 7년 동안 흑인이나 백인도 이 주법(州法)을 지켰다.
 광장 저쪽의 덱스터 가에 벽돌로 지은 뱁티스트 교회가 세워진 것도 마침 이 무렵의 잠깐 동안의 희망과 동란 시기의 일이었다.

그러나 1954년에 킹 목사가 부임했을 때에는 79년 동안 흑인의원은 단 한 사람도 선출되지 않았으며 재건시대의 모습이 조금도 남아 있지는 않았다. 제퍼슨 데이비스 시대에 제정된 앨라배마 주기(州旗)는 1954년이 되어도, 보는 자로 하여금 몽고메리가 여전히 남부연방의 발상지라는 것을 연상시키는 바가 있었다. 주정부도 시청도 백인권력——백인에 의한, 백인을 위한 백인의 거점이었다.

몽고메리의 취로인구(就勞人口) 열네명 중의 한 사람——건더 앤드 맥스웰 공군기지의 일반종업원들로, 이 기지는 이 도시에 연간 5천8백만 달러의 돈을 떨어뜨리고 있었다——은 흑인으로 벌써 몇 년이나 사건도 별로 일으키지 않았고, 매일 어느 정도의 인종차별 철폐를 경험하고 있었다. 그러나 이러한 공군의 기지를 별도로 하면 인종차별은 여전히 심해서 흑인시민들을 위로부터 덮쳐서 그들의 생활을 위협하고 있었다.

흑인들의 인구는 시민 12만 명 중의 4할을 웃돌고 있었으나 표준소득은 연간 9백70달러로, 백인들의 절반에도 차지 않았다. 일하는 흑인여성의 3분의 2는 백인가정의 식모였으며 남성의 반수 가까이도 머슴이나 육체노동자들이었다. 백인은 거의 모두가 자가용을 가지고 있었지만, 흑인의 마이카족은 미미한 것이어서, 시내버스 승객의 70퍼센트는 흑인들이었다.

그런데 백인 우위의 원칙 때문에 시내버스의 승객만 하더라도 우대받는 것은 백인들뿐이며 앞 좌석 네 개는 백인전용으로 앞 문에서 우선적으로 타고 내릴 수 있었으며, 앉아 있는 흑인승객에게 자리를 내놓게 할 수도 있었다.

남녀노소를 불문하고 병자든 신체장애자든 간에 흑인은 명령만 내려지면 백인에게 자리를 양보하지 않으면 안 되었으며, 앞 문에서 요금을 내고 뒤쪽 문으로 타지 않으면 안 되었다. 뒤쪽 문으로 가는 동안에 버스가 떠나버리는 일도 드물지 않았다.

이것만 보더라도 남북전쟁 직후의 재건시대 이후, 사태가 조금도 달라지지 않았다는 것을 알 수 있을 것이다. 버스에 관한 한, 사태는 자동차가 등장하기 이전의 마차시대와 똑같았다.

흑인들은 이러한 모욕을 견뎌야만 했으며, 너무나도 심할 경우에는 고용주에게 말을 해달라고 부탁하는 것이 고작이었다.

1950년대에는 몇 세대나 이러한 체제 밑에서 살아온 흑인들 사이에 무관심과 체념이 깊이 뿌리를 내리고 있었지만, 그래도 불만의 소리가 들리지 않는 것은 아니었다.

1940년에 앨라배마 주 전체에서 흑인유권자의 등록 수는 이천 명도 안 되었으나, 1954년에는 몽고메리 군(郡)의 유권자 삼만 명의 과반수가 선거인명부에 등록되었다.

마틴 루터 킹 목사가 몽고메리에서 목사생활을 시작한 것은 바로 흑인 사이에 인종평등에의 움직임이 비등하기 시작한 시기였다. 오랫동안 억압되어 침체되고 있던 흑인들의 마음은 그 무렵에 겨우 소생하려 하고 있었던 것이다.

덱스터 가의 교회는 몽고메리의 흑인사회의 중심적인 존재였다. 흑인의 실업가나 학자들이 많이 있는 애틀랜타에 비하면 적다고는 하나, 몽고메리의 가장 부유하고 교육도 많이 받은 유력한 흑인들이 이 교회를 비롯한 두세 교회의 신도였기 때문이었다.

킹 목사 주위의 신도는 약 3백 명으로, 아버지의 교회에 비하면 10분의 1도 되지 않았지만, 다른 교회에 비해서 앨라배마 주립대학의 교수나 학생들을 신도로 가지고 있는 점에서는 유일무이였다.

이 교회의 목사가 되었다는 것은, 단적으로 말해서 시(市)의 흑인 엘리트의 지도자가 되었다는 것이었다. 말하자면 그의 교회는 오늘날로 치면 블랙 파워의 집합장이었던 것이다.

1954년 당시의 블랙 파워는 아직 그다지 커다란 힘을 가지고 있지는 않았다. 흑인엘리트들은 지위는 가지고 있었지만 지도력은 가지고 있지 않았다. 덱스터 가의 교회로서도 신앙과 종교교육이 주된 일이었다.

뱁티스트 교파의 교회조직은 신도 중에서 지도자를 양성하는 방침을 취하고 있었는데 양성된 지도자는 성경 학급반의 교사 등, 오로지 종교활동에만 종사했다. 목사들은 외부사회와도 접촉했으나 이것도 종교활동이 중심으로 더욱이 상류계급들밖에 교제하지 않았다.

킹 목사는 우선 병자나 빈민을 구제하기 위한 사회봉사 위원회, 종교교육 위원회, 문화 위원회, 대학진학 장학금모금 위원회, 사회와 정치를 위한 행동위원회 등을 조직했다.

이 행동위원회는 시사문제에 대한 토론회나 집회를 주최해서 교회의 신자들을 NAACP(유색인종 지위향상 협회)에 가맹시키고, 선거인명부의 열람과 보충등록을 시켜, 신자들에게 사회나 정치, 경제 등의 현황을 가르치는 것을 목적으로 하는 것이었다.

청년목사인 킹 자신도 NAACP의 현지지부에 가입해서 그 활동에 적극적으로 협력하여 신자들로부터 활동자금을 모으거나, 몽고메리나 그 밖에서 NAACP 지지의 연설을 행하기도 했다.

동시에 그는 앨라배마 주에서는 수가 적은 흑백혼합 단체의 하나인 앨라배마 휴먼 릴레이션즈 평의회에도 가입했다. 소규모였지만 진보적이고 전투적인 이 단체는 남부지방회의의 일익으로서 교육이나 연구를 통해서 흑인에게 백인과 평등한 기회를 주기 위해서 열성적인 활동을 벌이고 있었다.

이 평의회는 회원 수도 적고, 목적도 보잘것 없는 것이었으나 백인우위론자들은 이것에 경계의 눈초리로 보고 있었다. 회장인 레이 오들리는 남부태생의 백인이었으나 그 때문에 그는 성(聖)마르코 메소디스트 교회에서 쫓겨나 시골의 교회로 좌천되고 말았다. 그러나 그 전에 킹 목사를 부회장으로 선출해두었다. 간신히 좌천을 면한 흑인 교회의 백인목사 토마스 P. 스래셔와 로버트 글래츠 두 사람이 그를 도와주었다.

1년 후에 킹 목사는 NAACP 몽고메리 지부의 이사에 선출되었다.

지부장에 추대되었지만 코레타 부인이 이 이상 더 일을 맡으면 몸이 견디지 못한다고 사퇴시켰기 때문이었다. 그는 기도문을 쓰거나, 설교를 하거나, 신자와 대화하는 목사의 일 이외에 이미 많은 일들을 도맡고 있었다.

부임해서 처음의 7,8개월 동안 그는 아침 저녁의 시간을 쪼개어 342페이지에 달하는 학위논문을 써내었다. 그리고 구두시험에도 합격해서, 1955년 6월 5일에 신학박사의 학위를 받았던 것이다. 글자 그대로 각고면려(刻苦勉勵)의 선물이었다.

한편 목사 아내로서의 역할에도 익숙해진 코레타는 여가를 보아 또 성악공부를 시작했다. 1954년 11월에 그녀는 조지아 주 브라운스워크 교회에서 노래를 부르고, 이듬해인 3월 6일에는 몽고메리의 제 1 뱁티스트 교회에서 노래불렀다.

이 교회의 목사인 랄프 D. 애버내시 목사는 마침내 킹 목사내외와 친구가 되었다. 그후 얼마 뒤에 그녀는 임신했기 때문에 연주회를 열 수 없게 되었다. 그러나 코레타 자신이 의외였던 것은 그녀는 주부로서 집 안에 틀어박히는 것도 나쁘지 않다고 생각하게 된 일이었다. 너무도 집 안에만 틀어박혀 있으므로 킹 목사가 가끔은 외출이라도 하라고 권했을 정도였다.

그러나 킹 내외의 가정이나 교회 바깥에서는, 그 무렵에 역사적인 드라마의 무대가 갖추어지려 하고 있었다.

깊은 남부의 제주(諸州)에서, 공립학교에서의 흑백공학(黑白共學)을 명한 최고재판소의 재정에 이의를 부르짖는 백인들의 시민회의가 속속 설치되기 시작한 것이다. 이에 대해 NAACP의 각 지부는 최고재판소의 재정을 이행시키고 새로운 요구를 통과시키기 위한 법정 투쟁을 각지에서 전개할 준비를 갖추기 시작했다.

이러한 일이 한창인 1955년 8월 28일에 시카고에서 찾아온 열네 살의 흑인소년 에메트 티일이 미시시피에서 린치를 당한 사건이 발생했다.

이 사건은 흑인들을 격분시켜, 연방정부는 자진해서 흑인의 권리를 보장하라고 요구하는 흑인들의 주장을 전국적으로 더욱더 비등시키게 되었다.

1954년의 재정은 1896년의 재정을 일관하는 "차별하는 것이 평등이다."라는 원칙을 정면에서 부정하는 것이었다. 백인들이 조직하는 시민회의가 적절히 깨달았듯이 이 재정은 결국은 백인우위의 근본원칙을 동요시키는 것이었다.

이 재정이 나온 뒤부터의 정세는 곧바로 혼돈상태로 되어갔다. 1896년 당시는 전미국을 통해서 린치와 같은 과격한 행동에도 공공연히 반대를 부르짖으려는 백인은 거의 없었으며 〈하퍼스〉와 같은 전국적인 잡지조차도 시종 희생자의 편이 아니라 범인의 편에 동정하는 논조를 펴고 있었다.

그러나 1955년 당시에는 이미 전미국의 윤리관도 크게 변화해서 북부나 전미국에서 저명한 인사로서 인종차별을 공공연히 인정하려는 자는 없어졌다. 또 깊은 남부지방의 인종차별주의자들까지 지금 당장은 아니더라도, 언젠가는 인종평등을 재고하지 않으면 안 되는 것이 아닌가 하는 자들도 나오고 있었다.

이보다 먼저 킹 목사의 전임자인 바논 존즈 목사가 어떤 사건에 말려든 일이 있었다. 그는 버스에서 백인전용의 좌석에 앉았던 것이다. 당시는 아직 버스가 아무리 혼잡하더라도 흑인은 백인석에는 앉을 수 없게 되어 있었다.

운전수는 버스를 멈추고 존즈 목사에게 뒷자리의 흑인석으로 가라고 명했다. 그런데 목사가 거절하자, 요금을 돌려주지도 않고 내리라고 명령했던 것이다. 존즈 목사는 흑인승객들에게 가세해달라고 부탁했으나 아무도 가세해주지 않았다.

나중에 그때 버스에 탔던 부인 한 사람이 목사한테 찾아와서 이렇게 변명했다고 한다.

"모두가 목사님을 '세상모르는 철부지'라고 생각했습니다요."

그러나 그러한 흑인들도 차츰 대담해져갔다. 백인들의 태도도 달라져갔다. 백인 중에는 흑인이 요구하는 지위향상에 동조하는 의향을 보이는 자도 있었지만, 당국을 포함해서 많은 백인들은 더욱더 강경한 태도를 취하며 융화파를 비난하게 되었다. 이리하여 흑인과 백인의 태도는 차츰 양극화(兩極化)해져 갔던 것이다.

버스 운전수는 모두가 백인들이었다. 오랫동안 그들은 백인의 우위를 의심해 보지도 않았다. 그 특권이 이제야 도전을 받고 있다는 것을 느끼자 도리어 그 특권을 이것보라는 듯이 휘두르게 되었던 것이다.

물론 백인의 운전수나 경찰관 모두가 한결같이 난폭한 짓을 한 것은 아니었다. 그러나 이를테면, 열다섯 살의 여고생 크로디트 코르빈이 백인손님에게 좌석을 양보하지 않았기 때문에 묶여서 투옥되었을 때에, 이 쇼킹한 사건의 파문을 완화시키거나, 보상하거나 하기 위해서 입을 열려는 자도 없었으며 흑인들에게 동정을 나타내는 자도 없었다.

이에 대해서 일어선 것은 몽고메리의 흑인사회뿐이었다. 킹 목사도 위원회에 나가, 이 사건을 비롯해서 갖가지의 고충을 받아들일 것을 약속했다.

3월에 그들은 경찰서장 데이브 버밍햄과 시내버스 지배인 J. E. 배글리와 회견했다. 두 사람은 정중히 그들을 맞았다. 배글리는 크로디트 양을 체포시킨 운전수를 견책처분에 처하고, 버밍햄은 버스 좌석에 대한 시(市)의 태도를 명확히 공시(公示)할 것을 약속했다. 그러나 두 사람 다 이 약속을 지키려고는 하지 않았다. 흑인의 지도자들을 달래자는 것이 처음부터 그들의 목표였던 것이다.

결국 시는 공시를 발표하지 않았으며, 소녀는 처벌을 받았고 운전수들은 여전히 흑인들을 "검둥이"라든가 "검은 원숭이"라든가 "검은 납짝이"로 불렀다. 몽고메리에서는 그 해만도 버스 운전수의 말을 듣지 않았다는 이유로, 다섯 명의 여성과 두 명의 어린이가 체포되고 한 남성이 사살되는 형편이었다.

　이러한 사건은 어느 것을 보더라도 흑인들이 궐기할 결정적인 동기가 될 수 있는 것이었으나 흑인들은 여전히 일어서지는 않았다. 하나의 극단적인 경우에서가 아니라 불만과 저항할 결심이 축적되는 것과 함께 몽고메리 흑인들의 행동에 기회는 성숙해서, 자신들의 행동에 형식과 방향을 제시해주는 지도자가 자연히 태어나게 되었던 것이다.

　남부의 각지에서는 NAACP가 소송을 제기해가고 있었으며 북부의 모든 도시에서는 CORE(인종평등 회의)가 법정투쟁이나 소규모의 비폭력적인 저항운동을 전개하고 있었다. 몽고메리에서도 흑인들은 그러한 행동의 어느 하나를 취할 것으로 생각되고 있었지만 사태는 다른 방향으로 발전했다.

　1955년 12월 1일 목요일에 빈민가의 백화점에서 바느질을 하고 있던 로자 퍼크스 부인은 귀가하려고 버스에 탔다. 그녀는 다른 세 명의 흑인과 함께 백인전용석의 바로 뒤에 앉았다. 앉자마자 다수의 백인손님들이 버스에 올라탔다. 운전수는 흑인들에게 뒤로 가라는 둥 자리에서 일어나라는 둥의 명령을 했다. 퍼크스 부인은 피로해 있었으므로, 도저히 일어설 마음이 내키지 않았다.

　세 사람의 흑인은 자리에서 일어섰으나 그녀는 딱 잘라 거절했다. 운전수는 경관을 불러왔다. 경관은 그녀를 경찰서에 연행해서 시(市)의 인종차별 조령(條令) 위반 죄로 12월 5일 월요일에 재판에 회부한다고 선고하고 일단 석방시켰다.

　퍼크스 부인은 온화한 인품으로 친지들도 많았으며 존경도 받고 있었다. NAACP 지부가 이 사건을 법정투쟁으로 가지고 갈 생각이라면, 그녀는 바로 안성맞춤의 사람이었다. 그녀는 E.D. 닉슨이 NAACP의 앨라배마 주지부장(州支部長)을 지내고 있을 때의 비서였으며, 착실한 사람이었기 때문이었다. 킹 목사도,

"그녀는 매우 개성적이고 매력적이며, 더구나 어떤 경우에도 목소

리가 거칠어지지 않는 냉정한 사람이었으며, 원만하고 게다가 헌신적인 인품이었다." 하고 말하고 있다.

퍼크스 부인은 E.D. 닉슨한테로 가서 이 사건을 상의했다. 닉슨은 침대차 포터조합의 활동가로서 40년대부터 투사로서 알려졌는데 동조합 위원장인 A. 필립 랜돌프가 생각해낸 '워싱턴에의 행진' 운동에도 참가한 적이 있었다. 조합 활동가인 그는 파업이나 보이콧이 무엇인가를 알고 있었으며, 랜돌프의 신봉자로서 간디의 비폭력주의에 대해서도 조금은 알고 있었다.

그날 밤에 그는 침대에 걸터앉아 아내에게 말했다.

"몽고메리에 사는 흑인들은 퍼크스 부인의 체포에 항의해서, 하룻동안 버스를 보이콧하면 싶은데, 어떨까?"

"그런 얼빠진 바보같은 소리는 작작하시고, 빨리 불이나 끄고 잡시다요." 하고 아내는 대답했다.

그러나 '얼빠진 것'을 생각하고 있었던 것은 닉슨 한 사람만은 아니었다. '부인정치회의'의 회원들은 전화로 이 아이디어를 서로 상의했다. 회원의 전화는 닉슨에게도 걸려왔다. 그는 결심을 굳혔다.

다음 금요일 아침에 그는 우선 제1뱁티스트 교회 목사인 랄프 데이비드 애버내시 목사한테 전화를 걸었다. 애버내시 목사는 코레타 킹이 태어난 흑인지대의 일부인 마렝고 군(郡)에서 태어나고 자라서, 제2차대전에 중사로서 종군한 뒤에 앨라배마 주립대학과 애틀랜타 대학을 졸업했다. 그는 강건하고 실제적이며, 소박하고 의지가 굳센 용기있는 사람으로, 곧바로 닉슨의 보이콧 구상에 찬성했다.

닉슨은 이어서 킹 목사에게 전화로 애버내시 목사와의 한 얘기를 털어놓았다. 2주일 전에 장녀 요란다 데니스가 막 태어난 킹 목사로서는 시기적으로 몹시 사정이 나빴지만, 그는 무조건 두 사람의 생각에 찬성하고, 30분 이상이나 전화로 작전을 상의했다.

그 무렵에 벌써 퍼크스 부인 체포의 화제는 당구장이나 술집에까지 퍼져 있었는데, 강경파는 튀어나오는 나이프의 날을 갈거나, 권총에 기름을 치거나, 막대 끝에 쇠갈고리가 달린 창과 야구방망이를 모으거나 하고 있었다. 그들도 또 마침내 행동을 일으킬 때가 왔다.
'일개의 횡포한 버스 운전수 놈들을 두들겨 패줄' 때가 왔다고 생각했던 것이다.

인종폭동의 악몽은 눈앞에 다가오고 있었다. 목사들은 되도록 빨리 모두를 설득시켜, 이것에 대신하는 방법을 찾지 않으면 안 되었다. 그 때문에 오후 일곱시 반에 덱스터 가의 뱁티스트 교회에서 회합이 열리게 되었다.

한편 닉스와 그 밖의 사람들은 등사판으로 홍보 전단을 찍어 흑인들에게 뿌렸다.

12월 5일에는 출근이나 쇼핑, 학교에 등교하거나 그 밖에 어디를 가더라도 버스는 타지 말라.
흑인여성이 또다시 체포되어, 버스 좌석을 양보하지 않았다고 해서 투옥당한 것이다.
월요일 오후 일곱시에 홀트 스트리트 뱁티스트 교회의 대중집회에 집결해서, 다음의 지령을 기다려라.

금요일 밤의 집회는 당연히 닉슨이 의장을 맡아야 했다. 그러나 철도 쪽의 일을 놓아둘 수는 없었으므로 각파 목사 동맹의 의장인 L. 로이 베네트 목사가 대신 선출되었다.

마흔 명 남짓한 참가자 중에는, 흑인사회의 각종 지도자 —— 목사, 의사, 변호사, 교사, 실업가, 노동조합 지도자 등이 포함되어 있었다. 일동은 어느 누구할 것 없이 보이콧에 찬성했다.

다음날 아침 일찍이 킹 목사의 교회에 있는 등사판으로 칠천 여장의 전단이 인쇄되어, 오전 열한시까지 흑인들 사이에 빠짐없이 배포되었다. 한편 현지의 백인신문 〈몽고메리 애드버타이저〉지도 이 전단을 한 장 입수해서 1면에 실음으로써 뜻밖에도 선전에 한몫을 하는 결과가 되었다.

　이리하여 준비는 삽시간에 갖추어져갔다. 소위원회가 시내의 흑인 택시회사와 절충해서 흑인들의 버스 보이콧에 협력하여, 이백십 여대의 택시를 총동원하여 버스요금과 같은 10센트로 시내의 어디든지 태워다주기로 되었다.

　월요일 아침에, 흑인교회의 목사들은 예배를 보는 자리에서 일제히 버스 보이콧을 호소했다. 그날 오후까지는 무엇인가의 형태로 몽고메리의 흑인들은 모두 다음날 버스 보이콧이 행해진다는 것을 알기에 이르렀다.

　다음날 아침 여섯시에 첫 버스가 킹 목사의 교구를 지나갔을 때에 그는 주방에 있었는데 코레타의 외침이 귀에 들려왔다.

　"여보, 마틴! 빨리 와요!" 거실로 달려가서 아내가 가리키는 쪽을 보니, 텅텅 빈 버스가 마침 창아래를 지나가는 참이었다.

　"이거 대단한대." 하고 그는 자신도 모르게 외쳤지만, 곧 경계심을 되찾아서 말했다.

　"다음 버스의 모양을 보지 않고서야."

　그러나 두 번째의 버스도, 세 번째도 흑인 손님은 한 사람도 타고 있지 않았다. 흥분한 킹 목사는 자신의 차에 올라타고 시내 시찰에 나섰다. 러시아워인데도 삼십분을 타고 다녀도, 가다가 마주친 버스에 타고 있던 흑인 승객은 고작 여덟 명이었다.

　아홉시 반에 킹 목사는 법정에 뛰어들었다. 퍼크스 부인은 유죄의 판결을 받고 십 달러의 벌금과 재판비용 4달러를 물지 않으면 안 되었다. 부인은 즉시 항소했다. 이런 종류의 사건에 인종차별법이 적용된 것은 오래간만의 일이었다. 그러나 퍼크스 부인과 같은 사람에게, 상투적인 소란죄를 적용하는 것은 정말 사리에 닿지 않는 말이었다. 그만큼 이것은 다시없는 테스트 케이스가 되었다.

　닉슨과 애버내시는 오후 지도자회의에 참석해서, 다음 행동을 지휘하기 위한 새로운 흑인단체를 설치하자고 제안했다. 보이콧의 성공에 기분이 좋아진 출석자들은 즉석에서 찬성했다. 논의 끝에 애버내시 목사는 새 조직에 몽고메리 지위향상 협회라는 이름을 붙이자고 제안했다. 베네트 의장이 새 역원의 지명을 요구했다. 뒤쪽에서 목소리가 들려왔다.

"의장, M. L. 킹 목사를 회장에 추대합니다."

킹 목사는 놀랐다. 생각할 여유라도 있었다면 그는 틀림없이 거절했을 것이다. 3주일 전에는 NAACP 지부의 임원에 출마하는 것도 거부했을 정도였으니까.

그러나 이것이 운명의 기로라고나 할까, 그는 거절할 수가 없었다. 그는 만장일치로 회장에 선출되었다. 일동 중에서 그가 가장 급진적인 것도, 가장 경험이 많다는 것도, 가장 유명한 것도 아닌 그야말로 신참이었다. 그러나 그는 주제넘게 나서는 편이 아니었으며, 어느 파와도 특별한 관계가 없었다. 말하자면 어느 파에서도 납득할 수 있는 이상적인 후보자였던 것이다.

킹 목사는 오후 여섯시 반에 귀가했다. 일곱시부터 회합이 열리는 홀트 스트리트 뱁티스트 교회까지 십분으로 보고, 집회에서 행할 연설의 원고를 쓸 시간은 이십분밖에 없었다. 그는 이 연설에서 '정의에의 새로운 무한한 정열에 홀린 사람들'에게 하나의 방향을 제시하지 않으면 안 되었다. 여느때라면 평균 열다섯 시간이 걸릴 것을, 그는 오분 간을 신에게 기도하고 나머지 십오분으로 연설의 골자를 짰다.

교회는 다섯시부터 초만원으로, 그가 모습을 드러냈을 때에는 사천 명에 가까운 흑인들이 교회의 주위를 꽉 매우고 있었다.

오후 여덟시 반에 소개를 받고 일어선 킹 목사는 퍼크스 부인의 사건을 보고하고 이어서 앞으로 발생할 갖가지의 사건들을 소개했다.

"인간에게는 참을 수 없을 때가 있는 법입니다. 우리는 여태까지 오랫동안 우리를 학대해온 사람들에 대해서, 우리는 차별받고, 모욕당하며, 야만적인 탄압자들의 발에 채이는 일에 이제 더 참을 수 없다고 말해주기 위해서, 오늘밤 여기에 모인 것입니다." 하고 킹 목사는 말했다.

군중들은 환호성으로 이에 답했다.

"우리들에게는 항의하는 이외에는 길이 없습니다. 오랫동안 우리는 인내에 인내를 거듭해 왔습니다. 그 때문에 때로는 백인의 형제들에게 우리가 이러한 대우를 즐기고 있는 것 같은 착각마저 품게 했을 정도였습니다. 그러나 오늘밤 우리가 여기에 모인 것은 그와 같은 인내에는 이제 더 참을 수 없다는 것을, 자유와 정의 이외의 것에는 견딜 수 없다는 것을 몸소 나타내기 위해서입니다."

또다시 환성이 터졌다. 그는 계속했다.

"민주주의의 영광의 하나는 권리를 위해서 항의하는 권리에 있습니다. 백인시민 회의나 KKK단은 이 사회에 부정을 영속시키기 위해서 항의하고 있고 한편 우리는 사회정의를 실현시키기 위해서 항의하고 있습니다. 그들의 수법은 폭력과 무법에는 통하지만 우리의 항의는 십자가를 불태우는 것 같은 흉내는 내지 않을 것입니다. 백인들을 집에서 끌어내 살해하거나 하지는 않겠습니다. 협박도 모욕도 하지 않겠습니다. 우리는 법과 질서의 숭고한 원칙에 입각해서 행동하는 것입니다.

……강제가 아닌 설득을 통해서 해야 합니다. '너희의 양심에 따라 행동하라'고. 말해야 할 것은 이것뿐입니다. 우리는 기독교의 심원한 원리에 따라 행동하지 않으면 안 됩니다. 사랑이야말로 행동의 기준인 것입니다. 우리는 이제야말로 수세기를 지나 또다시 예수의 말에 귀를 기울이지 않으면 안 됩니다. '너희의 원수를 사랑하라. 너희를 멸시하는 자를 축복하라. 너희를 학대하는 자를 위해서 기도하라.'인 것입니다. 이것 없이는 우리의 항의는 역사의 무대에서 벌어진 무의미한 드라마로 끝날 것입니다. 수치스러운 추악한 기억만을 남기게 될 뿐일 것입니다. 아무리 부당한 취급을 당하더라도, 그 때문에 원한을 품고 백인동포를 미워하는 것 같은 일이 있어서는 안 됩니다. 인종융합의 기수인 푸커 J. 워싱턴이 말했듯이 '사람을 저

주하면 구멍이 두 개'인 것입니다."

청중들은 또다시 박수갈채를 보냈다.

"용기와 품위와 기독교의 사랑을 가지고 항의한다면 장래의 역사가는 역사의 편찬에 있어서 글쓰는 손을 멈추고, 일찍이 문명의 동맥에 새로운 의미와 품위를 주입시킨 위대한 사람들—— 검은 사람들이 존재했다 ——이라 할 것이 틀림없습니다. 이것은 우리가 받고 일어설 가치가 있는 도전이며, 모든 것에 우선하는 책임인 것입니다."

킹 목사는 이렇게 말하고 연단에서 내려왔다.

킹 목사의 논법은 투지와 자제, 항의와 사랑의 양극에 의해서 짜여져 있었다. 청중들은 그 어느 것에도 박수갈채를 보냈다. 그것은 홀트 스트리트 뱁티스트 교회의 안팎에 모여든 흑인대중들뿐만 아니라, 이 집회를 텔레비전으로 보고 있을 백인들까지도 대상으로 한 모든 면에 빈틈이 없는 완전한 연설이었다. 고뇌와 희망에 차서 백인들을 비난하면서도 원망하지 않고, 흑인과 백인의 쌍방에 보다 좋은 사회에의 변혁을 부르짖고, 품위와 책임 있는 인간으로서의 흑인상(黑人像)을 몸소 가르친 명연설이었다.

킹 목사의 태도는 하나의 도전이며, 하늘의 계시이기도 했다. 그리고 로자퍼크스 부인의 태도도 마찬가지였다. 부인 또한 전부 일어선 군중들로부터 환호를 받았다.

회의의 종료 즈음해서 애버내시 목사는 몽고메리 지위향상 협회(MIA)의 제요구 조항을 설명했다. 요구라고 해야 아주 온건한 것들로서, 운전수가 흑인승객에게 공손한 태도를 취할 것, 버스의 좌석구분을 좀더 완화시킬 것, 흑인승객이 많은 노선에는 흑인운전수를 채용할 것 등을 요구한 것에 지나지 않았다. 애버내시 목사는 이 요구가 관철될 때까지 보이콧을 계속할 것을 제창하며 외쳤다.

"이 동의에 찬성하는 사람은 기립해주시기 바랍니다."

자리에 있던 자들은 전원이 기립했는데, 개중에는 손을 흔들고 환성을 지르는 자도 있었다.

그날 오후의 지도자 회의에서는 하루 동안 버스 보이콧에 집결된 정력이 소멸되는 것을 두려워하여 일단 보이콧을 중지하는 편이 현명하지 않겠느냐고 주장하는 자도 있어, 회의의 대세는 이것에 동조했지만, 어쨌든 대중집회에 물어보기로 낙착되었다. 그런데 군중들은 보이콧의 지속을 만장일치로 결의했던 것이다.

당시 〈미니애폴리스 스타〉지의 기자로 있던 카알 로원은 맨먼저 몽고메리에 달려온 기자의 한 사람이었는데, 보이콧 첫날은 80퍼센트의 성공이었다고 쓰고 있었다. 그러나 보이콧은 계속되었을 뿐만 아니라, 다시 발전해서 그후 1년 동안 매일 95퍼센트의 성공률을 나타내었다. 그 이상으로 주목해야 할 것은 뒤에 로원이 글쓰고 있듯이,

"흑인목사들이 …… 도박장이나 술집에 도사리고 있던 무뢰한들까지도 교회에 나오게 해서, 찬송가를 부르게 하거나, 아멘을 부르짖게 하거나 기부에 응하게 하거나 설교에 감격시키거나 하여, 믿을 수 없는 기적을 실현한 일"이었다.

흑인사회는 정말로 공통의 목표를 위해서 일치단결한 감이 있었다. 캐딜락의 새차를 탄 흑인의사 부인이, 흑인의 하인이나 하녀들을 태워다주는 광경도 도처에서 볼 수 있게 되었다. 보이콧의 당초에는 백인들 중에서도 보이콧에 찬성하는 의미에서 일부러 흑인운전수의 차에 타는 자도 있었다. 물론 백인의 대부분은 보이콧을 그만두도록 흑인들을 위협하거나 설득시키거나 해서 다소의 효과는 올렸지만, 대부분의 흑인들은 지조를 굽히지 않았다.

택시에 탈 수 없는 수천 명의 흑인들은 매일 십 킬로미터 이상이나 되는 길을 태연히 걸어다녔다.

백인의 권력기구는 양보하지 않았지만 지방지(地方紙)에 보내진 투서는 5대 1의 비율로 보이콧에 동정적이었다. 도서관에 근무하는 백인 노부인 줄리에트 모건의 투서는 흑인들의 전술을 인도에서 마

하트마 간디가 취한 전술에다 비교하고 있었다. 이 투서는 인종차별파의 신문 〈더 몽고메리 애드버타이저〉지의 12월 12일자에 게재되어 흑인들의 주목을 끌었다. 보이콧 개시 이래 간디의 이름이 나온 것은 이것이 처음이었다.

킹 목사가 거느리는 MIA 대표단과 시당국 버스회사와의 교섭은 12월 8일부터 개시되어 2주일 동안 단속적으로 계속되었지만, 이윽고 흐지부지되고 말았다.

교섭은 귀찮은 일이었다. 처음 얼마 동안은 백인측 대표들이 얼른 쓰기에 이해하고 있는 것 같은 태도를 보였으므로, 킹 목사는 이런 상태라면 협상을 마무리지을 수가 있겠다고 생각했다. 그런데 그들은 임시방편으로 그러한 태도를 보인 것에 지나지 않는다는 것이 확실해졌다. 그중에서도 북부자본의 버스회사의 고문변호사인 잭 클렌쇼의 태도는 강경했다. 선악이 어쨌든 간에 시종일관했던 것은 그자뿐이었을지도 모른다.

제1회 본교섭 후의 비공식 절충이 있었을 때에 시경(市警)의 서장인 프랭크 A. 퍼크스는 "좌석에 앉은 이상 요구를 인정치 않을 이유는 없다. 인종차별법의 테두리 안에서도 할 수 있는 일이다."라고 말했다. 그러나 클렌쇼는 이에 반대해서, 법률을 바꾸지 않으면 무리라고 주장해서,

"흑인의 요구를 받아들인다면, 그들은 백인에게 이겼다고 나팔불고 다닐 것이다. 그런 짓을 허용할 수 있겠는가." 하고 말했다.

12월 19일에 열린 시장(市長) 직속 위원회의 마지막 회의에서 킹 목사는 백인측의 몽고메리 시민회의의 루더 잉거르스 사무국장이 출석하고 있는 것을 강하게 항의했다. 한달 뒤에 W. A. 게일 시장은 인종차별주의 단체 몽고메리 시민회의에 가맹한 사실을 공식적으로 발표하고, 1월 22일에 백인측은 흑인들의 항의운동을 탄압하기 위한 일련의 행동을 개시했다.

연말부터 연초에 걸쳐서 백인의 경영자들은 흑인종업원들에 대해

서 킹, 애버내시 그 밖의 사람들이 MIA의 운동자금을 착복해서, 킹 목사가 이미 캐딜락의 새 차와 뷔크의 스테이션 왜건을 사들였다는 말을 퍼뜨렸다. 백인의 유력자들은 연장인 흑인목사들을 호별(戶別) 방문하고, 당신네들이 보이콧 운동의 지휘를 해준다면, 문제는 한꺼번에 해결된다. 문제가 해결되지 않는 것은 젊은 흑인목사들이 당신네들을 제쳐놓고 주제넘게 나서기 때문이라고 설득하고 돌아다녔다.

교섭담당으로서의 역할을 다하지 못하고, 몇 번이나 냉정성을 잃은 것을 부끄럽게 여기며, 백인들의 분열공작을 염려한 킹 목사는 MIA의 이사회를 소집했다. 그 석상에서 그는 해결을 방해할 생각은 없으니까 사임하고 싶다고 말하고, 후임에 두 사람의 후보까지 추천했다. 그는 자신의 신임을 묻기 위해서 이런 제안을 한 것은 아니었지만, 의외로 전원이 그의 유임을 요망했다.

이사회는 끝까지 그와 함께 싸울 것을 맹세했다. 1월 21일 토요일에 AP통신이 보도한 뉴스는 기억해 둘만한 가치가 있었다. 이 뉴스는 다음 일요일 〈몽고메리 애드버타이저〉지에 게재되었다. 그것에 의하면 몽고메리의 흑인들이 무례한 보복은 하지 않는다는 정도의 보장으로 타협이 이루어졌다는 것이다. 이 뉴스를 미니애폴리스에서 읽은 카알 로왠은 즉시 킹 목사에게 전화를 걸었다.

진상은 이러했다. 몽고메리의 시당국자들이 MIA의 회원이 아닌 세 명의 흑인목사를 속여서 회의에 출석시켜, 보도기관에 예의 성명을 발표시킨 것이다. 저녁 여덟시였으므로 킹 목사는 즉시 동지들에게 연락을 취하고, 흑인들이 모이는 선술집이나 클럽을 찾아다녔다.

다음 날 아침에 속은 예의 세 명의 목사를 포함해서 흑인목사들은 전원이 일요예배의 단상에서 어제의 '협정'이 속임수인 것을 설명했다. 시의 유력자들의 고식적인 수법은 이리하여 끝나고 보이콧은 더욱더 강화되었다.

앉아서 당한 시장은 화가 난 나머지, 텔레비전을 통해서 보이콧을 비난하고, 백인경영자들에게 보이콧 운동을 돕는 것 같은 짓은 일체

하지 말라고 경고했다. 방해공작은 여전히 계속되어 흑인 운전수들은 금족(禁足)을 당하거나 체포되거나 했다. 흑인운전수의 차를 가지고 있는 차주들은 부랑죄(浮浪罪)로 체포한다는 위협을 받았다.

이러한 협박 때문에 면허나 생활의 보장을 잃을 것을 두려워한 흑인운전수들 중에서 다수의 탈락자가 나왔다. 그 때문에 보이콧은 글자그대로 '자유를 위해서 걸어간다'는 색채를 더욱 깊게 띠게 되었다. 목요일에는 킹 목사 자신이 제한속도 40킬로미터인 곳을 50킬로로 달렸다가 '속도위반'을 범했다는 이유로 체포되어 투옥되었으나, 애버내시 목사가 보석금을 내서 석방시켰다.

백인들이 탄압정책 가운데서 즐겨 쓴 수법의 하나는 노골적인 협박전화를 끊임없이 거는 일이었다.

처음 얼마 동안 킹 목사는 단순한 협박 전화라고만 생각하고 염두에 두지도 않았으나, 어느 날 백인의 친구들로부터, 놈들은 진심으로 하고 있는 것일거라는 말을 듣고 오싹해졌다. 그 후 얼마 안 가서, 그는 대중집회에서,

"언젠가 내가 시체가 되어 거리에 내버려지는 일이 일어나더라도, 여러분은 절대로 폭력을 써서 이에 복수해서는 안 됩니다. 여태까지와 같은 품위와 규율을 가지고 항의를 계속해주십시오." 하고 연설했다. 이 회합에서 귀가하는 도중에 그는 정색을 하고, 피살될지도 모른다고 애버내시 목사에게 털어놓았다. 걸려오는 전화는 변함없이 협박조의 것이 많아, 그는 신변의 위험을 느끼지 않을 수가 없었다. 애버내시 목사는 열심히 그를 안심시키려고 했으나, 허사였다.

체포되던 날의 다음 날 밤에, 킹 목사 내외가 자고 있는 데에 전화가 걸려왔다.

"야, 검둥이, 이번 주에도 너는 몽고메리에 온 것을 후회하게 될 거야. 모든 조치를 다 해놓았으니까 말이야."

목소리의 주인공은 이렇게 말하고 전화를 끊었다.

킹 목사는 이것에 크게 자극을 받았다. 잠들지 못한 채 킹 목사는

주방에 가서 커피를 부어놓고, 커피가 식을 때까지 오랫동안 그 자리에 앉아 있었다. 잘 철수하려면 어떻게 하면 좋을까? 비겁자로 여겨지지 않고 손을 떼려면 어떻게 하면 좋을까? 이것저것 생각한 나머지 그는 소리내어 기도하기 시작했다.

"나는 옳다고 믿는 일을 위해서 이렇게 싸우고 있습니다. 그러나 이제야 공포를 느끼고 있습니다. 사람들은 나의 지도를 요구하고 있습니다만 내가 힘과 용기를 가지지 않고 사람들 앞에 선다면, 사람들은 또다시 동요하게 될 것입니다. 나는 이제 기진맥진해지고 말았습니다. 이제는 혼자서는 견디어나갈 수도 없습니다."

이렇게 기도하자, 그 기도에 대답이라도 하는 듯이 그의 온몸에는 힘이 소생하고, 마음에는 침착이 되돌아왔다. 그리고 마음의 밑바닥에서 이렇게 부르짖는 소리가 들려왔다.

"정의를 위해서 일어서라. 진리를 위해서 일어서라. 신은 영원히 너의 편이다."

1월 30일 월요일 밤에, 애버내시 목사의 교회에서 열리고 있던 정기총회도 끝나려 하고 있었다. 킹 목사는 모금(募金)의 손을 쉴 여가도 없었으나, 문득 애버내시 목사가 걱정스러운 듯이 주위를 둘러보며, 두 사람의 MIA 지도자와 몰래 말을 나누고 있는 것을 깨달았다. 자신의 일이라고 느낀 킹 목사는 세 사람에게 말을 걸었다.

"어찌된 거야? 무슨 잘못된 일이라도 있었나?"

애버내시 목사는 잠깐 망설였으나, 곧 마음을 고쳐먹고 말했다.

"자네의 집이, 폭탄으로 당했다네."

"뭐라구? 정말인가? 코레타와 요키는 어떻게 됐나? 모두 무사한가?"

"지금 그것을 확인하러 갔다네." 몇분 전에 코레타 부인은 거실에서 손님과 얘기를 하고 있었다. 포치에 무엇이 떨어지는 소리가 났으므로, 누군가가 돌이나 무엇을 던졌을 것으로 생각하고 '만일에 대비해서' 그녀는 손님을 안의 침실로 옮기려고 했다.

그런데 거실을 나서자마자 폭발이 일어나더니 박살이 난 유리창이 거실에 날아들었다. 그 초연(硝煙)도 사라지기 전에 여자 목소리의 전화가 걸려왔다.
"꼴 좋게 됐군, 내가 한 짓이다. 뭐? 너희들은 무사하다구? 빌어먹을! 분통이 터지는 걸." 여자는 이렇게 말을 내뱉더니 찰칵 전화를 끊었다.

폭탄사건의 뉴스는 삽시간에 온시내에 퍼졌다. 밤 아홉시 반까지 천여 명의 흑인 남녀가 나이프, 총, 막대기, 돌, 유리병 따위를 손에 들고 사우스잭슨 스트리트에 모여들었다. 킹 목사의 집 안에는 소방대와 경찰관으로 북새통을 이루고 있었다. 게일 시장과 소방서장 그리고, 경찰서장이 와 있었다.

킹 목사는 그러한 사람들 속을 헤치고 집 안으로 들어갔다.

"모두, 무사했군!"

그는 이렇게 말하며 코레타 부인을 왈칵 껴안았다. 요키도 상처 하나 없었다. 그는 현관의 포치에 나갔다. 시청의 직원들은 파랗게 질린 얼굴로 따라나왔다. 군중들은 노호했다.

"순경을 때려죽여라!" 이렇게 외치는 자도 있었다. 킹 목사는 손을 들어서 군중들을 달래었다.

"조용히! 여러분 조용히. 여러분 중에서 무기를 가지고 있는 자는 집에 돌아가십시오. 안 가진 자는, 가지러 가거나 하지 마시도록. 복수에 폭력을 쓴다고 해서 문제는 조금도 해결되지 않습니다. …… 백인의 형제들이 무슨 짓을 하든, 우리는 그들을 사랑하지 않으면 안 됩니다. 우리가 그들을 사랑하고 있는 것을 그들에게 알려주지 않으면 안 됩니다. 일찍이 예수가 하신 말씀은 지금도 우리의 귀에 울려퍼지고 있는 것입니다.

'너희의 적을 사랑하라. 너희를 저주하는 자를 축복하라. 너희를 학대하는 자를 위해서 기도하라.' 이것이야말로 우리가 살아가는 길입니다. 미움에는 사랑으로써 보답하지 않으면 안 됩니다."

킹 목사의 야무지고 힘찬 바리톤의 목소리가 울려퍼졌다. 군중들은 물을 끼얹은 듯이 조용해졌다.

"이 보이콧을 시작한 것은 내가 아닙니다. 나는 여러분으로부터 대표자가 되라고 부탁받았을 뿐입니다. 따라서 내가 입을 다물었다고 해서, 이 운동이 멈춰지는 것은 아닙니다. 그런 것을 분명히 해두고 싶습니다. 우리가 하고 있는 일은 옳은 일입니다. 신은 우리의 편에 계십니다."

"당신에게 신의 은총을!" 하고 흑인여성 하나가 외쳤다. 군중들은 "아멘"을 부르짖고, 그 자리에서 해산했다.

그것은 정말로 결정적인 순간이었다. 여기서 지도자들이 조금이라도 동요를 보인다면, 운동은 구름이나 안개가 흔적없이 사라지듯 산산이 흩어지고 말았을 것이다. 그러나 이제야 킹 목사는 몽고메리 지위향상 협회(MIA)의 회장으로서뿐만 아니라, 흑인 운동의 상징적인 지도자로서 널리 알려지게 되었다.

그날 밤에 그가 말한 것은 별로 새로운 것은 아니었지만, 폭탄을 투척당한 집의 포치에서 부르짖었다는 것이 신명(身命)을 건 말로 받아들여져서 전 미국 몇백만이나 되는 흑인들의 귀를 집중시켜, 입에서 입으로 말이 전해지게 되었던 것이다.

백인들의 폭력행위는 그 후에도 산발적으로 계속되었다. E.D. 닉슨의 집 정원에도 다이너마이트가 던져져서 또다시 흑인군중이 모여들었으나 폭력사태에는 이르지 않았다. 세 번째 대상은 흑인교회 트리니티 루테르 교회의 백인목사로 MIA의 사무국장인 로버트 글레츠였는데, 이때에도 기적적으로 부상자는 없었으며, 테러리스트들은 보이콧의 사기를 꺾을 수도 없었고, 흑인들을 도발시켜 폭력사태를 야기시킬 수도 없었다.

보이콧 운동이 시작된지 얼마 안 되어 비폭력운동의 이론과 실제에 통한 두 사람의 인물이 자발적으로 킹 목사에게 찾아와 목사의 밑에서 일하게 되었다.

한 사람은 글렌 E. 스마일리라고 했는데, 텍사스의 메소디스트 교회의 백인목사로, 당시에 평화주의적인 인종융화회(FOR)의 역원을 하고 있었다. FOR는 1930년대 초부터 인종평등을 위한 투쟁의 선두에 서온 백인 신교도들의 단체로, 1943년에는 이 FOR을 모체로 해서 인종평등 회의(CORE)가 발족되었다.

40년대의 CORE에서 가장 용감하고 창조적인 임원의 한 사람에 베이어드 라스틴이라는 흑인 퀘이커 교도가 있었다. 그는 1947년 남부에서 자유를 위한 행진인 '융화의 여행'을 지도했다. 처녀시절의 코레타 부인은 그의 연설을 앨라배마 주의 마리온과 안티오크에서 들은 적이 있었다. 그러한 관계에서 그가 몽고메리에 왔을 때에, 코레타 부인은 자진해서 그를 맞으러 갔다.

FOR은 스마일리 목사를 통해서 MIA에 비폭력운동의 연구와 훈련을 위한 지식이나 인재를 제공했다. 또 〈자유에의 걸음〉이란 제목의 영화를 제작해서 몽고메리의 버스 보이콧 운동을 선전하거나, 전단과 팜플렛을 배포하거나 했다. 이것들은 60년대의 초까지 흑인운동의 교재로 씌어졌다.

몽고메리에 돌아온 라스틴은 이제 FOR과는 관계없이 프리랜서의 공작원의 자격으로, 곧 킹 목사의 스탭이 되었다. 2월 21일에 흑인 호텔에 투숙한 그는 야간에는 몽고메리의 흑인과 함께가 아니면 외출하지 말도록 했고 꼭 외출하지 않으면 안 될 경우에는 그가 타지 사람인 것을 알 만한 신변의 물건들을 모두 호텔에 두고 다니라는 충고를 받았다. 백인들은 보이콧을 공산주의 선동가와 뉴욕 족속들의 짓으로 조작하려 하고 있었기 때문이다.

백인의 타관 사람인 스마일리 목사로서는 문제는 라스틴 이상으로 미묘했다. 그러나 킹 목사의 입장과 흑인사회의 유대는 매우 견고했으므로, 안전에 소홀함은 없었다. 그 증거로 수개월 후에 전화에 의한 협박이 갑자기 불어났을 때에, 킹 목사는 전화번호를 바꾸어 MIA의 멤버나 목사, 시외의 친구들에게만 몰래 가르쳐주는 수법을 썼는데, 이후 협박전화는 일체 걸려오지 않게 되었다.

2월 1일에 네 명의 흑인여성이 버스의 인종차별에 대해서, 연방재판소에 고소를 했다. 그 한 사람인 자네트 리이스 부인은 얼마 후에 소송을 취하하고, 경찰에게 자신은 아무것도 모른다고 진술했다. 그 때문에 그녀의 대리인인 흑인변호사가 날조했다는 혐의로 체포되기에 이르렀다. 새로운 협박 수법의 하나였다.

라스틴은 그녀의 집을 에워싸고 있는 경관의 포위망을 가까스로 뚫고 그녀를 만났다. 리이스 부인은,

"이렇게 하지 않으면 죽여버리겠다고 말했습니다." 하고만 되풀이할 뿐이었다.

킹 목사가 볼 때에 그녀는 비난받을 것이 아니라, 동정할 만했다. 그도 그녀와 마찬가지로 협박을 받은 경험이 있었기 때문이었다. 그러나 실제로는 그러한 위험은 없었으며, 경관의 보호를 받을 필요도 없었던 것이다.

실제로 MIA의 지도자들의 집에는 폭탄세례를 받았는데도 경관이 지켜주지는 않았으며, 흑인들의 자경단(自警團)만으로 충분했기 때문이었다.

2월 10일에, 백인시민 회의는 주립 콜로세움에 1만 2천여의 백인을 모아 회합을 열고, 그 석상에서 미시시피 선출의 상원의원 제임즈 O. 이스트랜드가 연설했다. 이런 전단도 뿌려졌다.

이 세상의 형편으로 흑인을 절멸시킬 필요가 생겼을 경우에는 적절한 수단을 쓰지 않으면 안 된다. 총, 활과 화살, 슬롯머신(핀볼), 나이프 등도 그 수단이다.

모든 백인은 태어나면서부터 검둥이를 죽일 권리와 자유를 평등하게 부여받고 있다는 자명한 진리를 잊어서는 안 된다.

버스 보이콧이 시작된 이래, 우리는 꾀죄죄하고 추접스러우며 진득진득한 냄새가 나서 견딜 수가 없는 검둥이들 때문에 사사건

건 탄압받고 욕보아왔다. 놈들의 배후에는 피그미 족에서 식인종이나 똥먹는 족속들까지 대량의 예비군이 도사리고 있으므로 이런 짓을 허용해서는 안 된다.

여러분, 이제야말로 검은 악마들에게 깨닫게 해줄 때가 왔다. 놈들을 지도하고 있는 것은, 우리 도시를 검은 입술을 내밀고 제 세상인양 활개치고 다니는 두 다리가 달린 선동가들이다. 이 아프리카의 식인종이 제멋대로 날뛰는 것을 중지시키지 않으면, 머지 않아 킹 목사가 백악관의 주인이 되고 말 것이다.

방심하지 말라 백인시민 제군!

어떤 관측통의 의견에 의하면, 시장이 시민회의에 가맹했다는 것, 킹 목사집 폭탄사건 후에 시장이 즉시 달려왔다는 것, 이런 무기명의 전단이 뿌려졌다는 일 사이에는 모두 상호관계가 있다고 했다. 베이어드 라스틴은,

"사건에 사용된 다이너마이트는 원래 질서를 지킬 책임이 있는 당국자의 손에서 건네진 것으로 볼 수 있는 증거도 있다." 하고 말하고 있다.

그러나 폭탄과 이 전단은 흑인들의 결심을 더욱 굳게 할 뿐이었다. 킹 목사가 그의 저서 《우리의 투쟁》에서 말하고 있듯이,

"협박이나 밀고의 장려나 힘이나 폭력에 의해서 항의운동을 중지시키려는 시도는, 어느 것이나 흑인사회의 결속을 굳혀서, 전세계의 선의의 사람들의 우리에 대한 공감을 높였을 뿐이었다."

2월 22일에 그때까지 먼지를 뒤집어쓰고 있던 1921년의 보이콧 금지법의 발동으로, 90명 이상의 흑인이 체포되었을 때에도, 흑인들은 당당히 체포되었다.

킹 목사는 기소(起訴) 이유에 반론하기 위해서 급히 내슈빌의 강연회에서 돌아왔다. 벌써 두 달 전부터 MIA의 지도자들은 월요일과 목요일에 열리는 집회에서 "정의를 위해서 투옥당하는 것은 명예이

다."라고 설교해 왔지만, 체포된 흑인들은 바로 명예와 품위와 태연한 태도로써 이에 응했으며, 경관이나 재판관에 대해서는 선의와 자신을 가지고 접했던 것이다. 체포자 중에는 목사가 20여 명이나 있었다.

"교회는 차츰 전투적이 되어가고 있다. …… 체포된 목사들은 모두 언제라도 또 체포당할 각오는 되어 있다고 공공연히 말하고 있다. 지금까지는 교회의 전도집회에는 모습을 나타내지 않던 상류계급의 흑인들까지도, 교회는 이 대립의 와중에 있으면서 사회변혁에의 비폭력적인 원동력이 되는 이외에는, 길은 없다고 믿게 되어 있다." 하고 킹 목사는 전술의 저서에서 이렇게 써놓고 있다.

목사사택이 폭파된 포치에서——라기보다도 근본적으로는 그 전의 신과의 대화에서 그의 결심이 굳어졌을 때에 그는 진정한 싸움에서 승리를 거두고 있었던 것이다. 진정한 싸움이란 마음속의 싸움이다.——사랑과 미움의, 용기와 공포의 싸움인 것을, 그는 차츰 확신하게 되었다. 그는 신앙의 기초로서 인격화된 신을 찾고 있었지만, 이 운동을 통해서 자기자신과 동료들과의 생활의 현실 속에서 그것을 발견했던 것이다.

이러한 정신적인 성장은 결코 우발적인 것이 아니라, 이상과 혼돈 속에서 스스로 파악해 나갔다.

폭탄사건 후에 킹 목사는 권총 소지의 허가를 신청했으나, 나중에 허가가 나오지 않은 것을 도리어 기뻐했다. 권총을 가졌다고 해서 절대로 안전하지는 않다는 것을 깨달았기 때문이었다. 죽음의 위험은 언제나 신변에 있다. 그러나 중요한 것은 죽음이 닥쳐올 때까지 어떻게 살아가느냐가 중요하지 않는가. 후년에 그는 1953년 1월의 어느 날 그 자신 속에서 신의 부활을 체험하고 사랑이 공포를 극복하고 신앙이 새로운 힘을 주며 죽음의 공포에 이긴 그날의 일을 종종 상기하게 된다.

이 용기있는 청년목사의 태도는 많은 사람들의 마음을 고무시켰다. 그리고 그에게서 감명을 받은 몇천이라는 사람들이 '자유를 위한 걸음'을 계속하게 되었다. 이 운동에 지지와 연대(連帶)를 표명하는 소리는 글자그대로 전미국에서 들끓었다.

시카고에 있는 버스회사의 본사 앞에는 보이콧 운동을 지지하는 사람들의 피킷이 쳐졌다. MIA 지도자들이 기소당하자, FOR가 발표한 어필에 오백 명 이상의 성직자들이 지지를 표명했고, 그 중 삼백 명 이상의 목사들이 몽고메리의 목사들이 투옥당할 경우에는, 부재중인 제단(祭壇)을 대신 지키자고 나섰다.

보이콧의 효과는 다른 데도 미쳤다. 운동 3개월만에 빈민가의 상점들의 매상은 백만 달러 이상으로 줄었다. 유력한 실업가들의 클럽인 '몽고메리 인'을 MIA 지도자와 두 번에 걸쳐 협상했지만, 시당국은 움직이지 않았다. 게일 시장은 흑인이 버스를 타도 트집잡지는 않겠다고 성명했지만, 내심으로는 어떻게든 보이콧을 중지시키려고 기를 쓰고 있었다. 시당국은 몽고메리 버스 회사로부터 연간 이만 달러의 세금 수입을 올리고 있었지만, 버스 회사측은 수입감소에 비명을 지르며, MIA의 요구를 인정해주라고 시장에게 대들고 있었다.

앨라배마 주립대학에 역사학부장으로서 부임한 로렌스 댄버 레딕 교수는, 백인들이 흑인의 요구를 인정하지 않으려는 최대의 이유는 공포심 때문이라고 하면서 다음과 같이 말했다.

"백인들은 무엇인가 하나라도 인종차별을 중지하면, 그것이 계기가 되어, 전면적인 인종차별의 철폐가 실현되어, 인종 혼합이 행해진다는 것을 정색을 하고 걱정하고 있다. 백인가정은 모두 정말 바보같은 피해망상에 사로잡혀 있는 것이다. 정치가나 백인시민 평의회는 이런 공포심을 이용하고 있다. 인종차별 철폐 운동 최대의 약점은, 흑인에게 증오심을 품고 있는 이들의 단체에 참가하고 있는 몇천이라는 백인들의 근거없는 공포심을 풀기 위한 노력을 거의 하고 있지 않다는 것이다."

MIA의 지도자들은 1956년 2월 25일에 소환되어, 3월 19일부터 재판이 열리기로 되었다.
 재판 당일에, 법정은 "주여 그들을 용서하소서."라고 씌어진 천의 십자가를 단 흑인들로 가득차 있었다.
 3월 22일에 유죄판결을 받은 킹 목사는 즉시 항소하고, 여느때와 같이 단정한 몸차림으로, 코레타 부인과 함께 법정을 나갔다. 웃는 얼굴로 재판소의 돌계단을 내려오는 그들 내외의 앞에는 대군중들이 기다리고 있었다.
 "킹 목사내외 만세! 우리는 두 번 다시 버스를 타지 않겠다!"라고 그들은 저마다 이렇게 외쳤다.
 그 후의 재판은 지지부진해서 8개월 동안 끌었다. 그 동안에 킹 목사는 더욱더 바빠졌다. 그는 서해안에서 동해안까지의 전미국을 2백 회에 걸쳐 연설하고 돌아다녔다. 5월에는 애틀랜타의 회의에 출석했고, 최고재판소의 흑백공학(黑白共學) 재정 2주년 기념일에는 뉴욕의 성 요한 성당에 모인 대군중들 앞에서 설교했다. 뉴욕의 경찰당국은 킹 목사의 논문인〈우리의 투쟁〉을 실은〈리버레이션〉지의 판매원들을 성당의 광대한 계단에서 내쫓아버렸다. 킹 목사와 제임즈 A. 파이크 성당관장은 이 사건을 나중에서야 알고 서로 난처해했다.
 그러나 그 이상으로 주목할 만한 일은 당일의 성당내부의 모양이었다.〈출애굽기〉제 14 장을 텍스트로 킹 목사는 흑인들의 자유를 위한 투쟁을, 홍해를 건너는 헤브라이인의 고사(故事)에 비유했다.
 그는 셰익스피어, 제퍼슨, 링컨의 흑인고문이었던 프레드릭 더글라스 판사 등을 충분히 인용하면서 이야기했다.
 "오늘날 우리는 거대한 변화를 목격하고 있습니다. 미국연방 최고재판소의 아홉 명의 판사에 의해서 내려진 세계를 뒤흔드는 재정(裁定)은 홍해의 바닷물을 가르고, 정의의 힘은 저편으로 건너가고 있습니다……. 돌이켜 보면 인종차별의 세력은 이쪽 강기슭에서 차츰 사멸해가고 있는 것이 사실입니다."

할렘과 그 밖의 시내의 흑인 거주구역에서 이 고딕 건축의 성당으로 달려온 흑인 뱁티스트나 메소디스트들의 입에서는 "아멘"이라는 외침이 끊임없이 일어났는데, 킹 목사의 원만한 목소리와는 대조적으로, 성당의 높은 천장에 날카롭게 울려퍼졌다.

킹 목사는 〈시편〉 제 139 장에서의 발췌를 가지고 맺음말로 삼았다. 사람이 어디에 있든 신은 바로 가까이에 계신다는 귀절이었다.

"신은 일과를 다한 밝은 대낮에도, 어두운 절망의 밤, 한밤 중에도 우리와 함께 계십니다. 이것을 믿지 못한다면 인간의 숭고한 꿈도 오직 한줌의 재로 돌아가고 말 것입니다." 하고 그는 이렇게 끝맺었다.

6월에 킹 목사는 샌프란시스코에서 열린 NAACP의 전국대회에서 연설했다. 회의에 출석한 대표들은 킹 목사가 말하는 보이콧의 이야기를 한마디도 놓치지 않으려고 귀를 기울였다. 그러나 NAACP의 지도자들은 직접행동을 지지하는 일에는 소극적이어서 새구드 마아셜은 킹 목사가 말한 '보이콧은 남부지방에서의 규범'이 될 수 있을 것이며, 공립학교에서의 흑백공학의 실현을 위해서도 유용할지도 모른다고 기자단에 언급한 일에 강하게 이의을 제기했다.

한 달쯤 전에 플로리다 주의 태라허시에서는 C.K. 스틸 목사가 MIA를 본받아 ICO(시민간의 회의)를 결성해서 킹 목사의 말대로, 버스 보이콧 운동을 성공리에 전개 중이었다. 이런 종류의 항의운동을 구상하고 있는 사람들과의 협의나, 비폭력주의의 철학이나 전술의 교육이나 훈련, 북부의 흑인단체나 백인단체들로부터의 지지획득을 위해서도 킹 목사는 적지 않은 시간을 할애하지 않으면 안 되었다. 그는 민주당의 전국대회에도 출석해서 공민권문제는 현대 최고의 도의적 과제의 하나라고 주장해서, 정강위원회(政綱委員會)에 '연방정부의 강력한 조치'를 호소하도록 요구했다.

10월에 FOR가 제작한 영화인 〈자유에의 발걸음〉의 월드 프레미어(개봉전의특별시사회)를 구경하러 팔백 명 남짓한 사람들이 해치슨 스트리트 뱁티스트 교회로 모여들었다. 이 영화는 주로 뉴스영화나 텔레비전 필름을 재편집한 것으로, 상영시간은 17분으로, 이후 남부의 흑인교회나 흑인대학을 비롯해서 북부의 인종차별 철폐론자들의 집회 등에서도 널리 상영되기에 이르렀다.

상영에 즈음해서 킹 목사는 직접 입회에서 영화에 나오지 않은 부분에 대해서, 특히 비폭력주의 운동의 지도자들이 백인의 적대감에 직면해서 어떠한 역할을 하고, 예측되는 사태에 어떻게 대처해 나갔는가를 설명했다.

11월 4일에 킹 목사는 어떤 설교를 했다. 이날의 설교는 그 후에 그가 전국 각지의 교회에서 되풀이하게 되었던 〈미국의 크리스트교도에게 보낸 바울의 편지〉라는 제목인데, 희망에 찬 가락으로 일관되어 있었다. 서두에서 그는 이렇게 전제했다.

"이 편지가 바울적이라기보다 킹적인 것으로 받아들인다면, 그것은 바울의 모호함보다도, 나에게 객관성이 결여되어 있기 때문이라고 생각해주기 바란다."

내용은 주로 각 교회를 향해 호소한 것이었다.

"주님의 성체(聖體)이어야 할 교회에 과연 차별이 있어도 좋은 것일까? 크리스트교의 교회보다, 예능계 쪽이 훨씬 인종의 융화가 잘 진전되고 있다고 하지 않는가? 정의를 위한 투쟁에 즈음해서, 여러분은 백인의 억압자들에 대해서, 그들을 굴복시킬 심산은커녕 무승부로 끌고갈 생각도 없다는 것을 가르쳐주지 않으면 안 되었다. 인종차별의 상처의 아픔은 흑인들뿐만 아니라 백인들까지도 쇠약시키고 만다는 것을 가르쳐주지 않으면 안 된다." 하고 권고하고 있다.

그는 〈로마서〉 제8장과 〈고린도전서〉 제13장의 내용과 미국의 현실을 교묘히 결부시켜 누차에 걸쳐, 운동이 직면하고 있는 괴로움을 역설하고 나서,

"자식들을 정신적인 죽음에서 구해내기 위해서 누군가가 희생이 되어, 육체적으로 죽지 않으면 안 된다 하더라도, 이 정도의 크리스

트교인으로서 희생이 될 만한 가치 있는 일이 달리 또 있을까?"하고 말하고 있다. 그는 다시 결론으로서,

"가령, 그 몸은 불에 태워져서 순교자로서 죽지 않으면 안 된다 하더라도, 흘려진 피는 앞으로 태어날 자손들의 자랑이 될 것이며, 수천의 후세 사람들이 역사상 가장 숭고한 영웅의 한 사람으로서 당신을 숭앙할 것이다. 그러나 그래도 아직 당신이 사랑을 모른다면, 흘려지는 피는 정말로 허망하다."라고 말하고 있다.

킹 목사의 이 말은 마음속의 싸움에서 가진 번민을 다 겪은 사람이 아니고서는 할 수 없는 말이었다. 아무리 교묘한 수사학을 쓰더라도, 이처럼 절실한 마음속으로부터의 외침에는 미치지 못할 것이다. 이렇게 말하는 그의 뇌리에는 어린 시절의 모습이 '예수님과 같은 사람이 되고 싶다. 날마다 조금씩이라도.'라고 노래부른 자신의 모습이 떠오르고 있었다. 예수와 같이 되는 일, 아니 자신의 나날의 걸음은 그 때문임을 자각하는 일조차 쉬운 일은 아니다.

"사람은 자기중심을 위해서 자기부정을 행하고, 자기를 정당화하기 위해서 자기 희생을 행하는 일조차 있다는 것을 알지 않으면 안 된다. 관용성을 내세워서 연민의 정을 갖는 것을 자랑하는 수도 있다. 사랑이 없으면 자선도 이기심의 장식품이며, 순교도 자존심의 장식품으로 타락하고 마는 것이다."

킹 목사는 이렇게 말했다.

9일 후에 킹 목사는 몽고메리 재판소에 출정했다. 시당국측이 흑인들의 자동차 합승운동을 '불법방해'이며, 무허가 영업이라고 제소했기 때문이었다. 낮의 휴정(休廷) 중에 AP통신의 기자가 최신의 뉴스를 가르쳐주었다.

"미연방 최고재판소는 오늘, 버스에서의 인종차별을 규정한 앨라배마 주법(州法) 및 지방조령을 위헌으로 하는 연방 지방재판소 3판사의 재정을 지지했다."

킹 목사는 이 뉴스를 즉시 MIA측의 변호사인 프레드 글레이와

피터 홀에게 보이고, 코레타 부인이나 애버내시 목사, F. D. 닉슨 등이 기다리고 있는 대기실로 달려갔다. 법정은 결국 차의 합승운동을 금지시켰으나 그런 것은 이미 문제가 아니었다.

재판소를 나온 직후에, 킹 목사 일행은 KKK단이 그날 밤에 습격을 가할 것이라는 라디오 뉴스를 들었다. 최근에 보내온 협박장에는 이렇게 씌어 있었다.

"네가 건방지게 검둥이들에게 또 버스에 타도 좋다거나, 앞 좌석에 앉아도 좋다거나 한다면, 우리는 너의 집을 비롯해서 하룻밤에 오십 채의 검둥이들의 집을 불태워 버릴테니까, 각오하라."

밤이 되자 긴 옷을 입고 두건을 쓴 KKK단의 족속들이 마흔 대가 넘는 차를 줄지어 몰고 흑인가의 한복판에 들어왔다.

그러나 그들이 차로 쳐들어올 것이라는 가능성은 집회에서 미리 알려주었으므로 흑인들은 그때에 어떻게 할 것인가도 알고 있었다. 대문의 등도 끄지 않고 무서워하는 모양도 보이지 않았다. 개중에는 KKK단에는 한눈도 팔지 않고 태연히 그 근방을 돌아다니는 자도 있었으며, 서커스 일행의 행렬을 구경하듯이 손을 흔드는 자까지 있었다.

흑인들이 블라인드를 내리고 벌벌 떨것으로 알고 차를 몰고 온 KKK단은 완전히 목적이 빗나가자 겨우 몇 마일을 달렸다가 앞길로 빠지더니 자취를 감추고 말았다.

몇 달 전의 작전회의 때에, 몽고메리의 흑인들은 버스 보이콧을 그만두고, 좀더 직접적인 권리를 주장해야 한다는 제안이 나온 적이 있었다. 과거 8개월 동안에 할려고 마음만 먹으면 그것은 언제라도 가능했다.

4월 23일에, 연방 최고재판소는 사라메이 프레밍 부인이 1953년에, 사우스캐롤라이나 주에 콜럼비아의 버스회사를 상대로 낸 소송에서, 프레밍 부인에게 유리한 판결을 내렸다. 6월 4일에 연방 지방재판소는 몽고메리의 소송에서, 이번에도 흑인에게 유리한 판결을 내렸다. 모든 경우에도 킹 목사는 시당국이 판결에 따라 정책을 바꾸기를 기다렸으나, 태도를 바꾸지 않았기 때문에 보이콧의 지속을 주장했다.

11월 14일의 대중집회에 참석한 킹 목사는 "가장 어려운 단계가 이제 시작되었다."라고 말하고, 간신히 보이콧을 중지하는 일에 결단을 내렸다. 그러나 그것도 지금 당장이 아니라, 법정의 직무 집행 영장이 정식으로 시당국에 수교된 뒤에 하기로 하였다, 이것은 며칠 내지 몇 주일이 걸릴 전망이었다.

MIA 회장취임 연설 때에 킹 목사는 대담성과 신중성을 가지도록 호소했는데, 그 이래 그는 이 말을 착실히 지켰다. 기다리고 기다리던 기회가 찾아온 지금, 그는 오히려 자제할 것을 강조했다. 대중집회에서 그는 버스에 탄다고 해서 이겨서 뽐내는 태도를 보여서는 안 된다고 훈계했다.

"이긴 것은 사실입니다만 이긴 것은 진리와 정의이며 인류의 단결인 것입니다. 인류를 우수한 자와 열등한 자로 나누는 것을 인정하는 대신에 인류가 하나인 것을 확인하기 위해서 좀더 어울리는 행동을 취하는 것이 우리의 임무입니다. 우리가 또다시 버스를 탐에 있어서 이와 같은 마음가짐으로 대한다면, 언젠가는 반드시 화해가 성립될 것이 틀림없습니다." 하고 말했다.

며칠 후에 〈리버레이션〉 지에 기고(寄稿)한 논문 속에서 킹 목사는, "우리는 인류를 분열시키고, 대립시키고 있는 일체의 장애물을 제거하기 위해서 싸우고 있는 것이다."라고 쓰고 있었다.

결국, MIA는 장기적인 건설적 계획으로서 다음의 6항목을 내거는 것에 의견 일치를 보았다.

① 흑인은행의 창설. ② 신용조합의 설립. ③ 선거민 교육상담소의 확충. ④ 비폭력운동 훈련기관의 설치. ⑤ 앨라배마 주에서 금지되고 있던 NAACP 활동의 일부를 떠맡아 책임질 것. ⑥ 보이콧에 참가했기 때문에 실업자가 된 사람들에의 경제적인 원조의 제공.

연방 최고재판소의 직무집행 명령이 전달되는 수주일 전에 그렌 스마일리 목사나 그 밖의 사람들은, 보이콧 개시 1주년 기념일에 맞추어 비폭력과 사회 개혁을 위한 연구회를 일주일 간에 걸쳐서 열 준비를 갖추었다. 미국 뱁티스트 회의의장인 J. H. 잭슨 박사, 신문기자 카알 T. 로왠, 작가 릴리언 스미스, 앨라배마 주의 메소디스트 교과의 모건 신학교장인 H. V. 리차드슨 박사들이 강연을 행하기로 되었다.

킹 목사는 기조연설에 나와서 인종차별이라는 '소극적인 평화'가 창조적인 대립에 길을 양보하고, 그 결과 품위와 동포애에 입각하는 진정한 적극적인 평화가 태어나는 새 시대의 도래를 예고했다.

"우리는 개인적인 좁은 생각에서 탈피해야 할 시련에 직면하고 있습니다.…… 이 세계는 지리적으로 하나인 것입니다. 이제야 우리는 이것을 정신적으로도 하나로 해야 할 시련에 직면하고 있는 것입니다."라고 말하고, 이어서 그는 청중의 대다수를 차지하고 있는 흑인들을 향해서 말했다.

"우리는 단지 좋은 흑인교사, 좋은 흑인의사, 좋은 흑인목사, 좋은 흑인노동자이려고 하는 것만으로는 안 됩니다. 인종에 상관없이 좋은 일을 하도록, 누구보다도 좋은 일을 하도록 노력하지 않으면 안 됩니다. 사랑이야말로 우리의 문명을 구하는 것이 아닐까요.…… 미국에서의 자유를 위한 싸움에서 우리가 역시 여러 번 보이콧을 단행하지 않으면 안 되는 것은 확실합니다. 그러나 금후에도 보이콧 자체가 목적이 아닌 것을 잊어서는 안 됩니다.…… 목적은 화해입니다. 구제입니다. 서로 사랑하는 사회의 건설입니다. 이 정신과 사랑이 있어야만 비로소 적과도 친구가 될 수 있는 것입니다. 옛 시대의 사리에 어둡고 생각이 그릇된 것을 씻어버리고, 새 시대의 환희를 초래하는 것은 이러한 알기 쉬운 선의를 두고 달리 없습니다. 사람들의 마음에 기적을 초래하는 것은 이와 같은 사랑인 것입니다. 물론 그렇다고 해서 법률이 쓸데없다는 것은 아닙니다. 다만 법률로는 사람을 사랑할 수 없습니다. 법률이 할 수 있는 것은 사람을 린치하려는 욕망을 억제시키는 것뿐입니다. 사람을 사랑하게 하는 것, 그것은 종교와 교육인 것입니다."

그의 결론은 두 가지 점에서 주목할 가치가 있다. 육체의 죽음과 정신의 죽음을 대치시켜 말한 11월 4일의 설교의 일부를 되풀이해서 말한 것과, 또 하나는 그가 6년 반 뒤에 행하게 되었던 연설의 골자가 이미 싹트는 것 같은 형태로, 이날 연설에 모습을 내밀고 있다는 것이 그것이다. 1956년부터 그는 벌써 새 시대의 꿈을 그리고 있었던 것이다.

"우리가 일치단결해서, 이들의 일을 수행해 낸다면, 새 시대의 출현을 단축시킬 수가 있을 것입니다. 사람들이 다 같이 형제로서 살아가는 세계, 검(劍)을 가래로 바꾸고, 창을 낫으로 바꾸는 세계, 일부의 계급에 사치를 시키기 위해서 대중들로부터 필요한 것을 빼앗는 일이 없는 세계, 만인이 만인의 존경과 가치를 인정하는 세계의 출현을 말입니다. 그때야말로 우리는 우리 나라의 위대한 전통을 소리높이 노래부를 수가 있습니다.

'나의 조국, 너의 나라, 자유의 좋은 나라, 너를 위해 노래부르자. 우리 조상이 뼈를 묻은 나라, 필그림의 자랑의 나라, 사방의 산그늘에서도, 자유의 종이 울리네.'라고.

이 노래를 글자그대로 실현시키지 않으면 안됩니다. 자유의 종을 사방의 산그늘에서 쳐서 울리게 하지 않으면 안 됩니다. 눈을 이고 있는 콜로라도 록키의 산들에서도, 뉴햄프셔의 광대한 언덕에서도, 펜실베니아의 장중한 아리게니 산맥에서도, 캘리포니아의 깎아지른 듯한 비탈에서도, 그것 뿐만 아닙니다. 자유의 종을 모든 산그늘에서 —— 미시시피의 둔덕에서도, 조지아의 스톤 마운틴에서도, 테네시의 룩 아우트 마운틴에서도, 그래 앨라배마의 언덕이라는 언덕, 산이라는 산에서도 —— 자유의 종소리가 울려 퍼지게 하지 않으렵니까. 그 날이 왔을 때에 새벽의 별들은 함께 노래부르고, 신의 그림자는 환희의 외침을 소리지를 것입니다."

  12월 21일 아침에, 킹 목사는 스마일리 목사와 함께 몽고메리의 시내버스에 타고 나란히 앉아 있었지만 아무 일도 일어나지 않았다. 연방 최고재판소의 직무집행 명령은 전날밤에, 몽고메리에 닿아 있었다. 이보다 먼저, 버스회사는 모든 운전수들에게 흑인손님들을 정중히 모시라는 명령을 재빨리 내리고 있었다. 게일 시장도 또 '국법'에 따라 질서를 지키겠다는 취지의 성명을 내걸고 있었다.

  MIA 지도자들은 만족한 미소를 띠었으나, 완전히 찌푸렸던 얼굴을 편 것은 아니었다. 여전히 걱정거리는 끊이지 않았기 때문이다. 버스의 인종차별 철폐 후 얼마 안 가서 3명의 백인남자가 버스에서 내리려던 10대 흑인소녀를 구타한 사건이 발생했다.

  킹 목사댁의 현관을 향해서 누군가가 엽총을 쏴대는 사건도 일어났다. 백인 저격자가 버스에 발포해서 흑인여성 승객이 발을 부상당하는 사건도 일어났다. 1957년 1월 10일에는 흑인교회 네 군데와 애버내시, 글레츠의 양목사의 집에 다이너마이트가 투입되었다.

  그러나 이러한 사건의 발생도 차츰 가라앉자 시내는 간신히 안정을 되찾아 갔다. 물론 하지 않으면 안 될 일은 많이 남아 있었으며 해결해야 할 문제는 아직 산더미같이 많았다.

## 제 4 장
## 비폭력의 못자리

보이콧이 종말에 가까워짐에 따라 승리라고는 말하지 않더라도, 적어도 잘 버티어내었다는 감정의 고조를 억제할 수는 없어졌다. 1956년은 희망과 일찍이 없었던 유대와, 그리고 긴장의 해였다.

승리를 쟁취한 그날, 마틴 루터 킹 목사의 심정은 새 시대의 날이 밝으려 하고 있다는 비전으로 가득차 있었다. 12월 21일 바로 그날, 〈몽고메리 애드버타이저〉지는 이렇게 썼다.

"몽고메리의 시민생활에 생긴 이 중요한 변화는 아무런 큰 사고를 일으키는 일도 없이 시민들이 받아들이는 바가 되었다."

또한 바람직한 사건도 여러 가지가 전해졌다. 어떤 버스 안에서 두 백인승객이 자신들 앞에 흑인이 앉아있는 것을 알았다.

"올해는 화이트 크리스마스가 안 될 것 같군요." 하고, 백인의 하나가 상대에게 속삭였다. 그러자 그것을 듣고 뒤돌아본 앞 자리 흑인이 싱글벙글하지만 딱 잘라서 "예, 바로 그래요." 하고 대답했다. 이 말에는 다른 승객들도 덩달아 웃었는데 예의 백인도 멋적은 듯이 웃지 않을 수가 없었다.

그 뒤 일주일 간은 크리스마스의 덕분으로 시내에는 평온한 공기가 감돌고 있었다. 그러나 그것과 함께 MIA(몽고메리 지위향상 협회)의 대중집회에 참석하는 사람들의 수도 줄었는데, 흑인들의 열의나 긴박감도 풀리고, 킹 목사의 동료들 중에도 그의 지도에 따르려는 자도 줄어들었다.

킹 목사로서는 이런 침체상은 대단히 불쾌한 것으로 생각되었다. 크리스마스 후에 또 혼란이 일어나 야간의 버스운행은 중지되었다. 그에게 개인적인 인신공격을 가하는 저속한 전단이 뿌려졌다.

그는 여태까지의 경위를 곰곰이 재고해보았다. 그리고 MIA의 일주일 간에 걸친 연구집회에서, 남부각지에서 이 운동을 전개하고 있는 지도자들의 전체회의를 1월 10일 수요일에 애틀랜타의 그의 아버지 교회에서 열 것을 제안했다.

그는 애버내시 목사와 더불어 전날 밤에 애틀랜타로 찾아왔다. 그런데 10일 새벽 두시에 애버내시 부인으로부터 전화가 걸려왔다. 백인폭도들이 야음을 이용해서 애버내시 목사와 글레츠 목사의 교회에 폭탄을 투척하고 다른 데에도 두 군데의 교회를 폭파했다는 것이었다. 부상자는 없었다고 했지만 애버내시 목사와 킹 목사는 깜짝 놀랐다. 두 사람은 자신들에게 힘을 달라고 신에게 빌었다.

전년의 1월 30일과 마찬가지로 노한 군중들이 폭파현장으로 달려가고 있지나 않나 하고 걱정한 킹 목사는 즉시 여기저기에 전화로 폭동이 일어나지 않았다는 것을 확인시키고, 동료들에게 질서유지에 전력을 다하라고 호소했다.

심야의 전화를 받고 나서 몇 시간 뒤에 뒷일을 코레타 부인에게 맡기고 두 목사는 몽고메리로 돌아왔다. 킹 목사는 군중들이 폭동을 일으키지 않은 데에 깜짝 놀랐다. 신문은 폭탄사건을 냉정하게 비판하고, 사설은 여태까지와는 달리 차별문제보다는 안전제일이라는 관점에서 이번 사건을 다루고 있었다. 백인의 유력자들도 테러반대를 표명하고 있었다.

피로에 지치기는 했으나 킹 목사는 아무래도 애틀랜타의 회의에 나갈 의무가 있다고 생각했다. 회의의 분위기는 백열적이었다. 예순 명 남짓한 출석자 중에는 타라허시의 C. K. 스틸 목사, 버밍햄의 프레드 샤툴즈워즈 목사, 애틀랜타의 화이트 스트리트 뱁티스트 교회의 윌리엄 홀룸즈 보더즈 목사, 오렌지버그의 매슈 매카럼 목사를 비롯해서 내륙 남부 전역의 주된 활동가들이 모두 얼굴을 내놓고 있었다.

킹 목사가 오지 않는 동안에도, 그들은 비폭력 사회단체와 지도자의 양성과, 홍보선전 수단 등에 대해서 토의를 진행하고 있었다. 앞으로의 회의에서 작전 조정을 행할 것과 영구적인 조직을 설치할 것 등도 결의해서, 이 조직을 남부 크리스트교도 지도회의(SCLC)로 이름붙이는 일까지 결정하고 있었다. 회의에 달려온 킹 목사는 즉시 SCLC의 의장에 선출되었다.

회의에서 돌아와 보니, 몽고메리에는 답답한 공기가 감돌고 있었다. 버스회사는 시당국의 명령으로 전면 운휴상태로 있었다. 백인의 시민회의나 KKK단은 흑인들이 간신히 쟁취한 승리를 송두리째 빼앗은 감이 있었다.

전도에는 또다시 투쟁이, 쟁취한 승리를 확대시키기 위해서가 아니라 일단 해체당한 것같은 감이 있는 승리를 되찾기 위한 투쟁이 가로놓여져 있는 것같이 생각되었다.

피로에 지친 킹 목사에게는 그만한 여유도 없었다. 모든 것이 부족했으며 짓궂은 역사의 변덕이 강요하는 책임을 떠맡을 여유도 없었다. 그의 마음 밑바닥에서는 또다시 양심과 죄의식의 갈등이 재연되고 있었다. 14년간 잠복하고 있던 마음속의 검은 그림자가 또다시 고개를 들었다. 조모가 죽은 것은 자신이 죽인 것은 아니지만 적어도 죽지 않도록 해줄 수가 없었던 것은 자신의 책임이 아닌가. 그의 마음속 깊이 잠들고 있던 희미한 죄의식이 또다시 고개를 들기 시작했던 것이다.

고민한들 무슨 소용이 있겠는가마는 그는 고민하지 않을 수가 없었으며, 마음 한 구석에서 예수가 타인을 괴롭혀서는 안 된다고 말하고 있는 것같이 생각되어 견딜 수가 없었다. 자신이 잘못되었다는 의식이 점점 심해져가는 한편에서, 그는 그 무게에 견딜 수 없게 되어가고 있었다. 그는 의기소침해져서 짓이겨진 것같이 느껴졌다.

이러한 정신상태로 킹 목사는 1월 15일의 대중집회에 출석했다. 그날은 뜻밖에도 그의 28회째의 생일이었다. 청중들과 함께 신에게 기도를 드리고 있던 그는 부지불식간에 이렇게 말하고 말았다.

"주여, 바라옵건대 몽고메리에서의 우리의 자유를 위한 투쟁에서 그 누구도 목숨을 잃는 일이 없도록 하옵소서. 나 역시 이 몸의 죽음을 원치 않습니다. 그렇지만 생명이 필요하다면, 바라옵건대 이 몸을 부르시옵소서!"

군중들은 일제히 일어섰다.

"안 돼요, 안 돼!"

킹 목사는 기도를 계속하려 했으나 허사였다. 그는 단상에 우뚝선 채, 이제는 어찌할 바를 몰랐다. 동료목사 두 사람이 달려올라와서 말했다.

"마틴, 자, 우선 앉으시오."

그래도 그는 잠시 동안 그자리에 서 있기만 했다.

수분 후에 겨우 쇠사슬에서 풀려난 듯이, 그는 동료의 도움을 빌어 자리에 앉았다. 열두 살 때 창에서 뛰어내린 그때보다 나으면 나았지 못하지 않은 안도감이 그의 마음속에 왈칵 솟았다. 집회가 끝나고, 사람들이 위로하러 달려왔을 때에, 그는 벌써 완전히 평정을 되찾고 있었다. 집에 돌아오자마자 그는 편안히 잠 속에 떨어졌다.

버스 보이콧 운동은 1월 28일로써 종말을 고했다. 그때까지 또 한가지의 사건이 있었다. 27일 밤에 누군가가 킹 목사집 현관의 포치에 다이너마이트를 장치해놓고 달아난 것이다. 그러나 집에는 아무도 없었으며 다이너마이트도 불발이었다. 다음 날 다섯 명의 백인이 체포되었지만 무죄방면되었다. 그러나 이것을 고비로 테러는 잠잠해졌다.

1년 2개월 전에 마틴 루터 킹은 몽고메리 흑인교회의 유망한 청년목사였다. 그 킹 목사가 순식간에 온시내에서 모를 사람이 없을 정도의 운동의 대표자가 되었고 더욱이 삽시간에 미국은 말할 것도 없고 전세계의 주목을 받기에 이르렀던 것이다.

1956년 중반 경에 그는 완전히 유명해져 있었다. 그리고 명성, 책임, 필연성의 모든 것이 스물여덟 번째의 생일을 맞은 그의 위에 한꺼번에 덮쳐왔다.

그가 1954년에 택한 직책은 지금 그의 어깨를 위로부터 누르고 있는 직무나 책임에 비하면, 대수롭지 않은 것이었다.

"나는 죽고 싶다니까. 스물일곱 살 정도로 위에 서게 되면 장래가 큰일이다. 앞으로 장차 세상사람들은 언제나 나한테 모자에게 토끼를 꺼내보일 것을 기대할 테니까 말이야." 하고 그는 친구인 J. 파이어스 베버에게 말했다.

사실, 사람들은 그에게 그 이상의 일을 기대했다. 〈제트〉 지의 기사는 그를 가리켜 '신의 계시를 받은 희망의 상징'이라고 쓰고, '남부의 흑인들에게 새로운 자존심을 심은 현대의 모세'라고 찬양했다. 각지를 돌며 강연하거나, 북부 대도시의 백인신도가 많은 커다란 교회로 옮기면 적어도 연수입 칠만 오천 달러는 벌 수 있었을 것이며, 그의 설교에 귀를 기울이는 자는 수백만에 이르렀을 것이다.

그러나 운명은 그에게 딴 길을 걷게 한 것 같았다. 그는 한참 동안 몽고메리에 머무르게 되었다. 덱스터 아베뉴의 교회는 더욱 광범한 활동의 거점으로서 더할 나위가 없었으며 그의 활동은 여전히 남부중심으로 추진되었다. 남부는 뭐니뭐니해도 그의 고향이었으며, 우선 여기에서 투쟁을 시작할 땅이었기 때문이었다.

한편 남부의 투쟁을 통해서 생겨난 남부 크리스트교인 지도회의(SCLC)는 차츰 전국적으로 그 주장을 부르짖게 되어 갔다. SCLC는 그러한 활동의 시작의 하나로서, 당시의 아이젠하워 대통령에게 "당장 남부를 방문해서 주요도시에서 연설하여 모든 남부사람들에게 연방 최고재판소의 재정을 국법으로서 지키도록 설득해주기 바란다."라고 호소했다. 닉슨 부통령, 브라우넬 법무장관에게도 같은 어필을 행했으나 모두 경원당하거나 무시당하거나 했다.

2월 14일에 뉴올리언스에서 열린 SCLC 제 2 회 회의에서는 같은 작전을 더한층 강력하게 전개하기로 결정했다. 대통령에게 백악관에서 공민권에 관한 회의를 열도록 요구하고 이렇게 경고했다.

"만약 하등의 유효한 개선조치가 취해지지 않으면 우리는 워싱턴을 향해서 신자들의 일대 순례행진을 벌이지 않을 수가 없다."

한편 2월 10일, 전국 교회회의(NCC)의 '인종관계 일요메시지'가 전미국의 교회에서 낭독되었다. 이 메시지는 '만인을 위한 차별없는 사회'라는 제목으로 킹 목사가 쓴 것이었다. '미국생활의 모든 분야에서 차별을 철폐하기' 위한 행동을 호소하는 것이었다.

이 동안 덱스터 거리의 뱁티스트 교회에서도 킹 목사를 휴양시킬 필요를 인정하고, 킹 일가에게 해외여행을 시키기 위해 이천오백 달러를 주는 일을 가결했다. MIA로부터도 1천 달러의 보조가 있었다.

킹 목사내외는 독립이 임박한 아프리카의 가나를 방문하기로 했다. 내외는 3월 3일 뉴욕에 가서 동행인 UN 사무차장 랄프 번치, 필립 랜돌프, 상원의원 애덤 크레이톤 파우엘과 합류했다.

공식적인 미국대표는 닉슨 부통령이었지만, 상대방의 엔쿠르마 수상이 미국의 흑인유력자도 초대하고 싶다고 특히 희망해왔기 때문이었다. 리스본, 먼로비아 경유의 이틀 간의 여행은 정말로 유쾌했다. 리스본으로 떠나는 비행기 안에서 킹 목사는 조종석에 앉는 것을 허락받았다. 객석으로 돌아온 그는 "이제 조금만 더 조종 연습을 하면, 여러분을 직접 아크라까지 데려다드릴 수도 있겠는데 말입니다." 하고 말해서 동행하는 사람들을 웃겼다.

킹 목사내외의 해외여행은 이번이 처음이었다. 리스본에서는 파우엘 의원의 안내로 내외는 구대륙의 매력을 만끽했다. 먼로비아에서는 모어하우스의 졸업생으로, 리베리아의 은행장이 된 로메오 호든이 공항까지 마중나와 주었다.

그러나 이번 여행의 클라이맥스는 아크라에서 묵은 일이었다. 아크라에서는 아티모타 대학의 숙사에서 영국인 가족과 동숙(同宿)하고 독립식전에 참석했다.

3월 5일 밤에 식장인 폴로 그라운드에는 오만의 군중이 모여들었다. 한밤 중에 마침 화려한 민족의상을 차려입은 엔쿠르마가 단상에 서서 "싸움은 끝났다. 우리의 사랑하는 나라 가나는 영원히 자유이다."라고 선언했다. 영국기가 내려지고 가나의 국기가 게양되었다. "자유, 자유! 가나는 해방되었다. 가나는 자유다!"라는 군중들의 환호 속에서 높이 높이 게양되어졌다.

킹 목사내외는 이 광경에 가슴이 뭉클해졌다. 자신들의 조상이 노예로서 사냥당한 나라에 자유가 선포된 것이다. 식전과 그것에 이어지는 연일 계속되는 축제 속에서 자신들의 운명을 스스로의 손에 쥔 해방된 흑인들의 속에 섞여서 내외 또한 행복감에 젖었다.

내외는 엔쿠르마가 비폭력적인 '적극행동'으로 이 나라의 독립을 실현시킨 것을 알았다. 두 사람은 개인적으로 식사에 초대한 엔쿠르마는 몽고메리의 투쟁소식을 듣고 깊은 감동을 받았다고 두 사람에게 털어놓았다. 한편 킹 목사는 엔쿠르마와의 만남에서 한층 더 용기를 얻어서 지도자로서의 자신의 운명을 더욱더 자각하게 되었다.

그러나 피로가 채 풀리지도 않은 내외는, 가나 체재 중에 발열해서 입원하는 지경에 이르렀다. 또다시 죽음의 그림자가 새로운 치장을 하고 킹 목사를 사로잡았다. 그의 병은 코레타 부인의 증세보다 훨씬 심각했다.

그래도 내외는 병을 이겨냈다. 내외는 돌아오는 길에 나이지리아를 돌아 로마, 제네바, 파리, 런던을 거쳐 뉴욕으로 되돌아왔다.

3월 25일에 킹 목사는 뉴욕에서 NAACP의 지도자인 사무국장 로이 윌킨즈, A. 필립 랜돌프와 협의했다. 가나 체재 중에 닉슨이 귀국하거든 워싱턴으로 만나러 오라고 말해주었지만, 백악관에서 회의를 열자는 안건에 대해서는 소식이 없었다. 세 사람은 4월 5일에 한 번 더 협의를 하기로 했다.

워싱턴의 메트로폴리탄 뱁티스트 교회에서 열린 4월 5일의 협의회에는 일흔 명 남짓한 관계자가 출석했다. 그로부터 한 달 반 동안, 일동은 일심 전력으로 활동했다. 세 사람 중에서 가장 보수적인 로이 윌킨즈가 계획을 세우고, 비용의 태반은 NAACP가 부담하게 되어, 드디어 워싱턴을 향한 '자유를 위한 기도의 순례'가 실행에 옮겨지게 되었다.

전국지도자 토마스 킬고어 목사, 남부 지도자 애버내시 목사, 실행위원 베이어드 래스틴, 에러 베이커 등은 즉시 행동을 개시했다. 5월 17일 아침에 흑인 크리스트교도를 위시하여, 전미국 각지에서 3만 7천 명의 '기도의 순례'가 워싱턴의 링컨 기념관 앞에 집합했다. 군중들 속에는 재키 로빈슨, 시드니 포에티어, 해리 벨라폰테, 새미 데이비스 주니어 등 스포츠계나 예능계의 유명인의 모습도 볼 수 있었으며 3천 명 남짓한 백인들도 끼어 있었다.

집회는 정오부터 시작되어 오후 세시에 랜돌프가 킹 목사를 소개했다. 군중들은 모두 기립해서 환성을 질렀다. 그러나 그의 풍부한 바리톤의 음성이 울려퍼지자 주위는 조용해졌다.

"우리에게 참정권을 부여하라 —— 그렇게 하면 우리는 피에 굶주린 폭도들의 지나친 짓을, 질서를 지키는 시민의 선행으로 바꾸어 보이겠다. 우리에게 참정권을 부여하라 —— 그렇게 하면, 우리는 의회를 선의의 사람들로 채워보이겠다. 우리에게 참정권을 부여하라 —— 그렇게 하면, 우리는 사람들이 인정을, 사랑하는 자를 분간할 수 있도록 할 것이다. 우리에게 참정권을 부여하라 —— 그렇게 하면, 우리는 1954년 5월 17일의 최고재판소의 재정(裁定)을 냉정히 올바르게 이행할 것이다."

이 설교식의 연설을 들은 군중들은 평소 교회에 다니고 있는 만큼, 곧 그 리듬을 알아채고 킹 목사의 어조에 맞추어 함께 "우리에게 참정권을 부여하라."고 외치는 것이었다. 그리고 킹 목사가 어조를 바꾸어 '아이젠하워 정권은 너무도 냉담하고 무관심하다.'고 비판하고, '의회는 너무도 무능하고 위선적이다.'고 비난하자, 그때마다

"아멘" 하고 합창을 하는 것이었다.

킹 목사는 다시 백인의 온건파들을 힐문이라도 하듯이, 그들의 '팔방미인적인 사이비 자유주의'를 비판했다. 그는 또 남부의 백인진보파나 흑인들이 좀더 강력한 지도력을 발휘하라고 호소하고, 몽고메리의 운동과 백인테러에 대한 저항의 실정을 설명했다.

"우리는 절대로 남에게 앙갚음을 해서는 안 된다. 미움에 사로잡히면, 새 질서도 헌 질서도 다를 바가 없어진다. …… 우리는 미움에는 사랑을, 폭력에는 정신의 힘을 가지고 보답하지 않으면 안 된다." 하고 말하고, 그는 이 행진에 참가한 모든 사람들을 향해서, 고향에 돌아간 뒤에도, 이 정신을 잊지 말고, 공민권 획득을 위해서 일해달라고 호소했다.

킹 목사의 연설은 당연한 목표와 방법을 강조한 것으로, 어디를 들더라도 지극히 온건한 연설에 지나지 않았다. 참정권의 요구만 하더라도 이처럼 당연한 요구도 달리는 없을 것이다.

그러나 그 후 얼마 안 가서 킹 목사가 SCLC의 이름으로 발표한 '공민권을 위한 십자군'은 참정권의 획득을 위한 NAACP의 종래의 노력을 진일보시키는 것이었다. 그뿐 아니라, 백인과 흑인의 새로운 힘관계의 실현을 충분히 인식한 것이었다. 그는 '블랙 파워'의 슬로건만은 내걸지 않았지만 흑인에게도 스스로의 운명을 좌우할 정치권력을 부여하라는 것이 그들의 목표임에 틀림없었다.

7년 후에 이 슬로건을 정면에 내세우게 되었지만, 그 토양은 벌써 이무렵부터 SCLC의 활동가들의 손으로 가꾸어지고 있었던 것이다. 비폭력주의자의 용기는 유권자의 등록이나 교육의 문제에서 수수하고 음성적이기는 했으나, 지속적인 역할을 수행해서, SCLC의 활동주력도 거기에 주입되었다.

자유를 위한 기도의 순례는 중요한 이정표가 되었다. 캘리포니아, 아이오와, 메릴랜드, 미주리 등 각주의 지사(知事)는 5월 17일을 순례의 날로 정하고, 로스앤젤레스나 뉴욕 시장도 이에 따랐다.

이리하여 6년 후의 대행진에의 첫걸음을 내딛었다. 동시에 이 전국집회에서 처음으로 연설을 행한 킹 목사는 바로 이날로 전국적인 유명인사가 되었다.

워싱턴에서의 '기도의 순례' 얼마 뒤에 킹 목사와 애버내시 목사는 두 시간에 걸쳐서 닉슨 부통령과 회견하고, SCLC가 앞서 행한 요구를 거듭 강조했다. 그 결과 이듬해의 6월 23일에 백악관에서 열린 회의에 킹, 랜돌프, 윌킨스와 전미국 도시동맹(NUL)의 레스터 B. 글렌저 등의 흑인대표들이 출석하게 되었다. 이 회의에서 랜돌프가 회원을 대표해서 제출한 9개 항목의 제안은 아이젠하워 정권이 수리하는 바가 되었으나 정권의 정책은 거의 변경되지 않았다.

요 1년 동안에 흑인운동에는 눈부신 사건은 일어나지 않았다. 킹 목사는 덱스터의 목사나 MIS나 SCLC의 의장 및 이들을 한 덩이로 하는 흑인운동의 카리스마적 지도자로서의 역할을 담당하면서 57년 중에 2백 회가 넘는 연설을 했다.

코레타 부인이 두 번째의 아기를 임신한 것은 어지럽게 돌아가는 1월의 어느날 밤의 일이었다. 그리고 9월에 장남 마틴 루터 킹 3세가 태어났다.

12월에 열린 MIA의 제2회 연차 비폭력 연구집회는 출석자도 적어서 일반적으로 실패라는 말을 들었다. 킹 목사가 12월 4일에 세인트루이스에서 3년에 한 번씩 열리는 전국 교회회의 대회 쪽에 정력을 쏟지 않으면 안 되었기 때문이다. 그 위에 MIA의 계획 자체가 대폭적으로 축소되어, 주로 선거민교육이 중심이 되어 있었기 때문이기도 했다.

이 기간 중에 킹 목사는 다시 친구인 로렌스 레딕의 도움을 빌어, 여가를 쪼개가며 많은 사람들이 권하고 있던 몽고메리의 버스 보이콧 운동의 기록을 계속해서 썼다. 또 레딕이 쓰고 있던 〈킹 전(傳)〉의 집필에도 협력했다. 이 두 권의 원고는 2월에 대강 정리되어 우선 킹 목사의 《자유를 향한 위대한 행진》이 출판사에 보내지고, 레딕의 《폭력 없는 십자군》은 1958년까지도 집필이 계속되었다.

이 두 책을 읽어보면, 킹 목사의 비폭력주의에의 집념이 감소되기는커녕 오히려 강해지기만 하고 있는 것을 잘 알 수 있다. 그는 여러 번 직접 행동 —— 투표소의 앞에 우르르 몰려가거나, 백인학교에의 연좌(連坐) 등 —— 을 시험적으로 제안했지만, 동료들은 이것에 그다지 반응을 나타내지 않았다.

그는 FOR(융화회)의 일관된 활동을 환영하고, 58년에는 FOR에 가입해서, 자신이 절대 평화주의와 수단으로서의 비폭력주의의 전략적 유효성을 깊이 믿고 있다는 것을 몸소 상기시켰다.

1958년 2월에 FOR는 내슈빌에 남부지방 사무소를 개설했다. 소장인 제임즈 로슨은 팬더빌트 대학 출신의 메소디스트 교파의 흑인청년 목사로 그렌스마일리 목사, 랄프 애버내시 목사와 더불어 융화공작반에 참가해서 3개월에 걸쳐 남부 8주와 북부의 몇 주를 순회하면서 흑인교회나 흑인대학에서 세미나나 연구회를 열었다.

그러나 킹 목사가 언제나 맨먼저 권장한 것은 SCLC의 '공민권 십자군'이었다. 58년 2월 12일의 링컨 탄생일에 남부 주요도시 21군데에서 대중집회가 동시에 거행되었다. 애버내시 목사는 이 십자군에서 일하기 위해서 FOR의 공작반에서 탈퇴하지 않으면 안 되었다. 십자군의 목표는 흑인유권자의 수를 두 배로 늘리는 데에 있었다. 킹 목사는 이 대중집회의 하나에서 다음과 같은 매우 강력한 연설을 행했다.

"미국은 국내에서 민주주의를 위한 투쟁을 시작하지 않으면 안 된다. 미국에서 자유선거가 실시되지 않는 데가 많은데도, 정부당국자가 유럽에서 자유선거를 부르짖고 있는 것은 위선이다. 검은 미국인들로서는, 통치받고, 과세(課稅)되며, 질서에의 복종을 강요당하는 반면, 국가에 대표를 보낼 수 없으며, 더욱이 그 국가가 해외에서는 참정권 옹호론자로서 행동하고 있다는 것은 정말로 아이러니한 이야기가 아닐 수 없다……

차제에 우리의 의도를 숨김없이 밝히기로 하자. 우리는 자유롭지 않으면 안 되며, 자유롭고 싶다. 지금 당장 자유를 바란다. 즉시 참정권을 요구한다. 앞으로 1백 50년 동안에 조금씩 주어지는 자유 따위는 이제는 질색이다…….

강제와 폭력에 의해서 우리 나라의 진보를 저지하고, 민중의 전진을 저해하는 자의 손은 피로 더럽혀져 있다. 그러나 그래도 이렇게 우리를 학대하고 있는 사람들을 위해서 기도하는 것이, 우리의 의무이다…….

놀랄 만한 결과를 참기 어렵게 생각하고 있는 것은 흑인들뿐만 아닙니다. 무시당해서 권리를 빼앗기고, 빈곤에 허덕이고 있는 가난한 백인의 남녀나 어린이들도 또 한 사람에게라도 위해가 가해지면, 그 상처는 만인에게 미친다는 것이 증거이다……. 오늘날 흑인이 투표할 수 없기 때문에 의회는 공정하고 합법적인 수단으로 선출된 것이 아닌 남부의 상원의원이나 하원의원들에게 좌우되고 있는 것이다…….

우리 남부인은 흑인이나 백인도, 우리의 유산이 세계의 눈앞에서 수모를 받고 있는 것을 허용해서는 안 된다……. 우리는 우리 나라의 경제·사회제도를 기형화해서 만인을 욕보이고, 가난하게 하고 있는 소수의 인간을 정치의 지배자의 자리에서 내쫓을 의무가 있다.”

새로운 전투적인 움직임이 차츰 얼굴을 내밀게 되었다. 부활절의 일요일에 킹과 애버내시 두 목사는, 백인여성을 폭행한 혐의로 사형에 처해진 열여섯 살의 흑인소년 젤레미어 리브스의 '참회식'이라 하여 조의를 입은 열다섯 명의 목사를 거느리고 덱스터에서 앨라배마의 주의회 의사당 앞까지 행진을 했다. 의사당 앞에는 2천 5백여 명의 흑인들이 질서정연하게 모여 있었다. KKK단이나 시민회의는 얼씬도 않고, 소동을 바라지 않는 시장이나 지사의 명령으로 경관이나 주병(州兵)이 경호를 했다. 어쨌든 킹 목사의 존재의 무게를 생성하게 보여주는 것이었다.

8월에 NAACP 청년회의가 조직한 연좌데모가 오클라호마 시티, 캔자스 주, 위치타 등에서 행해졌는데, 흑인뿐만 아니라, FOR나 CORE의 백인회원들도 참가했다는 소식을 받았다. 베이어드 라스틴이 전국적으로 조직한 '흑백공학을 위한 청년행진'도 이러한 지방적인 데모를 유발하는 한 원인이 되었다. 그 규모는 여전히 제한되어 있었지만, 이제야 뿌려진 씨앗이 싹트기 시작한 것이다.

신흥 연합 크리스트 교회의 크리스트교 교육에 관한 제1회 전국회의가 퍼듀 대학에서 열렸을 때 킹 목사는 삼천 명의 대표들 앞에서 연설했다. 그는 〈시편〉 제8편의 "사람이 무엇이기에 주께서 저를 돌보시옵니까"에서 딴 "사람이란 무엇인가"라는 제목으로 다음과 같이 말했다.

"인간이란 무엇보다도 먼저 '육체를 가진 생물학적 존재'이며, 인간의 혼에는 관심을 갖지만 혼을 타락시키는 경제상태, 인간을 부패시키는 사회상태, 인간을 기형으로 하는 시(市) 당국 등에는 관심을 가지지 않는 종교는 말라죽어서 쓸모없는 것이며, 새로운 피를 주입하는 일이 필요하다.

그러나 동시에 인간은 신의 아들이며, 신의 모습에 닮게 만들어진 '훌륭한 창조물'이며, 시간과 공간을 초월하는 정신과 이성을 가지고 '신과 접촉하는 독특한 능력'을 가진 존재이다. 동시에 또 인간은 죄 많은 존재이기도 하다. 우리는 인간이 그 자유를 남용해온 것을 인정하지 않으면 안 된다. 신의 모습의 몇 가지는 인간에서 사라져 없어졌다…… 현재의 '있는 그대로의' 모습과, 영원히 '있어야 할' 모습과의 부조화, 이것이 바로 진정한 의미에서 우리가 항상 직면하고 있는 문제인 것이다. 우리는 사랑할 줄을 알면서도 아직 미움을 버릴 수가 없다…….

사회생활의 자리에서는 우리의 죄가 더욱 큰 것이 된다. 우리가 서로 어떤 태도를 가지고 사람을 대하고 있는가를 보라. 인종이 인종을 짓밟고, 민족이 민족을 짓밟고 있다. 우리는 싸움터에 나가서, 신이 주신 생명이나 가치를 파괴하고 세계의 전장을 피로 물들이고 전쟁 뒤에 황금의 산더미보다 큰 막대한 빚을 남기고, 온나라를 과부나 고아로 메우며, 병사 중에서 수천명이라는 불구자와 정신장애자를 만들어 낸다.

이것이 인간의 비극적인 참모습인 것이다. 인간이 흐리멍텅하기 때문에 비극적인 것이 아니라, 원래 좀더 착한 일을 하기 위해서 창조된 존재이기 때문에 비극적인 것이다.

저속한 삶을 계속하는 한, 예수님의 설화에 나오는 방탕아와 같이 자신의 생명과 인격을 낭비한 나머지, 욕구불만에 빠져 환멸을 느끼고 당황할 뿐일 것이다. 서구문명은 방탕아와 같이 식민지주의 국가, 제국주의 국가로까지 타락했다.

미국이라는 방탕아도 마찬가지의 악몽에 사로잡혀 위대한 유산을 가진 집에서 뛰쳐나가, 격리와 차별의 나라로까지 타락했다. 미국이여, 너는 검은 1천6백만의 형제를 짓밟은 것이다. 너는 물질적인 번영 속에서 정신적, 도덕적인 빈곤에 짓이겨져서 이 세상의 양심을 향해서 말을 할 수조차 없게 되어 있다."

킹 목사는 예수의 생애가 사람들에게 주는 영감에 감사하는 기도를 드리고, 연설의 끝을 맺었다.

"주여, 바라옵건대 저희들이 당신의 그 생애를 우러러, 고상하고 고귀하며 선량한 일을 하기 위해서 만들어진 것임을 깨닫게 하옵소서. 저희들을 인도하시어 그 고상한 사명과 위대한 운명에 어울리는 생활을 하게 하소서."

9월 3일에 그는 늘 입에 담아온 사악에 가득찬 현실의 일면을 뜻밖에도 깨닫게 되었다. 어릴 적에는 '검둥이'로 불리고, 얻어맞은 적도 있었다. 박사의 직함을 가진 크리스트교의 목사가 되고 나서도, 협박당하거나, 체포당하거나, 집에 폭탄이 던져지는 일도 있었다.

그러나 이제서야 갖가지의 영예를 수여받고, 〈타임〉지의 표지에 실리며, 엔쿠르마나 아이젠하위와 대등하게 대화하기에까지 이른 그는 '격리와 차별'이 미국의 흑인 대중의 일상생활에서 어떠한 의미를 갖고 있는가를 스스로 음미할 지경에 이른 일은 아직 없었다.

그런데 같은 날 애버내시 목사가 어떤 재판에서 증언하는 것을 방청하기 위해 목사는 부인과 동행으로 시(市)재판소에 나갔을 때의 일이었다. 경호 경관은 그들의 입장을 거부했다. 킹 목사는 MIA의 고문변호사 프레드 글레이에게 말을 좀 해달라고 부탁하기 위해, 글레이 변호사와의 면담을 신청했으나 상대는,

"보이, 냉큼 나가지 않으면, 처넣어버리겠다!" 하고 호통쳤다. 그리고 킹 목사에게 대답할 여가도 주지 않고, 다른 사내가

"이 자식을 연행하라!" 하고 명령했던 것이다. 그 목소리와 함께 두 명의 경관이 그를 비틀어서 재판소의 돌계단에서 끌어내려 옆에 있는 경찰서로 끌고 갔다. 코레타 부인은 눈물을 감추고 남편의 뒤를 쫓았다. 경관의 하나는 그의 어깨너머로 그녀를 쫓아버리려는 손짓을 하면서 말했다.

"아줌마, 당신도 끌려가고 싶은가, 응?"

"아무 말도 하지 말아요." 하는 남편의 목소리에 그녀는 걸음을 늦추었다.

팔이 뒤로 비틀어진 채, 경찰서에 처넣어진 킹 목사에 이어서, 코레타 부인도 안에 들어갔다. 그를 독방에 밀어넣자 경관 하나가 호통쳤다.

"모두 나가라. 아줌마, 당신도 나가!"

독방에 밀어넣어진 그를 향해서 한 경관이 손을 들라고 엄포를 놓더니, 소지품 검사를 끝내자, 이번에는 그를 꿇어앉히려고 했다. 또 다른 경관은 그의 멱살을 잡고 질질 끌더니 둘이서 그를 발길로 걷어찬 뒤에 거칠게 밀어넣고는 독방의 철문을 쾅 닫아버렸다.

그들이 백인의 우위를 유지하기 위한 본때를 보여준다는 듯이, 의기양양해서 이 사건을 서장인 클래이드 셀러즈에게 보고한 것은 상

상하기 어렵지 않았다. 그러나 서장은 바보 같은 짓을 했다고 거꾸로 두 경관을 호통쳤을 것이 틀림없다. 십분도 채 못되어 두 경관은 킹 목사를 독방에서 꺼내어 조서를 받고 보석으로 석방시켰다.

이미 몇 달 전부터 킹 목사는 베이어드 라스틴을 비롯한 비폭력 운동가들로부터, 백인 권력기구에 합법적인 방해를 제멋대로 하게 해두는 것보다는, 차라리 투옥당하는 편이 운동의 발전에 도움이 된다고 들어 왔다.

간디도 스스로 여러 번 감옥에 들어감으로써 커다란 성과를 올릴 수가 있었다. 킹 목사는 그 이야기를 8월 중순에 그를 찾아온 인도인 랭거나트 디와카르한테서 듣고 있었다. 디와카르는 1942년의 '인도에서 손을 떼라' 운동에서 간디의 참모를 지낸 한 사람이었다. 비폭력 직접운동《사차그라하(진리파악)에 관한 입문서》의 저자로서, 영국 식민지 당국으로부터 투옥당한 경험까지 있는 그는, 감옥에 들어가는 문제에 대해서 간디와도 직접 몇 번이나 협의를 했다.

디와카르 일행의 방문을 받은 뒤에, 코레타 부인은
"우리는 비폭력주의의 철학 전체에 대해서 종래보다 더 깊이 생각하게 되었습니다. 우리의 지식이 얼마만큼 표면적이고, 천박한 것이었는가를 모두가 반성하기도 했습니다." 하고 말하고 있다.

킹 목사가 경찰서에서 돌아오자, 일동은 이 문제에 대해서 서로 협의했다.

"좋은 경험을 했다." 하고 그는 대답했다.

9월 5일의 금요일에 법정은 경찰의 명령에 복종하지 않았다는 것을 이유로 유죄 판결을 내리고, 벌금 십 달러 및 재판비용의 지불을 명했다. 로자 파크스 부인의 벌금과 같은 액수였다.

"재판장님, 나는 나의 양심에 맹서해서 범하지도 않은 죄 때문에 벌금을 물 수는 없으며, 불합리하고 난폭한 취급을 당한 이상, 더욱 그러합니다." 하고 킹 목사는 대답했다. 프레드 글레이 변호사가 "피고는 투옥을 바라고 있습니다."라고 보충했다.

킹 목사는 형무소에 보내지기 위해 구치소에 연행되었다. 그러나 죄수 호송차가 오기 전에 석방되었다. 누군가가 벌금을 문 것이다. 그것은 어이없게도 클라이드 셀러즈 서장 자신이었다. 그 일이 폭로되자 서장은 이렇게 설명했다.

"앞으로 14일간, 형무소에서 킹에게 식사를 급여하며 살게 하는 비용은 몽고메리 시민의 세금으로 꾸려나가지 않으면 안 된다. 나는 납세자에게 불필요한 부담을 지게 하고 싶지 않아서, 내가 부담해서 내었다."

그러나 그 진의는 흑인지도자에게 '자기선전'을 위해서 시의 형무소를 이용시키고 싶지 않다는 데에 있었던 것이다.

그 동안에 바깥에서는 2백 명 남짓한 흑인들이 애버내시 목사와 함께 덱스터 아베뉴 뱁티스트 교회에서 재판소까지 즉석 항의데모를 벌이고 있었다. 데모대가 재판소 앞까지 왔을 때, 뜻밖에도 석방된 킹 목사가 안에서 모습을 나타내어 지휘를 하고 있었다. 그는 말했다.

"내가 투옥되게 되면 온세계에 알려지게 됩니다. 이미 수백 통이나 되는 전보를 받고 있었으며, 거의 모든 미국의 각주(各州)로부터 전화가 걸려왔습니다. 그러나 여러분 중의 한 사람이 투옥되고 학대받는다 해도 아무도 알아주지는 않습니다. 나도 좀더 학대받았으면 좋았겠다고 생각합니다. …… 그것이 어쨌든 나는 이제는 여러분과 훨씬 가까워졌다고 생각합니다. 우리는 신으로부터 싸우도록 부탁받고 있습니다. 이제는 투옥을 두려워하고 있지는 않습니다. 이번의 사건은 우리에게 하나의 교훈을 주었습니다. 이제는 투옥되는 일을 두려워 할 필요는 없다는 것입니다."

그리고 그는 '우리의 자유를 위한 투쟁'에서 생긴 죄과에 대해서는 두번 다시 벌금을 물지 않겠다고 선서했다.

그로부터 2주일 후인 9월 20일 토요일 오후에 '자유에의 행진'의 개시를 위해서 잠시 쉴 사이도 없이 돌아다니고 있던 킹 목사는, 우연히 할렘에 있는 백인이 경영하는 양화점 브람스텐의 가게 안에서 책상에 앉아 즉석에서 군중에게 나눠주기 위한 그의 책에 사인을 하고 있었다.

거기에 몸집이 크고 피부가 검은 여자가 서슴지 않고 다가와서 말했다.

"댁이 킹 씨인가요?"

"그렇습니다."

"루터 킹, 당신을 찾아서 5년이나 헤맸지요." 하고 여자는 이렇게 말하자마자 반짝이는 것을 꺼내어 갑자기 푹 찔렀다. 놀랄 사이도 없이 킹 목사는 가슴팍을 푹 찌르는 것 같은 아픔을 느꼈다. 이어서 여자는 영문도 모를 말을 지껄이면서, 그를 때리려고 대들었다.

그러나 여자는 곧 달려온 경관들에게 붙잡혔다. 여자의 핸드백 속에서는 실탄이 든 권총이 발견되었다. 킹 목사는 20센티미터쯤의 칼이 가슴에 푹 꽂힌 채 넋을 잃고 앉아 있었다. 가게 안은 여성 손님들의 비명 소리로 고막이 찢어질 지경이었다. 여성손님의 하나가 킹 목사의 가슴에 꽂힌 칼을 빼려다가 남자손님의 제지를 받았다.

"그대로 두세요. 의사가 하는 편이 나으니까." 하고 누군가가 말했다. 칼 끝은 대동맥의 바로 근처까지 들어가 있었다. 그 때문에 할렘 병원의 의사 세 명이 달라붙어 칼을 빼내는 데에 세 시간이나 걸리는 형편이었다. 정말 순식간이었다. 기침이라도 한 번 했더라면 심장은 엉망진창이 되었을 것이다. 코레타 부인은 정신없이 몽고메리에서 달려왔다. 제발 살아야 할 텐데 하는 소원과 틀린 것이 아닌가 하는 불안으로, 부인의 마음은 천 갈래 만 갈래로 흐트러졌다. 모두들 함께 투쟁을 계속하며 그녀는 그렇게 결심하고 있었다. 그러나 다행히 남편은 살아 있었다.

위로와 문병의 인사말이 전세계에서 보내져왔다. 그녀는 꼬박 이 주일을 남편과 위문객의 연락을 맡았다. 면회가 허락된 것은 아주 친한 친구나 뉴욕 주지사 아베텔 해리만과 같은 요인들뿐이었다.

10일 후에 킹 목사는 휠체어에 앉아서 첫 기자회견을 했다. 자신을 찌른 이줄라 커리 부인한테는 아무런 악의도 갖고 있지 않았다.

"분별있는 사람들은 되도록이면 그녀에게 필요한 조력을 해주기 바랍니다. 이 사건에서 바람직하지 못한 점이라면, 한 인간이 부상당했다는 것이 아니라 증오나 냉혹성이 우리 나라에 만연되고, 그 결과 더욱 난폭한 행위가 폭발할 위험이 있다는 것입니다. 오늘은 나로 끝났습니다. 내일은 다른 지도자, 아니 일반인들이, 부인이, 어린이가, 무법과 만행의 희생자가 될지도 모른다는 것입니다."

10월 3일에, 킹 목사는 퇴원해서 며칠을 뉴욕에서 정양한 뒤에, 코레타 부인과 함께 몽고메리로 돌아왔다. 커리 부인은 벌뷰 병원의 정신과의사의 진찰을 받고 위험한 정신이상자를 수용하는 마테원 주립병원으로 보내졌다.

그후 4개월 동안 킹 목사는 더 요양하기 위해 활동을 제한해서 강연의 약속도 대부분 취소하고 오로지 상징적인 지도자로서의 역할에만 만족하게 되었다. 그러나 그 동안에도 투쟁은 중단없이 계속되었다.

10월 12일에 애틀랜타의 유대교회에 던져진 폭탄은 전미국을 뒤흔들었다. '공민권 십자군'의 선구가 되어, 57년 7월 매디슨 스퀘어 가든에서 열린 집회에서 킹 목사를 소개하는 수고를 해준 '크리스트를 위한 십자군'의 지도자 빌리 그레이엄 목사는 이 사고에 대해 이렇게 소리높였다.

"크리스트교인 전원이 이런 종류의 무도한 행위에 단호히 반대하지 않으면 안 된다."

종교 철학자 폴 틸리히를 비롯한 유력한 성직자들도 일제히 항의의 소리를 높였다. 아이젠하워 대통령까지도 남부의 투쟁에 대한 평소의 침묵을 깨트리고 이 만행을 비난했다.

마음이 비뚤어지고 고집이 센 저항에도 불구하고, 백인들도 겨우 태도를 바꾸기 시작했다. 〈다이제스트〉지가 남부 17주의 목사들을 대상으로 행한 조사에서도, 최저 50퍼센트(사우스 캐롤라이나)의 주에서 최고 89퍼센트(켄터키 주)의 목사가 1954년의 최고재판소 재정의 실시를 지지했고, 공공연히 반대를 주장한 자는 회답자 7백 65명 중에서 3퍼센트에 지나지 않았다.

이 조사에 의하면, 흑백공학을 지지하는 자의 거의 전원이 자신의 교회에서도 피부색에 의한 차별을 철폐할 것에 찬성하고 있었다. 다만 그들의 신도가 그것을 허락해 주지 않을 것이라고 느끼고 있다는 것도 숨길 수 없는 사실이었다.

10월 20일에 버밍햄에서 SCLC의 임원 프레드 L. 샤틀즈워스 목사가 시내버스의 백인좌석에 앉은 스무여 명의 흑인시민과 함께 체포되는 사건이 일어나, 그것을 계기로 버스 보이콧이 개시되었다.

애틀랜타에서도 윌리엄 홀름즈 보더즈 목사가 버스 보이콧 운동을 개시해서 59년 1월에 버스의 좌석차별은 철폐되었다. 킹 목사의 옛 친구이기도 한 보더즈 목사는 승리한 날에 "우리는 누구에게도 노여움을 터뜨리지 않는다. 크리스트교인의 사랑을 믿는다."라는 온건한 성명을 발표했다.

킹 목사는 이미 1년 전부터 네루 인도수상의 초청을 받고 있었다. 정양을 위해서 일시적인 여유가 생긴 그는 SCLC와 퀘이커 교도의 단체인 아메리칸 프렌즈 서비스 위원회로부터 원조를 받아, 이 초청에 응하기로 했다. 2월 2일에 뉴욕의 반전(反戰) 연맹 연차총회에서 연설하고 나서 일주일 후에 그는 코레타 부인, 로렌스 레딕들과 함께 뉴델리 행의 비행기에 탔다.

예정된 2월 8일 일요일에는 도착할 수 없었기 때문에 10일에 파람 공항에 도착했을 때에는 마중나온 인사도 드물었으나 기자단은 다수 대기하고 있었으며, 당시 델리의 퀘이커 센터의 소장이었던 미국의 비폭력운동 지도자의 한 사람인 제임즈 E. 블리스톨, G. 라마찬드란 간디 국립기념 재단의 스체타 크리파라니 부인들이 마중나와 주었다.

일행은 몸이 파묻힐 만큼의 환영 화환이 목에 둘러졌으며, 쟌파스 호텔로 직행해서 기자회견을 가졌다.
"다른 나라라면, 관광차라고도 할 수 있습니다만, 이곳 인도에는 순례자로서 찾아왔습니다. 인도는 현대의 진정한 위인, 다름아닌 마하트마 간디의 나라이기 때문입니다. 게다가 온세계에 그 현명한 정치와 지성으로 알려져 있는 네루 수상의 나라이기 때문이기도 합니다. 또한 인도는 현재 우리가 쓰고 있는 비폭력적 사회개혁의 기술을 개발한 나라이기 때문이기도 합니다. …… 우리는 이 기술이 유효하고 도움이 되는 것을 발견했기 때문입니다."
또 몽고메리의 보이콧의 구체적인 성과를 질문받고 킹 목사는 다음과 같이 대답했다.
"우리의 승리는 버스에서의 인종차별을 철폐시킨 것보다도, 오히려 그것에 의해서 새로운 품위와 사명을 몸에 지니게 되었다는 것입니다." 그는 보이콧의 성공을 계기로, 남부의 35개의 도시에서 자발적으로 버스의 인종차별 철폐가 행해진 것을 덧붙였다.
당시 인도에서는 크리스트교도가 가장 많은 케라라 주에서, 공산당이 선거에서 막 승리한 참이었다. 미국 남부에서도 흑인은 왜 같은 길을 나아가려 하지 않느냐는 질문에 대해, 킹 목사는 "근본적으로는, 미국의 흑인은 미국의 민주제도의 테두리 안에서 정의를 획득할 수가 있다고 믿고 있기 때문입니다." 하고 대답했다. 일행의 일정은 꽉 짜여져 있었다. 일행은 그날 중에 후생 장관 카우르 여사와 점심을 함께 하고, 저명한 철학자인 부통령 살베파리 라다크리슈난과 차를 나누고, 저녁에는 네루 수상과 만찬을 같이 했다. 네루 수상은 일행의 도착이 늦어졌기 때문에 예정을 변경해가면서까지, 일행을 만찬에 초대해 주었던 것이다.
다음 수요일의 조반 전에 일행은 간디 묘(卿;샜데)에 화환을 바치고, 무릎꿇어 기도를 올렸다.
목요일에 일행은 오전 중에 비폭력에 대한 의견교환을 하고, 오후에 킹 목사는 델리 대학 학생연합에서 강연했는데, 비폭력 행동을 통해서 온세계에서 편견과 압정을 몰아내자고 학생들에게 호소했다. 그 뒤에 일행은 라젠드라 프라사드 대통령을 방문하고, 꽃이 한창 피어 있는 옛 무굴 왕조의 호화로운 정원을 산책했다.

일행은 인도에 체류하는 마지막 주일을 퀘이커 센터를 중심으로, 자신들이 인도에서 여태까지 구경해온 것에 대해서 서로 의견을 나누었다. 일행의 인도여행은 강행군으로 글자그대로, 인도의 구석구석까지 미쳤다.

킹 내외의 해외여행은 가나를 빼놓으면 이것이 처음이었다. 4주일에 걸친 인도여행은 순례의 나그네와 다를 바가 없었다. 내외는 종래에 없을 만큼 간디의 정신에 감명받고, 여러 가지 잊을 수 없는 추억을 만들었다. 아크라에서의 엔쿠르마와의 만남보다도 더 이 인도여행은 세계라는 무대에서의 자신의 지위를 킹 목사에게 자각시키게 되었다. 그는 세계의 역사와 인간의 존엄에 대한 자신의 역할을 더한층 자각했던 것이다. 그가 그것을 자각하고, 한층 더 성장했다는 것은 그 후에 더욱 커다란 의미를 갖게 되었다.

3월 10일 아침에 킹 목사 내외와 레딕 박사는 델리를 떠났다. 전날에 일행은 간디 스마라크 니디에서 기자회견을 가졌다. 그 석상에서 킹 목사는 이렇게 말했다.

"우리는 여러 가지 일들을 배웠습니다. 인도라는 광대한 대륙, 그 주민과 문제, 대조의 성과 등 모든 것을 알았다고는 말하지 않겠습니다. 그러나…… 한두 가지를 대충 말하기로 하겠습니다.

첫째는, 간디의 정신은 오늘날에도 일부의 사람들이 생각하고 있는 이상으로 강하게 살아 있다고 생각합니다. 그의 동지나 협력자의 직접, 간접의 영향력뿐만 아니라, …… 간디 스마라크 니디의 활동이나 성자(聖者) 비노바 바베의 운동 등에서도 그것은 분명합니다.

둘째로, 인도의 사람들과 정부에 호소하고 싶은 일이 있습니다. 세계평화의 문제는 매우 긴급을 요하는 문제로, 나는 비노바 목사와의 회견 때 마음에 떠오른 생각을 여기서 제안하지 않을 수가 없습니다.
　온세계의 평화를 사랑하는 제국민은 여전히 나의 나라 미국과 소련에 두려움을 버리고 무기를 버리도록 설득하는 일에 성공하고 있지 않습니다. 불행하게도 미국과 소련은 아직도 그만한 신념과 도의적인 용기를 보이지 않고 있습니다. 비노바 목사는 '신념과 도의적 용기를 가진 나라라면 인도이든 어느 나라이든, 내일에라도, 일방적으로라도 스스로 무기를 버릴 수가 있다.'고 말했습니다.
　비폭력에 의해 독립을 쟁취할 수가 있다는 것을 보여준 나라로서 인도가 이를 위한 리드를 잡아 세계의 군축을 호소해야 하지 않을까요? 설사 다른 나라가 당장 이에 응하지 않더라도, 인도는 우선 일방적으로 자기 나라의 비무장을 선언해야 하지 않을까요?
　이러한 용기있는 행동은 간디 정신의 위대한 발로라고 할 수 있을 것이며, 다른 나라들에게도 같은 길을 걷게 하는 최대의 격려가 되지 않을까요? 더욱이 이와 같은 조치를 취하는 나라는 그것에 의해서 세계의 제국민을 우방으로 하므로 침략자는 세계의 노여움 앞에 그 나라에의 침략을 단념하게 되지 않을까요?"
　다음 날 아침 비행기에 타려는 일행을 전송하는 많은 사람들이 눈길을 끌었다. 킹 목사가 인도에서 귀국해 보니 흑인들은 어찌할 도리도 없게 되어 있었다. 최고재판소가 공립학교에서의 차별에 종지부를 찍는 판결을 내리고, 흑인을 평등하게 다룰 것을 명한 일련의 법률이 시행된지 이미 5년 가까이나 지나고 있었다.
　사태는 눈에 띄게 진전되고 있었다. 전미국의 도시라는 도시에서 흑인이 투쟁을 전개했고, 그렇지 않은 데서는 살짝 차별의 테두리를 벗겨놓고 있었다. 북부인들은 주지하는 바와 같았고, 남부 백인의 권력기구도 '흑인을 밑에 두기' 위해서는 따로 법적으로 차별해둘 필요가 없다는 것을 깨닫기 시작했다.
　여기저기서 제스처나 아주 약간의 조치로, 백인들은 양심의 고통을 달랠 수가 있었다. 그러나 차별철폐는 반드시 통합을 의미하는 것은 아니었다. 몽고메리의 당국자를 비롯해서, 백인들은 유력한 흑인선동가를 정중히 다루는 것도, 하나의 저항수단이 될 수 있다는 것을 알았던 것이다.

KKK단과 같은 과격한 방법은 ──〈몽고메리 애드버타이저〉지의 글로버홀 편집장들이 '어린애 속임수'라고 욕했듯이 ── 벌써 과거의 것이 되었다.

그러나 킹 목사가 귀국한 당시 미국의 생활을 상세히 검토해보면, 자유주의의 보루로 일컬어지던 곳에서도, 인종통합은 실제로는 거의 이루어지고 있지는 않았다. 인종평등의 원칙을 부르짖는 유력한 단체의 명부에도 '민주적행동을 위한 미국인'의 사무실이나 미국 시민자유연합의 사무실에도, 흑인의 얼굴은 거의 없었다.

'공학'이 행해지고 있는 학교에서도 흑인학생은 몇 명 안 되었으며, 더욱이 백인의 학우들로부터 따돌림을 당하고 있는 경우가 많았다. 백인의 미국은 국가의 구석구석까지 스며들어 있어서 백인의 심리에 파고들어 선량한 사람들의 태도에까지 영향을 미치고 있는 병을 아직 아무도 깨닫고 있지는 않았다.

혁명은 희망이 없는 절망에서 생기는 것이 아니라, 절망적인 희망의 불꽃에서 생기는 것이다. 변화는 보다 많은, 보다 빠른 변화에의 요구를 낳는다. 새로운 가능성이 확실해질 때마다, 상향(上向)으로 퍼지며 속도를 더한다. 전시 중에도 흑인이 얻은 것은 적었다. 몽고메리의 버스 보이콧 운동 후의 성과도 보잘것이 없었다.

1957년의 공민권법도 평등에의 움직임을 겨우 조금 내세웠을 뿐이었다. 그러나 그 모두가 전진에는 틀림이 없었으며, 모두를 합치면, 기대를 키울 근거로 될 수 있었으며, 장래의 밑거름이 될 수 있는 것이었다.

어느 것이나 흑인의 목표에는 조금 멀었지만, 시민으로서의 완전한 권리를 요구하는 흑인의 주장을 고무하고, 오랫동안 방해받아왔던 목표를 향한, 다음 전진에의 노력을 배가하고 촉구하게 되었다.

그러나 백인들은 그것을 이해할 수 없었다. 바깥에서 보면 흑인들은 배가 불러 사치를 꿈꾸고 있는 것 같았다. 언제나 배부른 인간과, 언제나 배고픈 인간과는 빵 반조각이라도 전혀 다른 의미를 갖는 법이다. 배부른 인간은 '흑인들이 이처럼 혜택을 받은 적은 없다.'며 끝내버린다. 그러나 그자에게는 자신이 말하는 의미를 모르고 있는 것이다. 흑인들이 여유를 갖게 되자 여태까지 얼마나 학대받아 왔는가를 깨닫고, 백인들이 귀찮아하든 말든, 자신들의 것으로서 당연히 요구해도 합당한 것을 무엇이든 요구하게 되는 것이다.

1959년 당시의 역사의 역학(力學)이 바로 그것이었다.

4월 18일의 제2회 '인종통합을 위한 청년의 행진'에 이어서 일주일 후에 미시시피 주 포플러빌에서 흑인 맥 파커가 린치를 당했는데, 그것에 대해서 하수인들을 처벌하라는 흑인들의 요구가 높아졌다. 그러한 요구 속에서 한층 더 높이 새로운 전투적인 흑인의 소리가 생겨난 것이다.

'흑인 회교단' 운동의 지도자인 에러이저 무하마드와 그 부하인 말콤 X 즉, 말콤 리틀은 '하얀 미국의 양심'에 호소하는 방법을 거부하고 '파란 눈의 악마들'의 배신을 눈앞에 두면서 무방비를 부르짖고 있다고 킹 목사를 비난했다.

말콤 X의 말은 북부의 흑인 특수구역의 길모퉁에 모인 많은 흑인들의 마음을 사로잡았다. 킹 목사의 고향인 남부까지는 침입해오지 않았지만, 말콤 X는 자유를 위한 전국적인 운동에 대한 킹 목사의 지도권에 정면으로 도전해온 것이다.

그러나 노스캐롤라이나의 먼로 군(郡)에서도 다른 도전이 벌어지고 있었다. 그곳의 NAACP 지부장 로버트 F. 윌리엄즈가 무장한 친위대를 만들어 KKK단이나 경관들과 총질로 맞선 것이다. 해병대 출신의 윌리엄즈는 먼로 군의 흑인은 비폭력운동도 벌이고, 주나 연방당국에도 호소했지만, 전혀 효과가 없었다고 주장했다.

"몽고메리의 버스 보이콧은 미국 민주주의의 위대한 승리이긴 했으나, 모든 정세에 유효했다고는 할 수 없다. 맥 파커가 엽총을 가지고 있었더라면, 린치를 피하는 데에도 크게 도움이 되었을 것이다."
하고, 그는 그의 저서 《흑인에게 평화주의자가 될 만한 여유가 있을까》에서 쓰고 있다.

이러한 정세에 대해서 킹 목사는 《비폭력의 사회조직》에서 다음과 같이 말하고 있다.

"공민권 투쟁은 심각한 위기를 맞았다. …… 완전한 통합을 먼 앞날 내지는 비현실적인 목표로 해서 설정하기는 쉽다. …… 한편 사회에 평온을 요구하려고 하면 타협 이외에는 없으며 그렇게 되면 앞으로 당분간은 명색만의 통합을 지향할 수밖에 없을 것이다.

1878년에도 이런 종류의 타협이 이루어졌지만, 이제는 흑인들은 그것을 바라고 있지는 않다. 오늘날의 흑인은 로버트 윌리엄즈와 같이 오히려 무력에 호소할 것이다.

흑인이 자위를 위해서 무력을 사용해도 지지를 잃는 일은 없을 것이며, 그 용기와 자존심을 걸고 승리를 얻을 가능성조차 있다. …… 흑인들이 어떠한 행동을 취하든 흑인의 투쟁이 적이 시작한 폭력행위와는 인연이 있을 수 없는 것은 불행한 일이지만 사실이며, 흑인들은 이런 폭력행위를 타도하기 위해서 자진해서 희생이 될 용기와 의지를 충분히 가지고 있는 것이다. 그러나 흑인들의 편에서 폭력을 찾고 폭력을 조직한다면, 승리할 가망은 없다…….

한줌의 절망적인 사람들의 손에 쥐어진 총보다도, 사회적으로 조직된 대중의 행진 쪽이 힘이 더 있다. 우리의 적은 거대한 맨주먹이지만 결심을 굳힌 대중보다도, 소수의 무장집단 쪽이 다루기 쉬울 것이다.

간디는 반영(反英) 투쟁에 있어서, 적을 쉬게 해서는 안 된다고 말했다. 우리의 강력한 무기는 올바른 목표를 향해서 쉬지 않고 걸음을 계속하는 단결된 헌신적인 사람들의 목소리와 발과 몸이다.

남부의 차별주의자보다도 강대한 폭군들조차도, 이러한 투쟁에 의해 굴복시키고 패배시킬 수가 있었다. 우리는 아직 이 투쟁방법을 쓰고 있지는 않지만 그 힘을 알 수 없기 때문에, 그것을 무시한다면 비극적인 결과를 초래할 것이다."

비폭력운동은 계속해서 수수하게 드러나지 않고 전개되었다. 7월에 SCLC, CORE, FOR 공동 주최의 '비폭력과 차별에 관한 연구회'가 애틀랜타의 스펠만 컬리지에서 사흘 간에 걸쳐서 열렸다. 랜돌프, 레딕, 라스틴, 로슨, 리차드 그레그, 윌리엄 스튜어트 넬슨 등이 모두 연설했다.

8월에 MIA는 흑백공학 운동의 준비에 착수했다. SCLC의 각 지부도 이에 발을 맞추었다.

9월 5일부터 마이애미에서 CORE 주최의 비폭력 전술전략 회의가 이주일 간에 걸쳐 열려서, 1942년 이래 북부의 도시에서 쓰여져 온 연좌(連坐) 전술이 중시되게 되었다.

여름 동안에 SCLC의 동료들은 애틀랜타로 옮길 때가 왔다고 킹 목사에게 권했다. 옛날부터의 NAACP의 활동가로 미인인 에라 베이커는 1957년에 SCLC를 조직하는 데에 베이어드 라스틴과 함께 커다란 역할을 했지만, 58년에는 애틀랜타에 사무실을 차려 킹 목사도 자주 출입하게 되었다. SCLC가 앞으로 그 맡겨진 사명을 다하기 위해서는 애틀랜타에 발판을 갖는 밑거름이 필요하며, SCLC의 의장은 더욱 애틀랜타에서 활동할 필요가 있는 것이 차츰 분명해졌다.

그 무렵에 일찌감치 아버지와 화해하고, 보험의 세일즈맨을 그만두고 모어하우스에 돌아와 있던 동생 다니엘은 형 마틴이 몽고메리로 옮겨오자 아버지의 부름에 응해서 에베니더 뱁티스트 교회의 부목사로 있었는데, 이번에는 버밍햄의 제 1 뱁티스트 교회의 정목사(正牧師)가 된다고 우기고 나섰다. 아버지는 장남인 마틴이 돌아와 주었으면 했지만 아들이 SCLC의 일을 우선 하지 않으면 안 된다는 것도 이해하고 있었다.

마틴과 코레타는 애틀랜타로 가고 싶지는 않았다. 몽고메리에 완전히 뿌리를 내리고 있었기 때문이었다. 그러나 코레타 부인도 남편 못지 않게 애틀랜타로 가는 것은 피할 수 없다는 것을 자각했다. 애버내시 목사도 SCLC의 일 관계로 애틀랜타로 갈 것을 결심하고 있었다.

11월 29일 일요일에 킹 목사는 예배에 모인 신자들에게, 오늘은 설교를 할 준비를 하지 않았으므로 대신 목사에게 설교를 부탁했다고 말했다. 그리고 기도하기 전에 잠깐 자신의 계획을 들어달라고 다음과 같이 말했다.

"나는 나 자신이라는 인간을 다시 고쳐서 인생의 방향을 새삼 결정하지 않으면 안 되게 되었습니다. …… 달리 길은 없습니다. 나는 역사로부터 어떤 종류의 사명을 위탁받았습니다. 이것을 피할 수는 없습니다. …… 그래서 오는 '1월의 넷째 일요일 이후, 덱스터 가의 뱁티스트 교회의 목사를 사직하기로 했습니다."

인사가 끝나자 신도들은 서로 손을 잡고 킹 목사를 가운데 세우고 "우리의 유대에 축복있기를." 하고 합창했다. 이 유대에 감동되어 킹 목사는 자신도 모르게 눈물을 흘렸다.

다음 날 그는 12월 1일자로 신문에 성명서를 보냈다. 성명서에 이렇게 씌어 있었다.

"평등을 지향하는 남부의 투쟁을 다시 대담하고 광범하게 전진시킬 때가 왔다. 심사숙고한 끝에 나는 부정에 대한 집중적인 투쟁에 의해서, 위대하고 명백한 승리를 손에 넣을 수 있는 시기가 찾아왔다고 확신했다. 현재의 전략적인 호기를 놓쳐서는 안 된다. 얼마 안 가서 우리는 새로운 계획을 발표한다. 그 속에는 선거인 등록운동의 촉진뿐만 아니라, 일체의 차별과 분리에 대한 총공격이 포함될 것이다. 우리는 비폭력적인 저항을 통해서 사회를 변혁시키는 기술을 지도자들에게 가르치지 않으면 안 된다. 우리는 국민대중을 한 덩이로 하는 새로운 투쟁방법을 쓰지 않으면 안 된다."

## 제 5 장
## 연좌와 '자유의 편승' 운동

1960년 1월 24일에 킹 목사는 미리 제출해놓았던 사표가 수리되었으므로 몽고메리의 교회를 떠났다. 킹 목사와 코레타 부인, 그리고 두 아이는 새로운 집으로 이사했다. 새 집은 붉은 벽돌집으로, 에베니더 교회 근처에 있었다. 새 집에서도 목사가 무척 좋아하는 팔걸이 의자의 배후에는, 간디의 실물크기 사진이 걸려 있었다. SCLC본부에 장식된 것과 같은 크기의 액자였다.

전년 12월의 킹 목사의 호소가 결실을 보기까지에는 아직 이삼 주일이 걸릴 것으로 보여졌다. 그러나 라디오로 방송된 보람이 있어 남부 전체에서 싹이 트기 시작하고 있었다. 흑인 학생들 사이에서는 책이나 팜플렛이 보급되어, 일부의 학생들은 활동가 스마일리나 로슨으로부터 직접 설명을 들었다. 그런 한 사람 중에 에셀 브레어 주니어가 있었다. 그는 그린즈보로에 있는 노스캐롤라이나 농공대학 1학년생으로 FOR가 출판한 극화《마틴 루터 킹과 몽고메리 이야기》를 읽어서 운동에 대해 알고 있었다.

1월 31일에 브레어와 같은 반인 조제프 마크넬이 역(驛) 식당의 카운터에 앉으려 했으나,

"여기서는 흑인이 식사를 시킬 수 없다." 하고 거절당했다. 그는 이 경험을 친구들에게 얘기하고 있는 동안에 둘다 행동을 일으킬 생각이 들었다. 브레어는 다시 한 번, 예의 극화를 꺼내어 마크넬에게 보였다. 그는 책장을 넘기다가 갑자기 보이콧을 해보지 않겠느냐고

말을 꺼냈다. 다음 날 친구 둘과 함께 울워스 백화점의 런치 카운터에 앉았다.

그레이하운드 장거리 버스역과 같이 거기는 백인전용이었다. 식사가 나오지도 않는 채, 그들은 오전 열시에서 다음 날 정오 반까지 계속 앉아 있었다. 그들은 매일 식당에 다녔는데, 2월 4일에는 마침내 여자대학의 백인 여학생들도 참가했다.

이 화제를 통신사가 받아들여 라디오, 텔레비전이 방송했다. 2월 8일에는 노스캐롤라이나 대학의 백인학생들이 그곳에서 80킬로미터 동쪽인 다럼에서 연좌데모를 시작했다. 35킬로미터 서쪽인 윈스턴 셀럼에서는 교육대학의 흑인 학생과 웨이크 포레스트의 백인 학생들이 동조했다.

이러한 학생들의 수는 날이 감에 따라 불어갔다. 열흘째에는 연좌가 노스캐롤라이나 주의 10개의 도시로 퍼지더니, 두 주일이 지나자, 사우스캐롤라이나, 테네시, 버지니아의 각 주로 퍼졌다.

혼란도 야기되었다. 이를테면 버지니아 주의 포츠머스에서는 고교생이 백인의 도발에 폭력으로 반항했다. 이와 같은 정세에 대응해서 FOR, COR의 대표들이 그들의 경험을 각지의 흑인들에게 순회 설교로 알리면서 효과적으로 비폭력주의를 경험시켰다.

스마일리 —— 로슨 조(組)에 참가한 제3의 사나이는 찰스 C. 워커였다. 그는 《비폭력 직접행동의 조직화》의 저자이다. 학생들은 그들의 운동에 도움된다고 생각되는 것은 무엇이든 닥치는대로 채택했다. 거기에는 정해진 규칙은 없었고, 특히 처음 2,3개월 동안은 대학을 횡적으로 연결하는 연락조차 할 수 없었다. 운동이 일어난 것이 살그머니 전해져올 뿐이지, 이에 동조하려 해도 헛일로 끝나는 수가 많았다.

각 지역의 그룹은 자치조직으로 상부기구는 없었다. 어떤 대학에서는 학생단체의 리더가 차별철폐 운동을 지도하고 또 다른 대학에서는 운동을 일으킨 학생이 주도권을 쥐고, 대변인의 역할까지 맡고 있었다. 어느 그룹에서나 강조된 한 가지는 전원의 의견일치에 의한 결정이었다.

2월 12일의 링컨 탄생일에 첫 체포자가 나왔다. 그들은 쇼우 대학, 센트오거스틴 대학의 41명의 학생들이었다. 체포는 학생들의 기세를 꺾기는커녕, 도리어 단결을 강화시켜, 다시 다른 대학으로 운동을 파급시켰다. 다음 날 탤라하 시에서는 플로리나 농공대학의 학생들이 런치 카운터로 밀어닥쳤다가 유치장으로 끌려갔다.

이 도시에서는 1956년에 버스의 보이콧을 한 적은 있었지만, 이런 규모로 차별철폐 운동이 벌어진 것은 처음이었다.

3월말에 연좌는 남부 50개 이상의 도시로 퍼져, 그 효과는 한층 더 넓은 범위로 퍼질 기세를 보였다. 텍사스 주의 휴스턴과 샌안토니오에서는 연좌가 시작되기 전에, 가게 주인이 몰래 공민권운동 지도자에게 협상을 제의해서 런치 카운터를 흑인에게 개방했다.

북부 제주(諸州)의 대학에서 여러 가지 형태로 원조가 왔다. 탄원서의 서명운동에서 연쇄점에 대한 피킷(감시)의 자금 모으기까지, 원조는 넓은 범위에 걸쳐져 있었다. 울워크스의 연쇄점의 경우는 남부에서는 런치 카운터를 백인전용으로 하고 있었다.

동부의 뉴헤이벤에서 예일 대학 신학 대학생 이천 명이 운동을 지지하고 침묵의 데모를 했다. 이 지역에는 학생을 하숙시키고 있는 가정이 많았는데, 그들은 흑·백인의 차별없이 방을 빌려주고 있는 사람의 이름을 학생하숙 알선소에 등록했다. 4월 11일에 뉴욕 시의 유니온 신학교의 라인홀트 니이버 교수가 설교에서 "이 운동은 드물게 보는 완전주의와 현실주의의 결합이다." 하고 연좌에 대해 언급하며 그 참가자들을 칭찬했다.

니이버의 설교 후에 시내에 있는 백 개 이상의 울워크스 백화점에는 유니온 신학교학생, 자유주의자, CORE의 회원들에 의해 피킷(감시)이 퍼졌다. CORE의 보이콧 운동지도자 고든 캐리는 "4월 4일 오후에 손님이 열 명도 안 오는 가게도 있었다." 라고 보고하였다.

앨라배마 주의 몽고메리에서는 주립대학의 학생이 MIA의 새 위원장에 랄프 애버내시를 지명하고, 재판소 앞에서의 연좌를 지휘하도록 요청했다. 이 때문에 앨라배마 학생항의위원회 위원장 버너드 리 등 일곱 명의 학생이 퇴학처분을 당했다.

그래서 리는 제임스 비벨이나 연좌운동에서 생긴 두세 명의 지도자들과 함께 SCLC의 임원이 되었다. CORE 때와 같이 새 임원은 자유주의 운동 전체에 진취성을 고취해서 인종차별 철폐운동의 제세력에 변혁을 가져왔다.

제임스 로슨의 FOR 본부가 있는 내슈빌에는, SCLC 중에서도 가장 강력한 가맹단체인 케리 밀러 스미스가 이끄는 내슈빌 크리스트교 지도회의가 있었다. 그 회의는 몇 달에 걸쳐 비폭력투쟁에 대해서 연구하고 있었다. 한편 런치 카운터의 차별철폐의 교섭은 이렇다 할 결실도 없이 끈기있게 계속되고 있었다.

피스크와 반더빌트 대학의 학생들이 그린즈보로에 자극되어 일어섰을 때에 운동을 실시하는 조직은 이미 구성되어 있었다. 첫날인 2월 13일에 총 일흔아홉 명의 학생이 체포되어 '질서를 문란케 하는 행동'의 혐의로 기소되었다. 내슈빌에 본부를 두는 메소디스트 교파의 학생잡지 〈모티브〉의 편집장인 제임스 존즈는 남부일대의 항의운동을 상징하는 다음과 같은 기사를 썼다.

"그들은 이름을 호명당해도 대답하지 않았다. 두들겨 맞아도 대들지 않았다. 백인청년이 흑인부인의 머리채를 잡아당기고, 불을 붙인 담배로 등을 지져도 앙갚음을 하지 않았다. 그들은 오직 기도를 드릴 뿐, 위엄을 잃지 않고 다음에 재기할 것에 대기하고 있었다."

내슈빌의 연좌는 두 달간 계속되어 4월 12일에 대규모의 데모행진이 벌어졌다. 그런데 그 데모는 폭동으로 발전했다. 이런 시점이 되자 그 지역의 상점주인들은 겨우 협상에 응했다. 이것은 상인들이 더욱 심각한 폭동을 피하기 어려웠던 것과, 또 두 주일에 걸친 불매운동의 효과에서 생긴 압력에 굴복했기 때문이었다. 1개월 후에 여섯 집의 드럭스토어(약국 잡화점)의 런치 카운터에서 차별이 없어졌고, 6월 9일에는 W. T. 그랜드 계(系)의 스토어도 이에 따랐다. 그 후에도 연좌는 3년간이나 계속되어 내슈빌 식당의 무차별화는 차츰 진전되어갔다. 이 승리는 부상자를 내는 폭동 뒤에 비로소 쟁취된 것이었다.

연좌에 가담한 백인, 요컨대 '검둥이편'은 결코 한결같지는 않지만, 억지로 하나의 집단으로 간주되는 일이 많았다. 반더빌트 대학 신학대학의 제임스 로슨의 백인 친구인 말콤 카나핸은 무저항주의로 통했음에도 불구하고 차별주의 청년들의 습격을 받았을 때 그들과 함께 체포되었다.

뉴올리언스 당국은 투렌 대학의 학생 시드니 골드핀치를 '범죄적인 무정부주의'의 혐의로 기소했다. 그곳의 연좌는 심한 탄압을 받아 1960년 3월 28일에서 1962년 2월까지 3백 명 이상이 체포되었다. 이윽고 연좌중지 선언이 나와, 협상이 시작되어 1962년 9월 12일에 15군데의 가게가 런치 카운터를 흑인에게 개방했다.

플로리다 주의 잭슨빌에서 리차드 파커는 유죄가 되어 90일의 금고형을 받았는데 전국적인 항의의 소리가 높자, 그 압력으로 당국은 60일만에 파커를 석방시켰다. 달라스에서는 남부 메소디스트 대학의 백인학생 쉰여덟 명이 두 명의 흑인학우와 함께 드럭스토어에서 연좌를 했다. 여러 가지 방해가 있었는데 구충제 살포까지 당했다. 그래도 그들은 가게를 닫을 때까지 연좌를 계속했다.

SCLC운동의 창시자의 한 사람인 매슈 매카럼 목사는 몽고메리의 보이콧 이전부터 차별주의가 심한 캘리포니아 주 남부의 오렌지버그에서 활동하고 있었다. 그곳의 연좌는 잘 조직되어 있었다.

클래프린 대학과 사우스캐롤라이나 주립대학의 학생들은 마흔 명씩 집단으로 나누어져 '행동'의 훈련을 쌓았다. 그들은 행동계획을 작성해서 면밀하게 검토했다. 예를 들면 제각기 대학구내를 출발해서 목표인 몇 군데의 가게까지 걸어가는 시간이 정확하게 재어졌다.

'발길로 채이더라도, 두들겨 맞더라도, 침을 뱉더라도' 복수를 하지 않을 자신이 있는 자만이 참가가 허락되었다. 2월 25일에 학생들은 삼삼오오 몇 개의 그룹으로 나누어져서 대학을 출발했다. 누구나가 목표로 하고 있는 가게 출입구의 수, 카운터에 즐비하게 늘어선 의자의 수까지 분명히 기억하고 있었다. 각 그룹은 다른 길을 택하되, 출발시간은 각 그룹이 같은 시간에 가게에 도착할 수 있도록 조정되어 있었다. 이것은 무허가 행진의 혐의로 체포되지 않기 위한 배려이기도 했다.

이 행동은 천여 명의 학생들에 의한 3월 15일의 데모행진으로 발전했다. 경찰측은 최루탄과 소방펌프의 살수로 데모대를 탄압했다. 데모대는 흠뻑 젖은 채 길거리에 내동댕이쳐졌다. 소경 소녀나 신체장애자에 대해서도 탄압은 용서가 없었다. 오백 명 이상이 체포되었다. 이중에서 150명은 희망대로 유치장에 넣어지고, 다른 350명은 물에 빠진 새앙쥐처럼 흠뻑 젖어 추위에 와들와들 떨면서 옥외 유치장에 수용되었다.

그들은 찬송가를 부르며 기도를 올렸다. 옥내 유치장에 넣어진 학생들도 지독하게 혼이 났다. 대부분은 보일러 가까이에 있는 지하실에 넣어졌는데 실내 온도는 30도를 웃돌았다. 어떤 학생이 수감된 독방에서는 바닥에 10센티미터 가까이 물이 괴어 있었다.

"예수 크리스트, 마하트마 간디, 마틴 루터 킹의 가르침을 지키자. 사랑과 비폭력을 잊지 말라."

남부의 많은 지역에서 데모대는 이렇게 인쇄된 주의사항을 가지고 있었다. 또 그들 사이에서 킹 목사의 저서 《자유를 향한 위대한 행진》이 열심히 읽혀졌다. 킹 목사는 그들한테는 상징적인 지도자였다.

그들은 또 킹 목사가 쓴 팜플렛 〈비폭력 실행법〉, 〈CORE의 행동강령〉, 리차드 글레그의 저서 《비폭력의 힘》 등을 애독했다. 그러한 흑인학생들은 흔히 이런 때에 킹 목사라면 어떻게 할지를 생각했다.

킹 목사와는 다른 노선을 걷고 있는 자들까지도 끊임없이 그를 인용했다.

"왜 킹 목사는 이렇게 하지 않을까?"라는 데서 그들은 논쟁을 전개했다. 로슨이나 CORE의 제임스 퍼머 등 킹 목사에게 비판적으로 보여지던 사람들까지 "결국 킹의 방식도 하나의 노선이다. 킹은 최상의 지도자는 아니라 하더라도 그는 확실히 지도자이다."라고 결론을 내렸다. 킹 목사에게 어떠한 역할을 맡긴다 하더라도 상징적인 존재로서의 그는 특히 뛰어났다. 그의 카리스마적인 지위는 전세계에서 인정받고 있었다. SCLC의 초기에, 요컨대 자유화운동이 고조되기 이전에는, 킹 목사의 그러한 특성이 표면에 나타나지는 않았다. 그가 SCLC의 지도자라는 사실과 비폭력을 부르짖는 사도(使徒), 운동의 대변자라는 것과의 사이에는 명확한 선이 그어져 있었다.

그의 도덕적인 권위와 개인적인 이미지는 조직이나 전략을 초월하고 있었다. 그리고 또 연좌의 지도자는 몇 해에 걸쳐 모든 문제에 대해서 킹 목사의 의견과 비교해 보았다. 그들의 킹 목사에 대한 태도는, 부친을 보는 자식의 그것과 비슷했다. 그리고 연좌가 최고조에 달했을 때에, 킹 목사의 권위가 커다란 힘을 발휘했다.

에라 베이커가 SCLC의 주최로 연좌의 지도자회의를 열자고 제안했을 때에 킹 목사의 집에서는 이삿짐을 한창 풀고 있었다. 게다가 SCLC 임원들의 능력은 계획된 데까지 향상되고 있지는 않았다. 그러나 킹 목사는 곧 그 제안에 동의하고, 이를 위해서 팔백 달러를 계상했다.

베이커 여사는 렐리에 있는 모교인 쇼우 대학을 방문하고 그 시설을 회의에 쓰게 해달라고 설득했다. 4월 15일부터 사흘 간의 회의가 시작되었다. 그 무렵에 연좌는 12개수, 60군데로 퍼져 있었다. 각지에서 백스물여섯 명의 학생대표와 북부의 대학에서도 열아홉 명의 지도자가 참가했다. SCLC의 임원을 합쳐서 이백열두 명이 참석했다. 개막과 더불어 일동이 기립해서 만감이 교차하는 가운데 '승리의 날까지'를 합창했다.

 마틴 루터 킹과 제임스 로슨의 두 사람이 기조연설을 했다. 이 연설에서 킹 목사는 '승리의 전략'에 필요한 네 가지를 들었다.

 ① 계속성 있는 조직 ② 전국적인 불매운동 ③ 보석이나 벌금형보다도 오히려 체형을 택하는 지원자 ④ 남부 각 주에 빠짐없이 투쟁을 확대시킬 것을 주장했다.

 "광범위한 투쟁과 이것을 실현하는 결의는, 반드시 세론의 열렬한 지지를 획득해서 이 문제에 개입하도록 연방정부에 압력을 가하게 된다."

 마지막으로 킹 목사는 학생들에게 비폭력 이론을 연구하라고 요청했다.

 "저항도 비폭력도 그 자체는 선이 아니다. 다른 요소가 없다면 저항도 비폭력도 의의(意義)있는 것이 될 수 없다. 그 요소란 화해이다. 우리의 최종 목적은 서로가 사랑하는 사회를 만들어내는 일이 아니면 안 된다. 비폭력정신을 가지지 않는 비폭력전술은 새로운 폭력을 낳을 위험이 있다."

 로슨은 그 연설에서, 흑인 중산계급과 백인 권력기구가 차별주의의 현상동결에 기울고 있어, 그 점에서 서로 손을 잡으려 하고 있다고 통렬히 비판했다. 로슨은 킹 목사와 동갑이었으나 3년을 인도에서 선교사로서 지냈으므로 그의 대학생활은 그만큼 늦어져 있었다. 그는 반더빌트 대학 신학대학에 다녔으나 얼마 후에 연좌데모로 퇴학처분을 당했다. 그는 킹 목사와 학생들을 연결시키는 유대의 역할을 했다.

 로슨은 킹 목사보다도 시원시원하고 말씨가 분명해서 분석적이고 사교적이었다. 새 조직의 잠재적인 지도자에 가장 알맞은 인물로 생각되었다. 그러나 실제로 조직이 생기고 보면 그의 성격상 지도자가 되기보다는 오히려 조직에서 떨어져나가는 방향으로 나아갔다.

로슨은 반더빌트 대학을 퇴학당한 뒤에 보스턴 대학에서 공부하고, 테네시 주의 셀비빌의 메소디스트 교파 교회의 목사가 되었다. 한때, 비폭력에 대한 저술을 쓰기 시작했으나 2장을 쓴 후 그만두고 말았다.

또 한 사람의 잠재적인 지도자는 찰스 존스였다. 그는 두뇌가 명석하고 용기가 있어 노스캐롤라이나 주 샤를롯트의 학생지도자였다. 사우스캐롤라이나 주의 로크힐에서 경관의 폭력에 꺾이지 않고 FOR의 서기를 지낸 뒤에 '자유의 편승'에 참가하고 마침내 워싱턴에서 변호사가 되었다. 연좌하는 학생들로부터도 지원자가 나왔다. 이러한 움직임이 흑인지도자의 인적 자원이 되어 그런 만큼 운동에는 예상 외의 일이 일어나게 되었다.

이것은 흑인지도자들에게만 한해서 말할 수 있는 것은 아니었다. 학생위원회의 초대 임기서기를 지낸 것 외에도 킹은 미시시피 태생의 메소디스트 교파의 목사였다. 그는 몽고메리 호텔의 식당에서 흑인목사로서 식사를 하려다가, 앨라배마 주의 형무소에 갇혔다. 그 뒤를 이은 것이 버지니아 주 출신의 백인여성인 제인 스템브리지였다.

그녀는 유니온 신학교에서 니이버나 틸리히 교수에게 배우고 6월에 애틀랜타에 와서 엘라 베이커의 사무소에 들어갔다. 그 사이에 부활절 회의의 출석자 중에서 열다섯 명을 골라, 킹 목사가 설교한 '계속성이 있는 조직'의 설립준비가 추진되었다.

여기서의 문제는 새 조직을 SCLC의 가맹단체로 하느냐 아니면 협력관계를 맺느냐 하는 점이었다. 결국 새 조직은 SCLC와 우호관계를 갖는 독립된 단체로 하기로 결정되었다. 열다섯 명은 5월에 애틀랜타 대학에서 회합하고 킹, 로슨, 엘라 베이커, 또 버지니아 주 노포크 출신의 CORE의 전속변호사 렌 홀트와 협의를 거듭했다. 새 조직은 학생 비폭력 조정위원회(SNCC)로 명명했다. 설립선언문에는 그 목적을 다음과 같이 말하고 있다.

우리는 비폭력의 철학적, 종교적인 이상을 목적의 기초, 신앙의 전제, 행동의 규범으로 삼는다. 비폭력은 유대 크리스트교의 전통에서 태어났으나, 그것은 사랑에 가득차고 정의에 의한 사회질서를 추구하는 것이다. 인간의 노력의 결집이야말로, 그와 같은 사회에의 첫걸음이다…….

이 선언은 마치 킹 목사 자신이 펜을 든 것이 아닌가하고 생각될 정도로 킹 목사적이었다. 3년 후의 SNCC의 팜플렛을 보면 운동의 세속화가 표면화 되어, 이를테면 '인종 간의 민주주의가 이 나라에서 행해지도록 노력한다.'는 따위의 주장이 강해지고 있다. 더욱이 그 팜플렛에는 '유대 크리스트교적인 사랑'이라는 말이 자취를 감추고 있었다.

다시 후년에 이르면, 운동의 지도층에서 백인이 추방되고, 그 기조는 비폭력에서 블랙 파워로 옮겨져가고 있었다.

그것은 어쨌든 3개월 후에 연좌데모는 노동 쟁의에서 파업을 조금씩 되풀이하는 식의 전술로 퍼졌는데, 한편 백인의 권력기구는 운동 지도자, 아니면 투쟁의 선동가로 보여지는 흑인의 평판을 떨어뜨리려고 시도했다. 2월 17일에 두 보안관이 에베니더 뱁티스트 교회에 나타나서, 킹 목사에게 앨라배마 주에서 발행한 체포영장을 들이대었다. 몽고메리 군 대배심(郡大陪審)은 1956년과 58년에 킹 목사가 주의 소득세 신고를 허위로 했다는 혐의로 기소했다.

자기희생과 사랑의 사도를 욕보이는 데에 이보다 더 좋은 방법은 없었다. 기소장에 의하면 킹 목사는 운동을 위해서 모아진 기부금을 자신의 호주머니에 챙겼다는 것이다. 1956년의 일이라고는 하지만 말도 안 되는 유언비어에 킹 목사는 놀랐다. 이런 주장에는 근거가 없었지만, 남부의 백인법정은 반드시 끈질기게 추궁할 것이 틀림없었다. 만약 이런 혐의가 입증된다면, 킹 목사는 그와 같은 불명예로 살아가기보다, 차라리 운동에서 손을 떼었을 것이다. 킹의 독특한 흑인 청교도적인 양심과, 크리스트, 간디에의 경도(傾到)를 생각할 때,

그는 분격하기보다도 상심과 치욕에 짓눌리고 말 것이 아닌가. 그러나 그는 선교를 계속해서 고통을 바로 받아들였다. 다만 시카고에서의 강연만은 취소하고 싶었으나 용기를 내어 신앙을 의지삼아 밀고 나가기로 결심했다.

그는 몇 주일이나 마음속에 십자가를 지고 있었다. 아내인 코레타와 두세 명의 사람만이 그의 괴로움을 이해하고 있었다.

5월 11일에 킹은 뉴욕 시의 노동조합 지도자가 주최하는 오찬회에 출석했다. 그들은 킹에게 천 달러의 기부금을 건네주며, 자유를 위한 법정투쟁의 비용으로서 다시 2천 달러를 모을 것을 약속했다.

킹 목사는 비폭력 연좌의 목적을 11월 대통령선거의 흑인 선거권 획득에 있다고 말했다. 그러나 그는 자신의 명예를 지키기 위해서도 모금하지 않으면 안 되는 일에 양심의 고통을 느꼈다. 더욱이 이 기부금은 자신이 개인적인 이익을 위해서 공금을 유용한 일은 없었다고 증명하기 위해서 쓰여지려 하는 것이다.

그러나 킹 목사에게는 달리 취할 길이 없었다. 그는 이런 이유로 투옥되어서는 안 되는 것이다. 그 때문에 법정에서 이기지 않으면 안 된다. 뉴욕 체류 중에 뱁티스트 교파의 열렬한 신자인 넬슨 록펠러 뉴욕 주지사가 킹 목사를 초청해서 장시간 대화를 나누고 다시 자가용 비행기로 킹 목사를 올바니까지 보내주었다.

"나는 록펠러 주지사가 차별철폐 운동에 대해 갖고 있는 강한 관심에 깊은 감명을 받았다."라고 말하고, 기꺼이 기부금을 받기로 했다. 그러나 킹 목사는 록펠러가 대통령후보에 출마하는 운동에는 지지를 약속하지 않았다.

법정에서는 격심한 논쟁이 벌어졌다. 그리고 드디어 백인 전원의 배심원이 결단을 내릴 때가 왔다. 재판소는 주 경찰의 경관에게 첩첩이 포위되어, 폭도진압용의 곤봉을 가진 보안관들이 말을 타고 달려와서 데모라도 일어나면 당장 내쫓을 태세를 보이고 있었다. 분위기는 극도로 긴장되어 있었다. 이러한 가운데서 배심원들은 법정에 킹 목사의 무죄를 선고했다. 코레타 부인은 그 자리에서 엎드려 울음을 터뜨렸다. 5월 28일 토요일의 일이었다.

애틀랜타에 돌아온 킹 목사는 '괴로움의 자서전'이라는 설교를 했다. 그는 기소기간 중의 정신적인 고통을 모조리 털어놓았다. 박해자와 그들의 동기를 폭로했다. 그것은 미움에서가 아니었다. 그들이 고의로 날조한 거짓 고발을 한 것은 공포에서였다고 킹 목사는 말하고 싶었다. 그것은 누가 보더라도 속일 수 없는 악이었다. 그러나 킹 목사는 이러한 적에 대해서도 사랑을 가지고 보답하지 않으면 안 된다고 호소하고 싶었다.

배심원이 왜 그를 무죄로 했는가는 분명치 않다. 다만 기적이 일어난 것은 아니지만, 무엇인가가 배심원들의 마음속에 일어난 것이다. 킹 목사는 마음속으로 화해의 정신이 이들 앨라배마의 백인들을 움직인 것이라고 생각했다.

1960년에 베이어드 라스틴은 그 해의 운동에서 의식적으로 몸을 빼고 있었다. 이것으로 킹 목사는 탈세사건 때보다 더 심한 괴로움을 맛보았다. 그것에는 이러한 배경이 있었다. 클레이튼 파우엘은 록펠러와 그 밖의 많은 백인들과 마찬가지로, 킹 목사를 자기 편에 끌어넣으려고 하고 있었다. 파우엘은 그 때문에 랜돌프나 라스틴이 방해가 된다고 생각했다.

그들이 사회주의 정당인 사회민주연맹의 당원이었기 때문이었다. 이 때문에 민주당 내에서는 가장 유력한 흑인정치가인 파우엘은 킹 목사에게 라스틴과의 관계를 끊으라고 요구했을지도 모른다. 라스틴은 1956년 이래 운동의 조직자이며, 킹 목사에 대해서는 모든 원조를 아끼지 않았다. 그러나 파우엘은 라스틴이 그 운동에 해가 될 것 같은 행동을 취하려 하고 있다고 킹 목사에게 경고했다.

킹 목사는 라스틴에게 파우엘의 주장을 얘기하고 어떤 희생을 치르더라도 그를 지지하겠다고 말했다. 라스틴은 대답했다.

"그것은 안 돼. 나는 자네가 그렇게 해주지 않기를 바라네. 자네는 개인적인 배려보다 운동을 우선시켜야 한다. 이제야말로 운동에 전력을 기울일 때이다. 나는 물러서겠다. 이 이외에 방법은 없다."는 말에 킹은 반대했지만, 마침내 그 주장을 본의아니게 받아들였다. 어떤 의미에서 그것은 가장 현명한 방법이었으나, 그 후에 킹의 타협을 비난하는 소리는 끊이지를 않았다. 흑인작가 제임스 볼드윈은 몇 달 뒤에 잡지 〈허퍼즈〉에 다음과 같이 썼다.

"그는 도덕적인 신용을 잃었다── 특히 애덤 클레이톤 파우엘과 라스틴의 제거를 강요한 사건에서는 젊은이의 눈에 그렇게 비쳤다 ── 우리는 이것을 파우엘 자신의 발상이라고는 생각지 않으나, 그가 취한 수단은 온당치 않았다. 그러나 킹 목사는 개인적인 친구이며, 운동의 조직가인 사나이를 방위하느냐, 파우엘에 동의하느냐의 선택에 쫓기자, 그는 후자를 택했다."

볼드윈은 라스틴이 킹 목사의 지지를 거절한 것은 몰랐다. 그 후에 킹 목사와 라스틴은 따로따로의 길을 걷게 되었는데, 워싱턴 대행진 경우에는 두 사람이 몇 번이가 공적인 장소에서 한편이 되었다. 이런 경험이나 탈세사건에서 킹 목사가 얻은 교훈은 공적인 입장에 있는 자가 모략의 앞에서는 매우 약하다는 사실이었다.

또 하나는 파우엘과 거리를 두는 일이었다. 그래서 그는 스스로의 입장을 명확히 해서, 논쟁이나 파벌싸움에 말려들지 않도록 하면서 정적과의 화해에 노력했다. 또 이러쿵저러쿵 분쟁이 많은 교회 내에서도 이런 전법을 썼다.

7월이 되어 사우스캐롤라이나 주의 그린빌에서는 공립도서관에서 연좌하던 자가 체포되었을 때 흑백의 청년들이 서로 치고받는 싸움을 벌였다. 한편 그 근처인 스퍼탄버그에서는 울워크스 백화점에서 연좌데모를 하고 있던 두 흑인이 저항을 하지 않았는데도 수갑이 채워진 상태로 백인들에게 폭행을 당했다.

그 무렵에 아프리카의 콩고에서는 파트리스 르뭄바가 벨기에의 지배에서 독립을 선언하고, 그의 군대와 카탕가 주의 벨기에인 용병들 사이에서 전투가 벌어지고 있었다.

3월 21일, 남아프리카의 샤프빌에서 예순일곱 명의 무저항 데모대가 사살되고, 그 직후에 흑인 조직이 비합법화되었다.

이러한 풍조에 입각해서, 미국에서도 흑인활동가들은 자유에의 투쟁을 전세계적인 운동의 일부로 생각하게 되었다. 가나나 잠비아에서는 비폭력의 승리가 전해졌으나 알버트 르슬리가 지휘하는 크리스트교 비폭력주의는 결정적인 패배를 겪었다.

킹 목사는 이러한 움직임들을 날카롭게 지켜보고 있었다. 그는 흑인의 잠재력이 무한하다고는 믿고 있었지만, 그 비폭력주의에 부질없는 환상을 품고 있었던 것은 아니었다. 킹 목사도 흑인운동가의 선구자들과 같이 지지자들을 격려해서 백인의 권력기구에 무섭게 도전했다.

전날의 지도자들이 인내만을 주장한데 대해, 킹 목사는 비폭력주의의 이론을 주장했다. 자유에의 발걸음을 늦추려고 한 것이 아니라, 오히려 그것을 올바르게 인도하려고 했다.

한편 백인에 대해서는 변화를 가속화시키도록 경고하고, 그것이 행해지지 않을 때에 일어날 사태에 대해서는 책임을 질 수 없다고 전했다. 비폭력주의 그 자체가 갖는 도덕적인 호소에 의해서 정의를 즉시 획득할 수 없으면 폭력에 의한 정의의 강제적실현이 일어날 수 있다는 것에도 눈을 감고 있지는 않았다.

이 점에서 킹 목사의 이상주의는 톨스토이나 간디한테서는 볼 수 없는 것으로 니이버의 실용주의에 뿌리박은 것이라고 할 수 있다. 억압된 사람들의 잠재력이 심하게 폭발할 가능성에 대해서 킹 목사는 누구보다도 잘 알고 있었다.

그러나 그는 폭력은 비극적인 최후의 수단으로서 될 수 있으면 저지하는 편이 좋다는 것도 알고 있었다. 백인에 의하든, 흑인에 의하든 간에 대중의 폭동은 혼란을 초래하지 않고는 끝나지 않기 때문이다.

8월초에 남부지구 협의회는 연좌가 남부 27개의 도시에서, 런치 카운터의 차별철폐에 성공을 거두었다고 보고했다. 8월 10일에 워싱턴에서는 윌리엄 T. 로저즈 법무장관이 기자단에게, 남부전역 69개소 지역에서 체인스토어의 차별이 철폐되었다고 말했다.

그러나 그가 그렇게 말하고 있을 때에도 SCLC는 애틀랜타에서 비폭력운동을 전개하고 있었다. 버지니아 주 피터즈버그에서 온 뱁티스트 교파의 청년목사 와이어트 티 워커는 정력적인 인품으로 SCLC의 부회장에 막 임명된 참이었다. 그는 협의회의 보고를 읽고 6개월간에 걸친 연좌의 결과, 그 후에 이어지는 법정투쟁에는 상당한 액수의 자금이 든다는 것을 깨달았다.

1960년의 봄에서 여름을 거쳐 가을초까지, 킹 목사는 자금모으기에 동분서주하면서, 각지의 집회나 연구회에 출석했다. 그리고 그 동안에 많은 활동가들이 투옥당했다. 킹 목사는 자신의 입장에 모순을 느꼈다.

몇백 명이나 되는 학생들이 갇혀 있는 지금 자신도 젊은이들과 고통을 나누어야 한다는 충동에 끌렸지만 동지들로부터 그의 지도력이 요청되고 있는 이때에, 성급히 굴지 말아달라고 설득당했기 때문이었다. 9월 CORE의 집회에서는 특히 킹 목사의 통제가 절대적으로 필요했다.

10월 12일에 SCLC의 연차대회가 루이지애나 주의 슈리브포드에서 열렸다. 13주의 대표가 버스나 철도, 대합실, 학교, 선거인 등록소 등에서의 차별에 대한 공격을 강화하여 비폭력 직접 대중 행동과 남부전체의 경제적 보이콧 계획을 결의했다.

가을 운동의 시초로서 10월 19일에 킹 목사는 애틀랜타 시의 리치스 백화점에 일흔다섯 명의 흑인학생들과 함께 들어가 식당에 앉아서 식사를 하게 해달라고 요구했다. 킹 목사와 서른여섯 명의 대학생이 체포되어 불법침입 혐의로 기소되었다. 전원이 보석금의 납부를 거부하고 구치소에 눌러 앉았다.

"리치스의 차별이 폐지될 때까지 5년이든 10년이든 감옥에 머물겠다."라고 킹 목사는 선언했다. 이 효과는 즉시 나타나서 허츠필드 시장이 개입해서 2개월 간의 냉각기간을 두고, 그 동안에 이 문제를 협상하자고 제안했다. 킹 목사와 학생들에 대한 기소는 취하되어 석방되었다.

그런데 이웃 군(郡)의 판사는 이 기회를 포착해서 킹 목사가 대충 한달 전에 작은 교통위반을 범한 점에 대해서 조사하고 싶다고 말했다. 애틀랜타의 운동일에 쫓기어 킹 목사는 조지아 주 운전면허증을 법으로 정해진 기간 내에 갱신하지 않았었다. 교통순경이 그물을 펴고 킹 목사를 노상에서 체포했다.

당국측의 의도는 뻔했다——판사는 킹 목사가 불법연좌에 가담하고 조사를 거부했으며, 집행유예의 규정을 위반했다고 주장했다. 킹 목사는 10월 25일에 족쇄가 채워져서 각 지구의 유치장을 구류를 계속하기 위해서 다른 유치장으로 돌려졌다. 다음 날 중노동 4개월의 판결을 받고, 리즈빌에 있는 주(州) 형무소의 독방에 넣어졌다.

마침 1960년 대통령선거 투표일이 8일 후로 다가오고 있었다. 이 선거에서는 흑인표가 케네디, 닉슨 양 후보의 접전의 향방을 좌우하는 것으로 예측되고 있었다. 닉슨은 몇 해인가 전에 킹 목사와 직접 홍정한 일도 있어, 이번 사건에 관심을 가졌다. 그리고 아이젠하워 대통령 명의의 성명을 발표해서, 연방 법무장관의 개입을 약속하려고 했다. 그러나 여기에는 방해가 생겨 성명은 나오지 않았다.

민주당측은 상당히 다른 반응을 보였다. 케네디 선거참모의 한 사람인 해리스 워포드 변호사는 간디 숭배자로 FOR의 회원이었다. 그는 10월 26일에 킹 목사의 자택에 전화를 걸었다. 코레타 부인은 수화기를 들었다.

"킹 부인, 잠깐만 기다려 주십시요. 존 F. 케네디 상원의원이 얘기를 하시겠답니다."

"안녕하십니까, 킹 부인" 하고 케네디는 다정하게 말을 걸었다.

"마침 방금, 부인의 일을 생각하고 있던 참입니다만 임신하셨다지

요? 바깥 양반이 저렇게 되셔서 무척 걱정이시겠군요."

"네, 네." 하고 놀란 코레타 부인의 입에서 자신도 모르게 말이 나왔다.

"실은 나도 매우 걱정되어, 우리가 할 수 있는 일이라면 전력을 다해서 도와드려야 되지 않겠느냐고 얘기하고 있던 참입니다."

또 전화가 울렸다. 존 F. 케네디의 동생으로, 선거참모인 로버트 F. 케네디가 2천 달러의 보석금으로 킹을 석방시키도록 판사를 설득시켰다는 것이었다. 킹 목사의 변호사는 비행기를 대절해서 그를 애틀랜타로 데리고 왔다. 킹 목사는 추수감사절 예배를 위해 에베니더 뱁티스트 교회에 모여 있던 8백 명의 신자들 앞에 모습을 나타냈다.

"우리는 괴로워하며 내 몸을 희생으로 내던지고 목숨 또한 아끼지 않을 각오를 굳히지 않으면 안 된다. 우리는 학교, 공원, 교회, 런치 카운터, 도서관 등 어디에 있어서나 차별에 도전할 용기를 가지지 않으면 안 된다." 하고 호소했다.

킹의 석방을 제일 기뻐한 것은 아버지인 킹 시니어 목사로서, 민주당 대통령후보를 지지한다고 회합에 모인 군중들에게 선언하고, "케네디는 옳다고 믿는 일을 위해서 일어설 용기를 가지고 있다." 하고 말했다. 아들 쪽은 선거에 대해서는 그 보다 신중했다. 개인적으로는 케네디에게 감사했지만, 정치에 관해서는 아무것도 약속하지 않았다. 킹 주니어 목사는 케네디가 부르짖은 '뉴프론티어'에 대해서는 그 나름대로의 견해를 가지고 있었다. 그리고 또 몇 달이 지나자, 킹은 전미국의 혹인을 대표해서 여태까지 그들이 꿈꾸어오던 정책을 한층 더 강하게 밀고나가 목표를 더욱 높이도록 케네디 정권에 수차에 걸쳐서 호소했다.

리치스 백화점의 차별철폐를 요구하는 운동은 애틀랜타의 상점가의 모든 시설의 개방을 요구하는 보다 넓은 노력의 일부였다. 휴전이 성립되었지만 거기에서는 아무것도 얻어지지 않아서 연좌가 개재되었다.

애틀랜타 학생운동의 흑인데모대 외에 에모리 대학의 백인학생들도 가담했다. 이 운동은 그 후 2년간에 걸쳐서 계속되는 투쟁으로 발전했다. 이 운동에 킹 목사가 참가한 기간은 짧았다. 그로서는 하나의 운동에 오래 관계한다는 것은, 그것이 폭넓은 투쟁의 첨병(尖兵)의 역할을 다하는 것이 아닌 한 무의미했다.

그를 필요로 하는 것은 SCLC나 운동전체이며, 애틀랜타의 학생운동만은 아니었다. 이로부터 수개월 동안 킹 목사는 강연, 저술, 회의 등에 정력을 쏟을 수가 있었다. 이리하여 그는 자유화 운동 전체를 대표해서 차별철폐에 연방정부의 개입을 요청하고, 케네디 정권에게 전미국 흑인이 놓여있는 상태의 개선을 촉구하는 일련의 제안을 했다. 모든 국내의 활동가들이 이에 격려받은 것은 틀림없었다.

1961년에 흑인들의 공기는 뉴욕의 흑인이 UN본부 앞에서 행한 데모에도 잘 나타나 있었다—전 콩고 수상 파트리스 르뭄바의 암살에 항의하는 데모대는 심술궂고 모난 집단이었다—데모에 참가한 흑인들로서 르뭄바는 흑인독립의 자랑스런 상징이었다. 누가 르뭄바를 죽였든 간에 그 범인은 식민지주의, 제국주의, 백인권력의 앞잡이임에 틀림이 없었다.

킹 목사를 따르는 학생들은 비폭력적인 저항을 실시하는 용기를 자랑으로 여겼다. 그러나 동시에 그들은 인종적인 유산을 되찾기 시작하고 있었다. 차별철폐 운동의 고조와 병행해서 블루스나 재즈의 '참뜻'이 재평가되어 왔다. 그리고 이런 경향은 더욱 심오성을 확인하려 하고 있었다. 연좌데모는 다만 추상적인 평등이라든가 차별철폐만을 요구하고 있었던 것은 아니었다.

그것은 흑인에 대해서 백인 아메리카가 안고 있는 이미지를 타파하려는 것이었다. 흑인학생은 권리를 주장해서 도피보다도 고뇌를 택했으며, 스스로의 역사를 수치스럽게 여기기는커녕 오히려 자랑으로 생각하게 되었다. 엔쿠르마, 케니야타, 카운다, 그 밖의 아프리카 독립운동 지도자의 연이은 출현은 그들에게 용기를 주었다.

그들은 흑인 공동투쟁 체제를 굳히고 동시에 백인의 동지들을 환영했다. 그러나 흑인학생들은 투쟁을 양자의 평등을 위한 것으로 간주하고 있었으며 백인의 보호 밑에 운동을 원만히 추진하기를 바라지 않았고, 오히려 스스로의 가치를 내세웠다. 백인의 동조자나 지지자들의 출입은 자유였지만 흑인혁명은 흑인 자신의 것이었다.

연좌가 최고조에 달했을 무렵에 인종평등 회의(CORE)가 이 투쟁을 가두로 진출시키겠다고 선언했다. 이것은 3월 13일로 SCLC나 SNCC와 협의해서 워싱턴에서 뉴올리언스까지의 간선도로에 접한 각 도시의 활동가들의 의견을 검토한 끝에 발표된 것이었다. 킹 목사는 이 운동, 요컨대 자유의 편승 조정위원회 의장에 추대되었다.

이와 같이 CORE가 벌인 이 운동은, 실은 차별철폐 운동을 한덩이로 뭉친 것이었다. 따라서 운동이 갖는 총력의 시금석이었으며 남부전체의 차별에 대한 직접공격으로 킹 목사의 대담한 태도에 모호하게만 대답하는 케네디 정권에 대한 일대 도전이기도 했다.

4월 28일에 CORE 전국위원장인 제임스 파머는 케네디 대통령에게 편지를 보내어 '자유의 편승' 길 순서에 대해서 정부측에 설명했다. 5월 4일, 흑백 쌍방의 지원자에서 뽑힌 흑·백인 각 여섯 명과 CORE의 백인 업저버가 그레이하운드와 트레일웨이 두 회사의 장거리 버스에 탔다.

이 버스는 버지니아, 남부 캐롤라이나, 조지아, 앨라배마, 미시시피의 각 주를 통과한다. 정차할 때마다, 그들은 공공시설의 차별상황을 조사했다. 어떤 장소에서는 흑·백인 쌍방이 함께 들어갔고 또 다른 곳에서는 흑인이 백인전용을, 백인이 흑인전용의 시설을 조사했다.

노스캐롤라이나 주의 샤를롯트에서 체포 제1호가 나왔다. 흑인 CORE 회원인 죠 파킨즈가 백인전용의 구두닦는 의자에 앉았을 때였다. 그러나 그곳의 판사는 장거리 버스터미널에서의 차별을 비합법화한 1960년 12월의 최고재판소의 판결에 입각해서, 파킨즈에게 무죄 판결을 내렸다. 그 뒤에 주 경계선에서 불과 5킬로미터의 거리에 있는 사우스 캐롤라이나 주의 로크힐에 들어서자 '자유의 편승'은 새삼스럽게 폭력 세례를 받았다.

이 도시에서는 여태까지 1년 이상이나 연좌데모가 계속되고 있었다. 운동에 참가하고 있는 학생들이나 SNCC의 운동원들은 끊임없이 폭력에 의한 방해나 투옥의 쓰라림을 당하고 있었다. '자유의 편승'의 버스가 도착하자, 한 무리의 백인 갱들이 대기하고 있었다. 흑인 신학생 존 루이스가 백인전용 대합실에 접근한다고 생각해서 두 명의 갱이 덮쳤다.

다른 세 명이 억센 백인이 알버트 비기로우를 구타하기 시작했다. 그는 퇴역 해군중령이었다. 루이스도 비기로우도 저항하지 않았다. 경관은 가만히 보고만 있을 뿐이었으나, 백인여성인 CORE 회원인 제네비브 휴즈가 땅바닥에 쓰러지자 겨우 제지시키려고 끼어들었다.

사우스캐롤라이나 주의 윈즈보로에서 헨리 토마스, 제임즈 펙 조(組)는 백인 전용의 런치 카운터에 앉았기 때문에 체포되어, 여덟 시간 동안 유치되었다. 그러나 기소장은 각하되어 석방되었다.

애틀랜타까지의 각 정류장에서는 문제가 없었으나, 5월 14일에 그레이하운드 버스가 앨라배마 주의 애니스턴에 도착하자, 손에 막대기를 휘두르며 백인 폭도들이 습격해왔다. 그들은 버스 유리창을 때려부수고, 타이어에 구멍을 뚫었으며 화염병을 던져넣었다. 그리고 연기에 싸인 버스에서 '자유의 편승'팀이 바깥으로 뛰쳐나오자 기다렸다는 듯이 두들겨패기 시작했다. 늦게나마 달려온 경관은 잠시 사태를 방관하고 있다가 폭도들을 흩어지게 했다.

SCLC의 프레드 샤틀즈워스가 파견한 자동차로 부상자를 수용해서 병원에서 치료를 받게 한 뒤에 그들은 버밍햄에 보내졌다. FBI는 그 후 아홉 명의 백인을 '습격' 죄의 혐의로 체포했다. 그러나 그들 중의 몇 명인가는 무죄이고 나머지는 불기소처분이 되어 결국 아무도 처벌받지는 않았다. 백인우월주의자의 정의가 이긴 것이다.

한편 트레일웨이 버스가 한 시간 늦게 애니스턴에 도착했다. 팔백 명의 백인 갱이 차내에 뛰어들어와 CORE 회원을 전원 뒤쪽으로 밀어넣고 마구 때리고 차기 시작했다. 펙과 전 대학교수인 월터 버그만은 폭도에게 항의했지만 이 두 사람도 발로 채여서 바닥에 쓰러지고 말았다.

두 시간 후에 버스는 버밍햄의 정류장에 도착했다. 한무리의 백인들이 처음에 버스에서 내린 차알즈 파슨과 제임스 펙에게 다가왔다. 그들이 백인전용 대합실에 들어서는 순간, 폭도들은 두 사람에게 달려들어 골목길로 끌고 갔다.

"맛을 보여주지. 검둥이 새끼!" 하고, 그 중의 하나가 외치더니 파슨을 구타하기 시작했다. 네 명이 달라붙어 저항하지도 않는 흑인학생을 마구 패기 시작했다. 한편 폭도들은 "검둥이편!" 하고 외치면서 펙을 마구 때렸다.

폭행을 알고 있던 경관은 백인에게 충분히 시간여유를 주고 나서 적당한 시간이 되자 현장에 나타났다. 경관이 나타났을 때에는 두 희생자가 매맞고 쓰러져서 정신을 잃은 뒤였다. 파슨은 후두부에 커다란 절상(切傷)을 입고 얼굴이 부어 있었다. 펙은 머리와 얼굴을 53바늘이나 꿰매었다.

버스는 다음에 몽고메리에 정차하기로 되어 있었지만 운전수는 지나가기를 거부했다. 5월 17일에 뉴올리언스에서 열리는 대집회에 맞추어 가기 위해서 '자유의 편승'은 부득이 비행기로 가기로 했다. 과거 7년 동안의 해방운동 중에서도 가장 중요한 회의였기 때문이었다.

무참하게 두들겨맞고 부어오른 펙의 사진이 신문에 실리고, 텔레비전으로 방영되어 순식간에 온세계에 보도되었다. 신문의 사설은 '자유의 편승'이 어디까지나 비폭력 정신으로 입각했다는 점을 대서특필했다.

지금까지 신문들은 이러한 사건을 연좌데모의 운동원과 백인 사이의 분쟁으로서 보도하고 있었다. 그러던 것이 이번에 한해서 크게 다루어진 것은 의심할 여지도 없이 펙이 백인(흑인인 파슨에 대해서는 거의 언급하고 있지 않았다)이며, 아마 그 가족들의 사회적인 지위(부인복 메이커인 펙 앤드 펙)때문인 것으로 생각되었다.

이 결과, 펙에게는 즉시 각지로부터 동정이 쏟아졌다. 버밍햄 시상업회의소회장 스마이어는, 이 폭행사건이 시의 위신을 매우 손상시켰으므로 그때 '자유의 편승'을 체포하는 편이 나았다고 말했다.

"여기서는 차별철폐는 당분간 실현되지 않을 것이다."라고 하는 것이 그의 입버릇이었다.

CORE의 '자유의 편승'은 겨우 시작에 불과했다. 5월 18일, 내슈빌에서 버밍햄으로 향하는 버스에 많은 학생들이 탔다. 그 무렵에 킹 목사는 남부 각지를 순회하는 강연여행을 하고 있었다. 당초에 킹 목사는 제1회 '자유의 편승' 운동을 기념해서 5월 15일에는 몽고메리에서 격려연설을 할 예정이었다. 그러나 예정이 변경되어, 버스는 몽고메리를 통과하게 되었고 킹 목사도 거기에는 들리지 않기로 했다.

그런데 내슈빌 그룹이 버밍햄에서 철야감시의 눈을 피해 운전수를 설득시켜 몽고메리로 떠났다고 듣고 킹 목사는 곧 일정을 바꾸어 몽고메리로 급행했다. '자유의 편승'팀은 5월 20일 오전에 몽고메리에 도착했다. KKK단이 대기하고 있었다.

그 수는 전세력을 집결시킨 모양으로 삼백 명을 넘고 있었다. 백인들은 '자유의 편승'팀이 버스에서 내리자, 한 사람 한 사람에게 달려들어 때리고 발로 찼다. 경관의 모습은 아무 곳에도 보이지 않았다. 사실은 이삼 일 전에 존 패터슨 지사는 폭도들에게 백지위임장을 주었던 것이다.

"앨라배마의 시민들은 격노하고 있으므로, 나는 이 한패의 무뢰한들의 안전을 보장할 수 없다."

열 명의 '자유의 편승'의 선두에 서서 버스에서 내린 사람은 제임스 즈워크였다. 그는 말끔히 수염을 깎고 수수한 양복을 단정하게 입은 백인대학생으로 중서부 위스콘신 주 출신이었다. 먼저 몇 명의 부인이 호들갑스럽고 째지는 목소리로 "검둥이편의 화냥년의 새끼를 죽여라!"하고 외쳤다. 열 명의 백인청년이 주먹과 곤봉을 휘두르면서 다가왔다. 배후에서 부인이 격려하고 있었다. 그들은 즈워크를 눈 깜짝할 사이에 때려눕혔다. 그가 비틀거리면서 일어서자 또 때려눕혔다.

몇 번이나 되풀이되었으나 즈워크는 절대로 대들려하지 않고 스스로를 지킬 기색조차 보이지 않았다. 눈이 캄캄하고 얼굴을 가릴 힘도 없었다. 쓰러진 즈워크는 앞니의 언저리를 걷어채여서 마침내 죽은 것같이 움직이지도 않게 되었다. 즈워크는 한 시간 이상이나 거기에 방치되어 있었다.

경관이 왔지만 도우려고 하지 않았다. 신문기자 한 사람이 경찰서장인 사리반에게 구급차를 부르라고 부탁하자 그는 "백인전용의 구급차는 전부 고장이 났다."고 대답했다. 신문기자는 이 말에도 굽히지 않고 "빨리 치료를 할 필요가 있다."고 주장했다. 그러자 사리반은 냉정히 대답했다.

"그 사나이는 치료를 해달라고 아직 말도 않고 있소. 알겠소?"

경관들은 이십분쯤 폭도들이 마음껏 설치도록 내버려두었다. 군중이 천 명에 달했을 때 경관은 비로소 최루탄을 쐈다. 한편 일부의 '자유의 편승'팀들은 기적적으로 달아나 자동차로 대기하고 있던 몽고메리 향상협회(MIA) 사람들의 도움을 받았다. 정말 운이 좋은 사람들이었다.

흑인대학생 윌리엄즈 버비는 배트를 든 KKK단의 습격을 받아 수 주일 동안 입원했다. 존 루이스는 뉴올리언스에서 비행기로 달려와서, 이 제 2 회 '자유의 편승'에 참가했으나 또다시 매맞고 쓰러져 온 몸이 피투성이가 되었다.

법무성 검사인 존 시이겐 탈러와 〈타임 라이프〉지의 지국장인 노먼 리터는 '자유의 편승' 운동에 참가하지 않았는데도 폭행당했다.

목격자에 의하면 군중 중에서 직접 가담한 사람은 수십 명뿐이었다고 했다.

그날 하루 동안에 폭행사건이 시내의 여기저기에서 일어났다. '자유의 편승'과는 직접적인 관계가 없는 흑인에게 머리에 등유를 뿌리고 불을 질러 온몸이 불덩이가 되었다. 저녁까지 연방정부는 사백 명의 연방보안관을 파견해서 다음날 아침에 이백육십육 명이 도착했다. 연방 지방재판소 판사 프랭크 M. 존슨이 셋의 KKK 조직에 해산명령을 내렸다.

패터슨 지사는 연방보안관이 나설 때가 아니라고 주장했고 그들이 체류하게 된다면 체포도 불사하겠다고 협박했다. 지사가 그렇게 말하고 있을 때에 라디오는 킹 목사가 '자유의 편승' 운동을 위해서 랄프 애버내시 목사의 교회에서 집회를 연다고 전했다. 천이백여 명의 흑인과 두세 명의 백인이 제1뱁티스트 교회에 모였다. 킹 목사는 온화한 표정을 유지하면서도 마음은 불덩이같이 불태우면서 말했다. "전 주에 앨라배마 주에서 일어난 불길한 행위의 책임은 주지사한테 있다."고 말하고 킹 목사는 애니스턴, 버밍햄, 몽고메리에서 야기된 무법적인 폭행에 대해서 생각하는 바를 솔직히 말했다.

"법률은 남이 나를 사랑하게 할 수는 없더라도, 남이 나를 린치시키지 않게 할 수는 있을 것이다."

킹 목사가 이렇게 설교하고 있을 때에, 교외에서 백인들이 차를 한줄로 세우고 몽고메리에 들어와 애버내시 목사의 교회로 향하고 있었다. 이윽고 수천 명의 군중이 교회를 포위했다. 그들은 병이나 보도의 돌을 뽑아던져서 유리창을 깨고 신자 한 사람을 다치게 했다.

킹 목사는 "자, 서로 손을 잡고 찬송가를 부릅시다." 하고 말했다. 청중 속에 있던 '자유의 편승' 팀이 지휘를 했다. 청중 일동은 '승리의 날까지'를 합창하기 시작했다.

교회의 바깥에서는 연방보안관이 최루탄을 발사해서 군중들을 해산시키고 있었다. 그 동안에 워싱턴에서 엄중한 압력을 받은 주지사는 수시간 동안 망설이고 있던 주병(州兵)을 출동시켜 폭도들을 해산시켰다. 붐비고 더위에 답답한 교회 안에 하룻밤을 갇혀 있던 군중은 아무도 한 마디의 불평도 터뜨리지 않았다. 킹 목사와 애버내시 목사, 그리고 SNCC 회원들은 잠들지 못하는 사람들 사이를 돌아다니면서 '자유'에 대해서 서로 이야기했다.

케네디 법무장관은 냉각기간을 요구했지만, 그것으로 모든 것이 흥분에서 깨어난 것은 아니었다. 애틀랜타의 집회에서 SCLC 집행위원회는 노골적으로 불만을 터뜨렸다. 이것을 들은 〈뉴욕 타임즈〉는 온건주의 관점에서 이 운동을 비판했다.

내슈빌 그룹은 미시시피 주의 잭슨 빌로 향하다가 즉시 당국에 체포되었다. 그들은 '감옥을 만원으로 하라."는 킹 목사의 부르짖음에 호응해서 2백 달러의 벌금납부를 거부하고, 두달 동안을 형무소에서 지냈다.

미시시피의 형무소살이는 만만한 생활이 아니었다. 채터누거에서 온 SCLC의 지도자의 한 사람인 C. T. 비비언 목사는 간수를 '님'자를 붙여서 부르지 않았다고 해서 머리에서 피가 나도록 두들겨 맞았다. 한여름 동안 '자유의 편승'은 계속되었다.

그들의 고생이 헛되지는 않았다. 인종문제의 분위기가 완전히 달라졌다. 11월 1일 이후, 장거리 버스는 차내에 다음과 같은 표시를 붙이기로 결정했다. '각주 간의 상업위원회의 명에 따라 좌석에는 인종, 피부색, 신조, 국적에 관계없이 앉아도 좋다.' 장거리 버스의 터미널에도 이와 같은 표시가 나붙고, 이어서 차표의 이면에도 인쇄되었다.

CORE의 시찰단은 새 규칙이 버밍햄, 애니스턴을 포함하는 넓은 지역에 미친 것을 확인했다. 일부 지역에는 완강하게 저항하는 차별주의자들도 있었으나 그들은 연방재판소의 금지명령이나 '자유의 편승'의 공격 앞에 하나씩 무너져갔다.

더욱 중요한 점은 '자유의 편승'이 그 후의 해방운동에 끼친 자극일 것이다. 이 투쟁을 통해서 새로운 지원자가 흡수되어, SNCC 활동가의 기초훈련장을 제공하여 그 후에 CORE가 명확하게 내세운 '자유하이웨이' 혹은 '자유기동부대'의 출발점이 되었다. 이후 2, 3년 동안, 이들 운동들은 차별철폐 운동을 북돋우는 원동력이 되었다.

SCLC로서도 '자유의 편승'은 촉매효과를 가지고 있었다. 신 회원이 이 운동에 모여들었다. 킹 목사는 C. T. 비비언, 버너드 리, 제임스 비이벨 등과 같은 죽음의 세례를 뚫고 나온 신념이 확고한 동지들에 둘러싸여 있었다.

그들은 제임스 볼드윈이 제기한 문제에 웅변으로 대답했다. 라스킨 사건에 현혹된 볼드윈은 킹 목사가 중산계급에 기울어지는 것이 아닐까하고 두려워했다. 확실히 이것은 근거없는 기우는 아니었다.

당연히 킹 목사는 스위트 오우번에 있는 아버지 교회의 부목사로서 스스로의 길을 온건하게 다듬을 것이라고 생각되었다. 그 자신이 당시에 무엇을 생각하고 있었는지 분명치 않다 하더라도 라스킨 사건을 보면 킹 목사에게 그와 같은 경향이 전혀 없었다고는 말할 수 없었다.

흑인 교회 내에서의 킹 목사의 교구는 확실히 첨단은 아니었으며, 그의 주변에 있던 목사는 누구도 진보파가 아니었다. 그러나 '자유의 편승'은 진보적이었다. 애버내시, 샤틀즈워스, 워커 등의 강경파와 함께 이 사람들은 SCLC 내에 강력한 행동파를 형성하면서 차별철폐 운동의 장래에 심각한 영향을 주었다.

사태가 급속히 진전하기 시작했다. 연좌와 '자유의 편승'의 성과가 쌓여져서 모금도 진행되었다. 피일드 재단은 크리스트 연합교회의 지도로 행해지는 선거 교육의 계획을 위해서 십만 달러를 지출하지 않을 수가 없었다. 흑인목사 앤들게이 영이 SCLC와 협력하면서 이 계획을 추진하도록 임명되었다.

영 목사는 SCLC 내에서도 귀중한 존재였다. 9월초에 그와 와이어트 워커는 사배나의 남쪽 팔십 킬로미터 지점에 있는 로체스터 선거에 대한 흑인교육 시설을 만들기 시작했다.

로체스터에는 남북전쟁의 직후에 선교사단이 세운 학교가 있었다. 불황시대에는 자금의 대부센터나 농업의 개발계획을 감독하는 기관이 설치되어 있었다. 영과 워커는 다른 SCLC 회원이나 지원자들과 함께 그 지역의 흑인지도자들을 모아 읽고 쓰기나, 간단한 정치구조, 선거인등록의 방법 등을 가르쳤다. 또 이 학습회에서 어떻게 후보자를 뽑는가, 각 주의 정치기구는 어떻게 되어 있는가 따위도 언급했다.

이를테면 앨라배마의 도시에서 온 자에게는 앨라배마의 정치에 대해서 가르치고, 그 중에서 유효한 정치활동은 무엇인가를 서로 이야기했다. 이들 지도자가 도시나 마을에 돌아가서 동료 흑인들에게 비슷한 설명을 하게될 것이므로 그 교수법도 가르쳤다.

로체스터 센터의 졸업생은 제각기 마을이나 도시에 돌아가서 비슷한 학습회를 열었다. 1962년 2월까지 미시시피, 조지아, 앨라배마, 사우스캐롤라이나의 각 주에 이러한 학교가 설립되었다.

그 후 수년만에 로체스터 센터는 두 가지 면에서 인종차별에 대한 공격의 거점이 되었다. 하나는 선거를 통해서의 투쟁인데 이것은 킹 목사가 몽고메리의 덱스터에서 운동을 시작했을 때부터의 전략목표였다.

또 하나는 비폭력 직접행동과 이것에 관련된 전략이었다. 킹 목사는 새로운 결의를 굳히고, 스스로의 지도성을 대담하게 주장하기 시작했다. 연설에서 신념을 밝히는 동시에 가두나 감옥에도 진출했다.

그는 서른세 살이 얼마남지 않았었는데 뒤를 이어서 일어선 세력은 킹 목사 나이의 절반에도 차지 않는 젊은이들이었다. 그는 대정치가를 지향하느냐, 아니면 현장에서 활약하는 비폭력운동의 지도자로 머무느냐의 선택을 강요당했다.

킹 목사는 후자를 택했다. 〈뉴욕 타임즈〉지는 1961년 9월 10일자 주간판에 기고한 글에서 다음과 같은 구절을 썼다.

"흑인의 젊은이는 흑인전체의 혁명적인 숙명을 의식적으로, 정력적으로 추진하려 하고 있다. 그들은 자신의 출신계급을 명예로 하고 있는 것같이 보인다. 폭력을 흡수해버리는 용기, 죽음에 직면해서도 비폭력에 머물며, 기꺼이 감옥에 들어갈 용기는 여기에서 생겨나고 있다. 이러한 시련에 당연한 일로서 성숙한 인간이 성장해서 인생의 교훈이 풍부할 뿐만 아니라 사회문제에도 정통해서 시련을 겁내지 않고, 봉사정신이 뛰어나며 고매한 이상을 추구하는 인간이 태어난다.

그들은 평등과 존엄의 목적달성에 전력을 쏟아왔다. 이것을 달성하기 위해서 어떠한 희생도 치를 마음가짐으로 있다. 필요하다면 고통도 곤란도 마다하지 않는다."

킹 목사는 "법정투쟁에만 전념하고 있다면 남부 공립학교의 인종차별 철폐에 다시 93년이 걸릴 것이다. 7년간에 7퍼센트밖에 해방되지 않았다는 사실이 그것을 제시하고 있다."라고 말했다. 신진 세력인 흑인 대학생들은 "우리는 이제 더 기다리고 있지는 않겠다."고 선언했다.

장래에 이 말이 실현되는가 어떤가는 킹 목사와 학생들 쌍방에 달려 있었다. 만약 이것이 젊은이들의 주제넘는 말로서 사회에서 받아들여지지 않는다면 킹 목사의 말도 달성되지 않을 것이다. 미국 흑인의 혁명적인 숙명은 젊은이들이 품는 환상은 아니다. 그것은 역사의 한 토막이고, 현실이며, 킹 목사는 그것을 스스로의 숙명으로서 짊어지고 있었던 것이다.

## 제 6 장
## 올바니의 엄한 교훈

1961년에 킹 목사는 텔레비전 프로에 출연해서 다음과 같이 말했다.
"상징적인 사람은 스스로의 혼을 끊임없이 찾지 않으면 안 된다. 그 사람은 주위 사람들이 그에 대해서 품는 이상상(理想像)을 욕되게 하지 않는 생활을 하고 있는가 어떤가를 확인하지 않으면 안 되며, 공적인 자신과 사적인 자신과의 차이를 없애도록 항상 노력하지 않으면 안 된다."

킹 목사는 이때에 벌써, 일찍이 링컨이나 제퍼슨이 스스로를 민주주의의 본보기로 생각하고 있었듯이, 자신이 자유 혁명의 상징임을 자각하고 있었다. 그는 '자유의 편승'이 전투쟁의 심리적인 전환점에 섰다고 생각했다.

"만약 우리가 이 투쟁을 관철할 수 있다면, 나는 운동에 대한 탄압과 차별주의자의 등뼈를 쳐부술 수가 있다고 생각한다." 그는 전기작가 리로온 베네트에게 이렇게 말하고 있다.

킹 목사는 당시 몽고메리의 첫 단계 운동 후에 싸움터를 어디에서 찾을 것인가를 정해놓고 있지 않았다. 그러나 마음 깊숙이에서 긴급 행동의 필요를 외치는 소리에 가만히 귀를 기울이고 있었다.

올바니는 조지아 주에서 다섯 번째로 큰 도시이다. 또한 이제부터 발전되려는 징조를 보이고 있었다. 당시의 인구는 오만 오천으로, 그 3분의 1이 흑인이었다. 남북전쟁 이전의 이 도시는 노예를 사용하는 목화밭에 에워싸여져 있었다.

금세기 초에 E. D. 듀보이스가 올바니를 방문한 당시는 흑인 여섯 명에 대해 백인 한 명의 인구구성으로, 미시시피와 더불어 전형적인 흑인지대였다. 그 무렵에 흑인과학자 조지 워싱턴 카버의 덕분으로 목화가 주요농산물에서 벗어나게 되어, 동서 조지아는 미국에서 유일한 땅콩 왕국이 되었다. 수확의 일부를 소나 돼지 축산에 이용해 번영하고 옥수수는 남부 최고의 수확을 올렸다.

토양은 흑토(黑土)로 땅이 비옥했으나, 올바니 흑인인구의 89퍼센트는 빈궁한 농민들이었다. 주위 일대는 아름다운 전원으로 올바니는 산뜻하고 조용한 모습이어서 작곡가 워링포드 리거, 재즈 음악가인 레이 찰스나 로이 해밀턴 등의 출생지이기도 했다.

인구의 1퍼센트도 되지 않는 부자 흑인과 흑인의 10퍼센트 정도의 흑인 중산계급에 있어서도 그것은 백인의 도시였다. 일간지 <올바니 헤럴드>의 편집장 제임스 그레이는 흑인사회의 사건들을 왜곡해서 백인우월성의 강화를 도모하는 투서만을 싣는 정책을 쓰고 있었다.

SNCC(학생 비폭력 조정위원회)의 활동가 찰스 샬로드와 고델리 리건이 올바니에 찾아오자 게이 목사는 크게 환영했다. 샬로드는 버지니아 주 출신의 흑인신학교 졸업생으로 이미 이 운동의 베테랑이었다. 열여덟 살인 리건은 연좌, 자유의 편승, 로체스터 센터 등의 경험을 쌓고, 이번에는 올바니에 선거교육 센터를 만들려고 하였다. 10월까지 희망자를 모아 교외의 교회에서 강의를 시작할 예정이었다.

11월 17일에 SNCC의 활동가들의 격려로 윌리엄 앤더슨 박사는 현지 각파를 통합해서 올바니 운동을 조직하고 흑인의 지위개선 투쟁을 하나로 통합했다.

스폰서가 된 것은 목사 연합, 주부클럽 연합, 흑인유권자 연맹, SNCC, 또 이 지역의 NAACP 지부, 청년단체, 흑인 직업인의 협회 등이었다. 구성에서도 알 수 있듯이 그 운동은 몽고메리 향상 협회를 본보기로 해서 킹 목사가 그 무렵에 발표한 노선에 따라 추진되는 계획이었다.
 확실히 흑인사회에는 여러 가지의 결점이 있었다. 그러나 백인측도 지독했다. 백인들은 흑인대학인 올바니 주립대학의 여학생들에게 예사로 질이 나쁜 못된 장난을 하고 있었다. 또 방화나 폭행도 일어났다. 그래서 흑인측은 앤더슨이 대표가 되어 시장에게 편지를 보내어 직접행동에 들어갈 것을 통고했다. 시당국은 협상의 여지가 없다고 회답했다.
 11월 25일에 세 명의 흑인소년과 두 어른이 버스 터미널의 백인 전용식당에 들어갔다가 체포되었다. 12월 10일에 '자유의 편승'이 애틀랜타에서 와서 철도역의 차별을 점검하고 있던 그룹과 합류했다. 이 중에서 열 명이 잡혔는데 그 중에는 SCLC의 청년부장 버나드 리도 포함되어 있었다.
 운동은 이 일을 계기로 급속히 항의데모로 발전해서 이틀 후의 공판이 열렸을 때 재판소 앞에 모인 사백 명의 흑인 고교생, 대학생들이 해산을 거부하고 체포당했다. 이 중에서 삼백 명은 보석 절차를 밟지 않고 유치장에 머물렀다. 이 무렵에 킹 목사는 애틀랜타의 사무실에서 올바니의 사건경과를 주의깊게 지켜보고 있었다.
 사무실에는 랄프 애버내시 목사가 있었다. 그는 애틀랜타의 웨스트 헌터 뱁티스트 교회로부터의 요청에 응해 SCLC의 일에 전념하고 있었다. 두 사람은 버나드 리로부터 올바니 상황을 보고받고, 이 도시야말로 전면공격의 최적지로 판단했다. 킹 목사는 앤더슨 박사와도 전화로 연락을 취했다.
 12월 14일에 올바니 경찰은 갑자기 유치장에서 미성년자 백열여덟 명을 석방시켰다. 그들은 10일의 버스 터미널 투쟁에서 붙잡힌 자들이었다. 이어서 시장은 흑·백인 세 명씩을 대표로 선출해서 회담을 하자고 제의했다. 회담이 시작되었지만 곧 결렬되고 말았다. 케리 시장은 조지아 주병(州兵)의 출동을 요청하고, 시의 무기고를 전투태세에 두었다.

다음 날 앤더슨 박사가 애틀랜타에 전화를 걸자, 그날 밤에 킹 목사와 애버내시 목사가 달려왔다. 두 사람이 개회 중인 대중집회의 현장에 도착했을 때 구체적인 행동계획은 가지고 있지 않았다. 그러나 연단에 차례차례로 올라가서 연설하는 현지지도자들의 정열에 마음이 움직였다.

앤더슨 박사는 억양이 있는 독특한 웅변으로, 데모행진을 계획하고 있다는 것과 그리고 이것을 감행하면 당연히 체포당한다는 것을 역설했다. 그리고 "이 행진의 선두에는 킹 목사가 서서, 우리를 지도하시겠지요. 그렇죠, 킹 목사님?" 하고 부르짖었다. 킹 목사로서는 이것은 좋거나 싫다는 말을 못하게 하는 호소였다. 그는 한순간 움찔했으나 바로 눈앞에 군중들이 있는 것을 깨달았다. 터지는 것같은 박수가 장내에 울렸다.

"자, 여러분. 걷기 쉬운 신발을 신도록 하세요. 함께 걸어갑시다. 어린이들도 기운을 내어주십시오."

12월 16일, 킹, 애버내시, 앤더슨 세 사람은 행진의 선두에 서서 시청 쪽으로 향했다. 이날 지도자들을 포함한 이백오십 명이 체포되었다. 그렇지만 흑백 간의 회담이 재개되었다. 시의회측은 버스, 철도역의 차별철폐에 동의하고, 흑인측의 의견을 다시 듣겠다는 선까지 양보했다.

그리고 백인측은 흑인의 투쟁을 1월 11일로 예정되어 있는 시장선거 때까지 휴전해주지 않겠느냐고 제의했다. 흑인대표는 선거가 끝날 때까지 데모행진은 보류하겠다고 동의했다.

그러나 이 휴전은 운동자체가 현상을 인정한 것을 의미하는 것은 아니었다. 흑인측은 행동통일로 힘을 과시한 뒤에 새 작전을 전개했다. 집회를 열어 헤럴드 신문의 불매운동을 결의하고, 흑인 신문팔이 소년들은 이 신문의 판매를 중지했다. 킹 목사의 제안으로 흑인은 백인의 점포에서 물건을 사지 않을 것을 결정했다.

운동지도자인 마리온 페이지는 크리스마스 쇼핑을 올바니에서 하지 않고 일부러 콜럼버스까지 나갔다. 많은 흑인들이 이것에 따랐다.

이러한 사소한 행위가 1월에는 조직적인 움직임으로 발전했다. 백인 상점 주인들은 당황해서 흑인 점원을 고용하고 런치 카운터도 개방했다. 그리고 시의회에 압력을 넣어 차별법을 폐지시켰다. 그러나 이 운동도 다른 많은 투쟁과 마찬가지로 신중한 고려 끝에 고안해낸 것은 아니었다. 킹 목사는 올바니 현지 지도자들을 모아놓고 상황을 분석했다. 그 결과, 불매운동은 50 내지 70퍼센트의 효과밖에 올리지 못하고 있다는 것이 판명되었다.

우선 이것은 백인들보다도 흑인들에게 더 커다란 희생을 치르게 했다. 흑인은 그러한 경제적수단에 힘을 빌릴 정도로 커다란 구매력을 가지고 있지 않았던 것이다. 더욱이 소매상은 백인이라 하더라도, 그들은 올바니 정치권력의 기구 속에서 중요한 지위를 차지하고 있지 않아서 그들의 이해(利害)는 올바니 시정(市政)에 그다지 큰 영향을 주지 않았다.

몽고메리의 전례에 따라 시내버스 보이콧 운동이 시작되었다. 덕분에 좌석의 차별이 없어지고 흑인이 운전수로 고용되었다. 승객의 90퍼센트가 흑인이었기 때문이었다. 운동은 더욱 추진되어 시의회는 마침내 버스회사의 정책변경을 방해하지 않는다고 서약하는 문서에 서명했다.

이것은 남부 백인의 등뼈를 때려 부수겠다는 킹 목사의 목표에 따른 움직임이긴 했으나, 올바니에 있는 현실적인 문제의 해결은 되지 않았다. 흑인측이 버스회사측에 압력을 넣으면 넣을수록 버스회사는 곤경에 빠져 파산직전에 허덕이게 되었지만, 버스가 없어져서 곤란을 받는 것은 이용자인 흑인들이며, 백인층에 대한 압력으로는 되지 않았다.

SCLC는 공민권획득을 위한 흑인교육이나 직접행동과 병행해서 인종차별에 관한 전국의 법률을 조사하는 작업을 추진하고 있었다. 그 결론은 호소문을 붙여 직접 케네디 대통령에게 제출하기로 했다. 호소문은 노예해방선언의 정신에 입각해서 철저한 인종차별 철폐를 강제하는 대통령명령을 요청하고 있었다.

이 문서는 5월 17일에 킹 목사가 대통령에게 수교했다. 이 문서는 교육, 주택, 운수(運輸)에서 보이는 강제적 차별을 규정한 주법(州法)의 요점이지만 연방법을 남부 제주(諸州)가 무시하고 있는 실례를 들어, 대통령은 부여된 권한에 의해 흑인의 공민권을 보호할 의무가 있다고 주장하고 있었다. 더욱이 공민권법과 대통령권한의 관계가 법적으로 분석되었다.

이 문서는 윌리엄 쿤스트러 변호사를 비롯한, SCLC의 법률전문가들에 의해서 쓰어졌지만 이 일부는 분명히 킹 목사가 직접 쓴 것이었다.

"대통령 각하. 잘아시다시피 우리는 도덕적, 정신적, 실질적으로 비폭력의 입장을 충실히 지키고 있습니다. 부당하게 과해진 차별에 대한 평화적인 저항은 무지해서 인간의 존엄에 대한 사랑이나 존경—이 결여된 사람들의 양심과 도의심을 불러일으킬 것입니다. 그들은 우리를 제2급시민으로 생각하고 있는 것입니다. 우리는 고립해서 싸울 필요는 없다고 믿고 있습니다. 우리는 공민으로서, 또 헌법에 의해 보장된 권리를 행사해서, 부당하게 강요된 제한을 제거하려 하고 있는 것입니다. 이리하여 인간으로서의 기본적인 권리를 획득하려고 노력하고 있는 것입니다. 이 노력은 반드시 우리 나라 전체의 수준을 향상시키고 또한 풍요하게 할 것으로 믿습니다……."

이 무렵에 킹 목사는 또 해방운동의 대변인, 아니면 SCLC의 모금 지도자로서 활약했다. 더욱이 목사로서도 그 활동상은 눈부신 바가 있었다. 흑인 뱁티스트뿐만 아니라, 다른 교파에도 적극적으로 협력했다. 모어하우스, 클로우저를 중개로 해서 그는 전미국 뱁티스트 교회회의에 참가하고 있었고, 1962년 5월 22일에 킹 부자(父子)에게는 나란히 정식 목사 자격이 주어졌다.

그 이래 에베니더 교회는 교회회의와 새로이 결성된 진보파 뱁티스트 회의의 서로 대립되는 양 기관에 가맹하게 되었다. 그는 많은 흑인잡지에도 글을 기고했다. 〈에보니〉는 사진주간지 〈라이프〉를 모방한 흑인상대의 전국지였으며, 여기서도 논설면을 담당했다.

2월 27일에 그는 올바니 지방재판소에 호출당했다. 혐의는 랄프 애버내시 목사 그 밖의 두 흑인과 함께 무허가 데모를 행해서 공공의 질서를 문란케 했다는 것이었다. 시당국은 크리스마스 이전에 행해진 데모참가자의 전원을 기소했다. 킹, 애버내시 두 목사는 유죄였으나, 7월 10일까지 판결은 내려지지 않았다.

그러나 형은 벌금 178 달러, 중노동 45일이라는 부당한 판결이었다. 킹과 애버내시 두 목사는 이에 항의해서 체형을 받기로 결심했다.

다음 날 탤라하시의 SCLC 지도자인 C. K. 스틸이 올바니에 와서 스물한 명의 성인과 열한 명의 청소년들이 '승리의 날까지'를 노래부르며 구치소를 향해서 행진했다.

올바니에서 일어난 작은 사건은 마침내 전국에 알려지게 되었다. 워싱턴에서 펜실베니아 출신의 죠셉 클라크 상원의원은 "우리 미국에는 여전히 헌법이 발효되고 있지 않는 지역이 있다."고 한탄했다. 법무성 공민권국장 버크 마셜은 애틀랜타의 킹 부인에게 전화로, "법무성은 모든 권한을 발동시켜, 킹 목사의 석방을 쟁취하겠습니다."라고 약속했다. 그런데 신원불명의 사나이가 법무성보다 재빠른 조치를 취했다. 롤리 프리체트 경찰서장에 의하면, 훌륭한 풍채의 흑인신사가 와서 벌금을 납부하고 갔다고 했다. 킹 목사와 애버내시 목사는 석방되었다.

그 뒤 2,3일 동안 올바니에서는 밤마다 집회가 열려 천 명 이상의 흑인들이 모이고 있었다. 그들은 단독 혹은 몇 명이 한 조가 되어 인종차별을 하고 있는 시설에 출입했다.

7월 17일, 〈올바니 헤럴드〉지의 편집장 제임스 그레이가 텔레비전 연설에서 "이익을 노려 외부에 뛰어든 자가 혼란을 야기시키고 있다. 그들의 운동은 반드시 실패로 끝날 것이다. 올바니는 이와 같은 사기꾼들과 흥정할 생각은 없다." 하고 말했다.

이 말에 대답하기 위해 흑인 앤더슨 박사는 7월 19일에 같은 길이의 방송시간이 주어졌다.

이것은 흑인사회로서는 커다란 사건이었다. 역사상 처음으로 흑인이 백인시민과 논쟁하는 기회를 획득했기 때문이었다. 같은 날, 연방지방재판소 판사는 보이콧이나 피킷, 인종문제의 데모를 금지시켰다.

그러나 운동은 기세를 꺾이는 일없이 7월 21일에는 시내 세 군데에서 가두데모가 행해지고 1백61명이 체포되었다.

올바니 구치소는 규모가 작았으므로 체포된 자의 대부분은 이웃 군(郡)의 형무소로 보내졌다. 7월 23일, 흑인의 부동산업자로 운동의 부회장을 하고 있는 슬레이터 킹 부인은 미첼 군 형무소에 수용되어 있는 운동원들에게 사식(私食)을 차입해가려고 했다. 킹 부인은 임신 5개월로 게다가 세 살된 아이를 데리고 있었는데도, 보안관으로부터 실신할 때까지 맞고 발길로 채이는 폭행을 당했다. 그녀는 유산했다.

그날 밤에 마운트 시온 뱁티스트 교회에서 집회가 열려, 킹 부인에 대한 당국의 폭행이 토의되었다. 그 뒤에 메논파의 흑인목사로 스펠만 대학교수인 빈센트 하딩 등 여섯 명은 보안관의 폭행에 항의하고, 시청에 들어가 기도회를 열었다. 즉시 그들은 체포되었다.

그러자 흑인지구에서 불온한 공기가 높아져갔다. 격분한 흑인청년 2천여 명이 길모퉁이에 모였다. 경관 1백70여 명이 출동해서 무력으로 해산시키려 했던 것이 잘못이었다. 흑인들은 돌이나 콜라병을 던져, 경관 두 명을 부상시켰다. 킹 부인사건으로 침묵을 지키고 있던 백인 온건주의자들이 흑인청년의 지나친 행동을 비판했기 때문에

KKK단이 공공연히 보복을 외치고 나섰다.

이 시점에서 킹 목사가 개입해서, 데모의 중지를 명하고 소란을 일으킨 청년에게 7월 25일을 '인내의 날'로 해서 근신시켰다. 운동원들은 당구장, 술집, 식당을 돌아다니며, 투쟁은 어디까지나 비폭력이어야 한다고 설득시켰다. 킹 목사의 주장에 따라 그 주일 후반의 직접행동은 소수 그룹에 의한 기도회로 한정되었다. 7월 27일 금요일의 오후에 앤더슨 박사, 킹 목사, 애버내시 목사가 기도회를 열었다가 체포되었다. 킹 목사는 8월 10일의 재판까지 2주일간 구속되었다.

킹 목사의 투옥과 경관의 잔학행위가 온국민의 양심을 눈뜨게 했다. 북부의 프로테스탄트 목사들이나 유대교의 율사(律師)들이 백악관에 개입을 요구하고 워싱턴에 자동차로 줄지어 데모행진을 벌였다. 공화당과 민주당의 상원의원 열 명이 체포된 사람들의 석방을 위해 법무성이 모든 조치를 강구하라고 요청했다.

8월 1일에 케네디 대통령은 공적인 장소에서 왜 올바니 당국이 회담을 거부하는지 이해할 수가 없다고 발표했다. 올바니에서는, 케리 시장이 "지역의 법률, 주법(州法), 혹은 연방금지령을 지키지 않으려는 자들과는 우리는 절대로 회담하지 않겠다."라고 대답했다. 그는 외부에서 와서 소동을 선동하는 자, 특히 킹 목사를 비난했다.

"올바니는 인종차별의 전형적인 거점이다." 하고 킹 목사는 구치소에서 그가 내고 있는 잡지 〈행동하는 사람들〉의 논설에서 이렇게 썼다.

"백 년간 쌓이고 쌓인 좌절감이 차츰 발효해서 이제야 폭발점에 가까워지고 있다. 이것은 올바니라는 하나의 도시에서 우발적으로 생긴 사건은 아니다. 같은 현상이 남부전역의 수백 개의 도시로 번져나가는 징조를 보이고 있다.

흑인여성은 가사돕기로 1주일에 15달러의 임금을 받는다. 일부의 연방 정부기관에서 일하는 흑인을 빼놓고 연방법으로 정해진 한 시간당 일 달러를 받고 있는 흑인노동자는 거의 없다. 경제적인 노예제도는 이런 종류의 차별이 되어 여전히 남아 있다.

올바니에서 일어난 사건은 흑백 간의 화해가 민주주의적인 절차에 의해서는 절대로 실현될 수 없다는 것을 제시했다. 특히 올바니에서는 인종차별 철폐의 움직임은 지연되고 있다. 그래서 이것을 가속화하기 위해서 각 지구는 어떠한 노력을 하지 않으면 안 되는가. 이 물음에 올바니의 경험은 하나의 지침을 주고 있다.

왜 이것이 올바니에서 일어났는가. 그것은 올바니야말로, 힘에 의해서 도덕과 정의를 뒤틀어서 인종차별을 강행하고 있기 때문이다."

8월 5일에 와이어트 워커는 코레타 부인과 세 명의 자녀를 안내해서 킹 목사를 면회하러 구치소를 방문했다. 자동차가 올바니에 들어서자 여러 명의 백인청년이 지나치다가 "검둥이!" 하고 외쳤다. 일곱 살이 다 된 요랜다가 어머니 코레타에게 물었다.

"엄마, 백인은 왜 흑인을 미워하지?"

"행크를 보렴. 백인 전부가 우리를 미워하고 있는 것은 아니잖아요?"

행크는 지난 해에 킹 가(家)에서 여름방학을 보낸 백인의 신학생이었다.

아이들은 한 달이나 아빠를 못 보았었다. 특히 킹 목사는 투옥되고 있는 동안에는 가족들과 면회하지 않았다. 킹 목사와 코레타 부인은 이전부터 투옥당할 때에 "아빠는 가엾은 사람들을 돕기 위해서 감옥에 가는 거란다."라고 설명하고 있었다. 킹 목사가 애틀랜타에서 체포되었을 때에 요랜다는 막 여섯 살이 된 때여서 텔레비전에 비친 아빠를 보고 울음을 터뜨렸다. 코레타 부인은 딸 요랜다에게 타일렀다.

"아빠는 가엾은 사람들을 돕기 위해서 간 거야. 지금까지도 가엾은 사람들을 도와왔지만, 더욱 많은 사람들을 돕지 않으면 안 돼요. 하지만 아빠는 곧 돌아오시게 된단다."

그래서 요랜다는 울음을 그쳤다. 마티는 네 살, 덱스터는 한 살이었다. 그들은 아직도 철들지 않아 왜 아빠가 집에 없는지를 몰랐지만, 왜 그런지 모르게 쓸쓸함을 느끼고 있었을 것이 틀림없다.

킹 목사로서도 아이들을 만날 수 없다는 것은 마음이 아팠다. 그래도 감옥에서 쇠격자 사이로, 가족들과 만나고 싶지는 않았다. 그래서 복도에서 면회시켜 달라고 간수에게 부탁했다. 십오분 간의 면회가 허락되었다. 코레타는 긴장하고 있었다.

"엄마, 물마시고 싶어." 하고 마티가 엄마한테 말했다. "안돼, 참아야지." 하고 엄마가 달래자, 마티는 물마시는 장소로 걸어갔다. 아이는 기쁜 듯이 들떠서 떠들어댔다. 그러나 그들은 어리면서도, 백인의 감옥에 들어가본 흑인의 아이라는 사실을 느끼고 있었을 것이다. 코레타 부인은 억지로 미소를 지으면서 말했다.

"여보, 마틴. 만약 당신이 이 이상 더 아이들한테서 떨어져 있으면, 저 아이들은 당신을 잊을 거예요." 하고 말하자, 킹 목사는 웃으면서 대답했다.

"정말 그렇겠군. 잘 알고 있어요."

면회가 끝나자, 기자단이 코레타 부인을 에워쌌다.

"앞으로 얼마쯤 투쟁이 계속될 것이라고 생각하십니까?" 하고 한 사람이 물었다. 그녀는 슬픈 듯이 미소를 띠면서 "5년쯤이라고 생각합니다. 그 뒤는 좋아질 거예요. 완전하지는 않더라도, 어쨌든 달라질 거예요." 하고 대답했다.

다른 사람들도 면회하러 와 있었다. 재판 전날에 서른다섯 명의 프로테스탄트 목사와 유대교의 율사가 왔다. 앞서 워싱턴에서 자동차 데모를 한 사람들이었다. 그 한 사람인 랄프 로드 로이 목사는 재판의 모양을 다음과 같이 표현했다.

"공판은 엉터리였다. 판사는 정말 어리숙하게 넘기기 위해 법정에 들어와서, 의견과 판결을 쓴 것같이 보였다. 고발하는 자와, 당하는 자의 대조가 이처럼 눈에 띄는 재판도 드물었다. 피고는 교양, 품위,

크리스트교인의 신앙으로 빛나고 있었고, 검찰측은 교양이 없는 전형적인 남부정치가였다."

킹과 애버내시는 유죄였으나 집행유예가 되었다. 다음 날 소수의 흑·백인 팀이 행동을 일으켜 공원 3군데, 도서관 2 군데에서 차별의 실상을 몸소 시험했다. 당국은 그들을 체포하는 대신에 공원을 폐쇄시켰다.

한때는 도서관도 닫았으나 이윽고 다시 열었다. 다만 의자를 전부 치워버렸기 때문에 흑·백인이 모두 동석할 수는 없었다. 몇 달이 지나서 공공의 수영장의 차별철폐를 피하기 위해 제임스 그레이에게 매각해버렸다. 그레이는 개인재산으로서 수영장을 백인전용으로 만들었다.

선거가 가까워졌다. SNCC나 SCLC의 활동가들은, 시골의 흑인교회에서 투표 설명을 하고 돌아다녔다. 그들은 경관의 방해를 받고, 협박당하며 위해까지 당했다. 또 모인 흑인도 백인의 위협을 받았다. 테렐 군(郡)에는 오천 명의 흑인주민이 있었지만, 선거권을 가진 자는 겨우 오십 명으로 제한되어 있었다.

'외부에서 온 선동자' 덕분에 연방정부 법무성은 테렐 군, 샘터 군(郡)의 보안관을 고발했다. 그 반동으로 또다시 백인의 만행이 발생했다. 리즈버그에 있는 섀디 그로브 뱁티스트 교회가 8월 15일 새벽에 다이너마이트로 폭파되었다.

현장 부근에 있던 SNCC의 활동가 워커와 킹 목사에게 전화로 급변(急變)을 알렸다. 두 사람은 곧 리즈버그로 달려왔다. 그 뒤에 킹 목사는 그의 신문 논설란에 다음과 같이 썼다.

"나는 교회건물의 잔해를 보았을 때 마음과 눈에서 피눈물이 났다. 거기에는 아직 연기가 자욱하고 따가웠으나 차별주의자, 보수적인 백인, 진보파나 비폭력 저항운동의 정신을 이해하지 못하는 흑인 등 그들 모두의 저항을 감지할 수가 있었다. 이곳 리(里) 군(郡)에는 런치 카운터의 문제는 없다. 다만 미국시민으로서 선거권을 가지고 싶다는 단순하고 소박한 한무리의 사람들이 있을 뿐이다.…… 그런데도 그들의 선거권 획득을 지향하는 집회장과 선거인등록 강습회장은 지금 잿더미가 되고 말았다. 이것은 왜일까? 왜 그럴까?

적나라한 사실은, 백인의 목적이 런치 카운터나 아니면 장거리 버스의 차별에는 있지 않다는 것이다. 그들은 합중국 헌법수정 제1조에 의한 차별철폐, 흑인의 선거권획득에 의한 정치에의 참가를 막으려하고 있는 것이다. 따라서 우리는 다루기 힘드는 적대감에 직면하고 있다.

우리가 무엇을 요구하든 그 요구가 공민권, 자존심, 인간의 존엄, 남부의 생활양식의 변화에 관계되는 한, 남부백인의 차별주의자들의 도의나 관용을 기대할 수는 없다.

조지아 주(州) 리(里) 군(郡) 섀디 그로브 뱁티스트 교회의 시꺼멓게 탄 잔해, 이것이야말로 내륙 남부에서의 선거권획득의 놀라운 대가인 것이다."

'기도의 순례' 투쟁이 끝나고 활동가들이 올바니를 떠남에 즈음해서, 킹 목사와 앤더슨 두 사람의 목사에게 운동을 계속하도록 부탁했다. 8월 27일 심야에 프로테스탄트의 목사와 유대교의 율사 신구교 쌍방의 신도들이 시카고와 미국 북동부에서 도착했다. 다음날 아침에 총 일흔다섯 명은 체포도 불사하겠다는 결의를 서로 확인한 뒤에 시 공회당에 모였다.

예일 대학 히렐 기금의 리차드 이스라엘 율사가 〈시편〉 제114편을 읽고 있을 때 브리체트 서장이 해산을 명했다.

"좋아, 감방에 처넣어라!" 하고 부하에게 명했다. 사백여 명의 떠들썩한 구경꾼들이 환성을 지르는 속을, 경관이 뒷문에서부터 공회당 안으로 난입해서 목사를 한 사람씩 끌어내었다. 경관 하나가 신성한 유대교의 모자를 이스라엘 율사의 머리에서 벗겼다.

체포된 자는 세 그룹으로 나뉘어졌다. 백인 스무 명은 리 군 형무소에서 단식을 시작했다. 이 중 열여덟 명은 서른여섯 시간, 두 명은 이십사 시간만에 단식을 중지했다. 몇 명은 일주일간 감방에 있었으나, 대부분은 단식이 끝나자 보석금을 물고 감옥에서 나왔다. 그들의 행동은 백인사회에는 눈에 띄는 충격을 주지 않았지만, 현지의 흑인들을 고무시켰고 다시 북부 여러 주의 눈을 남부의 인종문제로 돌리게 했다.

성직자들의 단식이 끝나자 그날 밤 백인 폭한이 흑인집 네 채에 소총을 마구 쏘아댔다. '외부에서 온 자'에게 공민권 학습회의 장소를 제공한 집들이었다.

9월 3일에 북부의 성직자 중의 마지막 열여덟 명이 올바니를 떠났다. 그날 밤 삼천 명의 백인이 KKK단의 집회에 모였다. 시당국은 그들이 시내로 들어오는 것을 허락하지 않았다.

한편 흑인측도 집회를 열었다. 그 석상에서 앤더슨은 학교에서의 차별철폐 투쟁에 들어간다고 선언했다. 다음 날 아침에 열네 살이 되는 그의 딸 로리타 외의 열네 명의 흑인학생이 경관이 줄지어 서 있는 곳을 거쳐 올바니 고등학교의 문을 들어섰다. 거기에는 검둥이는 오지 말라고 씌어진 간판이 걸려 있었다. 또 다른 네 명의 흑인 소년이 중학교로 향했다. 부모는 교장이나 교감에게 입학희망을 전했으나 거부당하자 문제를 법정으로 끌고갔다.

시골의 교회에 대한 방화는 계속되었다. 9월 9일 일요일 새벽 두 시에 차별주의자들은 셋서 군(郡) 만운트 올리브 뱁티스트 교회에 불을 지르고, 다시 8킬로미터 떨어진 티캐사워치로 달려가 마운트 메어리 교회를 불태웠다. FBI는 수사관 한 명을 애틀랜타에서 현장에 급파했다. 수사관이 티캐사워치에 당도하자 백인농부가 달려들어 구타하려다가 체포되었다.

8일 후에 네 번째의 교회 불태우기가 일어났다. 로슨 근처의 마이 호프 뱁티스트 교회에 불이 나 FBI가 현장 부근에서 세 명의 남자와 열여섯 살 소년을 체포했다. 그들은 유죄를 인정하고, 9월 22일에 7년의 금고형에 처해졌다.

이들의 방화범은 마빈 그리핀 전 지사의 전형적인 추종자들이었다. 그 때문에 〈애틀랜타 콘스티튜션〉지의 논설위원이며 평론가인 랄프 매길리가 그리핀을 다음과 같이 공격했을 정도였다.

"높은 지위에 있는 자, 공직에 있는 자가 직접 아니면 간접으로 법정이나 법률에 대한 저항을 고무하면 그 결과는 놀랄 만한 것이다. 무뢰한들은 자유로운 행동을 인정받았다고 느끼게 될 테니까."

민주당의 예비선거에서 그리핀은 온건파의 샌더스에게 큰 차로 패배했다.

그러나 농촌지대에서 백인우위는 무너지지 않았고 흑인선거인의 등록을 장려하는 운동은 끈기있게 지속되고 있었다. 융통성이 없는 돌대가리 차별주의자들은 소수파라고는 해도 백인사회의 주도권을 쥐고 있었다. 그들은 다수를 차지하는 흑인이 눈뜨게 되면 즉시 권력의 자리에서 쫓겨난다는 것을 잘 알고 있었으므로 어디까지나 차별철폐에 반대하고 있었다.

10월 초에 연방경찰은 두 명의 백인을 붙잡아 섀디 그로브 교회 방화 건으로 송청했다. 한편 킹 목사는 프로야구 선수인 재키 로빈슨에게 불태워진 교회의 재건자금 모으기에 앞장서주기를 부탁했다. 〈애틀랜타 콘스티튜션〉지의 독자로부터 일만 달러가 보내져왔고 억만장자인 넬슨 록펠러 뉴욕 주지사도 이에 따랐다.

연합교회는 5천 달러, 성공회는 4천 달러, 올바니 운동도 같은 액수였으며 교회 전국회의도 1천 달러를 내놓았다. 8월에는 모금이 8만 달러를 넘었는데 그 절반 이상이 로빈슨에 의한 것이었다.

애틀랜타 교외의 콘이어즈에 있는 트라피스트 수도원의 수도승은 스테인드 글라스 24매를 이 모금을 위해서 기부했다. SCLC는 다른 활동도 하고 있었기 때문에 재건의 일이 순조롭게 진전된 것은 아니었지만 네 교회 중에서 세 곳이 재건되었다. 이 동안에 시민집회는 천막에서 열렸다. 아이러니컬하게도 네 번째의 교회는 마지막에 폭파당했으나 제일 먼저 재건되었다. 도오슨 시장인 카알 라운트리는 완고한 차별주의자였으나, 그는 백인들만의 위원회를 만들었다.

"이 교회는 도오슨 시(市) 및 테렐 군(郡)의 주민들에 의해 불태워진 것이므로 우리의 손으로 재건해야 한다고 생각한다."

군민들은 자금을 모으고 노동봉사를 했으므로 다른 세 교회의 재건이 시작되기 전에 네 번째 교회의 재건이 끝났다.

킹 목사의 호소에 호응한 북부의 목사를 백 퍼센트 칭찬할 수도 없었으며 올바니 운동만 하더라도 비폭력의 승리라고만은 할 수 없었다. 뱁티스트 전국회의에서 일부의 유지들이 올바니에 가서 인종차별 철폐운동에 협력했지만 그들이 시카고에 돌아왔을 때에 전국회의의 연례대회가 열리고 있었다.

의장인 조셉 잭슨은 그러한 운동을 호되게 비판하였다.

"시카고에서 대표단이 올바니에 가서 인종차별 철폐운동에 참가하는 것은 위선이다."

잭슨은 그를 둘러싼 반동적인 백인목사와 마찬가지로 연좌데모나 '자유의 편승'에 얼굴을 찌푸리고 있었다. 그는 먼저 흑인측이 경제적으로 자립하는 일이 필요하다고 넌즈시 말하기는 했으나 킹 노선에 대신할 구체안은 아무것도 가지고 있지 않았다.

잭슨은 전미국에서 최대의 흑인 뱁티스트 교회의 지도자였으므로 그의 영향력을 결코 경시할 수는 없었다. 앤더슨 박사는 시카고 대회에 출석한 올바니 대표에게 심한 내용의 전보를 보냈다.

"잭슨의 준비론은 항의운동으로는 간주될 수 없으며 인종문제의 해답으로는 되지 않는다. 그와 같은 이론은 오히려 불완전한 것으로서 규탄될 것이다."

보수적인 뱁티스트 전국회의가 연례대회를 열었을 때에 필라델피아에서는 새로 조직된 진보적인 뱁티스트 회의가 대회를 열고 있었는데, 킹 목사의 지지를 힘차게 재확인했다. 덧붙여서 말하면 뱁티스트 전국회의의 회원은 5백만이고, 진보적 뱁티스트 회의는 백만의 회원을 가지고 있었다.

잭슨의 말에 반론해서 진보적인 뱁티스트 파의 의장인 T. M. 첸버스 박스가 말했다.

"그들은 신앙을 잃고, '그것이 무슨 소용이 있는가. 킹, 애버내시, 샤틀즈워스는 어째서 그만두지 않는가? 고생만 하고 애쓴 보람이 없지 않는가'라고 말하기 시작했다. 그러나 나는 말한다. 간디는 왜 인도에 자유에의 길이 열릴 때까지 그만두지 않았을까? 미국은 왜 독립을 얻을 때까지 그만두지 않았을까? 이제야 새시대가 찾아왔다. 신세계가 열린 것이다.

새 흑인이 뉴 룩을 요구하고 있다. 그것은 노예에서 자유로, 미움에서 사랑으로, 암흑에서 광명으로, 그리고 차별에서 무차별로, 모욕에서 존엄에의 추이(推移)이다."

진보적인 뱁티스트는 뉴욕, 필라델피아, 로스앤젤레스, 시카고의 흑인들을 신자로 가지고 1962년 1월에 킹 목사의 강력하고 규모있는 처리로 설립되었다. 킹 목사는 1960년과 61년에 보수적인 잭슨을 뱁티스트 전국회의 의장에서 쫓아내려고 했으나 실패로 끝나자 신파의 결성에 나섰던 것이다.

1961년, 캔사스 시티에서 열린 연례 대회에서 잭슨은 보수, 진보 양 파의 대립은 폭력사태로까지 발전할 기세였다고 하고, 이것을 킹 목사의 탓으로 돌렸다.

흑인대중의 생활개선을 촉구하는 킹 목사는 잭슨을 비롯한 백인 권력기구와의 야합공모(野合共謀)에 만족하고 있는 일부 흑인목사들의 방해를 우선 배제하지 않으면 안 되었다. 그들은 다만 정신적인 안식을 줄 뿐이지, 참된 자유에의 운동을 도우려고는 하지 않았다.

이러한 파벌 싸움은 차별철폐 운동이 순수하게 진전되지 않는 하나의 원인이었다. 남부 크리스트교도 지도회의(SCLC)는 아무리 보아도 종교조직이었지만 그 구성원이 대부분 목사였기 때문에 전통적인 흑인교회나 백인종파나 그 밖의 전국조직과는 특수한 관계에 있었다.
 운동이 세속화해간 과정에서 신학생들은 데트리히 본호퍼가 제창한 '종교가 없는 크리스트교'와 대결했다. 청년 목사 찰스 셰로드는 검은 가운 대신에 데님의 푸른 옷을 입는 타입의 사나이였으나 그들은 조지아, 앨라배마, 미시시피 주의 농촌지대로 깊이 침투해 들어갔다.
 1963년 12월에 노스캐롤라이나 주의 블랙 마운틴에서 비폭력과 혁명에 대해서 흑백인 합동회의가 열렸을 때 셰로드, 제임스, 베빌 그 밖의 흑인 청년 목사들은 북부에서 온 백인목사들에게 "당신네들 것은 교회가 아니다. 우리가 교회인 것이다." 하고 단언했다. 이 '우리'는 특정한 조직을 의미하고 있는 것이 아니라, 차별철폐 운동을 적극적으로 추진하고 있는 전체를 가리킨 것이었다.
 그들은 농촌의 가난한 흑인들과 함께 생활하며 지성이 결여된 백인들의 잔인한 공격을 견뎌내고 있었다. 이러한 경험, 또 이들 젊은이를 리, 테렐, 다와티 군(郡)의 위험과 빈곤 속에 몰입시킨 의식이 나중에 '블랙 파워'의 슬로건을 낳게 한 것이었다.
 킹 목사 자신은 이러한 농촌의 빈곤이나 위험을 경험하지 않았지만 그의 주위에는 경험자가 많이 있었다. 그에게는 여러 가지 역할이 과해지고 있었지만, 그는 1960년대의 인종문제를 형성하는 여러 가지의 흐름이 마침 교류하는 그 중심에 세워진 셈이 된다. 그는 부르주아 흑인층의 출신으로 교양있는 새 흑인이며, 북부백인의 의식을 이해하고 농촌이나 도시의 빈곤을 알았으며, 과벌항쟁에 정통하며 종교와 세속의 쌍방에도 밝았다.
 킹 목사는 어떤 사상이 때를 만났을 때 갖는 힘에 대해서 빅토르 위고의 말을 즐겨 인용했다. 그는 또 자유로 부르짖든, 비폭력으로 표현되든, 사상을 구현화하는데 대한 책임을 자각하고 있었다. 그러나 실제로 그것은 사상 이상, 상징 이상의 것이었다.
 킹 목사는 간디, 레닌, 카스트로, 드골, 링컨 등등 신격화된 위인들과 마찬가지로 전략, 이론, 홍정, 선전 등의 면에서 실책을 범했을 지도 모른다. 여기에 든 지도자들과 마찬가지로 그는 모든 면에서 탁월했던 것은 아니었다. 그러나 킹 목사에게는 자신의 독특한 방법으로 각 분야의 조정을 마무리할 수가 있었으며 그 자신과 역사를 연결하는 일종의 유대를 가지고 있었다. 킹 목사는 시대에 적응할 수 있는 비범한 인물이었던 것이다.

아마도 1962년의 올바니에서의 운동에 대해서 대패배나 특필해야 할 성과와, 두 가지의 상반되는 평가가 나온 것은 킹 목사의 특질 탓일 것이다. 1930년에서 31년에 걸쳐 간디가 지도한 1년에 걸친 불복종 운동과도 같이 긴 시간과 많은 정력을 소모한 것치고는 눈에 띄는 성과가 보이지 않았지만, 그 반면에 민중의 의식을 더욱더 북돋우었다.

NAACP의 남동지구 위원장인 루비해리 부인은 "올바니 운동의 목적이 감옥에 가는 일이었다면 성공적이었다."라고 말했다. 1962년 말의 결산은 대폭적인 적자였다. 체포된 자나 경관의 폭행에 의한 부상이나, 방화 등등 도대체 이런 희생은 무엇 때문이었을까? 백인의 권력기구는 여전히 요지부동의 지위를 차지하고 있었고 1962년 8월부터 거의 1년 넘게 행해진 '기도의 순례' 작전에도 볼 수 있었듯이 '전면적 해결'을 요구하는 차별철폐 운동은 과대망상의 감이 없지 않았다.

1963년 5월에 앤더슨 박사는 킹 목사가 와서 또다시 데모행진의 지휘를 하게 되었다고 발표했다.

대단한 성황을 보이게 될 것이라고 앤더슨은 꿍꿍이 셈을 했다. 그 무렵에 킹 목사는 버밍햄에서 분주하게 일에 쫓기고 있었다. 올바니의 데모는 떨치지 못했으며 참가자의 수도 적었고 여느때와 같이 체포되었는데 돌을 던지는 자도 적었다.

1964년이 되어 겨우 올바니의 흑인들은 평화적인 시위행진을 할 권리를 연방정부의 정령(政令)으로 인정받았다. 1964년의 공민권법에 의해 공공시설에서의 차별은 철폐되었다.

올바니 시는 여섯 명의 흑인을 경관으로 채용했다. 이것으로 경관의 흑인에 대한 폭행은 자취를 감추었다. 그러나 심각한 문제가 남아 있었다. 특히 농촌에서는 백인들의 테러 행위에 의해, 흑인들의 공민권운동을 억압하고 있었다.

1962년의 올바니 운동은 훗날에 몇 번이나 검토되었다. 그 실패는 귀중한 경험으로서 후일 이용되었다. 1931년 간디의 운동에는 그것이 없었다. 올바니에 대해서 가장 건설적인 비판을 가한 것은 하워드 진이다. 그는 다음과 같이 말했다.

"올바니 운동에 대해서는 계속적이고 명확한 행동계획은 아무것도 없었다. 오늘(1962년 가을) 운동은 오직 과격파 흑인들이 지탱하고 있는 데에 불과하다.

그와 같은 유동성은 이점인 반면에 결점으로도 된다. 새로이 출현한 환경 속에 그냥 낡은 전술을 그냥 되풀이하고 있는 일도 많았다. 이 운동은 법정투쟁을 지연시켰다. 예를 들면 데모를 언제까지나 계속해서 법정투쟁과의 연계하는 것은 등한시되었다. 그렇다고는 하지만 이점이 없었던 것은 아니다.

이 운동은 단순한 목표를 내걸 수가 있었으며 여기에의 집중도 가능했다. 이것은 흑인 항의운동으로는 건전하며 협상에 의한 해결에 들어가기 쉬운 분위기를 조성했다. 흑인사회는 무엇을 요구하면 좋은가를 구체적으로 그리고 확실히 배웠다. 그것은 스스로의 결점을 이성적으로 사고하는 한정된 능력을 더욱 부족하게 할 뿐인, 종래의 불만이나 요구의 되풀이와는 별개의 것이었다."

이러한 비판에 대답해서 와이어드 티워커는 다음과 같이 말했다.

"확실히 우리는 과오를 범했다. 우리가 치른 희생과 노력은 직접 손에 잡을 만큼의 성과를 낳지는 못했다. 그러나 이 운동은 아직 시작되었을 뿐이다. 올바니의 일은 의식 수준이 높고, 정직한 비폭력주의의 흑인들이 전술적인 경험을 갖지 않는 동안 단결해서 일어선 실례이다.

그것은 남부에서의 위대한 시작이며 인종차별주의에 대한, 전례가 없는 정면공격이었다. 그리고 바로 이 목적을 위해서 흑인사회의 전원을 동원한 것이다."

워커가 이런 조심성있는 논평에서 지적하고 있는 수확 외에, 1962년의 운동은 전미국의, 그리고 전세계의 관심을 예쁘게 장식된 남부 생활양식의 정원에서, 그 배후에 놓인 추악한 뒤뜰로 돌리게 했다.

올바니에서는 흑인이 분명하게 불만을 입에 담게 되었으며 백인의 권력기구는 벌써 기본적인 부정에 대해서 모르는 체 할 수 없게 되었다. 시골의 교회 파괴는 이 문제의 소재(所在)를 한층더 명확하게 했기 때문이었다.

설사 이 운동이 비폭력주의, 아니면 킹 목사로서는 실패였다고 평가받는다 하더라도 전면적인 패배가 아니며, 흑인지도자와 운동의 도덕적인 정당성을 높였다. 더욱이 그것이 패배였다고 하더라도 그것은 사람들에게 자유의 가치를 확실하게 인식시켰다. 그것은 몇천명이나 되는 사람들이 '승리의 날까지'를 대합창을 한 빛나는 패배였다.

## 제 7 장
## 버밍햄 —— 승리와 비극

1962년 5월에 채터누거에서 열린 SCLC(남부 크리스트교 지도회의)도 버밍햄에서 행해지는 인종차별 철폐의 대규모적인 비폭력 운동에 버밍햄 그룹과 함께 참가하자고 호소했다. 장신에 마른 형이며 핸섬한 샤틀즈워스 목사는 '시내의 붙임성이 있는 사나이'로서 살아갈 수 있었을지도 모른다. 그러나 버밍햄은 그러한 간단하고 손쉬운 도시는 아니었다.

일찍이 마틴 루터 킹 목사는 샤틀즈워스 목사가 이끄는 ACMHR(인권을 위한 앨라배마 크리스트교 운동)를 SCLC의 '가장 강력한 동맹군'이라고 부르고 샤틀즈워스 목사를 '남부에서의 가장 용감한 인권운동의 투사'라고 칭찬했다.

1956년의 ACMHR의 결성 이래 샤틀즈워스 목사 자신의 교회를 비롯해서 흑인의 주택이나 교회는 수십 회에 걸쳐 폭파당하고 십자가 방화사건이 50회나 일어났다. 또 다수의 흑인이 투옥당했으며 다수의 흑인여성이 경관으로부터 총검으로 위협을 받았고 폭행을 당했다.

KKK단은 재시 애롱이라는 흑인을 붙잡아 흑인사회에 공포감을 주겠다는 이유만으로 그를 거세했다. KKK단은 또, 1959년 4월 10일에 뱁티스트 교파의 젊은 목사이며 ACMHR의 창설위원인 찰스 비랩스 목사마저 유괴해서 그에게 테러를 가해서 공민권운동의 정보를 자백시키기 위해서 쇠사슬로 사형(私刑)을 가했다. 채터누거에

SCLC의 지도자가 모인 것은 버밍햄의 버스 정류소에서 '자유의 편승'의 제임스 펙, 찰스 파슨이 심한 테러를 당한 후부터 거의 1년을 경과한 시기였다.

샤틀즈워스 목사는 SCLC의 회의에서 버밍햄의 마일즈 대학 학생들이 추진하고 있는 운동에 대해서 보고했는데, 이 운동은 샤틀즈워스 목사의 지도에 의해서 3월에는 크게 일어나 시내의 중심 상점가에서 고용조건이나 식당의 식탁 배치 등의 면에서 인종차별을 중지시키는 등 매우 효과적인 움직임으로 발전되고 있었다. 보이콧 운동은 계속적으로 행해져서 95퍼센트가 지켜지고 있었다.

이 보이콧 운동은 여름이 되자 용두사미가 되었지만 백인상인들에게 심각한 경제적인 타격을 주고 있는 점에서는 변함이 없었다. 그 때문에 백인상인들은 협상에 응하는 것에 동의하였고 그 첫번째 성과로서 휴게실이나 물마시는 장소에 붙어있는 '백인용' '흑인용'이라는 간판이 떼어지게 되었다.

그러나 인종차별 정책을 취하는 시당국의 압력에 의해 상인들은 흑인그룹과의 협상을 중단하고 말았다. 이 시당국의 압력이란 시의 공안문제 담당 커미셔너인 유진 '블루' 코너의 행동에 잘 나타나 있다. 1961년 11월에 그는 인종차별 폐지명령을 따랐다는 이유로 버스 터미널의 매니져를 이주일 동안에 4회나 체포한 일이 있었다. 버밍햄에서는 흑인에 대해서 뿐만 아니라 백인의 온건주의자들에게도 또 무서운 도시로, 불 코너는 그러한 정책을 지키기 위해서 실로 20여 년 동안이나 전력을 기울여왔던 것이다.

SCLC의 위원회는 샤틀즈워스 투쟁을 지원할 것을 결정했다. 이보다 앞서 SCLC의 연례대회를 1962년 9월에 버밍햄에서 열기로 결정되어 있었다. 이 결정이 내려졌을 때에 버밍햄의 시민들은 최근 올바니 시에서 어떠한 사태가 발생했는가를 잘 알고 있었다.

샤틀즈워스는 백인상인들이 데모의 중지를 요구하거나 '백인용', '흑인용'의 간판을 뗀 것은, 그들의 신념에서가 아니라 SCLC 지도자에 의한 데모를 저지하는 것이 목적이 아니었나 하고 의심했다. 어쨌든간에 인종차별을 나타내는 간판은 또다시 붙여지고 무대는 위기를 향해서 치닫고 있었던 것이다.

킹 목사는 즉시 SCLC의 위원과 간부멤버를 불러 3일간의 전략회의를 열었다. 킹 목사는 올바니의 캠페인이 중대한 약점을 안고 있는 것을 누구보다도 날카롭게 감지하고 있었다. 전략회의는 수 시간의 토의 끝에 실질적으로 하워드 진의 생각과 같은 결론에 도달했다. 킹 목사는 뒤에 "우리는 차별정책 전반을 비난하는 일에 너무 사로잡혀 있었으므로 하나의 주요목표에 효과적인 항의를 집중시킬 수가 없었다."라고 회고하고 있다.

킹 목사는 베이어드 라스틴이 종종 인용한 산타냐의 경구를 상기해서 "실패에서 교훈을 배우지 못하는 자는 또다시 실패를 되풀이해서, 실패는 피할 수 없는 것이 된다."라고 동지들에게 말했다. 그에게는 토의에서 꺼내야 할 레디 메이드의 플랜은 없었다. 단순한 연좌전술이냐, 단순한 보이콧 운동이냐, 아니면 올바니에서는 할 수 없었던 '일련의 불만'을 꺼낼 것인가.

어쨌든간에 거기에는 모든 예측할 수 없는 사태에 대비해서 주도면밀한 준비에 입각한 몇 가지의 한정목표에 초점을 맞춘 집중적, 계속적인 노력이 없으면 안 된다.

이 회의에서 참석자들은 생각할 수 있는 모든 문제를 제기해서 상세한 메모를 만들었다. 이것은 '프로젝트 C'(C는 '대결'을 의미한다)로 이름이 붙여져서 그 행동계획이나 지도자의 분담을 암호로 적은 비밀서류도 작성되었다. 이 계획에 대해서 킹 목사는 "샤틀즈워스가 이끄는 흑인사회의 힘을 강력한 기반으로 하면, 버밍햄의 상업상의 약점이 이 남부에서 가장 완고한 도시에다 돌파구를 열기 위한 지렛대의 역할을 다해줄 것이다."라고 써놓고 있다.

올바니에서 좌절한 뒤에 그들 흑인지도자들은 이와 같은 '돌파구'가 필요했던 것이다. 해방운동 속에 비폭력주의의 사고방식을 장래에도 계속 살려나가기 위해서는 특히 그럴 필요가 있었다. 1962년 9월에 흑인청년 제임스 멜레디스는 미시시피 대학에 입학허가를 얻음으로써 중대한 전진을 쟁취했다.

킹 목사는 이 미시시피 대학의 소동에 대한 케네디 정부의 처리방법에 매우 비판적이었으며, 그 밖의 백악관의 반응이 전반적으로 정확성을 결여한 점에도 불만을 나타내고 있었다. 그는 10월 16일에 케네디 대통령과 약 1시간 동안 회담하고 SCLC의 5월 17일자 투고에 대통령의 조치를 촉구했으며 이 자리에서 대통령의 인상은 좋으나 막연한 인물임을 알았다고 뒤에 킹 목사는 이렇게 써놓고 있다 "대통령은 '무슨 수를 쓰지 않으면 안 되겠다'고 하는 것 같은 말투를 그만두고 확실한 구체적인 계획을 제안해야 할 것이다. 암에 바셀린을 발라도 효력은 없다."

그럼에도 불구하고 연방정부는 멜레디스 사건에서 불명확한 태도를 취하여 킹 목사는 "이런 것은 연방정부가 물결의 흐름을 막으려고 역사의 강기슭에 서 있는 것을 저항운동자들에게 가르치는 것이었다."라고 말했다.

그러나 멜레디스 사건 그 자체는 실개천에 지났지 물결의 흐름은 아니었다. 킹 목사의 꿈은 미국사회의 여기저기에 있는 '명목적인 흑인'에 있는 것은 아니었다.

킹 목사는 이 부분을 다음과 같이 지적했다. "만약 명목(名目)주의가 우리의 목표라면 정부는 그 명목주의를 만들어내기 위해 우리한테 교묘하게 다가왔다. 그러나 명목주의는 쓸모없는 목표일 뿐만 아니라, 바로 위협 그 자체가 되고 있다. 명목주의는 감정적인 고민을 일시적으로 풀어줄 수는 있지만 병근(病根)을 남겨, 그 황폐함에는 변함이 없다. 또 그것은 감투정신을 약체화시켜 잃게 하는데, 감투정신만이 우리를 참된 개혁에로 전진시키는 것이라 하겠다."

이것과는 반대로 프로젝트 C는 감투정신을 진작시켜 버밍햄의 흑인 모두들의 이익에 이어지는 성과를 지향해서 남부 및 전미국이 나아가야 할 길을 밝혀줄 것이다. 그렇기 때문에 버밍햄에 많은 기대가 쏟아진 것이다.

그 무렵의 인종차별 데모는 1963년 4월 2일에 시행되는 시장선거에서 매파의 블루 코너와 비둘파의 알버트 바우드웰로 되어 있었다. 이 동안에 그들은 비폭력주의에 대한 토론회를 열었으나, 와이어트 워커는 매슈 매커럼이 오렌지버그에서 행한 연좌전술의 경험에서 힌트를 얻어 버밍햄 중심가의 모든 정보나 주된 목표물의 위치, 각 상점에의 길 순서, 식당의 좌석 수 등등을 철저히 조사했다. 이리하여 2월 말까지 워커는 투옥 5일간쯤은 각오한 위의 투쟁지원자 2백50명에게 상세한 지령을 내릴 수 있을 만큼의 준비를 갖추고 있었다.

한번 주사위가 던져지자 마틴 루터 킹 목사는 1월 16일, 선풍과도 같은 유세여행에 나서 16개의 도시에서 28회나 연설을 했다. 그가 버밍햄의 '프로젝트'를 처음으로 공표한 것은 1월 31일 시카고에서의 연설에서였다.

이때의 그는 '여태까지의 중에서도 가장 곤란한 캠페인'을 준비하고 있다고 선언했다. 이 해는 링컨이 노예해방 선언을 한 지 꼭 백년째이기도 해서 킹 목사의 성명에는 '상징적인 긴박성'이 느껴졌다.

아무튼 평범한 유세여행은 아니었다. 그는 각지에서 투쟁의 지원자를 불러모아 버밍햄 투쟁에서 체포당한 자가 나왔을 때의 자금의 모금운동을 간청하고 돌아다녔다.'

코레타 부인은 이때에도 임신 중이어서 킹 목사가 귀가할 3월 29일경이 출산 예정일로 되어 있었지만 출산이 빨라져 킹 목사가 병원으로 달려갔을 때에는 벌써 귀여운 딸 버니스 알매틴의 자랑스런 아빠가 되어 있었다. 이 딸에게는 '바니'라는 귀여운 닉네임이 붙여졌다. 이것은 두 살난 덱스터의 철없는 말투를 그대로 붙인 것이었다.

4월 3일 ACMHR는 흑인사회의 불만을 요약한 다음과 같은 최후통고를 발표했다.

"우리는 버밍햄의 전시민에게 호소한다. 흑인도 백인도 예절, 인도, 자존, 그리고 인간의 존엄을 증언하기 위해서 우리의 곁으로 모이기를 호소한다. 제군들의 개인적, 전체적인 지원만이 '모든 자의 자유과 정의'의 날의 도래를 단축시키게 된다. 버밍햄에 진리의 시기를 계획하는 것은 바로 이때이며, 전시민은 보다 커다란 운명을 위해서 각자의 책무를 다할 수가 있는 것이다."

캠페인은 4월 3일부터 개시되어 약 30명의 흑인이 피킷과 연좌데모에 가담했으나 이 중에서 스무 명은 브리츠 백화점에서처럼 주변에서 체포되었다. 이 밖에 수명의 그룹이 울워크스, 러브맨 등 유명점포의 식당에 눌러앉아 시위에 들어갔다. 이 방면의 그룹은 관헌의 간섭만은 받지 않았지만 식당측은 즉시 가게의 셔터를 내렸다.

킹 목사는 그날 저녁에 5백 명이 모인 흑인집회에서 다음과 같이 연설했다.

"우리는 자유의 천지를 향해서 전진을 시작했다. 아무도 우리를 저지할 수는 없다. 버밍햄을 인종차별 철폐운동의 중심지로 삼자. 나는 얼마간의 성과가 있을 때까지, 이 땅에 머물 것이다. 제군은 지금이 버밍햄의 인종적인 장애를 타파하기 위한 중대한 행동에 일어서려 하고 있다. 버밍햄이야말로 지금의 미국에서, 가장 철저한 인종차별 정책을 쓰고 있는 도시인 것이다."

연좌는 계속되어 4월 6일의 토요일에는 다른 전술도 추가되었다. 샤틀즈워스는 시청까지 항의 행진을 선도했는데 여기서 또 마흔두 명의 흑인이 체포되었다. 1960년 이래 ACMHR의 활동가인 A.D. 킹은 부활절 직전의 일요일에 시내 중심가에 기도순례단을 계속 투입시켰다.

그러나 이 스물다섯 명의 비폭력주의 순례단도 즉시 투옥되고, 구경꾼 흑인들까지 미쳐날뛰는 경관에게 구타당해 실신하고 말았다. 한 사내에게 여섯 명의 경관이 달려들어 사내의 칼을 빼앗고 체포했다, 신문은 '흑인과 백인 5백 명의 구경꾼 사이에서 소규모적인 폭동이 일어났다.' 라고 그릇된 보도를 했지만 실제는 SCLC의 간부들이 난투가 벌어지기 전에 이미 군중을 해산시켰다.
 이어서 수요일 밤의 대집회에서 킹 목사와 애버내시 목사는 "우리 두 사람과 맹인가수인 알히블러는 금요일에 자진해서 감옥에 들어갔다."라고 결의 표명을 하고 "비하해서 차별대우를 받느니보다 차라리 존엄을 가지고 감옥에 들어가는 편이 훨씬 낫다."라고 연설했다. 킹 목사의 굵직한 목소리는 감정으로 격앙되어 있었다.
 "투옥당하고 있는 사람들에게 감사의 뜻을 나타내는 증거로서 우리 흑인들은 거리의 가게에 물건을 사러 가지 않기로 하자. 쇼핑을 한 짐을 들고 번화가를 거닐고 있는 흑인은 자유를 누릴 가치가 없는 사람들이다."
 킹 목사는 열광적인 가락으로 투쟁에 참가하지 않은 흑인 목사들에게도 비난의 말을 퍼부었다.
 "이 버밍햄에도 투쟁을 방관하고 있는 흑인목사가 몇 사람 있다. 커다란 차를 타고 훌륭한 저택에 살면서 투쟁에서는 자기의 책임을 회피하는 것 같은 목사, 나는 그러한 사람들에게 신물이 났다. 그들은 흑인사회에서 가장 자유로운 사람들이다. 백인 사회는 그들을 억압할 수가 없다. 그런 그들이 흑인들과 함께 일어서지 않는다면 그들은 지도자로서의 자격이 없다.
 우리 흑인은 '흑인은 아프리카에 돌려보내진다'는 것이나, 백인들의 주선으로 '미국의 북부로 보내지는' 것을 바라지는 않는다. 우리는 모든 권리를 지금 이 땅에서 찾고 있는 것이다. 흑인은 이제 그 무엇도 두려워하지 않게 되었다. 우리는 투쟁에 몸바쳐 승리를 잡아가고 있다. 우리는 필요하다면 자유를 위해 죽는 일도 불사한다. 우리는 권력의 자리에 있는 사람들이 '진심으로 생각해줄' 때까지 이 운동을 계속할 작정이다."
 이어서 애버내시 목사가 절규하는 연설을 했다. 연설의 끝에 그는 백인기자들을 살펴보면서 "이 도시를 우리들이 지금까지 볼 수 없었을 정도로 뒤흔들어놓겠다는 것을 백인들에게 전해주시오." 하고 말하며 "우리와 함께 감옥에 가기를 지원하는 유지가 이 속에 있을 것으로 생각한다."라고 군중들에게 부르짖었다.

군중은 그것에 대답해서 와하고 손을 들었다. 지원자는 한 발 앞으로 나오라고 했다. 백발이 성성한 부인이 눈물을 글썽이면서 "나는 감옥 따위는 본적도 없습니다마는 꼭 참가시켜주십시오."라고 호소했다. 전원이 일어서서 마침내 오르간의 힘찬 음색에 맞추어 '자유의 천지'에 나의 길을'의 합창이 시작되었다.

4월 12일 금요일에 킹 목사는 전날의 정오부터 단식에 들어가 금요일에는 날이 새기도 전에 눈을 뜨고 있었다. 그는 데님바지에 작업셔츠의 소탈한 차림이었으나 단정해 보였다. 그는 이 엄숙한 한 순간을 피부로 감지하고 있었다. 그것은 투옥당하는 일이 '바람직하지 못한 희생'을 의미하기 때문도 아니며 투옥 후 자신의 신상이 어떻게 될까하는 문제도 아니며, 이미 체포된 사람들의 일이 걱정되었기 때문임에 틀림없었다. 불 코너와 경찰은 보석금을 현금으로 내라고 요구해왔다. 이 자금의 압력에 의해서 SCLC는 데모 참가자가 체포당한 즉시 보석시키기가 어려워지게 되었다. 킹 목사로서도 다른 사람에 앞서서 감옥에 잡혀가도록 호소할 수가 있었을까. 또 이런 일은 흑인들의 사기에도 영향을 미치지 않을 수 없었다.

킹 목사의 부친이나 애버내시 목사들이 그를 기다리고 있었다. 킹 목사는 셔츠의 앞 가슴을 여미고 조용히 기도를 올렸다.

그 뒤에 그는 부친과 서로 포옹하고 애버내시 목사들 한 사람 한 사람과 악수를 나눈 뒤에 6번가의 뱁티스트 교회로 향했다. 교회는 첨탑이 세 개나 있는 갈색의 큰 건물로 케리 잉글랜드 공원 근처에 있었다. 교회에서 최후의 예배자가 기도를 마친 뒤에 모두 모여서 주(州)재판소의 데모금지령을 무시하고 시청까지 데모행진을 할 예정으로 되어 있었다.

드디어 그때가 왔다. 킹, 애버내시, 히블러가 선두에 서고 그 뒤에

50명의 유지들이 찬송가를 부르면서 뒤따랐다. 일행은 약 8백 명의 떠들썩한 구경꾼들이 지켜보는 가운데 시내로 걸어나갔다. 행진의 길목에는 경찰의 호송차가 5대나 대기하고 있었다.

경관들은 데모대원들을 거칠게 붙잡아 호송차 속에 넣었다. 그리고 그대로 감옥으로 실어날랐다. 경찰당국은 킹 목사와 애버내시 목사를 따로 따로 호송차에 분리시키는 신중한 면모를 보였다. 샤틀즈워스는 마지막 순간에 충동적으로 이 데모에 끼어들었으나 그도 또 투옥의 쓰라림을 당했다.

킹 목사는 아내 코레타 부인에게 전화하겠다고 약속하고 나갔지만 옥중에서는 이런 지극히 당연한 절차사항도 허가해주지 않았다. 기다리다 지친 코레타 부인은 걱정되는 나머지 와이어트 워커에게 전화했다. 워커한테도 킹 목사로부터의 전화는 없었다며 "케네디 대통령에게 얘기해 보는 수밖에 없겠지."라고 하는 것이 그의 의견이었다.

코레타 부인은 정양지인 팜비치에 있는 케네디 대통령과는 연락을 취할 수 없었으나 대통령 보좌관인 피엘 새린저, 법무장관인 로버트 케네디와는 통화할 수 있었다. 한편 와이어트 워커도 여기저기 전화를 걸어 새벽 한시경엔 법무성의 버크 마셜을 자택에서 통화할 수 있었다. 그러나 마셜은 법무성에는 개입할 권한이 없다고 하는 것이었다.

토요일 저녁에 코레타 부인은 케네디 대통령의 전화를 받고 FBI의 관계관이 킹 목사와 면회했다는 것, 목사가 건강하다는 것, 곧 자택에 전화할 수 있게 된다는 것 등을 알게 되었다. 그리고 십오분 후에 킹 목사로부터 전화가 왔다. 케네디 대통령으로부터 전화가 있었다고 알리자 킹 목사는 "그래서 나에 대한 대접이 달라졌는가?" 하고 말했다. 대통령의 개입이 있기 전에는 간수들이 킹 목사를 사뭇 깔보고 거칠게 다루고 있었으나 갑자기 공손해졌다는 것이었다.

부활절의 일요일에 킹 목사는 아직 옥중에 있었다. 흑인의 작은 그룹이 근처의 6개 교회에 아침예배를 보게 해달라고 허가를 요청했다. 퍼스트 뱁티스트 교회에서는 알 스털링즈 목사가 흑인을 악수로써 받아들여주었다. 두 흑인여성에게는 앤드류 영이 곁에 따랐다. 스털링즈 목사는 일행에게 언제든지 또 오라고 말해주었다.

제1장로교회에는 영의 제자와 또 한 사람의 젊은 흑인여성이 갔는데 안내자나 참석자도 두 사람을 따뜻하게 맞아주고 E.V.라메지 목사가 또 오라고 말을 걸어주었다. 또 제1크리스찬 교회에서는 두 흑인여성이 교회에 들어가는 것은 거절당했지만, 근처의 다른 건물에 안내되어 거기서 교회의 미묘한 입장에 대한 설명을 들은 뒤에 기도를 올릴 수가 있었다. 이곳 교회의 목사들은 이런 대접밖에 할 수 없는 것을 마음 아파하는 모양으로 흑인여성을 내보낼 때에는 눈물을 글썽이면서 전송해주었다.

그러나 나머지 세 교회는 흑인들을 쫓아보냈다. 6번가 장로교회에는 바너드리 목사가 두 흑인여성을 데리고 찾아갔는데 돌계단을 반쯤 올라간 곳에서 안내인에게 쫓겨났다. 안내인은 "흑인의 교회로 가라. 이 교회는 백인이 세운 것이다. 지금 백인들이 기도를 올리고 있는 참이다."라고 말하고 문을 닫아버렸다.

그날 오후에 A.D.킹 목사는 새구드 CME 교회에서 장시간의 예배를 마친 뒤에 손에 성경을 들고 성의를 입은 채로 시내로 나갔다. 그 뒤에는 스물여덟 명의 흑인이 따르고 함께 형무소로 향했다. 일행은 옥중의 동료나 1백50명을 넘는 구류자들에게 기도를 올리게 할 예정이었으나 걸어가다가 얼마 후에 체포되고 말았다.

호송차가 오기까지 일행의 주위에는 수백 명의 흑인들이 모였는데 떠들썩한 구경꾼들의 수도 합치면, 군중은 5백 명에서 이천여 명으로 늘어났다. 그리고 무질서한 군중들 속에서 체포에 항의하는 분노의 목소리가 튀어나왔다.

체포자가 연행된 뒤에 경관은 군중 속에서 한 여성을 끌어내어 저항하는 그녀를 눕혀서 억지로 체포했다. SCLC의 간부들이 폭력을 미연에 방지하려 했지만 배후의 군중들이 돌을 던져 패트롤 카의 방풍 유리를 깨었다.

경관대는 경봉을 휘드르면서 군중 속에 돌입했다. 도망치려고 우왕좌왕하는 흑인들의 정수리를 향해 경봉이 부러지도록 강타되었다. 약 십 분간, 폭동이 일어날 것 같은 긴장이 계속되었으며, 거기에 여섯 마리의 커다란 경찰견을 실은 패트롤 카가 달려왔다. 군중들은 순식간에 해산했다. SCLC의 지도자들은 다수의 사람들을 데리고 새구드 교회로 다시 돌아가 예배를 보았다.

흑인들의 교회, 적어도 운동에 말려든 자들로서, 그곳은 '프로젝트 C'를 위한 필요 불가결한 보루였다. SCLC의 대변인은 이 버밍햄 뱁티스트 목사회의의 목사 약 2백 명이 "비폭력주의의 캠페인을 만장일치로 지지했다."라고 열성적으로 보고했다. 그러나 동회의의 의장인 J.C.웨어 목사는 이 발언을 보충해서 "우리는 모든 형태의 차별에 반대한다. 그러나 우리는 특정한 입장을 취하진 않겠다. 내부에는 다소의 의견차이도 있으나 흑인운동을 약체화시키는 것 같은 일은 하지 않을 것이다."라고 정정했다.

저명한 전도사인 빌리 그레이엄은 "나의 좋은 친구 마틴 루터 킹 목사에게 '다소의 짬을 가지고, 평온을 되찾기 위한 냉각기간을 설정하도록' 충고했다."는 것을 밝혔다. 부활절에 흑인들을 맞아준 라메지 목사, 스털링즈 목사들, 버밍햄의 목사 여덟 명도 그레이엄의 의견에 찬동했다. 동시에 그들은 질서유지를 위해 경찰이 억지력을 행사한 것을 따뜻하게 칭찬했다.

이들 목사들은 지난 1월에 '법과 질서와 상식을 지키기 위한 호소문'을 발표하고 인종문제는 법정을 통해서 해결해야 한다는 것을 시사하고 있었다. 그 이후 그들은 '책임있는 시민은 인종분쟁 및 불안을 낳게 하는 갖가지 문제에 진지하게 대처할 것을 고려하고 있다.'라고 말하고, 데모에 호소하는 것은 '부득이한' 일이라고 하면서도, 그들의 행동은 '현명하다고는 할 수 없으며 타이밍도 나빴다.'는 비판을 가했다. 그리고 그 성명은 "우리 흑인사회가 그와 같은 데모를 지지하지 않도록 또다시 강력히 호소한다."라고 결론짓는 것이었다.
　이 성명은 킹 목사에게 돌려진 것이 아니고 그의 운동이나 그 자신의 존엄이나 명성과도 상반되는 것이었으나 "일부의 흑인시민들은 어느 정도, 외부 사람들의 지시를 받으며 지도되고 있다."라고 고압적으로 말하고 있는 대목도 있었다.
　〈크리스찬 센추리〉지는 그 논설에서 빌리 그레이엄 목사는 짐작이 어긋난 사람에게 충고했다고 썼다. 그레이엄 목사는 버밍햄의 백인들을 향해서 "흑인을 인간으로서, 또 시민으로서 정당하게 다루어라."라고 깨우쳐야 했었다는 것이다. 한편 여덟 명의 목사에 대해서는, 킹 목사가 옥중에서 직접 펜을 들어 4월 16일자로 장문의 편지를 써보냈다. 그 편지의 격조는 정중하고 크리스트교의 사랑의 정신과 관용이 넘치는 것이었다.
　"친애하는 동지 목사 여러분. 여러분은 지금 버밍햄에서 행해지고 있는 데모를 비난하고 있다. 그러나 유감이지만 여러분의 성명에는 데모를 초래한 조건에 대해서 동등한 관심이 표시되고 있지 않다."
　더욱이 킹 목사의 편지는 소위 경찰의 제지력에 대해서도 다른 평가를 내리고 있었다.
　"비폭력, 무방비의 흑인 여섯 명이 저 영악한 경찰견에게 물어뜯기는 현장을 만약 여러분이 목격했다면 경찰을 따뜻하게 칭찬하는 일 따위는 있을 수 없었을 것이라고 생각한다. 또 이 형무소 내에서 흑인들이 추악 또한 비인도적인 취급을 당하고 흑인여성이 짓궂게 희롱당하고 매도당하고 있는 것을 본다면 경관들을 안이하게 칭찬하는 일따위는 할 수 없을 것으로 생각된다. 우리가 찬송가를 합창하고 싶다는 것만으로 경관들이 음식물을 주지 않은 일이 한두 번이 아니었다. 유감이지만, 경찰의 견해에 대해서는 나는 여러분의 의견에 찬동할 수 없다."
　킹, 애버내시 두 목사의 체포 후에 대통령 및 법무장관 앞으로 많은 항의의 전보가 보내졌다. 그 내용은 한결같이 "차별대우에 평화적인 수단을 가지고 항의하고 있던 흑인시민들에게 영악한 경찰견을 그쪽으로 둘려댔다."는 것을 규탄하는 것으로, 전보에는 유명인사들의 서명이 줄지어 있었다.

몇 개의 흑인 그룹과 백인 목사의 그룹이 회합을 갖기 시작함으로써 SCLC, ACMMR(인권을 위한 앨라배마 회의), 현지 상인, 차기 시장 바우드웰 사이에서 접촉이 조용히 무르익어가고 있었다. 이들의 각 대표는 흑인운동이 내거는 여러 요구에 대답하기 위한 계획작성에 착수했으나, 현지 상인의 대표들은 버밍햄의 산업계, 실업계의 지지없이 이 계획을 일방적으로 추진하기를 망설이고 있었다.

목요일, 이 날은 체포자들과의 면회가 허락되는 날이었으므로 코레타 킹 부인, 주애니터 애버내시 부인은 애틀랜타에서 비행기로 버밍햄으로 날아왔다. 옥중의 킹과 애버내시 목사는 부인들의 얼굴을 보고 매우 기뻐했다. 그러나 그 후의 정세의 진정형편으로 보아 두 사람은 이 이상 더 옥중에 머물러서는 안 된다는 것을 깨달았다.

4월 20일 토요일에 킹과 애버내시 목사는 SCLC의 전략위원회와 협의하기 위해 3백 달러의 보석금을 내고 형무소에서 나왔다. 그리고 개스턴 모텔에서 하룻밤 토의를 거듭한 결과, 버밍햄의 흑인아동들을 대규모적인 비폭력주의, 인종차별 반대운동에 동원시키는 것이 결정되었다. 이 전략은 일찍이 노스캐롤라이나 주의 스테이츠발 달람이 쓴 적이 있었다.

이 결정에 따라서 비벨, 영, 리, 드로시, 코튼 등의 유지들과 함께 각 학교를 방문했다. 그들은 교실이나 도서관 안에까지 들어갔다. 때로는 교장이 경찰에 전화하는 일도 있었지만 경관들이 철수하면 그들은 또다시 학교로 들어갔다. 이리하여 그들은 어린이들에게 흑인교회에 가서 〈자유에의 발걸음〉, 〈내슈빌 이야기〉 등의 영화를 감상하고 킹, 비벨 등 흑인운동 지도자의 이야기를 들어달라고 호소했다.

5월 2일 목요일, 이날까지 약 6천의 어린이가 조직되어 언제라도 감행할 수 있을 만한 태세가 완료되었다. 제임스 비벨의 생각은 이 어린이들을 'D데이'에 총동원해서 시(市)의 형무소를 공격하자는 것이었다. 어린이들은 교회에 모여서 이 역사적인 목요일의 운동에 대해서 설명을 들었다.

그날 정오를 지나, 킹 목사를 비롯한 SCLC의 간부들은 16번가 뱁티스트 교회에서 약 3백 명의 어린이 선발부대를 앞에 두고 사십오 분간의 연설을 했다. 어린이들은 여섯 살에서 열여섯 살까지였으며 전원이 열의에 불타고 있었다.

어린이들은 서로 손을 잡고 '승리의 날까지'의 노래를 합창하면서 먼저 서른여덟 명의 인원이 4백 명의 흑인들의 성원에 찬 전송을 받으면서 데모에 나섰다.

이 그룹은 겨우 두 블록쯤 나간 데서 체포되었지만, 그 뒤에는 다른 그룹이 차례차례 계속하고 있었다. 이리하여 열 명 내지 오십 명의 그룹이 일정한 간격을 두고 시내로 계속 투입되었는데 그 사이에도 다수의 어린이들이 교회에 모여들고 있었다. 이런 파상공격을 받고 경찰의 패트롤 카는 어린이들로 가득차게 되어, 마침내 스쿨 버스가 호송차로 동원되기 시작했다.

네 시간 이상이나 계속되었을까. 어린이들의 큰 물결은 10회나 시내를 덮쳤다. 이중 세 개의 그룹이 시내의 쇼핑 센터까지 접근해서 시청의 현관 앞까지 밀어닥쳤지만, 결국 거기서 체포당했다. 어린이들이 데모행진을 하는 동안 연장자인 흑인청년들이 핸디 토키로 여러 가지 지시를 내렸다. 극히 일부의 어린이들은 경관대와 마주대했을 때에 플래카드를 내던지고 달아났지만 대다수의 어린이들은 통제된 모습을 훌륭하게 나타내보였다. 그들은 경관대가 접근해오면 자리에 무릎을 꿇고 기도를 시작하는 것이었다. 이날 하루만도 9백55명의 어린이가 체포되었고 다시 보석 중인 A.D.킹 목사 등 아홉 명의 어른들도 검거되었다.

다음 금요일에 킹 목사는 "어제는 버밍햄의 D데이였고 오늘은 '더블 D데이'가 될 것이다. 수천 명이 체포될지도 모른다."라고 성명했다. 그러나 경찰측은 새 전술을 썼다. 이날도 16번가 뱁티스트 교회에는 약 천 명의 유지들이 모여들었지만 경관대에게 출구를 봉쇄당했기 때문에 시내에 투입된 데모대는 불과 5백 명에 지나지 않았다.

그러나 경관대는 전날부터 준비하고 있던 소방차를 출동시켜 그 호스의 끝을 젊은 데모대로 돌렸다. 고압의 살수를 당해 많은 데모대원들이 땅바닥에 내동댕이쳐지고 의복이 찢기었다. 그 위에 경찰견도 풀어놓여졌다. 앤드류 영 목사는 "경찰견의 사용법은 굉장했다. 경찰은 개를 계획적으로 군중 속에 풀어놓고, 부녀자나 어린이들을 물어뜯게 했다. 경찰은 개를 제지시킬 노력은 전혀 하지도 않았고 데모대를 견제하기 위해서가 아니라 데모대를 공격시키기 위해서 개를 사용했다. 경찰이 폭동을 선동한 것과 마찬가지였다."라고 그 때의 상황을 말했다.

뉴스에는 경관에게 붙잡힌 채 흑인소년이 개한테 물어뜯기고 있는 장면도 있었다. 적어도 흑인소년 다섯 명이 물어뜯겨졌고 그 밖의 다수가 개의 습격을 받았다. 이와 같은 도발에 대해서 흑인들은 반드시 전원이 비폭력주의의 훈련을 받은 것도 아니었지만 대체로 규율을 잘 지켰다.

그러나 이 규율도 경찰의 수사관들이 군중 속에 고의로 차를 몰아넣었기 때문에 마침내 흐트러지고 근처 빌딩 옥상에 있던 흑인들이 일제히 돌이나 병을 내던졌다. 그래서 카메라맨 한 명과 소방서 살수대원 두 명이 부상당하고 노한 경관측이 호스를 군중들 쪽으로 돌렸다. 강력한 물의 충격으로 한 소녀는 눈언저리가 터지고 한 부인은 코피를 흘렸다.

토요일에는 폭력사태의 발생을 경계해서 법무성의 버크 마셜이 버밍햄으로 달려와 킹 목사나 백인실업가들과 회담했다. 이날도 데모는 계속되어 통제위반 분자들이 돌이나 병을 마구 던졌다. 이러한 소동이 삼십분쯤 계속되었는데, 그 북새통 속에서 제임스 비벨 목사는 경관의 마이크를 빌려서 호소했다.

"전원이 여기에서 떠나시오, 투철한 비폭력 정신으로 데모를 하는 것이 아니라면 제군들은 여기를 떠나시오."

군중들이 해산한 뒤에 이날의 데모도 모조리 중지하기로 결정되었다. 비벨 목사는 관중의 흑인들의 총이나 나이프를 손에 들고 있는 것을 보고, 폭동을 회피하지 않으면 안 되겠다고 생각했다.

그 다음 날, 소수의 흑인그룹이 또다시 백인교회에서 예배보는 것에 대해 허락을 요청했다. 그런데 네 곳의 교회는 안으로 들여보내 주었으나 17개의 교회에서는 문전에서 쫓겨나고 말았다. 저녁에 뉴 필그림 뱁티스트 교회에서 대집회가 열렸는데, 그 주위는 소방차와 경관으로 완전히 포위되었다. 해가 지기 조금 전에 찰스 빌랩스 목사는 수백 명의 흑인들을 이끌고 교회 앞에 모여 경찰의 바리케이드 근처에 조용히 앉았다. 그리고 큰소리로 "물을 뿌리고 개를 풀어놓아라. 우리는 떠나지 않는다. 신이여, 그들 경관을 용서하소서." 하고 기도를 올렸다. 이윽고 흑인들은 일어서서 줄리어스 엘즈버리 공원으로 향했다. 이 공원의 이름은 진주만공격 때 흑인 제1호 희생자를 기념해서 붙여진 것이다.

불 코너는 흑인들의 퇴거를 명했지만 빌랩스 목사는 이것을 거부했다. 노한 코너는 부하경관을 향해서 "물을 덮어씌워줘라. 개새끼들!" 하고 호통쳤다. 흑인들은 한순간 주춤했으나, 아무 일도 일어나지 않았다. 백인들이 한 걸음 물러서자 빌랩스 목사는 흑인들을 공원 안으로 인솔할 수가 있었다. 이 공원은 남부형무소 바로 근처여서, 데모대의 기도나 합창이 옥중의 수백 명의 동료들에게도 잘 들릴 것이었다.

이 뒤에 흑인들은 자유의 노래를 소리높이 부르면서 또다시 교회로 되돌아왔다. 경관은 몇 명의 데모 낙오자를 체포했지만 그 이상의 간섭은 하지 않았다. 교회에서는 어린이들의 데모를 월요일에 다시 감행한다는 것이 발표되었다.

시카고에서 딕 그레고리도 달려왔다. 그는 5월 6일 오후 한시에 16번가 뱁티스트 교회에서 열아홉 명의 소년소녀를 데리고 행진을 시작했다. 그 플래카드에는 '누구나가 자유를 요구하고 있다.'고 씌어졌으며 그 뒤에 '자유로이 걷게 해다오. 이제야말로 자유가 필요하다.'라는 어린이들의 합창이 이어졌다. 마침내 경찰대의 대장이 그레고리를 불러세우고 두세 마디 얘기를 주고 받는가 했더니, 마이크를 통해서 외쳤다. "이 새끼들은 해산하지 않겠다고 한다. 호송차를 불러라!"

호송차가 도착해서 데모대를 형무소로 실어날랐다. 그 후 약 한시간 동안 데모의 물결은 차례차례로 밀어닥쳤으나, 전과 같은 체포가 계속되었다. 그러나 데모 참가자 이외에 2백 명의 흑인들이 시내 중심부로 흘러들어가 거기서 집회를 열고 상점 입구에 피킷을 쳤다. 체포자는 월요일 하루만도 천여 명에 달했다. 소방차가 출동하고 있었지만 물을 퍼붓지는 않았다. SCLC의 지도자들은 이날도 이천여의 흑인군중들을 조용히 달래는 역할을 했다.

〈버밍햄 뉴스〉지의 보도에 의하면 투옥된 어린 학생들은 친절한 대우를 받고 있지만, 중핵부대의 멤버들에 대해서는 다음과 같은 형편이었다. "소녀들은 한 사람도 빼놓지 않고 성병 검사를 받게 했다. 더구나 비위생적인 고무장갑을 써서…… 또 어느 날 열다섯 살 이하의 어린이들 8백 명이 비가 내리고 있는 속에서 네 시간이나 형무소내의 뜰에 세워진 채로 방치해둔 일이 있었다. 그 뒤에 어린이들은 트럭에 실려졌다. 이런 지독한 취급에 옥중의 재소자들이 항의하자 그들은 독방으로 옮겨졌다.

핵심부대의 지도자인 메어리 해밀턴은 두들겨맞았고 딕 그레고리도 세 번이나 구타당했다. 아스피린이 필요하다고 신청한 소녀들에게 아스피린 대신 설사약이 주어졌으며, 게다가 변기가 없는 방에 넣어졌다. 그 후 형무소측은 보도 관계자들에게 멋진 환경을 보아달라고 호소했다.

그렇지만 곧 형무소측은 다시 보도 관계자들을 입 다물게 했지만 소녀들은 보도 관계자가 무엇을 질문하거든 아무 불만도 없다고 대답하도록 명령받고 있었다. 그러나 소녀들은 이에 따르지 않고, 있는 그대로들 기자들에게 얘기했다. 이 때문에 소녀들은 벌로서 칫솔과 와이어 브러쉬로 복도 청소를 해야 했다.

그러나 소녀들은 일단 석방된 뒤에 또다시 데모에 참가했다가 곧 또 형무소에 수감되었다. 그녀들에게는 아무런 공포심도 볼 수 없었다. 모두가 또다시 형무소에 되돌아오고 싶다고 말하고 있었다.

이제 형무소는 초만원이 되었다. 화요일 오후에 약 5백 명의 흑인 어린이들이 교회에서 데모를 시작했는데 경찰은 데모대를 분단시켜 해산시키는 것이 고작이었다. 교회 안에 있던 제임스 비벨 목사는 이것을 보고 환성을 질렀다.

"경찰이 데모대를 체포하지 않는다면, 우리는 백인들의 눈앞에서 번화가를 점령할 수 있다."

흑인들은 교회에서 한덩이가 되어 흘러나와서 다른 방향에서 합류한 사람들을 합하면, 번화가에 모인 인파는 삼천을 넘었다. 그리고 각 그룹별로 나누어져 상점에 밀어닥쳐 "제자리로 되돌아가는 것은 질색이다. 자유의 천지로 가는 길이다."라고 노래불렀다.

데모대는 일단 해산해서 교회로 되돌아오더니 또다시 대오를 짜서 상점가로 몰려갔다. 데모대와 행동을 함께 한 앤드류 영 목사는 이 날의 운동이 백인 비즈니스맨들에게 '매우 커다란 효과'를 주었다고 말했다.

그러나 두 번째의 공격을 끝내고 교회로 돌아오자 경찰은 헬멧, 총, 경봉 등으로 무장한 오십 명의 보안관 주수들의 응원을 빌어 교회와 주위일대를 봉쇄하였다. 이것은 제3의 공격을 방지하기 위해서였다.

많은 데모대원들은 교회의 반대측에 있는 케리 잉글랜드 공원에 밀어넣어졌는데, 구경꾼과 건달들도 가세해서 2천여 명의 군중으로 늘어났다.
"개를 끌고 와봐라! 물은 어떻게 됐지?" 하고 군중들이 경관을 놀려댔다. 그러자 소방차가 움직이기 시작하더니 물을 뿜어댔다. 군중들은 후퇴하지 않을 수가 없었다.
노한 흑인들은 보도의 블록을 벗겨서 경관을 향해 내던졌다. 프레드 샤틀즈워스는 고압의 강력한 살수를 당하고 땅바닥에 내동댕이쳐졌다가 구급차에 태워졌다. 불 코너는 이것을 보고 "차라리 영구차의 신세를 졌더라면 좋았을 것을……." 하고 중얼거렸다.
약 한 시간 반 후에 SCLC의 간부들은 폭력사태를 중지하도록 군중들에게 호소했다. 그런데 교회로 달아나려던 사람들이 입구 계단 부근에서 마지막 투석을 했기 때문에 교회에도 소방차의 물줄기가 들이대어져서 스테인드 글라스의 창이 깨어지고 지하실은 물바다가 되었다.
소란이 일단락된 데서 SCLC의 간부들은 재차 군중들에게 부르짖었다.
"집으로 돌아가주십시오. 여러분은 우리에게 협력한 것으로는 되지 않습니다. 제발 곧 돌아가주십시오." 이리하여 군중의 최후의 일단이 겨우 해산했다. 교회 안도 흥분에서 깨어나고 투석자들에 대한 비폭력의 설교가 행해졌다. 그리고 마지막으로 전원이 노래를 합창했다."
이 사건으로 경관 세 명을 포함해서 적어도 열두 명의 부상자가 나왔으나 체포당한 자는 이를 훨씬 웃돌아 오십 명에 달했다. 더구나 불 코너는 폭동의 발생을 이유로 조지 월레스 지사에게 구원을 요청했다.
이 때문에 저녁까지 하이웨이 패트롤 부대 5백75명이 버밍햄 교외에 주둔하게 되었는데 그 중의 2백50명이 앨라배마 주 공안국장

알버트 J.링고우의 인솔로 시내에 들어왔다. 이리하여 무대는 유혈의 피바다를 향해 움직이기 시작했다.

전미국의 관심은 여전히 버밍햄으로 쏟아지고 있었다. 웨인 모스 상원의원은 불 코너의 방법은 "동유럽과 같은 조용한 데모대에 공산군 부대를 덤벼들게"하는 것과 같다고 말했고, 또 켄터키 주 선출의 셔맨 S.쿠퍼 상원의원도 "소방차나 경찰견을 사용한 것은 미국국민의 정의감과 양심을 뒤흔드는 것이다. 앨라배마 주민의 대다수는 코너의 '과격한 조치'를 하고 있는 것으로는 생각되지 않는다."라고 말했다.

이 양의원은 케네디 정부의 무능을 비난했다. 또 모어하우스 대학의 벤자민 메이즈 학장도 흑인들을 옹호해서 "만약 항의운동을 하고 있는 사람들이 카톨릭교도나 유대인들이었다면, 설사 그들이 소수파라도 연방정부는 개입의 방책을 찾아내었을 것이 틀림없다."라고 말했다.

법무성의 버크 마셜은 토요일에 버밍햄에 온 이래, 흑인측 교섭위원회와 수차 회담을 거듭했다. 이 때문에 킹 목사는 상당한 시간을 빼앗겼다. 한편 워싱턴에서는 로버트 케네디 법무장관, 더글라스 지론 재무장관, 로버트 맥나마라 국방장관이 재계와 산업계의 유력자들에게 몇 번이나 전화를 걸어 문제의 조속한 해결을 모색하도록 압력을 넣었다.

예일 대학 법대학장 유진 V.로스토프 교수는 동교 졸업생으로 US 스틸 회사 회장인 로저 브로우 씨에게 협력해줄 것을 제의했다. 브로우 회장은 이 협력요청을 받고 즉시 버밍햄의 친구들에게 문제를 해결해서 국익을 지키는 일이 중요하다고 호소했다. 이후, 백인들은 교섭에 성실성을 보이기 시작해서 화요일 밤까지 회담이 속행되었다. 그 결과, 잠정적인 협정과 상세한 사항이 결정될 때까지의 하루 동안의 정전이 성립되었다.

그 다음 날에 킹, 애버내시, 샤틀즈워스 세 사람은 기자회견에서 사태가 전진하고 있는 것을 밝혔다. 그러나 그날 저녁에 킹과 애버내시 목사는 금요일의 데모를 지지했다는 혐의로 또다시 투옥당하지 않으면 안 되었다. 흑인의 실업가로 교섭위원회에도 이름을 늘어놓고 있는 A.G.머스톤 씨가 즉시 두 사람분의 보석금 5천 달러를 준비해주었지만, SCLC의 간부들은 백인에게 배신당했다고 생각했다.

샤틀즈워스는 항의의 데모를 지휘하기 위해서 거스톤 모텔에서 나오려던 때에 법무성의 관리로부터 로버트 케네디 장관에게 전화를 걸라는 말을 들었다. 전화를 받던 케네디 장관은 "킹, 애버내시 두 목사가 석방될 때까지 자중하도록" 하라고 샤틀즈워스를 설득시켰다.

수요일과 목요일에는 정전기간이 하루 연장되어 교섭이 속행되었다. 버밍햄의 중심가는 마치 병영과 같이 심술궂고 가시 돋친 공기에 휩싸여 있었다. 케리 잉글랜드 공원에는 사법관계의 관리가 1천2백 명이나 모였고, 그 위에 KKK단을 비롯한 우익단체의 활동이 두드러진다는 정보가 전해졌다. 한편 흑인측도 수천 명의 거점인 각 교회에 집결해서 킹 목사의 지시만 있으면 언제라도 데모 행진으로 옮길 수 있는 준비를 갖추고 있었다.

투옥된 사람들도 전원 구출하기 위해서는 대충 23만 7천 달러의 보석금이 필요했는데, 목요일 오후까지는 통일자동차 노조, 전미국 해운노조의 덕분으로 그것에 가까운 액수가 버밍햄에 송금되어 오고 있었다. 이리하여 다음 아침에는 옥중의 7백90명이 석방되고 그것에 이어 킹 목사가 다음과 같은 4개의 협정사항을 발표했다.

(1) 중심가의 모든 상점에 있는 식탁, 휴게실, 탈의실, 물마시는 장소 등은 90일 이내에 인종차별을 철폐한다.

(2) 이제까지 백인들만 차지하고 있던 모든 상점의 사무계통, 세일즈 관계의 자리를 60일 이내에 흑인에게도 주어진다. 이것은 흑인의 신규채용 또는 승진에 따르는 것으로 한다.

(3) 투옥자의 석방

(4) 백인 및 흑인 지도자간의 영속적인 대화를 확립한다.

킹 목사는 웃음을 띠면서 "이 성과는 남부에서의 가장 중요한 자유의 승리이다."라고 말한 뒤에 약간 의미심장한 표정으로 다음과 같이 덧붙였다.

"이제야말로 우리가 평온과 위엄과 이성있는 자제를 표명해야 할 때이다. 감정을 흥분시켜서는 안 된다. 우리의 누구 한 사람도 폭력으로 달리는 것 같은 일이 있어서는 안 된다. …… 지금까지 우리의 앞에 닫혀져 있던 각 시설이 공개되려 하고 있다.

우리의 기분이 고압적이 되거나 거만해지거나 하는 일은 허용되지 않는다. 우리는 이제 항의해서 화해로 나아가야 할 것이다. 이 상호의 문제를 해결하기 위해서 백인들도 정력적인 노력을 기울여주었다. 그러한 백인은 신용해야 한다. 그들은 선의 사람들이다."라고 칭찬하는 것도 잊지 않았다.

고집이 센 불 코너는 백인들에게 보이콧을 호소했지만 교섭에 나선 백인의 상인대표인 시드니 W.스마이어 씨는 '추잡한 싸움에서 얻어지는 것은 아무것도 없다.'라고 성명하고 그위에 다시 인종폭동이 퍼지면 계엄령을 선포하기 위한 구실이 생겨서 좋지 않느냐는 우익 백인들의 주장을 딱잘라 거절했다.

그러나 이와 같은 스마니어 씨에 협조성이 있든 없든 간에, 백인 과격분자들은 복수를 맹세하고 있었다. 토요일 밤의 열한시 십오분 경에 KKK단의 데모행진이 끝난 뒤에 시외에 있는 A.D.킹 목사의 자택에서 다이너마이트 두 개가 폭발해서 건물이 부서지고 잔디가 깔린 정원에는 구멍이 뚫렸다. 그 이십분 후에 거스톤 모텔 옆에서도 폭발사건이 일어났지만, 다행히도 킹 목사는 주말휴가로 애틀랜타의 자택에 돌아가고 없었다. 이 폭발로 부인 세 명이 경상을 입었다. 〈버밍햄 뉴스〉지의 보도에 의하면 현장에서 지방넘버를 단 승용차가 도주했다고 한다.

한편 A.D.킹 목사댁에서 목사와 아이들이 첫 폭발로 잠이 깼다.

나오미 부인은 거실에 있었으나, 남편의 성화로 거실을 떠나, 두 번째의 폭발이 일어나기 불과 삼십초 전에 간신히 피할 수가 있었다. 두 번째의 폭발은 첫 번째보다 더 강력해서, 거실을 엉망진창으로 뒤엎어 놓았다.

A.D.킹 목사는 재빨리 양복을 입고 바깥으로 나갔다. 집 주위에는 1천5백 명쯤이나 되는 흑인들이 모여들었지만 그는 그 군중들을 무마시키는 역할을 하지 않을 수가 없었다. 그 때문에 홍분한 극소수의 사람들이 돌을 던지거나 경찰트럭의 타이어의 공기를 빼거나 하는데에 그쳤다. A.D.킹 목사는 이 뒤에 약 6킬로미터 밖에 있는 거스톤 모텔로 급히 달려갔다.

시내의 정세는 더욱 긴박해져만 갔다. 흑인 거주구역 근처의 각 집회소에서는 다수의 군중이 붐볐는데, 남자들은 비폭력에 따르지 않고, 어리석게도 가슴에 분노를 가득 채우고 있었다.

"제발 물러가주기 바란다."라고 와이어트 워커가 계속 호소했다. "돌을 던져도 아무 소용이 없다. 좋지 않은 것이다. 제발 집으로 돌아가라. 욱하는 것은 좋지 않다."

그러나 군중들은 반박했다. "그것은 불 코너에게나 말해라. 비폭력의 답례가 이꼴이다."

폭도들은 패트롤카 유리창을 박살내고 타이어를 찢어버렸다. 그리고 오토바이에 불을 지르고 앞을 다투어 경찰차를 뒤엎었다. 소동은 세 시간이나 계속되었지만, 경찰은 조심스럽게 행동했다. 소방차는 소화작업에만 쓰일 뿐이었다. 어떤 경관은 나이프에 찔리고, 많은 경관이나 흑인 단원이 폭행을 당했으나 경찰측은 발포하지는 않았다.

경찰의 지휘관 윌리엄 J.헤일리 경감이 머리가 벽돌에 맞았을 때에 격앙한 한 경관이 군중 속에 뛰어들어 개머리판으로 A.D.킹 목사를 찔렀으나 바로 상사의 제지를 당했을 정도였다.

노한 흑인들은 백인의 식료품 가게 세 곳을 엉망진창으로 파괴하고 물건을 탈취한 뒤에 불을 질렀다. 그리고 근처의 흑인거주 구역의 연소를 막아내려던 소방사들에게도 돌을 던졌다.
"이 더러운 도시를 전부 태워버려라. 인정사정 볼 것 없다. 백인의 노파에게 본때를 보여주자."
불을 지르고 있는 어느 흑인은 이렇게 외치고 있었다.
이로부터 약 삼십분 후에 흑인 경비단원 실베스터 노리스는 폭도들의 투석이 오가는 속을 소방차로 빠져나가는 데 성공해서 소방사들의 진화작업을 도왔다.
그리고 새벽 세시 사십분경까지는 백인의 경관, 소방사, 흑인의 경비단, SCLC 간부들의 일치단결한 협력으로 폭동은 겨우 수습되었다.
아마 이 폭동진압의 결정적인 요인이 된 것은, A.D.킹 목사가 폭도의 보스로 지목되는 사람과 만나 다음과 같은 흥정을 나눈 데에 있었을 것이다.
A.D.킹 목사는 그 보스에게 말을 걸려고 했지만, 보스는 킹 목사를 '엉클 톰(백인에게 순종하는 흑인)'으로 보았는지 전혀 상대해주지 않았다. 그런데 다른 사나이가 다가와서 보스에게 두세 마디를 속삭이자 보스의 태도가 확 달라졌다.
"당신이 A.D.킹 목사입니까? 투옥도 하시고 댁도 폭파당하셨다죠?"
이에 A.D.킹 목사는 "그래요. 내가 바로 A.D.킹입니다."라고 대답했다.
그러자 보스가 "우리의 지도자는 바로 이분이다."라고 동료들을 향해서 외쳤다.
"모두들 집에 돌아가라고 하신다. 자아, 모두 돌아가라."
이 보스는 다소 술에 취해 있었지만 군중들을 '꽉 손아귀에 쥐고' 있다가 즉시 해산시키고 말았다고 A.D.킹 목사는 말했다.
거스톤 모텔의 폭발 삼십분 후에 알 링고우 대령이 거느리는 주병(州兵)부대가 소동의 진압을 위해서 시내에 진주해왔다. 그들은 차 속에 기관총, 소총, 총검 등을 가득 싣고 와서 마침내 흑인들에게 무차별 폭행을 시작했다. 와이어트 워커 부인은 머리를 강타당하고 병원에 실려갔으며, 버밍햄 경찰의 제이미 무어 서장까지도 "잠깐 기다려! 군인들은 그 총으로 사람을 죽일 참인가." 하고 주병들을 제지시키려고 달려들었을 정도였다.

이에 대해서 링고우 대령은 "필요하다면 살인도 한다."라고 반박했다. 그러나 재차의 설득에 따라 링고우 대령의 부대는 차 안으로 철수해서 차 속에서 난투를 지켜보았다.

그리고 난투가 끝나고 폭도들이 자취를 감추자 군인들은 소동에 가담하지도 않은 흑인들을 쫓아서, 더욱이 자기집의 현관 앞에 앉아 있는 흑인의 머리에도 경봉을 휘둘렀다.

"집안에 들어가 있어. 이 개새끼!" 군인들은 마구 욕설을 퍼부었다. 이리하여 약 이십분 동안에 군인들은 현관 앞의 의자에 앉아있던 흑인 모두를 경봉의 위력으로 물리쳤다.

새벽이 되자 다시 새로운 부대가 시내로 우르르 몰려들었다. 그 일부는 대형트럭으로 중심가를 순회하며 흑인들에게 "시내에서 나가라!" 하고 욕설을 퍼부었다. 오전 여섯시부터 아침 예배시간까지 시내는 텅텅 비어 쥐죽은 듯이 조용했다. 이 날은 주일로 '어머니날'이기도 했다. 그날 밤의 폭동으로 오십 명이 부상했으나, 중상자는 없었다. 〈버밍햄 뉴스〉지는 손해가 4만 1천7백75달러에 이른다고 전했다.

아직 계엄령은 선포되지 않았으나 링고우 대령 지휘의 주병이 여전히 시내에 주둔하고 있었으므로, 효과는 계엄령과 다름없었다. 케네디 대통령은 예방조치로 폭동진압 작전에 능숙한 육군부대를 포트 매클레랑 기지와 맥스웰 공군기지에 파견해서 앨라배마 주병을 연방군에 편입시킨다는 예비적인 조치도 강구하고 있었다.

이에 대해서 월레스 주지사는 '마틴 루터 킹과 그 일당'의 소동과 '소위 타협주의자들의 흑백교섭'을 비난하는 항의를 제기했다. 그러나 저녁에 케네디 대통령은 교섭타결을 "공정하며 정의에 일치된다."라고 칭찬하고 연방정부는 이 협정이 파기되는 것을 좌시하지 않을 것이라고 언명했다.

이 케네디의 연설이 행해지고 있을 때, 킹과 애버내시 두 목사는 애틀랜타에서 버밍햄으로 되돌아와 있었다. 두 사람은 데모대를 이끌고 재차 올바니에 갈 것을 생각했으나 지금으로는 도저히 할 수 없는 일이었다. 링고우 대령의 부대가 거스톤 모텔의 주위를 28블록에 걸쳐 봉쇄해 놓아, SCLC의 간부들이 이 포위망을 돌파하기란 불가능했기 때문이었다. 킹 목사는 "그들 부대는 냉혹하고 무례하기 짝이 없어서 가장 지저분한 말투로 우리를 욕하고 아무런 이유도 없이 우리를 사살하려고 했다."라고 비난했다. 그 다음 날 킹과 애버내시 목사는 흑인 거주구역을 도보로 순회하고 이른바 '폭도가 될 위험성이 있는 분자'들에게 비폭력주의의 설교를 실시했다.

이와 같은 활동은 몽고메리나 올바니에서도 계속했다. 두 목사는 먼저 당구장에 들어가 당구대에 몸을 기대었다. 장내에는 스무 명쯤의 젊은이들이 있었다. 젊은이들이 큐대를 놓고 밖에서 몇 명이 들어오자 애버내시 목사가 킹 목사를 젊은이들에게 소개했다.

"우리의 리더 킹 목사입니다. 그의 말이라면, 무엇이든 들어야 합니다."

이어서 킹 목사가 토요일의 참상을 설명한 뒤에 젊은이들에게 비폭력의 훈계를 역설했다.

"우리는 경관이 어떤 야만적인 짓을 하더라도 그들에게 대들어서는 안 된다. 우리는 누구한테도 위해를 가해서도 안 되며, 어떤 상점도 불태워서는 안 된다."

여기서 애버내시 목사가 비폭력에 철저하게 동참할 것을 약속할 수 있느냐고 묻자, 젊은이들은 입을 모아 "예." 하고 대답했다. 이 뒤에 애버내시 목사가 큐대로 지휘봉 대신 박자를 맞추자 전원이 '승리의 날까지'의 노래를 합창했다.

이어서 킹과 애버내시 목사는 다른 당구장을 찾아서 같은 일을 되풀이했다. 두 목사가 떠나려 할 때 한 젊은이가 창 밖의 군인들 쪽으로 턱을 치켜올리면서 "비폭력이라니, 그런 시시하고 바보 같은 것은 질색인데." 하고 중얼거렸다. 그러나 대부분의 다른 젊은이들은 두 목사의 뒤를 따라 다음 당구장으로 향했다.

이리하여 행렬의 수는 어느 새 백 명 가까이 불어났다. 그러나 일행이 거리를 가로지르려 했을 때 두 명의 군인이 앞을 가로막고 명령했다.

"이 지역에는 어떠한 집단도 출입할 수 없다. 여기서 해산하고 방금 온 길로 되돌아가라."

일행은 시키는대로 우향우를 하고 왔던 길로 되돌아갔다. 길의 양측에는 카빈총으로 무장한 군인이 따라 붙었는데 흑인의 구경꾼들은 집 안으로 들어가라고 명했다. 바깥에 서 있던 두 흑인은 목덜미를 잡혀서 집 안으로 밀어넣어졌다.

이와 같은 좌절을 당했음에도 불구하고 킹 목사는 이날의 순회는 좋은 반향을 거두어 성공적이었다고 평가했다. 킹 목사의 말은, 이야기를 들은 사람들의 입을 통해서 흑인 거주구역 전체에 퍼질 것이 틀림없었다. 이와 같은 대화는 꼭 필요했다.

한편 이날 시내에서는 백인의 십대소년이 칼에 찔리고, 흑인남성 하나가 턱에 총을 맞았다. 이 밖에 통행 중인 차에 흑인이 투석했다는 보고도 몇 가지 있었다.

앨라배마 주 최대의 흑인교회 사우스사이드 뱁티스트 교회에서는 재키 로빈슨이나 권투선수인 프로이드 패터슨 등이 킹 목사와 함께 대집회에 참석하고, 그 뒤에 뉴 필그림 교회까지 데모행진을 했다. 그 뉴 필그림 교회에서는 제임스 비벨 목사가 2천여 명의 어린 학생들을 모아놓고 대집회를 열고 있었다. 이 두 집회는 폭동의 발생이나 주병의 대거출동에도 불구하고 의기양양했다.

또 뉴욕에서는 화요일 밤에 A.D.킹 목사가 할렘의 가두집회에 3천 명을 모아놓고 연설을 했다. 그러나 연설을 끝내고 연단을 내려서자마자 소동이 일어나 일부의 그룹이 "말콤을 내놓아라! 말콤을 내놓아라!"라고 외치기 시작했다. 이 집회의 시초에 말콤 X가 모습을 나타내어 SCLC의 비폭력주의에 비판을 가한 뒤에 뉴욕 및 캘리포니아의 인종차별 정책에 '행동'을 일으키자고 부르짖었던 것이다.

집회는 경관들에 의해 해산당하고 네 명의 흑인청년이 근처 상점의 유리창을 깬 혐의로 체포되었다. A.D.킹 목사는 형이 종종 "버밍햄이 전진하면 전미국이 전진한다."라고 말한 것을 상기하고 있었다.

폭력주의든, 비폭력주의든 간에 거기에 문제가 있는 것이 틀림이 없었다. 결정적으로 중요한 것은 버밍햄의 협정이 효력을 나타내고 그것이 오래도록 유지되는 일이었다. 그날 밤 마틴 루터 킹 목사는 짧은 유세여행을 떠나, 첫 목적지인 클리블랜드에서 연설을 했지만 그도 동생과 똑같은 것을 생각하고 있었다.

그 후, 수주일 동안에 긴장은 풀렸다. 버밍햄의 청년 비지니스 클럽은 25대 2의 큰 차로 협정의 지지를 표명하고 교섭에 임했던 시드니 스마이어도 협정의 유효성을 공식적으로 재확인했다. 재판소는 체포된 다수의 흑인들을 증거불충분이라는 이유로 석방시켰는데, 이것은 재판소로서는 이례적인 제스처였다.

5월 20일 월요일에, 연방 최고재판소는 버밍햄의 인종차별 법령은 헌법에 위반된다고 성명하고, 동법령 위반으로 체포된 흑인들을 무죄로 결정했다. 그와 같은 날에 불 코너의 입김이 닿은 시교육위원회는, 데모로 체포된 학생 1천81명을 퇴학처분시킨다고 발표했다가 수요일에는 다시 법적인 대항조치가 취해졌기 때문에 이 처분은 철회되어 샤틀즈워스 목사가 계획한 항의데모는 일어나지 않고 그쳤다.

아마 이 데모의 회피가 인종차별 반대운동 전체를 분열의 위기에서 구해낸 것으로 생각되었다. 전날인 화요일에 일부는 '과격한 행동'을 주장했지만 킹 목사는 학생들의 모임에서 다음과 같이 연설했다.

"우리는 이 가장 완고한 도시인 버밍햄에서 인종차별 정책의 지주(支柱)를 분쇄할 수가 있었다. 우리는 상대의 올가미에 걸려서는 안 된다. 우리는 백인상인들과 훌륭한 협정을 맺었다. 그들은 협정을 지키고 있다. 우리도 또 협정을 존중하지 않으면 안 된다.

우리는 유진 코너의 술책에 농간당해서는 안 된다. 진보적인 애틀랜타에서조차, 이와 같은 성과를 획득하기까지에는 2년의 세월이 필요했다. 항상 최종목표를 잊지 말고 지나친 일에 마음을 빼앗겨서 정도(正道)를 벗어나지 않도록 해야 한다. 승리가 눈앞에 다가왔을 때 그것을 놓쳐서는 안 된다."

부분적인 승리는 이미 획득되어가고 있었다. 그러나 모든 장애가 제거될 때까지는 최종적인 승리를 거두었다고는 할 수 없었다.

5월 23일 목요일에, 앨라배마 주 최고재판소는 만장일치로 바우트웰 씨의 시장 당선을 확인했다. 이것으로 불 코너의 시대는 끝났다. 백인측이 그 이상의 저항을 계속하고, 흑인측에서 새로운 운동을 일으켰다 하더라도 그것은 반격을 가한다는 것이 아니라, 오히려 전술을 후퇴시킨다는 형식을 취하게 될 것이다. 이 해의 가을에 흑백인의 공학문제가 일어났을 때 지난날에는 완고한 것이 장기였던 〈버밍햄 뉴스〉지도 그 사설에서 "공학에 따르는 것이 순리 이다."라고 주장하게 되었다.

그러나 버밍햄에서 쟁취한 전진은, 결코 무상인 것은 아니었다. 거스톤 모텔의 폭파사건에서 4개월 후인 9월 14일에, 백인테러단은 5월소동 때의 흑인 데모대는 거점이던 16번가 뱁티스트 교회의 창에 폭탄을 던져넣었다. 교회 내에서는 마침 어린이들의 주일학교가 열리고 있었는데, 이 폭파사건으로 흑인소녀 네 명이 사망하고, 스무 명이 부상했다.

이 때문에 흑인들의 분노는 절정에 달해서 수백 명이 시내로 뛰어나와 경관이나 소방사들에게 돌멩이 소나기를 퍼부었다. 그러나 이 뒤에 J.H.크로스 목사의 설득으로 흑인들은 겨우 해산했다.

사망한 네 명의 소녀 추도미사 석상에서 흑인 작가 존 O.키렌즈는 "흑인 해방운동의 철학으로서의 비폭력주의는 이것으로 생명을 다했다."라고 인사하고, 흑인들은 만약 필요하다면 총을 들고 자위체제를 굳히지 않으면 안 된다고 말했다. 그러나 한 알의 씨앗인 귀한 딸을 잃은 유가족의 한 사람 크리스토퍼 맥네어 씨는 "나는 그런 의견에는 찬성할 수 없다. 우리 도니즈가 그때에 설사 총을 가지고 있었다 하더라도 무슨 일을 할 수 있었겠는가"하고 말했다.

킹 목사는 수난의 소녀들에게 감동적인 조사(弔辭)를 바쳤다.
"자유와 인간의 존엄을 위해서, 성스러운 십자군이 된 네 명의 소녀들……그녀들의 죽음은 미국의 꿈을 실현하기 위해서 우리가 열정적으로 쉴새없이 노력해야 함을 가르치고 있다. 소녀들의 죽음은 헛되지 않다. 하나님은 악에서 선을 꺼낼 방법을 알고 계신다. 보상이 없는 고뇌가 드디어 구원됨은 역사가 되풀이하며 증명해왔다. 네 소녀의 깨끗한 피는 언젠가 구제력이 되어 보람을 찾을 것이며 이 암흑의 도시에 새로운 빛을 던질 것이다."

마틴 루터 킹 목사는 결코 안이한 낙관주의에 빠져 있던 것이 아니며 또한 비폭력주의를 신봉하는 사람들에게 위험에서 피할 수 있음을 약속한 것도 아니었다. 그는 "우리의 피를 흘려라. 그들의 피는 흘리지 말라."하고 몇 번이나 되풀이했다. 그는 해방운동의 명예로운 순교자 수가 늘어나고 있음을 다른 동기들과 함께 슬퍼했던 것이리라. 그러나 또한 그는 사람들과 기쁨을 함께 나누기도 했었다.

앞으로도 버밍햄에서의 폭파사건은 그치지 않겠지만 새 시대는 찾아오고 있다. 또한 모든 대중이 일어서서 "마음에 자유를 품고 오늘 아침도 일어나자."하고 노래할 때 그들의 약속은 이미 부동의 것이 되고 말 것이다. 투쟁은 끝나지 않았으며 승리는 하나님 나라의 경우와 마찬가지로 투쟁이 계속되는 한 '손이 미치는 곳'에 계속 머물 것이다. 그리고 승리는 똑같이 하나님의 경우처럼 신념을 지닌 사람의 마음속에 명백한 현실로서 존재할 것이다.

## 제 8 장
## "나에게는 꿈이 있다" 워싱턴 대행진

언젠가는 미국의 역사 교과서가 백인이 지배하는 학교의 이사회에 영합하는 것이 아니라, 진정한 현실을 반영한 것으로 다시 고쳐 씌어지는 때가 온다면, 1960년대에 일어난 흑인혁명의 참된 비중이 쿠바 위기 등의 사건을 은폐하고 강한 빛을 발하게 될 것이다.

버밍햄의 투쟁에서 흑인에게로 돌려진 경찰견이나 소방대의 호스, 케네디 대통령의 암살, 워싱턴 대행진—이들은 별개의 사건이 아니라, 하나의 분화에서 생긴 대산맥의 능선을 이루고 있는 것이었다. 법무성의 통계에 의하면 불과 12주 동안에 1412회를 웃도는 공민권 데모가 일어나고 있다고 했다. 버밍햄에서의 투쟁을 시작한지 불과 10주일 동안에 1백80군데의 도시에서 758회의 데모가 일어났다.

흑인혁명의 개막이 되었던 1960년의 연좌투쟁에서는, 8개월의 기간 중에 3천6명이 체포당했다. 1963년에는 같은 8개월간 체포된 사람의 수는 적어도 1만 4천7백33명이나 되었다. 그러나 이러한 무미건조한 숫자의 배후에 얼마나 많은 인간의 드라마와 현실이 있었을까. 이 숫자 속에는 마치 도살장의 소와 같이 다루어진 흑인이나, 긴 고난과 투쟁의 충격의 기록은 포함되어 있지 않은 것이다.

1963년에 흑인들의 투쟁이 계속되는 가운데서, 킹 목사는 전국유세를 하면서 일부로부터는 '대성공'이라고 평가받았다. 그러나 그러한 때에 NAACP(유색인종 지위향상협회)의 미시시피 주 지부 서기장인 메드가에버즈는 그린우드의 백인 테러리스트에게 사살당했다. 새로운 공민권법안이 의회에 제출되기 일주일 전인 6월 12일의 일이었다. 15일에는 잭슨의 흑인 데모대는 3일간에 걸친 격렬한 항의데모 끝에 병을 던지기 시작해서, 대규모의 폭동으로 발전할 양상을 보였다.

버밍햄의 승리는 어떠한 것에 의해서도 씻어버릴 수 없는 하나의 전진임을 킹 목사는 알고 있었다. 그리고 이제는 거기에서 뒤로 물러설 수가 없다면, 전진을 위해서 필요한 유일한 조건이 힘이라는 것도 점점 명확해졌다. 오랫동안 그는 모든 미국인이 자유를 획득해야 한다는 꿈을 안고 살아왔다. 그는 그런 새벽을 살짝 엿보고, 그것이 가까워진 것을 알았다.

그러나 그것에는 어떠한 값을 치르지 않으면 안 되는 것일까.

6월 10일 뉴욕의 큐커 공원에서의 연설에서 그는 공민권이 실시되지 않는 한, 더구나 조속히 실시되지 않는 한, '테러와 폭력의 계절'이 반드시 찾아온다고 예측하고 있었다. 그는 버밍햄의 경험에서 "미국민이 흑인의 절망적인 고통을 인식하지 않는 한, 일부는 폭력에 호소할 것이며, 흑인이 평등한 권리를 요구하는 결과로서 당하고 있는 잔학행위는 보복을 초래할지도 모른다."고 하는 것을 너무도 잘 알고 있었던 것이다. 그는 폭력을 지지하지 않았으며, 오히려 정력적으로 설득시켰다. 그러나 인간의 인내의 한계를 이해하는 사람이라면 누구라도 그것만으로 일이 끝나리라고는 생각지 않을 것이다.

흑인은 자유를 바라고 있었으며 언제라도 그 자유가 침범당하고 있는 것을 참지는 않을 것이다. 백인의 무관심과 냉담성 앞에서는 비폭력은 결코 백지위임장을 맡겨놓고 있었던 것은 아니었다.

로스앤젤레스에서는 2만 5천여 명이 모였고, 시카고에서는 만 명이 모였다. 6월 23일에 킹 목사는 디트로이트의 자유의 대행진에서 12만 5천 명의 군중들의 선두에 섰다. 그것은 당시에 그가 지도한 모든 행진 중에서 최대규모였는데, 1957에서 59년 사이의 5월 17

"나에게는 꿈이 있다" 워싱턴 대행진   189

일로 정해놓고 행해지던 워싱턴에서의 행진조차 무색해질 정도의 것이었다.

디트로이트 행진은 20년 전에 서른네 명의 사망자와 천 명을 넘는 부상자를 낸 그곳에서의 인종폭동을 기념해서 행해졌으나, 거기에 참가한 대군중의 수는 바로 그 기념에 어울리는 것이라고 할 수 있겠다. 회장으로 선출된 거대한 고보 홀마저도, 그 대군중의 겨우 일부를 수용하는데 불과했다.

"자유의 행진에서 수천 명의 흑인들이 큰 파도와 같이 우드워드 거리를 지나가는 광경은 마치 거대한 댐이 터진 것과도 같았다."라고 〈디트로이트 뉴스〉지는 전하고 있다.

킹 목사와 어깨를 나란히 하고 행진의 선두에 서서 걸어간 사람들 가운데는 전미국 자동차 노조의 월터 P. 루터 회장, 디트로이트 인권옹호 회의의 C.L. 프랭클린 목사 등이 있었다. 동회의는 얼마 전에 처음 결성되었지만 이 대행진을 주최했던 것이다.

"⋯⋯이라는 꿈을 안고 있다."라는 말로 끝나는 디트로이트에서의 킹 목사의 연설의 대부분은 그가 그 후에 워싱턴에서 행해진 유명한 연설 내용과 같았는데 어쩌면 '예정원고'일 것이다. 디트로이트의 일은 몇 번 언급한 부분만 빼놓고 그 내용은 그자신에게는 새로운 느낌이 있는 것은 아니었다.

그러나 청중들에게는 열광적인 반응을 보이기에 족할 만큼 새로운 것이었다. 킹 목사의 느릿느릿한 남부사투리의 속에서 얼굴을 드러내는 정열의 여운은 연설이 결코 무감동하고 즉흥적인 것이라고 생각하지 않았다. 실제로 그 연설은 세계를 대상으로 할 8월의 집회만큼 생동이 가득차 있었다.

"우리는 비폭력의 힘을 알았다."라고 그는 말했다. "우리는 이것이 약한 수단이 아니라는 것을 알았다. 왜냐하면 반대 속에 일어서서 자신에게 행동을 하도록 한 폭력에 맞서서, 더구나 폭력으로 보복하지 않는 자는 강한 인간이기 때문이다.

요컨대 이것은 상대에게도 무기를 버리게 하는 수단이다. 그것은 상대속에 있는 도덕적인 자기방위의 본능을 자각케 한다. …… 그리고 상대는 어찌해야 좋을지 모르게 되는 것이다.

만약 상대가 당신을 때리려고 덤비지 않는다면 멋진 일이 아닌가? 그러나 만약 때리려고 덤벼들거든 반격하지 말고 달게 그것을 참아내는 조용한 용기를 내는 일이 중요하다. 만약 상대가 당신을 감옥에만 처넣지 않는다면, 그것은 멋진 일이 아니가! 그러나 만약 처넣어진다면 얌전하게 있으면 된다. 그리고 굴욕의 감옥을 자유와 단결의 천국으로 바꾸면 되는 것이다.

여기서 나는 감히 여러분에게 말하고 싶다. 만약 인간이 생명을 걸어도 좋을 만한 것이 발견되지 않는다면, 그런 인간은 살아 있을 가치가 없는 인간인 것이다.”

다른 곳에서도 그러했지만, 디트로이트에서도 그는 '미국의 친애하는 자유의 투사'로 소개되었다. "지금 당장 자유를!"이라는 외침이 몇백만이라는 검은 미국인의 마음과 입술에서 터져나와서 하늘에 메아리쳤다. 그들은 대빌, 사배나, 그린우드, 버밍햄, 잭슨 그 밖의 많은 도시에서 무장한 백인들을 향해서 처음으로 무기를 갖지 않고 자유를 부르짖는 검은 미국인들과 강한 유대감으로 맺어져 있었다.

이 부르짖음은 선의의 백인들에게도 통하기 시작하고 있었다. 1955년에는 그렌 스마일리, 로버트 글레츠 등의 사람들이 참가했을 뿐이었으나, 그 후의 연좌데모나 자유의 행진은 그 폭을 넓히고 있었다. 백인들의 나태한 양심도 이제 겨우 늦잠에서 깨어나려 하고 있었다.

시카고에서 나흘간에 걸쳐서 열린 전미국 종교·인종 회의에서는 벤자민 메이즈 박사가 의장을 맡고, 킹 목사가 특별 강연자로 초청되었다. 이 회의는 전미국의 카톨릭, 유대교 및 주요한 프로테스탄트 각 파의 공동주최에 의한 것이었다. 1월에 행해진 이 행사가 앞으로 다른 지역에도 퍼져나갈 것인지 어떨지는 미지의 문제였으나 '다가

올 사태의 예고'였던 것만은 확실했다.

　1963년 이전에 주요한 프로테스탄트 각 파의 지도자들이 데모에 참가했다가 체포되는 일 따위는 아무도 상상조차 할 수 없었다. 이를테면 5월 3일 당시의 유진 카슨 블래이크 목사는 당시 전미국 장로교회(프레스비테리언) 이사장으로, 뒤에 세계 교회 회의 사무총장이 된 사람이었는데 버밍햄의 사건을 필라델피아의 살기 좋은 자택에서 텔레비전으로 보고 있었다. 그리고 종교가를 중심으로 한 평화적인 데모대에 대해서 버밍햄의 경찰이 개를 풀어 대들게 하고, 호스로 물을 덮어씌우는 모양을 보고, '혐오와 분노'를 느꼈다. 2개월 후 독립기념일에 그는 볼티모어의 데모에 참가하고 구원 워크 공원에서 백인측과 충돌했다.

　이것은 청원서에 서명하거나, 결의의 초안을 만든다는 따위의 미지근한 행동이 아니었다. 더구나 블래이크 목사만이 아니었다. 소수이기는 하지만 상당수의 백인 목사들이 올바니 사건 이후 이러한 행동에 참가하고 있었고, 그 수는 증가하고 있었다. 그리고 이제 그들은 더욱더 기세를 올리고 있었다.

　크게 전진하고 있는 사람은 적었으며, 흑인혁명에 참가하는 것이 도덕적인 취미 이상의 무엇인가를 이해하고 있는 사람도 적었지만 어쨌든 어느 기간, 어느 정도까지 흑인과 함께 전진한 것만은 사실이었고, 또 많은 사람들이 적어도 '이해하고 싶다.'라고 생각하고 있었던 것도 확실했다.

　과격하게 전진하는 흑인들에게 그들은 왕왕 어수룩한 얼간이라는 인상을 주었을지도 모르지만, 백인의 진보파들이 놀랄 만한 고비에 놓여져 있는 자신들을 발견한 것만은 확실했다 그리고 그것은 설사 그들이 그 운동에서 뒤떨어지게 되더라도 언젠가는 직면하지 않으면 안 될 발견이었던 것이다.

　마틴 루터 킹은 혁명과 함께 성장했다. 어느 정도까지는 그의 개인적인 흑인해방의 여로는 혁명이전으로 거슬러올라갈 수도 있었겠지만 어쨌든 간에 1963년의 단계에서 그가 다른 누구보다도 확대시켜 나가고 있던 혁명운동에 내재하는 광범한 주장으로 모두를 포용하고 있었던 것은 의심할 여지가 없다.

그는 더욱더 강해져가는 흑인의 과격주의, 백인의 선의의 정체(停滯), 그 쌍방을 이해하고 받아들이며, 더구나 불쌍히 여기면서 양쪽의 지나친 행동을 경고하면서, 그 어느 쪽도 초월한 자기의 전망을 만들어내었다. 불 코너나 말콤 X가 중요한 역할을 수행한 과격운동이 아이러니하게도 킹 목사를 무대의 중앙으로 밀어넣었다. 더구나 그 시점에서 무대의 중앙에 나선다는 것은 생사에 관계되는 일이기도 했다.

디트로이트에서 일주일을 보낸 후에 킹 목사는 뉴욕 근방의 할렘에 있는 교회에서 연설을 마치고 떠나는 차 안에서 과격파에게 달걀 세례를 받았다. 그의 마음은 상심되었으며 슬펐다. 특히 동포이어야 할 인간에 의해서 분노로 표출되었다는 슬픈 아이러니 때문에 더욱 그랬다. 그의 상심과 비탄의 이유는 무엇일까?

그것은 그가 상대의 행동의 배후에 있는 논리를 인식하고 이 혼돈스러운 노여움, 원래 적극적인 목적을 위해서 변혁되고 다루어져야 할 노여움이 이런 형태로 나타나야만 하는 원인을 이해하고 있었기 때문이었다. 그럼에도 불구하고 상대가 그것을 깨닫지 못하고 있다는 것이 킹 목사를 곤혹스럽게 했으며, 거기다 자신의 생각이 상대에게 전해지지 않았던 것에 한층 실망했다.

어쩌면 그에게는 지금 알고 있는 것보다 배우지 않으면 안 될 것이 더 많다고 느껴졌을 것이다. 그는 적어도 공민권법이 모든 것을 해결하지는 않는다는 것을 알고 있었다. 그러나 그것이 아무것도 해결할 수 없다는 주장도 받아들이지 않았다.

"흑인에게도 투표권을!"

킹 목사는 1957년에 이미 그렇게 요구하고 있었다. 1963년이 되어도 포기할 수가 없는 이 기본적인 권리를 요구하는 잠재적인 유권자들이 매일같이 방해받거나 박해를 받고 있었다. 그 요구는 참을성 있게 추구되지 않으면 안 되었으며, 또 다른 요구까지도 추가되어 확대된 요구의 일환으로서 추구하여야 했다.

그린우드나 사배나의 일상투쟁에서 직접 배운 경험에 의하면, 지금은 우선, 가장 긴급하고 절박한 목표를 달성할 수 있을 만한 연합체를 만들 필요가 있었고 그것이 끝난 뒤에 전도에 가로놓인 광범위한 문제로 옮겨져야 한다는 것이었다.

그러나 이러한 전진을 위한 시기가 지금처럼 무르익어 있었던 때는 없었다. 버밍햄에서 집약되고 상징되는 모든 데모는 완전하지 않다고는 하나, 교회나 노동조합 등 지금까지 자각한 적이 없었던 미국의 양심을 불러일으켰다. 더구나 비폭력이 그것을 이룩한 것이었으며 그들의 데모는 케네디 정권이 달아날 수 없는 형태로 갖가지의 문제를 제기해서 대통령이 공민권법의 성립을 보장하기 쉽도록 자극을 주었다.

그들의 데모는 모든 희생을 참고 자기를 엄하게 다루어 대통령으로 하여금 이제 '인도상의 문제'라고까지 말하게 함으로써 현실적인 힘이 될 수 있었던 것이다. 만약 힘이 설득이라는 것에 빠져나갔다면, 그것은 소화시킬 수 없을 것이며 알맞게 사라지는 수도 없을 것이다.

힘은 파괴력이 되는 것이다. 비폭력이 정신적인 힘으로서 아무리 진실하더라도 그것은 다른 승화되지 않은 형태를 취할 수 있는 힘의 변형으로 존재하고 있다. 인내력을 가진 인간은 용기있는 인간이며, 그 용기는 충분한 흡인력을 가지지 않으면 무서운 복수로 변해 모습을 나타낸다.

그 용기는 또 어느 정도의 규율이 결여된 자들에게 자기방어의 경우 상대에게 심각한 중상을 입힐 수 있는 대담성을 줄 수도 있는 것이다. 이러한 복잡하고 심리적인 상호작용은 '선은 선을 낳고, 악은 악을 낳는다.'라는 명쾌한 격언의 토대가 되었다.

그러나 그것은 결코 선악의 이원적인 대립을 주장하는 마니교와 같은 위세 좋은 단세포적인 것은 아니다. 케네디도 킹 목사도 이 격언이 갖는 깊은 의미를 이해하고 있었다. 그러나 두 사람 모두 그것을 액면 그대로 받아들일 만큼 어리석지는 않았다.

할렘에서 과격파 흑인들이 킹 목사에게 달걀을 던진 일은 그 후에 일어날 도시 폭동의 불길한 전조였다. 그러나 그것은 결코 위대한 킹 목사에게 대응하는 모든 것을 상징하고 있었던 것은 아니었다. 유진 카슨 블래이크 목사가 체포되어 있는 동안 듀크 에린튼은 뉴포트 재즈 페스티발에서 '킹 목사야말로 앨라배마의 싸움에 어울린다.'는 곡을 연주하고 있었다.

이것은 요슈어가 부른 멜로디에서 따온 것으로, 그 속에는 '암소(불)는 성직자에게 호스를 들이댔다,' '〈자유에의 편승〉이 우리 고장에 찾아온다'고 하는 등의 가사가 있었다. 〈나의 동포〉라는 뮤지컬의 일부로서 이 노래는 8월 16일부터 2주일간에 걸쳐 시카고의 에어리 크라운 극장에서 벌어진 〈흑인의 진보의 세기전(世紀展)〉에서 하루에 두 번씩 노래불려졌다.

에린튼은 그 후에 '비폭력 통합'이라는 곡을 만들었다. 찰스 밍거스는 '소극적 저항의 기도', '자유' 등을 작곡했다. 막스 로우치는 오스카 브라운의 '지금 당장 자유를' 중의 '우리는 주장한다'를 연주했고, 어트 브레이키는 '자유의 편승'이라는 제목의 LP를 내놓았다. 그 일년 동안에 레나 호온은 이스라엘의 노래 '하바 나기라'에서 딴 '지금 당장에!'를 연주했고, 기타리스트인 찰리 버드는 '판타지아 : 너는 어느편이냐'를 빌리지 게이트에서 연주했다. 카운트 베이시는 텔라하 시에서의 CORE의 피킷에 참가해서 행진했다.

그러나 흑인혁명이 진정한 의미에서 노래불려지게 된 것은 '승리의 날까지'로 유명해진 피이트 시거나 존 바에즈, 봅 딜런 등과 그 후 매년 새로 배출된 네오 포크 송의 가수들에 의해서였다. SCLC의 간부의 한 사람인 제임스 비벨은 이런 종류의 4중창에 참가해서 흑인해방의 노래를 불렀다.
 그리고 이러한 일들 모두가 어떤 종류의 무드를 북돋우어 A.필립 랜돌프가 10년간 계속 품어온 흑인의 대군중에 의한 행진 실현의 꿈이 결실을 맺기 시작하고 있었다. 또 그 속에서 킹 목사의 인격과 사상이 어떤 때에는 공공연히, 어떤 때에는 넌즈시 노래로 불려지고 있었다.
 8월 27일의 밤중이 지나서 최초의 일단(一團)이 워싱턴 기념탑에 도착해서 밤의 산책을 즐기는 사람들과 같이 삼삼오오 잔디밭에 앉아 있었다. 새벽까지 수천의 사람들이 모여들었다. 공민권 그룹, 교회, 노동조합, 학교 등의 그룹이나 개인이 기차나 비행기, 버스로, 아니면 자동차로 줄지어 찾아들었다.
 아침이 되자, NAACP 청년회의의 멤버들이 몇 대나 되는 버스에 나눠타고 도착했다. 그들은 한밤중에 노스캐롤라이나의 윌민턴을 떠나온 것이었다. 열시 사십오분에는 이미 구만 명이 도착해 있었다. 흑인 틴에이저들이 손뼉을 치고, 몸을 흔들면서 스윙 조의 '승리의 날까지'를 부르는 주위를 사람들이 인산인해를 이루고 에워쌌다.
 조금 떨어진 곳에서는 두 살난 아이를 어깨 위에 태운 키가 큰 부친이 천천히 걷고 있었다. 도처에 화려한 색채의 플래카드가 널려 있었다. '지금 당장 자유를!'이라고 씌어진 파랑, 보라, 진홍의 플래카드가 평온한 검푸른 하늘에 비치고, 랭스턴 휴즈가 '거리의 커다란 카스타드 파이'(우유·달걀 따위로 만든 크림 비슷한 반고체 과자)로 묘사한 흑인들의 검정·다갈색·베이지색의 얼굴에 생기가 되살아나고 있었다. 또 다섯 명에 한 명 꼴로 흰 얼굴이 있었다. 그 얼굴은 오래간만에 가족과 재회했을 때와 같이 약간 당황하는 것 같으면서도 즐거운 듯한 표정들이었다.
 1마일쯤 떨어진 링컨 기념관에서는 오르간이 자유의 노래를 연주하는 가운데 수천 명의 군중들이 행진해서 모여들었다. 워싱턴 기념탑에는 더 많은 사람들이 속속 모여들어 거기에서 길고 느릿느릿한 행진이 시작되었다.

오후 한시에 반짝반짝 빛나는 별을 아로새긴 플래카드 앞에서 금빛의 피부를 가진 아름다운 개미라 윌리엄스가 자유의 행진의 개회를 선언했을 무렵에는 20만을 넘는 사람들이 기념탑을 향해서 앉거나 서 있었다.

CORE의 제임스 파마는 루이지애나 주의 프레이크 마인즈의 형무소에서 축사를 보냈는데, CORE 위원장인 프로이드 맥시크에 의해 대독되었다. NAACP의 서기인 로이 윌킨즈는 그 날 아침 일찍이 NAACP의 창설자인 W. E. B. 듀보이스가 사망한 것을 발표하는 동시에, "틀림없이 효과적인 공민권법이 통과될 것이다. !"라고 밝은 전망을 시사했다. 그는 현재 제출되고 있는 공민권법의 특징을 "너무나도 온건해서, 이 이상 더 묽혀지면 설탕물 같은 것이 되고 말 것이다."라고 평했다. 월터 루터는 그 법안을 "포괄적이고 온건하며 …… 의미있는 제 1 보"라고 평했다.

카톨릭 인종평등 회의의 매슈 어맨은 "인종혁명의 조류에 대해서 우리 국민의 양심을 환기시켰다."라고 말하고, "인종차별의 죄가 없는 세계"를 만들어내자고 부르짖었다. 1961년 이후 NUL사무국장을 지내고 있는 호이트니 영 2세는 "우리는 흑인들이 밀집해 있는 빈민가까지 행진을 계속하지 않으면 안 된다."라고 했다. 미국·유대인 회의의 율사인 요아힘 프린츠 의장은 히틀러 정권하의 베를린에서 지낸 자기의 경험에서 "가장 비극적인 문제는 침묵이다."라고 논했다.

많은 흑인들이 백인 연설자의 선의에 감사하고 있었던 것은 의심할 여지도 없으며, 그들은 예의바른 박수를 보내고 있었다. 그러나 백인 연설자의 논조는 백인 자유주의 냄새가 풍기고 있었던 것도 사실이다. SNCC의 오랜 운동원이라면 법무성의 관리가 지방의 백인의 부정이나 헌법위반을 목격하면서도, 비공식이든간에 그것에 개입하려 하지 않았던 구체적인 예를 곧 상기할 수 있을 것이다. 그러나 이를테면 프린츠 목사는 유대인의 경험에서 타당한 보편성을 꺼내어, 그것을 다시 추상의 영역으로까지 높였다.

문제는 그것을 당면한 문제에 적응시키는 적극성이 결여된 일이다. 뜻있는 청중이라면 백인까지도 ──유대인이든 아니든── 프린츠의 이야기가 친구에게 자신의 의견을 말하고 있었으나, 현지 출신의 의원에게 편지를 쓰고 있는 것과 조금도 다르지 않다는 것을 깨달았다. 어쩌면 프린츠 율사는 현재 진행되고 있는 투쟁에 관해서는 구체적인 예를 몰랐을 것이다. 백인 자유주의자들은 말콤 X나 리로이 존즈가 히틀러의 가공할 대학살에 대해서 놀랄 만큼 무관심을 나타낸 데에 심한 충격을 받았을 것이 틀림없다.

그렇다고는 하지만 프린츠나 어맨, 블래이크, 오보일도 지금 여기에 참가하고 있으며 모두 선인으로, 모두 무엇이 위기에 노출되고 있는가를 깨닫고 있었고, 모두가 어떤 의미에서 위탁받고 있었다. 다만 흑인혁명의 현시점에서 자신들이 어디에 서 있는가를 몰랐던 것이다.

그들은 그것을 배우려고는 하지 않았으며 이미 충분히 알고 있다고 생각하는 모양으로 보였다. 네 명의 종교지도자 중에서 체포당한 경험이 있는 사람은 블래이크뿐이었으며, 그것도 고작 한 번이었다. 따라서 블래이크만은 존 루이스와 같은 흑인의 경험을, 겨우 일부만이라도 느낄 수가 있었을지도 모른다.

22회나 체포되어 몇 십 번이나 두들겨맞고 피부색이 잘못된 쪽에 태어난 존 루이스의 ……. 모두가 편견이 없는 사람들이기는 했으나, 거기에 모여 있는 흑인 가운데서 가장 온건한 사람까지 경험한 것 같은 체험이 그들에게는 없었다. 백인 연설자가 누구 한 사람도 존 루이스에게 악수를 청하지 않았다는 사실에서 그것을 상징하고 있었던 것이 아닐까.

태양이 내리쬐고 오후의 시간이 지나감에 따라 수백만이나 되는 참가자가 버스 쪽으로 돌아가기 시작했다. 그러나 그때 무대에 섰던 종교가수 마헤리어 잭슨의 노래 소리가 그 발을 멈추게 했다. 그녀는 마이크에 다가가 "나는 무시받고 경멸당했다'를 불렀는데, 그 느낌이 너무나 강해서 지도자나 의원은 물론 워싱턴의 경관 일부까지 청중과 함께 손뼉을 치며 박자를 맞출 정도였다.

그 곡이 끝나자 우레와 같은 박수와 환성이 터져나와, 그녀는 앙코르에 응해서 '우리는 어떻게 그것을 가능케 했는가'를 부르기 시작하자 다시 환성의 울림이 그치지 않을 정도였다.

그러나 설사 마헤리어 잭슨이 그들의 발걸음을 멈추게 하지 않았더라도 "그날의 마지막 연설자 킹 목사가 그 발걸음을 멈추게 했을 것이다."라고 〈애틀랜타 콘스티튜션〉지는 썼다. 좀체로 피로를 보이지 않는 A. 필립 랜돌프가 힘차게 킹 목사를 소개했다.

"비폭력주의의 철학자이며 정의와 자유와 인간의 존엄을 위해서 사회에 변혁을 가져오려는 마틴 루터 킹 박사를 소개합니다."

군중들은 소리를 지르고 환성을 울리며 박수를 보내고 '제 1 급 시민이 되기 위해서 행진하자', '조지아 남서부에서의 경찰의 폭력에 대한 성실한 조사를 요구한다.' 등등으로 씌어진 현수막이나 플래카드를 높이 쳐들었다. 이때에 비로소 진정한 행진이 시작되는 것 같았다. 대환성 속에서 겨우 킹 목사의 목소리가 들려올 때까지는 몇 분이나 기다리지 않으면 안 되었다.

"우리 나라의 역사 속에서 자유를 요구하는 최대의 데모스트레이션으로서 기록될 이 모임에, 여러분과 함께 참가할 수 있었던 것을 영광으로 생각하고 있습니다.

백 년 전의 오늘, 우리가 지금 그 상징적인 그림자의 밑에 서 있는 한 사람의 위대한 미국인이 노예해방 선언에 서명했습니다.······그러나 그로부터 백 년이 지난 오늘에도 흑인은 여전히 자유인이 아닙니다."

그는 미국헌법과 독립선언을 '약속어음'에 비유하고 흑인에게는 '예금부족'을 이유로, 아직 현금화되지 않았다고 말했다. 풍요한 사회에 대해서 말한 그의 연설내용으로 비추어 이처럼 적절한 비유는 없었다. 청중들은 환성을 질렀다. 그리고 다음의 말에도 또다시 환성이 올랐다.

"그러나 우리는 정의의 은행이 파산해버렸다고는 믿고 싶지 않습니다. 이 어음은 우리가 청구하기만 하면, 풍요한 자유와 정의의 보장을 부여해줄 것입니다."

연설은 아직도 계속되었다. 그것은 설교와 같이 웅변과 계산된 억양을 가지고 청중들을 거대한 신자의 모임으로 바꾸고 말았다. 명확하고 알기 쉬운 말에 그들은 하나 하나 반응을 나타내었다. "'지금 당장'이라고 하는 것이 더할 나위 없이 필요한 것이다."라고 킹 목사는 되풀이했다.

"이제야말로 바로 그때다······ 이제야말로 바로 그때다······ 이제야말로 바로 그때다······ 흑인의 당연한 불만이 폭발한 이 무더운 여름은, 자유와 평등의 상쾌한 가을이 약속되지 않는 한 지나가지는 않을 것이다."

때는 8월의 말이었다. 청중들은 이마에 흐르는 비지땀과 그들의 불만을 함께 담고 있었다.

킹 목사는 '흑인사회를 휩쓴, 멋지고 새로운 과격성'을 칭찬했다. 그러나 동시에 백인과 흑인의 운명은 나누기 어렵게 결부되어 있다는 것도 백인과 흑인이 뒤섞인 청중들에게 상기시켰다. 그리고 이번에는 "우리는 절대로 만족할 수 없다."라고 하는 다른 캐치프레이즈를 되풀이했다. 그때마다 그는 경관의 폭력, 공공시설에서의 차별, 이동의 제한, 권리의 박탈 등의 실례를 들었다.

그는 언제나 공허한 개념을, 풍부하고 상세한 문장으로 채우고 있었다. 그것은 흑인 뱁티스트의 전통이며 문자가 아닌 설화의 말로 호소하는 자의 전통이다. 문장으로 씌어지면 진부하고 너무 단순한 말도 설교대나 연단에서 말해져서 8월의 날의 오후에 마틴 루터 킹의 입에서 새어나오면 영원한 의미를 가진 성서의 한 구절처럼 울리는 것이었다.

그의 말에는 깊은 맛이 있어 정말 알맹이가 있는 것 같은 여운이 남았다. 그 연설은 노여움에 차 있었으나 감동적이었다. 압축된 그의 말은 단순해서 기억하기 쉬운 엣센스가 담겨져 있었다. 흑인은 시민으로서의 권리의 요구를 그만두어서는 안 된다. 그리고 그 요구가 구체적으로 상세한 대답이 나올 때까지 주장을 약화시키려는 따위는 생각조차 해서는 안 된다.

다른 연설자들은 공민권에 대해서 언급했지만 킹 목사는 하지 않았다. 그는 또 구체적인 예는 하나도 들지 않았다. 오히려 동포들과 깊이 나누고 있는 서로간의 절박한 희구를 한데 모아 훌륭히 마무리함으로써, 하나의 행태로 전체적인 분위기를 만들어 내었다.

그가 생각하는 동포 안에는 모든 사람들이 있다. 미국의 국민 중에도 흑인과 백인이 있다. 그리고 흑인은 '예부터 태어난 괴로움을 맛보아 왔다.' 킹 목사는 그러한 동포들 모두의 상징으로서 '나에게는 꿈이 있다.'는 노도의 기세로 되풀이해서 말했다. 그것은 결코 개인적인 꿈이나 비전도 아니며, 모든 어린이들이 학교에서 배우고 흑인들의 경험 속에서 새로운 의미가 주어진 흑인의 경험, 전승, 운명의 일부인 것이다.

킹 목사 자신 속에서 다시 한 번 상세히 이해된 미국 유산의 개성적인 해석인 것이다. '그 꿈은 신념'이라고 그는 계속해서 설명했다. 그리고 그 신념은 미국 노래에도 있듯이 '자유의 종을 울리게 하는' 일인 것이다. 그는 같은 말을 7년 전에 몽고메리에서도 말했지만, 지금도 명확한 여운이 되어 남아 있다. 그 노래는 추상적으로 '모든 산의 기슭에서, 자유의 종을 울리게 하자'라고 하고 있을 뿐이었다.

그러나 킹 목사는 그것을 좀더 구체적으로 말한다. 뉴햄프셔, 뉴욕, 펜실베이니아, 콜로라도, 캘리포니아의 산기슭에서 자유의 종을 울리게 하자고. 더구나 그것에 그치지 않고 조지아에서도 …… 테네시에서도라고 그는 다시 한 번 소리를 높여서 말한다.

미시시피의 모든 언덕에서 자유의 종을 울리게 하자. 모든 산기슭에서 자유의 종을 울리게 하자. 이 꿈이 현실이 되어 평등을 약속한 미국의 맹세가 실현될 그때 비로소 '모든' 미국인이 자유가 될 수 있다. 그때야말로 흑인도 백인도, 모든 종파의 사람들이 해방된다. 링컨에게 해방된 흑인들과 같이.

'겨우 자유가 되었다. 겨우 자유가 되었다. 전능의 신이여, 우리는 마침내 자유가 되었습니다.'라고 노래부를 것이다.

감정이 없는 연설의 주제도 킹 목사의 입에서 나오면 훌륭한 여운을 가진 목소리로 변해서 감동을 고조시키고 마치 설교와 같이 흥분의 절정에 달한다. 그 정열의 원천이 무엇인지는 필설로는 다할 수 없을 것이다. 청중들은 단지 귀를 기울일 뿐만 아니라, 몰입해서 연설이 끝나기 전부터 폭풍과 같은 환성이 소용돌이치며 높아져갔다.

아무리 보아도, 그 날은 마틴 루터 킹의 날이었다. 수천만이라는 미국인과 그것을 웃도는 유럽인들이 텔레비전의 화면을 열심히 보고 라디오에 귀를 기울였다. 집회 자체도 미국에서 개최된 최대의 것이었다. 더위나 피로로 쓰러진 사람은 천칠백 명을 넘었으나 폭력으로 다친 사람은 한 사람도 없었다. 그런 의미에서도 그것은 킹의 날이었다. 폭력도 없었고 선의와 동포애에 가득차 있었다.

킹 목사는 수면부족이었다. 연단을 내려 설 때는 피곤해서 녹초가 되어 있었다. 전날밤은 새벽 네시까지 연설의 원고를 쓰고 있었기 때문이었다. 그러나 그는 지금 어떤 힘찬 것을 느끼고 있었다.

참가자들이 돌아간 뒤에 열 명의 지도자들은 의기양양하게 백악관으로 케네디 대통령을 찾아갔다. 거기에는 존슨 부통령, 워츠 노동장관, 버그 마셜도 있었다. 대통령은 우선 짧은 성명을 발표했다.

"우리의 민주적인 정부에 충성과 신뢰를 나타내기 위해서 수도에 모인 많은 사람들을 특징지운 깊은 정열과 조용한 위엄에 깊은 감동을 느끼지 않을 수 없다.

정부는 고용을 증대시켜, 직업에서 차별을 없애도록 노력을 계속한다……. 더구나 의회에 제출된 법안의 실시를 보장하기 위한 노력도 계속될 것이다."

회담에 들어서자, 케네디는 킹 목사가 행한 연설의 몇 가지를 텔레비전으로 보았다고 했다.

"저의 연설을 들으셨나요?"

하고 킹 목사가 물었다. 케네디가 다정하게 대답했다.

"월터의 연설은 듣지 않았지만, 전에 들은 일이 있습니다.

그런데 공민권법에 대해서는 금년 중에 민주·공화의 양당의 대단히 강력한 초당파적인 지지가 얻어질지 어떨지는 대행진의 지도자들에게 달려 있소."

회견에서의 킹 목사를 소개하는 방법도 흥미가 있었다. 유진 카슨 블래이크는 킹 목사를, "분명히 이번 데모스트레이션의 종교적인 지도자"라고 말했다. 랜돌프는 로이 윌킨즈를, "미국의 공민권 운동에서의 저명한 지도자"라고 소개──랜돌프는 지금까지도 윌킨즈를 그렇게 말해왔다──한 뒤에, 킹 목사를 "미국의 정신적인 지도자"라고 소개했다.

그 이래, 교회는 다른 어떠한 그룹보다도 더 열성적으로 공민권법에 대한 의회의 움직임에 영향력을 행사하지 않으면 안 되게 되었다. 자유운동과 노동조합에서 할 수 있는 일은 그들이 종래에 해오던 일에 더욱 힘을 넣는 일이었다.

교회는 각 그룹의 세력관계 속에서 새로우면서도 중추적인 역할을 담당하게 되었다. 워싱턴 대행진에 참가한 백인 대다수는 종교 관계자들이었으며, 그 대부분은 동부와 중서부의 자유주의자적인 프로테스탄트였다. 그 다음 수개월 후에 그들과 그들의 종파에 속하는 간부목사들은 마틴 루터 킹 목사의 카리스마적인 이미지와 그의 말에 휩싸여 지금까지 없었을 만큼 열심히 의회에 강력한 작용을 행하게 되었던 것이다.

워싱턴 대행진 직후에 〈뉴욕 타임즈 매거진〉은 공민권 지도자들에게 "다음에 올 것은 무엇인가?"라는 질문장을 냈다. 그때의 킹 목사의 대답은 "한 마디로 말하면 '지금 당장'이라는 것이다."라는 것이었다. 그는 아무런 거리낌도 없이 "남부에서 경찰의 가공할 폭력을 없애기 위해서 연방정부가 즉시 효과적인 수단을 취할 것"을 요구하고, 법무성이 '수백이라는 경찰의 지나친 폭력행위'에 대해서는 모르는 체 하고 있으면서 최근에 올바니와 버밍햄에서 흑인 지도자를 허위진술을 했다는 이유로 기소한 사실을 지적했다.

또 투표권의 확보와 직업훈련, 차별 철폐, 공공투자에 의한 신규채용의 증대도 당면한 요구였다.

"이 문제들이 실현된다면 흑인이 전번에 명확하게 나타낸 정열적인 결의는 굴욕받는 일 없이 진정될 것이다. 그리고 장기적으로 국가는 빈민가를 없애고 신용대부나 원조, 성인교육에 의해서 이제까지 평등한 기회의 혜택을 받지 못한 사람들에게 평등한 기회를 부여하는 일이 필요하다."

킹 목사가 밝힌 비전은 간결하면서도 요점을 찌르고 있었다. 미국은 전쟁의 경우에 얼마만큼의 인간과 자원을 동원할 수 있는가를 제시했다. 이제야 그 힘을 도시의 빈민가의 생활개선으로 돌려야 한다고 그는 말하는 것이다. 이것은 킹 목사의 빈곤에 대한 선전포고이기도 했다. 그러나 그는 처음부터 이런 생각을 가지고 있었던 것은 아니었다.

그의 일정표에 있는 가장 긴급한 문제, 더구나 미국으로서도 가장 긴급한 문제가 해결된다면 언제라도 그 문제에 몰두할 용의가 있다는 것이었다.

버밍햄의 투쟁이 끝난 직후에 킹 목사는 또 한 권의 책을 집필할 결심을 했다. 이미 써낸 《자유를 향한 위대한 행진》의 판매는 30만 부를 넘어, 그 인세에 의한 수입은 SCLC의 재정의 중요한 부분을 담당하고 있었다. 또 그의 《버밍햄 형무소에서의 편지》라는 수기가 놀랄 만큼 반응이 좋아 〈리버레이션〉, 〈크리스챤 센추리〉, 〈간디 마르그〉 등의 잡지에 전문이 실리고 있었다.

그것은 또 FOR, 미국 우호봉사 위원회, 미국 뱁티스트 회의에서 팜플렛으로서 적어도 두 가지의 다른 판이 나오고 있었다. 그렇다면 왜 이런 유명한 편지에 조금 더 보충해서 흑인혁명에 대한 그의 새로운 생각을 발표하지 않는가라는 SCLC의 동료들의 생각은 그것이 자신들의 운동을 추진하는 위에서 굉장한 역할을 수행하는 일이 된다는 것에 의견의 일치를 시켰다. 그렇다면 지금 당장 쓰기 시작해서, 워싱턴 대행진에 신간을 맞추어서 출판을 하면 어떨까. 실제로 그것은 가능한 일이었을까.

킹 목사는 즉시 그의 판권대리인인 조안 데이브스에게 연락을 취하자, 데이브스도 곧 뉴욕 아메리칸 라이브러리의 창설자이자 편집장이며 시그넷 및 멘터 북의 출판발행인이기도 한, 빅터 웨이브라이트에게 이야기를 돌렸다. 웨이브라이트는 우연히 〈크리스챤 센추리〉의 정기구독자로, 그 잡지에 킹 목사의 이름이 처음 나온 이래 계속 그의 활약상에 주목하고 있었다.

웨이브라이트는 킹 목사의 부탁에 쾌락하고 즉시 집필을 의뢰해서 《흑인은 왜 기다릴 수 없는가》라는 타이틀까지 정해놓았다. 이 책을 2,3개월 내에 써서 출판한다는 것은 용이한 일이 아니었지만 웨이브라이트로서는 한 번 승부를 걸어볼 만했다. 그러나 유감스럽게도 킹 목사는 강연의 약속이나 활동에 쫓기어 시간이 부족해, 예정대로 다 써 낼 수가 없었다. 책의 집필이 끝난 것은 1964년초의 일이었다.

버밍햄의 투쟁이 끝나자, 전국에 흑인데모의 움직임이 확대되었다. 그것은 1963년 3월의 단계에서는 예측할 수 없는 일이었다. 어쨌든 간에 버밍햄에서의 승리가 댄빌에서의 투쟁에 자신감을 준 것은 확실했다. 댄빌의 지도자들은 그 여세를 몰아 때를 놓치지 않고 행동을 개시했다. 따라서 댄빌에서는 버밍햄과 같이 상세한 계획을 세우고 있을 시간도 없었다. 5월 31일, 그들은 알렉산더 던랩 목사의 지도 아래 행동을 개시했다. "너희들은 무엇을 바라는가?" 하고, 던랩 목사는 오십 명의 고교생으로 이루어진 데모대의 일단을 보고 부르짖었다.

"자유다!"라고 그들은 외쳤다.

그 다음 주에 데모대는 매일 시청에 밀어닥쳤는데, 그 수가 연일 이백 명을 넘었다. 그러나 이 단계에서는 댄빌의 SCLC 지부는 직접 데모의 지휘에는 나서지 않았다. 지부장인 렌델 W. 튜스 목사는, 이 지역에서의 데모가 자발적으로 고조되고 있을 때 SCLC가 개입하는 것은 적당치 않다는 견해를 취했으며, NAACP의 지도자들도 그것에 찬성했다.

그럼에도 불구하고 댄빌의 운동은 확대되어, 던랩 목사 밑의 지도자가 체포되자, 그들은 애틀랜타의 SCLC 본부에 지원을 요청해왔다. 지원 요청은 SNCC와 CORE에도 왔다. 얼마 후에 SNCC에서 열여덟 명의 운동원과 CORE에서 변호사인 렌 홀트가 파견되어 6월 10일에 체포자의 석방을 요구하는 야간데모를 구치소에서 벌였다.

오십 명의 데모대는 경관, 소방대, 시청직원들에게 쫓겨 골목길로 몰아넣어졌다. 먼저 물 호스로 공격받아서 기가 꺾인 데다가 경관이 곤봉을 휘두르며 덮쳐왔다. 데모가 끝난 뒤에 마흔일곱 명의 데모 참가자가 병원에서 치료를 받았다. 팔이나 다리의 골절, 타박, 두부 열상을 비롯해서 등에 상처를 입거나, 가벼운 골절상을 입었다. 한 여성은 곤봉으로 얼굴을 얻어맞고, 평생 사라지지 않을 상처를 입었다.

다음 날 시장과 경찰서장이 와서 사과했다. "부하들은 피로에 지쳐 신경이 흥분되어 있었다."라고 서장이 말했다. 시장은 그것이 '놀라운 일'임을 시인했다. 그러나 그것에 앞서 10일간의 '반항적인 행위'는 비난받아 마땅하다고도 말했다. 이제야 백인과 흑인의 대립은 명확해졌다. 경관의 폭력은 SCLC의 행동을 일으키게 하는 결과가 되어, 렌델 체이스 목사를 선두로, 전날밤에 당한 폭행으로 붕대를 감은 사람과 절름거리는 사람들로 뒤섞인 데모대가 계속 투입되었고, 한편에서는 시당국이 주병(州兵) 삼십 명과 장갑차를 동원하고 있었다. 그날 밤, SCLC 버지니아 주 사무국장인 밀턴 리드 목사는 상황을 파악해서, 앞으로 취해야 할 방법에 대해서 킹 목사에게 권고하기 위해 댄빌에 찾아 왔다.

그 다음 주에 들어서도 연좌데모나 데모행진, 철야 경계, 체포 등으로 사태는 눈부시게 전개되었다. 던랩과 체이스 두 목사를 비롯한 댄빌의 지도자들은 킹 목사가 한시바삐 와서, 댄빌의 투쟁을 승리로 이끌어주기를 바랬다. 데모와 병행해서 SCLC의 간부인 하버트 콜튼이 댄빌에 도착했다.

그러나 그의 임무는 데모를 지도하는 것이 아니라, 유권자 등록운동을 추진하는 일이었다. 6월 22일에 킹 목사가 디트로이트로 향하고 있을 때 경찰이 댄빌의 뱁티스트 교회를 급습해서 봅 제르너, 에이번 로린즈, 다니엘 포스 등의 SNCC 운동원을 체포했다.

1주일 후 더포크에서의 SCLC의 회의에서 마틴 루터 킹 목사는 "나는 댄빌의 투쟁에 참가할 작정이다."라고 선언했다.

7월 3일에는 댄빌에서 거주적(擧州的)인 대규모의 데모가 계획되었다. 킹 목사는 6월 30일에 뉴욕의 데모에 참가하기로 되어 있었다. 7월 1일에 렌델 체이스 목사는 서둘러 계획한 3일의 데모를 시 당국에서 허가할 수 없다는 통고를 받았다. 댄빌의 정세가 긴장된 결과, 관심은 킹 목사가 참석할 수 없다는 데에 모였다.

흑인들은 자신들이 너무나도 기다렸다고 생각하고 있어서 킹 목사만 오면 모든 것이 잘될 것이라는 기대감을 가지고 있었다. 한편 시 당국자들은 '아마겟돈(성경에 예언된 지상 종말의 대결전)'을 기대하고 있었다. 만약 SCLC가 쳐들어온다면 '주병(州兵)의 대부대를 투입해서' 요격할 작정이었다.

댄빌의 경찰서장은 지난 번 사건에 질려서 올바니의 로리 프리체트 서장에게 연방군 개입의 가능성을 최소한으로 줄일 수 있을 만한 데모에의 대처방법을 상의하러 갔다.

데모 전날, 연방재판소의 한 판사는 마틴 루터 킹 목사, SCLC,

그 밖의 어떠한 인물이나 조직도 데모에 참가해서는 안 된다는 명령을 내렸다. 킹 목사는 당장 직접적인 대결을 피하기 위해 프레드 샤틀즈워스를 댄빌에 파견했다. 그것에 대비해서 시(市) 측에서도 장소를 흑인고교 운동장에 국한시킨다는 조건부로 데모를 허가했다. 운동장에 모인 흑인들과 경비에 임하는 경관들은 샤틀즈워스가 이렇게 연설하는 것을 들었다.

"만약 '승리의 날까지'를 노래부르는 것이 질서를 문란케 하는 것이 된다면, 댄빌 따위는 뒤엎어버리겠다. 우리를 억누르고 있는 자는 뒤엎어버릴 필요가 있는 것이다."라고. 그리고 그는 이렇게 발표했다.

"내주에 마틴 루터 킹 목사가 변호사, 목사, 공민권투사 등의 일행을 데리고 댄빌에 찾아올 것이다."

판사의 명령에 관한 공청회가 7월 9일에 열리게 되어, 재판에서는 이길 승산이 있었으므로, 킹 목사의 댄빌 방문은 7월 11일로 결정되었다. "우리는 데모를 실시해서 전진한다."라고, 7월 4일의 집회에서 어느 지도자가 이렇게 말했다.

"킹 목사가 찾아오면 우리는 댄빌을 열기에 휩쓸리게 하자!"

킹 목사가 랄프 애버내시 목사를 데리고 도착하는 전날 저녁에 판사의 명령은 철회되었다. 학생들은 킹 목사를 환영하기 위해 몇 파로 나누어서 시내 중심가에서 데모를 벌였다가 육십 명이 체포되었다. 킹 목사는 시내의 뱁티스트 교회에 넘치도록 운집한 군중들을 향해서 연설했다.

시간은 늦었으나 장내는 열기에 넘쳐 땀이 날 지경이었다. 킹 목사는 워싱턴 대행진의 중요한 협의를 위해 다음 날 뉴욕에 돌아가지 않으면 안 되었다. 그는 이러한 무리한 스케줄 때문에 위가 상해 있었다. 그럼에도 불구하고 그의 연설은 감동적인 것이었다.

"신의 아들들이여, 다 함께 걷지 않으려나? 우리는 단념해서는 안 된다. 이 문제가 해결되는 날까지 우리는 당신들과 함께 있다. 판사의 명령 따위로 우리의 운동을 그만두게 할 수는 없다!"

끝으로 전원이 새로운 정열을 담아 '승리의 날까지'를 노래불렀다. 그때의 시간은 한밤중이었다. 그 뒤에 다시 약 2백 명이 가두로 뛰쳐나와 시청건물까지 데모를 벌였다가, 렌델 체이스 등 열여덟 명 이상의 사람들이 체포되었다.

킹 목사가 자랑하는 '기동대'를 이끌고 또다시 댄빌에 온다는 소문이 되풀이해서 퍼지고 있었다. 그것은 댄빌이 올바니와 마찬가지로, 킹 목사의 카리스마적인 인격에 지나치게 의존하고 있다는 것을 나타내고 있었다. 킹 목사나 애틀랜타 본부의 간부들도 그러한 기대에 위배되는 것 같은 일을 한 것은 아니었다.

다만 현실적인 문제로서 거기에는 본부와 지방이라는 입장의 차이가 있었던 것만은 확실했다. 지방 운동이 킹 목사의 존재를 의식해서 고조되면, 현실적으로 킹 목사가 거기에 없다는 것으로 해서 커다란 공백이 생기고 말 것이다.

킹 목사는 이런 현실을 깨닫지 못하고 있었으며, 설사 깨달았다 하더라도 거기까지는 방책이 돌아가지 않는 형편이었다. 그것이 사밴나의 하우지 윌리엄스와 같은 강력한 지방의 지도자가 있는 경우에는, 킹 목사와 같은 카리스마적인 존재에의 기대가 훨씬 적어도 되며, 이러한 문제는 일어나지도 않았을 것이다.

댄빌의 열광적인 활동에서도 아무런 극적인 성과는 생겨나지 않았다. 가끔 돌파구가 보이는 것같이 생각되는 일도 있었으나, 자유화운동의 희망은 좀체로 결실을 보지 않았다. 얻어진 성과라면 올바니와 같이 산발적인 것뿐이었다. 그렇다고는 해도 8백 명에 가까운 새 유권자가 등록을 했다. 빈곤이나 계절적인 실업, 투표세, 등록 창구의 강격한 저항 등 갖가지 문제가 있었음에도 불구하고 이것은 흑인 유권자를 30퍼센트나 늘리는 것이 되었다.

그리고 일찍이 흑인과 대화하는 것조차 거부하고 있던 시의회는 고용의 평등에 관한 법률을 5 대 3으로 가결시켰다. 이런 종류의 법률이 남부의 한 지방에서 채택된 것은 이것이 처음이었다. 그리고 흑인과 백인의 충돌이 종종 보도된 일은, 아직 앞으로 해내지 않으면 안 될 문제에 대해서 전국적인 관심을 계속 불러일으키는 것에 도움이 되었다.

자유의 투쟁은 장소에 따라 심한 곳도 있었고, 그렇지 않은 곳도 있었다. 가령 킹 목사가 북부의 데모에 참가하거나, 표창을 받거나, 애틀랜타의 〈자유의 별〉의 음악회에서 마헤리어 잭슨에게 공민권 운동에의 공적을 찬양해서 배지를 달아주거나 하는 사진이 종종 보도되고 있다고 해서, 그것이 그가 쇠퇴되어가고 있는 운동의 의전장(儀典長)이 된 것을 의미하고 있는 것은 아니었다.

그는 공민권법을 통과시키기 위해서 착실한 노력을 계속하고 있는 것이었으며, 버밍햄과 댄빌에서와 같이 현장에서 직접 지도하고 있지 않을 때에는, 지방에서의 많은 투쟁전술에 관해서 상담을 받고 있었다.

킹 목사는 명연설가로서, 또 카리스마적인 존재로서 SCLC의 다수의 스탭들의 광범위한 활동에 격려가 되고 있는 점에서는 헤아릴 수 없는 역할을 담당하고 있었다. 스탭들은 애정과 친밀감을 표시해서 킹 목사를 '디 로드(영감님)'라고 부르고 있었다. 이것은 병정들이 흔히 지휘관을 별명으로 부르는 것과 같은 의미였다.

그러나 몇백만의 가난하고 압박받는 흑인들로서는 친밀감이나 닉네임 따위가 문제가 아니었다. 그들은 '킹 목사' 아니면 '마틴 루터'였으며, 그들과 같은 꿈을 가진 한 사람의 위인이었다. 킹 목사의 존재가 그들의 혁명에 커다란 공헌을 한 것은 부정할 수 없었다. 1954년에서 58년에 걸쳐, 조지아 주에서는 흑인유권자의 수가 14만 6천 명에서 15만 6천 명으로 불어났다. 이것은 연평균 2천 5백 명씩 불어난 것이 된다.

SCLC의 시민권 획득계획과 마틴 루터 킹의 이상에 의해서, 1962년에는 약 3만 명이 불어났고, 63년에는 4만 명 가까이나 불어났다. 킹 목사가 백인의 크리스트교도의 사이에도 영향력을 가지고 있었던 것은 보스턴 지구의 백인목사 열다섯 명이 노스캐롤라이나 주의 윌리엄스턴까지 찾아와서, 그 땅의 흑인들이나 SCLC의 스탭들과 함께 시청 앞의 데모행진에 참가했다가 1주일간을 형무소에서 지낸 사실로서도 증명되었다. 그들은 그 후에 다시 2주일간을 윌리엄스턴에 머무르면서 그곳의 백인들에게 왜 이런 짓을 하는가를 설명하라고 요구했다.

그들이 형무소에서 석방되던 날, 댈라스에서의 뉴스가 전해졌다. 11월 22일, 존. F. 케네디 대통령이 암살당한 것이다. 증오에 가득찬 사람들의 손에 의한 잔악한 죽음은 그 풍토 특유의 것으로 생각되었다. 과거 8년 동안 케네디에게는 죽음의 그림자가 따라다니고 있었다. 하버드 리, 윌리엄 무어, 어린 도니즈 맥네어, 메드거 에버즈 등 많은 사람들이 목숨을 잃어가는 가운데서, 그만이 살아남아 있었던 것은 기적에 가까웠다. 그리고 드디어 케네디의 차례가 왔다.

킹 목사는 항상 케네디에 대해서 회의적이었으며 비판적이었다. 그러나 대통령이 조금씩이나마 성장해서 그에게 보답하는 것을 보아왔다. 케네디가 아무리 결점을 가지고 있었다고 하더라도, 공민권에 관한 6월의 연설은 역대 미국대통령 중에서도 가장 적극적인 것이었다. 킹 목사는 케네디가 "정의와 풍요와 평화를 희구하는 사람들의 상징이 되었다."라고 써놓았다. 대통령의 암살에 대해서 생각할 때, 킹 목사는 그것을 단순한 개인적인 비극으로서가 아니라, 미국이 거국적으로 혼을 찾고 있는 때라고 보고 있었다.

"5층 건물에서 날아온 총탄은" 하고 그는 말했다. "한 미친 사람의 특수한 행위라고 간단히 무시해버릴 수는 없다. 성실성은 우리에 대해서, 이 비열한 행위를 범한 광기의 배후에 있는 것을 보라고 요구한다. '누가 케네디를 죽였느냐' 하는 문제가 중요한 한편 '무엇이 그를 죽였는가'의 문제 역시 중요한 것이다. 이제는 없어진 우리 대통령은 정신적으로 황폐한 풍토에 의해서 암살된 것이다. 그것은 그릇된 비난의 소나기와 증오의 강풍과 폭력의 폭풍우에 가득찬 풍토이다.

그것은 인간이 불쾌해지는 일 없이 이의(異議)를 부르짖을 수가 없으며, 폭력과 살인에 의해서밖에 반대를 표명할 수 없는 풍토이다.

따라서 케네디 대통령은 어떤 중요한 일을, 그 죽음을 통해서 우리 한 사람 한 사람에게 말했던 것이다. 또 자신의 선거구를 인종차별주의의 곰팡이가 핀 빵과 증오의 썩은 고기로 살찌워온 정치가들에게 무엇인가를 전하려 했던 것이다.

인종차별의 죄악을 목격하면서 스테인드글라스 속에 숨어서 침묵을 지키고 있던 성직자들에게도 무엇인가를 말하려 했던 것이다. …… 우리 나라의 혈관 속에 침투해 있는 이 증오의 바이러스를 막지 않으면 도덕적, 정신적으로 죽음을 면치 못한다는 것을 그는 우리 모두에게 전한 것이다.

케네디의 묘비명은 우리가 잠시 슬픔을 잊고 우리 나라에서 인종차별의 흔적을 제거하기 위해서도 새로운 결의를 가지고 전진해야 할 것이라는, 심연한 진리로부터 우리가 도전을 받고 있다는 사실을 부각시키고 있다. (〈묘비명과 도전〉. SCLC 뉴스레터. 1963년 11〜12월호)

킹 목사가 이 글을 쓴 바로 뒤에, 화가인 로버트 빅리가 애틀랜타에 도착했다. 1957년에 킹 목사는 〈타임〉 지의 표지에 몽고메리 운동의 지도자로서 소개된 일이 있었고 이번에는 워싱턴 대행진의 지도자 자유운동 전체의 지도자로서, 〈타임〉 지는 그를 '1963년에 가장 많이 활약한 인물'로 뽑아 그에 관한 특집을 낸다는 것이다.

SCLC의 홍보담당인 에드워드 J. 클레이튼은 〈타임〉 지의 부편집장인 제임스 키오로부터 전화를 받았다.

"연말 기획으로서 공민권운동에 관한 테마를 예정하고 있는데, 킹 박사의 사진을 표지에 쓰게 해주기 바란다. 그런데 문제는 표지의 그림은 사진을 바탕으로 해서 그리는 것이 아니라, 화가 앞에서 박사가 포즈를 취해주지 않으면 안 된다는 것입니다."

클레이튼이 그 이야기를 킹 목사에게 전하자, 그는 쓴웃음을 지었다. 분명히 그의 얼굴을 과장해서 그리기에 안성맞춤인 것이다. 일찍이 〈펠로우십〉 지의 표지에 분명히 킹 목사로 생각되는 딱딱하고 위엄있는 얼굴이 실린 적이 있었는데, 그것을 본 그는 질리고 말았던 일이 있었다.

그 초상화는 배리 마틴이라는, 킹 목사가 평소부터 좋아하는 화가가 그린 것이었다. 그러나 킹 목사는 〈타임〉 지의 부탁을 쾌락했다. 화가인 빅리는 두 번이나 애틀랜타에 날아왔다. 그리고 그때마다 킹 목사는 바쁜 시간을 쪼개어 세 시간이나 포즈를 취해서, 겨우 빅리와 킹 목사, 그리고 뉴욕의 편집자들이 만족할 수 있는 작품이 완성되었다.

마틴 루터 킹의 어깨위에 영예가 사뿐 춤추며 내려왔다. "나는 그것을 흑인의 위대하고 씩씩한 투쟁에의 선물로 생각한다."라고 그는 말했다. "내가 뽑혔다는 것은 내 개인의 선물이 아니라, 자유운동 전체에의 선물이라고 생각하고 있다……."

그것은 바로 1963년을 움직인 운동이었다. 백오십 군데의 남부 도시에서 9백 30회나 되는 데모가 일어났고, 버밍햄에서 킹 목사의 체포는, 남부 11주(州)에서 일어난 2만 82건에 이르는 체포건수 중의 하나였다. 더구나 확인된 것만도 35회의 폭발이 일어났었다. 또 남부 지역회의의 보고도, "186곳의 지방도시에서 인종통합을 향해서 어느 정도의 진보가 보이고, 백 군데의 도시에서 백인과 흑인의 대화가 추진되고 있으며, 그 결과는 흑인의 해방을 위해서 커다란 전진이 될 것으로 기대된다."라고 말하고 있다.

킹 목사는 그것에 만족하고 있었을까? 그에게는 충분히 기뻐해도 좋을 이유가 있었다. 그러나 그 문제에 대해서는 이미 다섯 차례나 에이브라함 링컨의 동상 밑에서 대답했었고 그 후 같은 대답을 백 번이나 되풀이하고 있었다.

우리는 결코 만족할 수가 없다. 모든 꿈이 실현될 때까지는 결코 만족할 수가 없는 것이다. 〈타임〉지에는 그 나름의 '선물'을 하는 방법이 있고, SCLC에는 SCLC 나름의 방법이 있었다. 와이어트 워커의 생각으로, 킹 목사는 크리스마스를 즐길 수 없는 버밍햄의 어린이들에게 뜻깊게 보낼 수 있도록 1963년의 크리스마스는 SCLC의 회원들이 '특별한' 크리스마스를 지낼 것을 제안했다.

그 지내는 방법은 4단계로 나뉘어졌는데, 그 하나는 '최소한의 참가'로 불리어, 공민권 그룹의 하나에 어떤 선물을 할 것과 둘째는 '부분적인 참가'로, 개인적인 선물은 5달러 이내로 하고, 나머지는 운동을 위해서 기부한다.

셋째는 '위대한 참가'로 선물은 가족의 카드와 선물에 한하여 나머지는 운동에 기부한다. 넷째는 '최대한의 참가'로 트리, 카드, 선물을 전부 희생하고 자유운동이나 그것에 관계되는 자선운동에 기부한다는 것이었다.

마틴, 코레타 내외는 셋째의 '위대한 참가'를 택해서 네 아이들을 조촐한 크리스마스 트리의 주위에 모아놓고, 크리스마스는 산타클로스보다는 훨씬 위대한 어떤 많은 희생을 참아낼 수 있는 동포애와 자유의 꿈이라고 타일렀다.

## 제 9 장
## 세인트 오거스틴의 시련

마틴 루터 킹 목사는 연초 즈음해서 다음과 같은 글을 썼다.

"1964년의 전망 중에서 한 가지 확실한 것이 있다. 그것은 완전한 해방을 지향하는 흑인 운동이 고조되었으면 되었지 후퇴하는 일은 없다는 것이다."

과거 1년 동안 전개된 '불의 세례'를 통해서 쟁취한 전과는 다시 급속한 향상을 추구하려는 흑인의 욕구를 자극했다. 공민권이라는 사과가 익어서 의회라는 나무에서 자연히 떨어지기를 호주머니에 손을 넣고 기다리고 있을 만한 여유는 이제는 없다. 만약 상원에서 의사방해가 일어나면, 전미국이 안전벨트를 매지 않으면 안 될 것 같은 사태가 일어난다 해도 이상할 것은 없었다.

케네디 암살 후 얼마 후에 린든 B. 존슨은 킹 목사를 비롯한 전국의 공민권운동 지도자들을 백악관으로 초대해서 현안이 되어 있는 법안과 그가 제안할 '빈곤과의 싸움'에 대해서 그들과 협의했다. 킹 목사는 전에 존슨과는 우연한 기회에 만난 일이 있었으므로 그를 케네디 이상으로 신뢰할 수 있는, 흑인 운동의 창도자로 보고 있었다. 1963년 12월에 그는 〈타임〉 지의 기자에게 다음과 같이 말했다.

"그는 성실하다. 우리는 그로부터 지금까지 이상의 것을 기대해도 좋으리라 생각한다. 나는 그에게 전폭적인 신뢰를 하고 있다. 그가 그 과거의 행동을 배신만 하지 않는다면, 우리는 백악관에 우리를 돕는 일을 맡긴 인물을 가지게 되는 셈이다."

사실 그 후의 존슨은 킹 목사의 평가를 충분히 뒷받침할 만한 일을 해내었다. 아이젠하워나 케네디에서 충족되지 않은 느낌을 품고 있던 킹 목사로서는 합중국 대통령인 존슨이 "우리는 극복해낼 것이다."라고 선언한 것은 뒷맛을 개운하게 했다.

1963년 10월에 SCLC(남부 크리스트교 지도자 회의)를 포함한 9개의 공민권 운동단체는 애틀랜타 시 최고지도자 회의에 다수의 사회단체를 모아놓고, 아이번 알렌 시장에게 '민주주의를 위한 행동' 계획을 제출했다. 12월 16일에 대략 2천5백 명의 흑인들이 허트 파크로 항의행진을 했는데, 마틴 루터 킹 목사는 회장에서 "흑인들은 애틀랜타에 실망하고 있다."라고 말했다.

과거 수년간의 차별철폐 운동에도 불구하고 착수하지도 못한 일이 많이 남아 있었다. 킹 목사는 애틀랜타에 자랑할 만한 '모델 도시'의 명성을 얻게 해주려고 결심했다. 2주일도 지나지 않는 동안에 딕 그레고리가 도착해서, 스물네 명의 SNCC(학생 비폭력 조정위원회)의 청년들과 피치트리 스트리트의 레스토랑 드브즈에서 연좌데모를 시작했다.

SNCC 의장인 존 루이스, SCLC의 이사인 와이어트 T. 워커, 그밖의 열두 명이 1월 11일에 애틀랜타 모텔에서 비슷한 행동을 했다가 체포되었다. 이틀 후에 드브즈의 계열 레스토랑은 그 방침을 변경했는데, 두 집의 홀리데이 인도 자발적으로 이에 따랐다. 대략 삼백 명의 체포자를 내었지만 전면적인 항의가 계속되어 어찌할 도리가 없는 항의자와, 붙잡히면 '일부러 비실비실 걷는' 전술에 화를 내는 경관들 사이에서 약간의 마찰이 있었다.

그러나 전도에는 이 밖에도 많은 일들이 기다리고 있었다. 남부전역에 걸친 유권자운동의 덕분으로, 플로리다 주의 로티에서는 12월의 시의회 선거에서 총 2백48명의 유권자 중 1백48명을 흑인이 차지할 수 있었다. 1월 6일, 로버트 스코트는 로티 최초의 흑인 시의원이 되었으나 3주일에 걸친 협박과 공갈을 받은 그는 "사임은 부득이했다."라고 말하고 사퇴하고 말았다.

백인권력은 의원, 권력기구의 테러리스트 등을 통해서 여전히 광범위한 세력을 가지고 있었다. 자유주의의 백인들 중에서도, 이러한 사건이 의미하는 것을 완전히 이해할 수 있는 인간은 거의 없었다. 그러나 그 중에는 이해하려고 노력하는 자도 가끔 있었다.

한편 교회단체도 행동을 개시했다. 그 중에서 특히 두드러지는 것은 '워싱턴의 증인'으로, 백 명의 목사들로 조직되어 회장과 그 밖의 간부에는 크리스트 연합교회의 지도자가 취임했다. 3월 16일에서 18일에 걸쳐 그들은 에버렛, 매킨리, 더크센 그 밖의 유력한 상원의원들과 회견하고, 이렇게 주장했다.

"의회에 상정된 법안보다 더욱 강력한 입법조치를, 우리 시민을 정당하게 지키기 위해 만들 수가 있다면, 그 입법조치야말로 강력히 추진시켜주기 바란다. 빵을 요구하며 외치는 사람들에게 돌을 던져 억지로 이 법률을 약화시키는 것 같은 일은 하지 말라."

그 밖의 교파의 대변인들도 여러 가지 방법으로, 특히 4월 28일부터 공민권법이 통과될 때까지 워싱턴에서 연속적으로 교회회의를 열거나 해서 그들의 영향력을 갖가지의 형태로 행사했다.

그렇다고는 해도 그들의 실력으로 보아 가장 진보적인 교파 내의 진보파조차도 '인종평등을 지금 당장에'라는 사고방식을 싫어하는 다수 동료들의 뿌리 깊은 저항을 배제하지 않으면 안 될 상태였다. 교회의 공민권 운동은 다른 일에 비하면 열의가 적고, 처음에는 어쨌든지 나중에는 중도에서 중지할 것이 뻔했다.

공민권 획득을 지향하는 비폭력의 직접 행동은 진정하는 데에만 그치지 않았으며 남부에만 한정되었던 것도 아니었다. 4월 7일에 오하이오 주의 클리블랜드에서는 크리스트교나 유대교의 성직자들이 강력히 인종차별을 목적으로 하는 학교의 신설계획에 항의했다. 또 장로교회파의 백인목사 브루스 크랜더가 잘못 사살되어 공민권운동 순교자의 한 사람의 이름을 늘려놓았으며, 운동이 요구하는 중대성을 새삼 인식시켰다.

이 비극적인 사건은 같은 교파의 지도자인 유진 카슨 블래이크에게 자유의 큰 뜻을 위해서 헌신한다는 그의 공약을 새삼 확인하는 기회를 주었다. 제임스 파머와 딕 그레고리는 블래이크가 개최한 추도회와 장례식에도 참석했다.

3월 29일의 부활절인 일요일에 세인트 오거스틴에서 여성 흑백혼합의 9인멤버가 백인전용의 몬슨 모터 재판소의 식당에서 퇴거할 것을 거부했다가 체포되었다. 이 부인들 중에는 매사추세츠 주지사 엔디코트 피버디의 모친으로 72세인 말콤 피버디 부인과 감독파교회 최초의 흑인감독의 아내인 존 버젠스 부인이 같이 있었다.

체포되기 전에 퇴임한 감독파교회 감독의 아내였던 피버디 부인은, 다른 두 명의 친구와 함께 세인트 오거스틴의 트리니티 감독파 교회에서 성찬배수를 요구했다. 그런데 교회는 성찬식을 취소하고 그녀들은 일곱 명의 교구위원에 의해 입구에서 추방되었다. 교구목사인 찰스 세이모어 목사는 보도 관계자들에게 "우리는 인명과 재산의 일이 걱정되므로"라고 설명했다.

1565년에 창설된 세인트 오거스틴은 스스로 '고대도시'라고 일컫고 있듯이, 합중국 최고(最古)의 도시이다. 조지아 주와의 경계선에서 남쪽으로 80킬로미터의 대서양 연안에 있는 인구 만 5천의 이 도시는 재원의 80퍼센트를 관광객에게 의존하고 있으므로 타지 사람들이 몰려들기에는 안성맞춤의 장소였다.

그때까지 백인 관광객들 중에서 백인들이 제세상인양 거리낌없이 굴며 쓰고 있는 시설에서, 세인트 오거스틴의 총인구의 4분의 1을 차지하는 흑인들이 축출당하고 있다는 사실을 생각해보는 인간은 거의 없었다.

시내 명물 중의 하나에는 옛날 노예시장이 있었는데, 그것은 아이러니컬하게도 헌법광장의 입구에 있었다. 그러나 현지의 지도자들은 조금도 모순을 느끼고 있지 않았다. 시장은 전형적인 주권주의자였다. 정치색은 극우에서 초극우라고나 할까.

트리니티 교회의 교구장은 전미국 교회회의가 공산주의자에게 지배당하고 있다는 극우의 존 버치 협회의 비난에 불만이 있는 것 같다고 소문이 나고 있었으나, 교구장에 대한 이러한 불신의 소리는 트리니티의 교구원들이 뿌린 것이었다. 빌리 제임스 하지스, 에드거 C. 밴디와 같은 우익의 족속들을 애국협회 연합은 자주 변사로 초청했다.

일간지인 〈세인트 오거스틴 레코드〉도 같이 편견에 가득찬 기사만을 싣고 있었다. 시의 최유력자인 은행가 H. E. 울프는 플로리다주뿐만 아니라 중앙의 민주당에도 얼굴이 통했으며 리코드 지(紙)를 경영하는 시장이나 시의 백인권력 기구를 구성하는 자들과도 친교가 있었다.

이 권력기구에는 '고대도시 수렵(狩獵)클럽'도 한몫 끼고 있었다. 이 클럽은 어느 연방재판관이 KKK단의 지방지부라고 넌즈시 암시하고 있던 것 같은 조직으로 멤버들은 명문출신의 수렵가 동료들이 아니라, 오랜 반흑인 활동의 경력을 가진 건방진 불량배들의 모임이었다.

이러한 도시에서는 스스로 중도주의자로 자처하는 일조차 위험한 일이었다. 동서긴장의 해결책으로서 "러시아에 폭탄을 떨어뜨려라."라고 호언하는 백인들로서는 흑인들이란 벌레나 다름없는 존재였다.

흑인 치과의사인 R. N. 헤이링 박사가 찾아온 1959년 당시의 이 도시의 공기는 대충 이런 상태였다. 그러나 박사는 자신에게 불리함을 알면서도 흑인으로서의 위엄과 평등을 유지하려고 결심하고 있었다.

그는 NAACP의 현지 지도자가 되어 1961년의 연좌데모 전술이 각지에 퍼졌을 때, 플로리다 흑인기념 대학의 학생들을 격려했다. 학생들이 잡화점에서 연좌데모를 했을 때 그들은 가게 안에 갇혀진 채 KKK단의 족속들에게 사정없이 두들겨 맞았다. 이것이 세인트 오거스틴의 백인들의 전형적인 반응이었다.

## 세인트 오거스틴의 시련

버밍햄에서 킹 목사가 승리를 거둔 뒤 얼마 후에 이 용감한 치과의사는 또다시 비폭력의 투쟁을 개시해서 두 연쇄점의 런치 카운터에서의 차별철폐, 공공시설에서의 차별표지의 철거, 여섯 명의 흑인 자녀를 백인 공립학교에 입학시키는 일 등에 성공했다. 그러나 이 투쟁의 진행 중에 흑인들은 전단 살포를 한 혐의로 몇 번이나 체포당했다.

네 명의 흑인청년이 주립감화원에 보내졌다가, 6개월 후에 주 교육위원회의 주선으로 겨우 석방되었다. 흑인들의 집에는 엽총이 쏴지고 소이탄이 던져 넣어졌다.

9월에는 헤이링 박사와 세 명의 흑인이 KKK단에 의해 유괴당했다. 데이트너 비치 출신의 크리스트 연합교회의 백인목사인 어빈 체니 목사가 때마침 나섰기 때문에 다행이었지, 그렇지 않았더라면 헤이링 박사는 불타 죽었을지도 모른다.

사실 그들은 2백50명의 구경꾼들이 떠들어대는 가운데서 뭇매를 맞고 의식을 잃고 말았는데, 이때 어느 백인여자는 "죽여버려라, 거세하는 편이 낫다!" 하고 절규했을 정도였다. 또 그 중에는 "오른손을 잘라버려라! 놈은 오른손잡이의 치과의사다."라고 외치는 자도 있었다.

이것을 본 체니 목사는 살짝 현장에서 빠져나와 보안관에게 통보했다. KKK단의 하나가 5갤론쯤의 가솔린을 구하러 갔다. 흑인들은 다발로 포개졌다. 그리고 KKK단의 한 사내가 "여러분은 검둥이가 불타는 냄새를 맡아본 적이 있나요? 구수하고 참 좋은 냄새지." 하고 말하는 순간에 L. O. 데이비스 보안관이 도착해서 이런 엄청난 놀이를 중지시켰다. 그는 네 명의 KKK단원을 체포했으나 곧 석방되었다. 헤이링 박사 일행은 병원으로 실려갔다. 그 후 그들 중 누군가가 헤이링 박사 차의 운전석 밑에 탄환이 들어 있는 권총을 넣어두었기 때문에 습격할 의사가 있는 것으로 간주되어 유죄선고를 받았다.

절망적이 된 헤이링 박사는 NAACP의 지부장의 자리를 사임하고 공민권운동에서 손을 떼겠다고 선언했다. 그런데 케네디 암살의 여파로 시내에 양 인종위원회가 결성될 것 같은 기색이 보이자 KKK단은 새로운 테러행위를 개시했다. 헤이링 박사의 집은 라이플총의 난사로 구멍투성이가 되었으며 그의 애견이 사살되었다.

여섯 명의 자녀를 백인학교에 보낸 두 집의 가정이 보복을 당해 한 집은 불태워지고, 또 한 집은 차가 불태워졌다. 그러나 범인은 한 명도 체포되지 않았다. SCLC 회의가 3월 6일에 올란도에서 열린다는 것을 들은 헤이링 박사는 출석할 것을 결심했다.

킹 목사는 기꺼이 그를 맞아 헤이링 박사와 손을 잡고, 세인트 오거스틴의 인종차별에 대항해 철저히 투쟁할 것에 동의했다. 그러나 킹 목사는 우선 앨라배마 주 전체에 걸친 운동에 마음을 썼다. 이 운동은 KKK단의 임페리얼 위저드 로버트 셸턴과 조지 월레스 주지사가 1963년 흑인의 입학을 연극같이 꾸며 남을 깜짝 놀라게 하려다가 금지한 앨라배마 대학의 근거지인 태스컬서에서 추진되었다.

4월부터 연속적으로 수주일에 걸친 데모 뒤에 시당국은 6월 중순에 총반격으로 나왔다. 75명의 경관과 보안관 대리가 전류가 통하는 가축을 다루는 막대기로, 6백 명의 데모대를 퍼스트 아프리칸 뱁티스트 교회 내로 몰아넣어서 데모행진을 금지시켰다.

그러나 충돌이 일어나자 경관은 최루가스나 소방호스를 써서 전쟁을 벌였다. 경관 한 명과 서른다섯 명의 흑인이 부상하고, 아흔 네 명의 데모 참가자가 체포되었다. 다음 날 3백 명의 경관대가 행진할 기색을 보인 데모대를 교회 내로 몰아넣고, 제임스 비벨, A. D. 킹 그 밖의 SCLC의 지도자들을 체포했으며 그들을 따르려는 자들을 내쫓았다.

이 무렵 세인트 오거스틴의 투쟁은 제3단계에 들어서고 있었다. 제1단계는 부활절 주일에 시작되었는데 피버디 부인의 연좌데모도 그 하나였다. 대충 4만 명의 현지인과 관광객이 이스터 퍼레이드에 모여들었다. 흑인 크리스찬들은 부활절의 종교적인 의미와, 흑백을 불문하고 인간생활에 주는 그 본래적인 의의를 강조하는 플래카드를 들고 퍼레이드에 나타났다.

제 2 단계는 5월 하순에 마틴 루터 킹 목사의 도착과 함께 시작되었다. 그는 모래사장의 움집에 본부를 두고 현지의 SCLC회원, 그 밖의 지도자들의 선두에 서서 일하고 있는 헤이링 박사와 전술회의를 열었다. 앨라배마 전주(全州)에서의 투쟁이 패배하고 북부의 주력이 CORE의 미시시피 계획으로 변경되는 일도 있어서, 킹 목사는 2년 전에 올바니에서 했듯이 단지 힘을 빌려주는 정도의 것이 아니라, 세인트 오거스틴을 개인의 싸움터로 하려고 결심하고 있었다.

올바니보다도 오히려 미시시피 델타와 비슷해서, 이 도시에서의 싸움은 격렬했다. 그는 종교적인 동기와 크리스트교적인 비폭력주의에 입각하는 운동을 추진할 필요성을 통감했다. 그것은 SNCC와 CORE가 더욱더 비종교적, 실제적인 경향으로 달리고 있었기 때문이었는데, 킹 목사는 간디주의와 흑인교회의 경건함과 크리스트교적인 융화의 사상을 합친, 완전한 평화주의를 지향하고 있었다.

그는 몇 해나 비폭력의 고통이 반드시 보답받을 날이 온다는 것을 설교해왔다. 설사 이 노력이 보람없어 보인다 하더라도 말콤 X 일파의 "백인은 구제받기 어렵다."는 주장에는 찬성할 수 없었다. 그는 그렌 스마일리라든가 미시시피 태생의 에드윈 킹과 같은 남부의 백인들을 알고 있었으며 남부의 백인들이 결코 악마 같은 인간이 아니라는 것을 알고 있었다.

애틀랜타의 택시 운전수를 비롯한 다수의 백인들이 차별철폐를 호의적으로 받아들이고 있는 것도 보고 있었다. 이제는 그가 애틀랜타 공항을 빠져나오면 언제나 조지아의 백인들에게 둘러싸여 사인 공세를 받을 정도였다. 그런 형편에서 그는 아무리 무정한 인간이라도 그 마음에 닿는 것이 불가능하지는 않다고 확신하고 있었다.

공민권운동의 지도자로서의 그의 목표는 평등한 수준으로 끌어올리는 일에 있었다. 그러나 그의 천직은 여기에서만 그치는 것은 아니었다. 구제와 융화의 복음을 전하는 목사로서, 그의 목적은 마음의 변화를 초래해서 법률보다도 깊은 곳에 도달하는 일에 있었다. 그는 법률을 보복이나 처벌의 수단으로서 생각한 일은 전혀 없었다.

그는 법률을, 폭력을 제한해서 서로 용서하며 서로 신뢰하는 것이 만인의 보다 나은 생활에 통할 것 같은 평화상태를 가져오는 수단으로서 환영한 것에 지나지 않았다.

옛날의 노예시장을 상징적인 집합지로 사용하기로 결정되었다. 흑인들은 저녁 식사 후에 헌법광장 남동의 흑인 주거구역의 각 교회에 집합해서 그들의 고통에 항의하기 위해 옛 노예시장을 향해서 행진하기로 되어 있었다.

5월 26일 선거 날 밤의 제1회 행진은 평온무사했다. 다만 지사 후보로서 차별주의자인 헤이든 번즈의 운동본부 앞에 서 있던 한 사내가 "우리 어른이 당선되면 너희들 검둥이는 마지막이니까." 하고 짓궂은 말을 했을 정도였다.

결국 번즈가 당선되었다. 수요일밤에 쇠파이프와 자전거의 체인을 무기로 한 KKK단의 족속들이 노예시장에 집결해서 흑인의 데모대를 기다렸다. 그들이 있다는 소식이 대원들에게 전해지자 데모대는 집회를 해산하고 KKK단을 곁눈으로 보면서 행진을 계속했다.

5월 28일 목요일에 첫 폭력사태가 발생했다. 행진자들은 무릎을 꿇고 기도했다. 한 KKK단원이 "검둥이의 하나님 따위는 없어!" 하고 외치자마자 데모대의 한 사람을 곤봉으로 머리를 후려갈겼다. 경찰은 뒤로 물러선 채 폭도들이 하는대로 내버려두었다. 백인의 무뢰한들은 무릎을 꿇고 있는 흑인들에게는 거의 손을 대지 않았지만 신문기자의 카메라와 녹음 테이프를 낚아챘다.

NBC의 텔레비전 카메라맨은 자전거 체인으로 얻어맞고 병원에 실려갔다. 킹 목사의 특별조수로서 일하고 있던 52세의 백인 해리 보이트가 사진을 찍으려 했을 때 한 KKK단원이 그에게 폭행을 가했으며, 개를 데리고 있는 경관이 중간에 들어설 때까지 그만두려고 하지 않았다.

그리고 그가 자신의 모텔로 차를 몰고 있을 때에, 그 차를 향해서 엽총이 발사되었다. 그러나 다행히도 보이트아 대학생인 아들도 무사했다. SCLC의 모래사장의 움집에 있는 본부는 불이 켜진 채였다. 그날 밤에 KKK단이 사방에서 엽총과 라이플 총을 난사했지만 다행히도 아무도 없었다.(킹 목사는 자유집회에서 연설하기 위해 로스앤젤레스로 비행하고 있었다.) 결국 체포된 것은 여기저기의 공공시설에서 구원을 요청하던 흑인들뿐이었다.

L. O. 데이비스 보안관이 흑인들에게는 이제는 이 이상의 야간행동은 허락하지 않는다고 통고해 왔다. 금요일에 경관과 주병들이 일대 행진을 가로막았다. 데모대는 무릎을 꿇고 기도했다. 그러나 스포츠셔츠를 입은 사내가 카메라맨의 곁에 오자마자 곤봉으로 카메라를 때려서 떨어뜨린 일 외에 폭력사태는 일어나지 않았다.

월요일에 SCLC는 그 주일의 데모를 일단 중지하고 잭슨빌의 합중국 지방재판소에 제소했다. 브라이언 심프슨 판사의 심문으로 데이비스 보안관이 노예시장에 모인 난폭자들의 신원확인을 게을리했을 뿐만 아니라, 그들이 폭력을 휘둘러도 체포하지 않았다는 것과 그가 모은 백 명의 보안관대리 속에는 다분히 KKK단의 사내들이 포함되어 있었거나, 아니면 적어도 심프슨 판사의 손으로 밀주(密酒)판매에 의해 유죄를 선고받은 홀스테트 매너시의 부하인 차별주의자의 일단이 들어 있다고 생각된다는 것 등이 밝혀졌다.

SCLC의 변호사인 윌리엄 쿤슬러는 보안관이 야간행진을 금지한 것에 대해 이의를 신청했으나 이 이의신청은 다음 주가 되어 받아들여졌다.

잭슨빌의 심문에 이은 기자회견에서 마틴 루터 킹 목사는 세인트 오거스틴을 "과거 수년간 우리가 활동한 지역 중에서도 가장 무법적인 사회"라고 평했다.

그날 밤 '고대도시'로 되돌아온 킹 목사는 미사집회에서 인사했다. 경건한 신자들이 "주여, 바로 그러합니다."라고 외치는 가운데서 그는 "전 주일에 여러분이 데모를 했을 때의 아름다움, 품위, 용기에 대해서 나는 찬사를 보내는 바입니다……. 여러분은 올바르고 자유로운 사회를 지향하는 우리의 일을, 정당한 노력을 하는 흑인들을, (아니 니그로만은 아닙니다.) 이 사회에서 일어나고 있는 일들을 객관적으로 보도하려고 이곳까지 찾아온 백인들을 구타함으로써 우리의 정당한 노력을 저지시키겠다고 생각하고 있는 족속들의 만행에 직면했습니다.

그러나 이러한 정세 속에서도 여러분들은 일어섰던 것입니다 ……. 그러므로 나는 세인트 오거스틴의 영웅들인 여러분들을 칭찬하고 싶습니다……. 이윽고 KKK단은 깨달을 것입니다……. 그들의 폭력으로 우리를 가로막을 수는 없다는 것을.

왜냐하면 우리는 자유의 천지를 향해서 나아가고 있기 때문입니다. 우리는 거기에 도착할 때까지 그만둘 생각은 없습니다.

그들은 이제야 다른 일도 하고 있습니다. 아시다시피 그들은 현실적인 살인행위를 범해서 우리를 위협합니다. 그들은 이것에 의해서 운동을 중지시킬 수 있다고 생각하고 있는 것입니다. 캘리포니아에 있을 때 나는 플로리다 주의 세인트 오거스틴에서 나의 생명을 빼앗으려는 계획이 진행중이라는 정보를 입수했습니다.

만약 죽음이 나의 백인동포나 나의 형제자매들을, 정신의 영원한 죽음에서 구제하기 위해서 내가 치르지 않으면 안 될 보상이 된다면 이것을 받아들이는 일처럼 쉬운 일은 없습니다. 우리는 훨씬 전부터 우리의 조상들과 더불어 '노예가 되기 전에 나를 무덤에 묻어다오. 신의 곁에 가서 구원받으리라.'라고 노래를 계속 불러왔기 때문입니다."

우레와 같은 박수 뒤에 C. T. 비비안은 법정심문에 대해서 보고했다. 그가 "L. O. 데이비스는 쩔쩔매고 있었다."라고 말하고 판사가 보안관 대리의 명단을 읽어내려 갔을 때의 일을 전하자 커다란 박수가 터져나왔다. 마침 그때 쿤슬러가 교회로 들어왔다. 비비안이 단에서 내려가 그를 포옹했다.

그들 흑인들에게 이것은 진귀한 광경이어서 처음에는 경건한 정적이, 그리고 이어서 자연스런 합창이 터져나오는 감동적인 장면을 볼 수 있었다.

6월 9일 화요일, 심프슨 판사는 데이비스 보안관이 야간행진을 금지시키고 터무니없는 보석금을 부과하고, 상투적인 방법인 열 명의 데모참가자들을 8평방미터도 못 되는 콘크리트의 유치장에 처넣는 식의 '잔혹하고도 비정상적인 형벌'을 검거자들에게 가하는 것을 정지시키는 명령을 내렸다. 재판소의 명령에는 스물한 명의 여성이 "한 시간 십팔분 동안이나 직경 3미터 원형의 정신이상자 수용실에 처넣어진 경우도 있다. 그 중에는 목발없이는 보행불능의 유행성 소아마비 환자도 포함되어 있었다."라는 사실도 지적되고 있었다.

재판소의 명령은 거의 효과가 없었다. 화요일 밤에 행진이 재개되자 여러 명의 흑인들이 두들겨맞고 KKK단이 벽돌이나 유산(乳酸)의 세례를 받았다. 다음 주에 킹 목사와 애버내시 목사 외에 텔레비전의 카메라맨을 포함한 열네 명의 일행이 마탄사스 만을 굽어보는 모텔, 몬슨 모터 로지의 문에 나타났다. 킹 목사는 매니저로, 플로리다 호텔 사장과 모텔 협회의 회장을 겸하고 있는 제임스 블록의 영접을 받았다.

"우리는 식사를 하고 싶습니다, 일행은 다섯 명입니다만." 하고 킹 목사가 말했다.

"여기서는 당신들한테 식사를 내놓을 수가 없는데요. 여기는 아직 차별이 철폐된 것은 아니니까." 하고 블록이 대답했다.

"기다리게 해주십시오."

"당신의 이름은?"

"마틴 루터 킹입니다."

"나의 이름은 블록이다. 여기 매니저를 하고 있다. 아마 아실줄 믿지만 자네는 가택 침입죄를 범하고 있다. 나와 아내 그리고 자식들을 대표해서 자네의 퇴거를 요구한다."

이십분 동안 두 사나이는 서로 마주보고, 온건하게 대화를 계속했다. 잠시 블록은 그의 레스토랑의 텔레비전 선전을 녹음하기 위해서 대화를 중단했다. 블록은 연방법정의 명령이나 '책임있는 시민그룹'의 후원이 없으면 흑인에게 식사를 제공할 의사가 없다는 것을 밝혔다. 그는 "지금, 만약 우리가 차별을 철폐하면 영업에 지장이 있다."라고도 말했다.

애버내시 목사는 바깥 간판에 대해서 질문했다.

"관광객 환영이라고 씌어져 있는데, 그 속에는 흑인도 포함이 됩니까?"

블록은 규정상으로 백인손님의 흑인하인만 서비스 구역의 출입을 허가하고 있다고 대답했다. 이에 대해서 킹 목사는 "그런 일들이 우리의 품위를 얼마나 손상시키고 있는지를 당신은 아십니까?" 하고 힐문했다.

블록은 이런 질문을 무시했다. "자네들의 비폭력군을 어딘가 다른 데로 이동시켜 줄 수는 없나요? 여기서는 벌써 여든다섯 명이나 체포당했으니까 말이야."

"우리는 누군가 양심의 가책을 느끼는 사람이 나오기를 기다리겠습니다."라고 킹 목사는 말했다.

마침 그때 한 중년의 백인남자가 "귀찮게 하지 마라." 하고 외치더니, 킹 목사가 피할 짬도 없이 그를 난폭하게 툭 치고 레스토랑에 들어갔다. 얼마 후에 경관이 도착해서 SCLC의 지도자들을 세인트 존스 군 형무소로 끌고 갔다. 일행은 목요일과 금요일 이틀밤을 유치장 안에서 보냈다.

세인트 오거스틴의 흑인사회에서 그들의 회교도운동의 영향이 소문에 올랐지만, 자위를 위한 무장의 필요성을 주장하는 소리는 전혀 없었다. 금요일 오후에 사배나에 본부가 있는 SCLC의 외곽단체인 채섬 군(郡) 유권자 십자군의 지도자인 하우지 윌리엄스는 노예시장에서 열린 흑인집회에 출석해서 KKK단원들이 지켜보는 가운데서 연설했다.

"흑인들은 여기서 피를 흘렸지만 이것으로 케네디의 죽음은 헛되지는 않을 것이다. 메드거 에버언즈나 버밍햄의 어린이들의 죽음도 그러했다. 그들은 죽었다. 그리고 우리도 또 죽을지 모른다. 그러나 우리는 다음의 것을 머리 속에 넣고 죽자. 만약 흑인이 그 자유를 잃는다면 자유가 될 수 있는 인간은 한 사람도 없다는 것을. 우리는 미국이 자유로워지는 것을 위해서 피를 흘리고 그리고 죽자!"

흑인들이 '우리는 모든 사람을 사랑한다'의 노래를 허밍하자, 윌리엄스는 '신이여, 우리는 백인동포를 위해서 기도한다.'라고 부르짖었다.

그날 밤 애틀랜타 출신의 온화해보이는 백인변호사인 J. B. 스토우너가 낮에 하우지가 서 있던 같은 장소에 서 있었다. 그의 좌우에는 여느때와 같이 보디가드가 따라붙고 있었다. 그는 흑인들에게 폭력을 휘둘렀다가 기소된 KKK단원의 변호인으로서 모든 남부에 이름이 알려져 있었다.

스토우너는 세인트 오거스틴의 데모 군중들을 앞에 놓고 말했다. "우리는 현재 이상의 권리가 주어져야 마땅할 것이며 현재 이하의 권리에 만족해서는 안 된다. 헌법에 인간은 모두 평등하다고 되어 있지만 그것은 검둥이들의 일을 말한 것은 아니다."

이 열변 뒤에 스토우너는 경찰견을 거느린 주병(州兵)의 대부대의 호위를 받아 흑인의 주거지역을 행진하는 백칠십 명의 백인들의 선두에 섰다. 그 중에는 여성과 어린이들도 소수나마 섞여 있었다. 그들이 흑인가(黑人街) 가까이에 들어서자 "잘 오셨소. 당신들에게도 평화와 형제애를!"이라고 씌어진 간판이 그들을 맞이했다.

토요일에 킹 목사는 명예 법학박사의 학위를 받기 위해 9백 달러의 보석금을 물고 형무소를 나와 뉴헤이벤으로 날아갔다. 그날 밤,

스토우너는 또다시 백인 패거리들을 지휘해서 융화를 제창하는 흑인들 사이에 뛰어들었다. 이번에는 6백 명 가까운 흑인들이 거리 양측에 늘어서서, '1964년은 만인 평등의 해', '나는 미국인' 등이 씌어진 플래카드를 매고 천천히 부드러운 억양으로 '우리는 모든 사람을 사랑한다. 우리는 모든 사람을 진심으로 사랑한다'를 노래불렀다.

남부 동맹깃발을 내걸고, '공민권법안을 때려부숴라!'의 플래카드를 약간 비스듬히 기울인 행렬이 그 끝에 가까워졌을 무렵에 흑인의 일부는 '승리의 날까지'의 1절을 노래부르기 시작했는데, 흑인지구를 떠날 때 백인데모대들이 들은 마지막의 가사는 '우리는 이제야 겁내지 않으리'였다.

백인데모대가 집합지점에 되돌아와서 한숨 돌리고 있을 때 스토우너가 외쳤다. "저 흑인 야만족들로부터 우리를 지켜준 우리의 법시행관 여러분에게 감사의 뜻을 나타내자."라고 하자 군중들은 성대한 박수를 보냈다.

세인트 오거스틴에서의 투쟁 말기에 흑인들의 '사랑하는 힘'은 고된 시련을 만났다. 게다가 백인사회의 '속임수 전술' 때문에 동요하고 있었다. 킹 목사가 백인 권력기구의 복잡성을 고려하지 않았다는 그럴 듯한 비판을 받은 것도 그 때문이었다.

그가 예일 대학에서 돌아오자 은행가인 H. E. 울프는 또 한 사람의 유력한 은행가인 프랭크 해롤드와 온건파 상원의원인 바알 폽 등과 함께 스물네 명의 실업가를 모아놓고 신공민권법안을 포함한 법률이 시행된다면 기꺼이 지키겠다고 발표했다.

그들은 '법률을 준수하는 현지 시민들'에 의한 위원회의 결성에 대해서 막연하게 말했으나 동위원회가 흑백 합동의 것이 될 것이라는 말은 마지막에 겨우 변명조로 덧붙였을 뿐이었다. 그러나 '현지 시민들' 중에는, 킹과 애버내시 두 목사와 그 밖의 SCLC의 '타관 사람들'은 포함되어 있지는 않았다.

한편 '법률준수 입장에서 보면 체포되어 있던 헤이링과 같은 인물을 제외할 것이냐 어떨 것이냐의 중요한 점을 애매모호하게 해놓고 있었다. 바알 폽은 "이것은 만족스런 출발이라고는 할 수 없을지 모르지만 어쨌든 출발임에는 틀림없다."라고 말했다.

그러나 그것은 아무리 보아도 출발과는 거리가 멀었다. 울프, 해롤드, 블록 따위의 인간들이 법률에 찬성을 나타낼 뿐만 아니라, 과연 호스 매너내시와 같은 패들의 테러 행위에 반대를 표명할 것일까? 사실 그들은 그러한 일은 아무것도 하지 않았으며 그러한 노력을 한 흔적도 전혀 없었다. 그들의 눈가림 식의 제스처는 크게 의문을 남겼다.

그것은 아마도 강경파를 넌즈시 인정하기 위한 연막에 지나지 않았던 것은 아닐까? 아니면 강경파의 보복을 두려워해서 저 정도로 어물어물 넘기려는 것일까. 그러나 강경파가 그들에게 보복을 할 염려 따위는 있을 수가 없었다.

킹 목사는 기자단에게 말했다.

"나는 이 시험적인 한 걸음에 고무되고는 있지만, 이것으로 데모를 완전히 중지해도 괜찮다고는 볼 수 없다고 생각한다."

버밍햄에서 그는 백인 지도자들이 협정을 지키는지 어떤지를 시험해보기 위해서 한때 데모를 중지시켜 보았다. 그러나 세인트 오거스틴에서는 백인과 흑인의 토의는 행해지지도 않았으며, 동의에 달하는 것은 물론이고 구체적인 전망도 좀처럼 서지 않았다.

열 명의 유대인 율사들이 애틀란틱 시티에서의 회의를 마치고 도착해서 주병(州兵)들에게 좌우를 호위당하면서 백인지구를 통과하는 SCLC의 데모 행진에 참가했다. 다음 날 그들은 아홉 명의 흑인들과 함께 몬슨 모터 로지에 숨어들었다가 보안관 대리에게 체포되었다. 뒤의 두 명은 손님으로 들어가 모텔의 수영장에 있다가 체포되었다.

두 명이 매니저인 제임즈 블록에게 흑인들은 자신들의 친구라고 말하고 있는 동안에 수영복을 입은 남녀 다섯 명의 흑인이 차에서 수영장을 향해 돌진하는가 했더니, 눈깜짝할 사이에 물 속에 뛰어들고 말았다. 노한 블록은 수영장 세척에 쓰이는 염산 두 병을 가져와서 수영장 물에 모조리 부었다. 수영하고 있던 흑인 중 몇 명은 무척 놀랐으나 한 사람이 "걱정 마라. 물로 묽혀지고 말 테니까."하고 말했다.

한 경관이 그들에게 밖으로 나오라고 명령했다. 그러자 백인 중의 하나가 "들어와서 우리를 붙잡는게 어때요?"하고 놀려댔다. 비번의 경관이 신발을 벗고 물 속에 뛰어들었다. 수영장 주변에서 곤봉을 휘두르고 서 있는 경관의 손을 빌어 수중(水中) 데모를 하고 있는 자들의 목덜미를 잡아 구치소에 처넣었다.

이 전술은 미묘했다. 경찰을 도발시키는 것 같은 행위는 사랑보다도 경멸을 나타내는 허세로 보였기 때문이었다. 그러한 경솔한 말은 백인 사회의 반감을 살 뿐이었다. 대배심은 회답에서 1개월간의 데모 정지와 킹 목사의 즉시 퇴거를 요구했다. 그렇게 하지 않으면 양쪽 인종 위원회는 구성될 수 없다고도 말했다.

킹 목사는 이런 신청을 딱 잘라 거부하고 거꾸로 가축을 다루는 막대기로 사람을 다루거나 모텔의 데모대를 때리거나 한 경찰의 잔학행위를 공격했다. 그는 존슨 대통령에게 연방 보안관의 파견을 요구했다. 그러나 백악관은 공민권법안이 통과될 때까지 행동을 주저했다. 더구나 공민권법안이 통과되는 것은 앞으로 2주일 뒤의 일이었다. 세인트 오거스틴의 운동은 고립되고 말았다. 상원은 금요일에 법안을 통과시켰지만 다음 토요일부터는 8대의 차에 나눠 탄 백인의 자경단(自警團)이, 주병(州兵)이 개입하기 전에 해변가의 흑인들을 덮쳤다.

한편 일요일에 교구위원의 반대를 무릎쓰고 세이모어 신부가 흑인들을 트리니티 교회 안으로 들어오는 것을 허가한 것은 일말의 광명을 주었다. 그러나 당일 세인트 오거스틴을 뒤덮은 암운은 불길한 징조를 나타내고 있었다.

COFO(제단체 연합회의)의 미시시피 계획은 막 개신된 참이었다.

오하이오 주의 옥스퍼드에서 훈련을 받고 최초로 도착한 사람들 중에는 앤드루 굿맨이나 마이켈 슈워너 등이 있었다. 그런데 그들은 미시간 주의 메리디언 출신으로 SNCC에서 일하고 있던 흑인인 제임스 체니와 함께 행방불명이 되었는데 피살된 것이 아닌가 하는 소문도 나돌고 있었다.

킹 목사는 실망했으며 슬퍼하고 그리고 화를 내었다. 수주일 전의 그의 터질 듯하던 희망이 벌써 무너지고 말았다. 그는 동료인 흑인들이 사랑과 용기를 나타내는 것을 몇 번이나 보았지만, 그것이 성공하리라고는 생각하지 않았다. 자신의 생명의 안전도 보장되는 것은 아니었다.

앨라배마에서의 운동도 정돈 상태에 빠져서 COFO의 계획에 대응할 만한 하기(夏期) 계획의 전망도 희박했다. 그는 세인트 오거스틴에서의 성공을 갈망했으나 징조는 전혀 없었다. 그는 열심히 기도해서 새로운 결의가 솟아올라 오는 것을 피부로 느꼈다. 그는 말했다. "우리는 이 투쟁을 다시 추진하는 수밖에 없다."

다음 주는 호스 매너시의 세상이었다. 노예시장 옆의 종려나무 밑에서 데모에 참가하고 있던 세 명의 흑인이 히스테릭한 백인 일당의 습격을 받았다. 한 어린 흑인 소녀가 도움을 청하며 필사적으로 외치고 있는데도 어떤 경관은 히죽히죽 웃고는 난폭자 한 명에게 자신의 경봉을 건네주면서 말하는 것이었다.

"뭣하면 이 막대를 좀 써보는 것이 어때?"

모래사장에서는 뉴저지 출신으로, 감독파 교회의 백인 목사인 월터 햄프셔가 선두에 서서 무릎꿇고 흑인 형제들과 기도하고 있었다. 매너시의 부하 두 명은 경관이 본체만체하고 있는 동안에 목사를 때려눕혀서 바다에 던지자, 흑인들이 몸을 돌보지 않고 목사를 감싸려 하는 것을 다시 두 번이나 두들겨팼다. 불량배의 하나가 히죽히죽 웃고 있는 경관에게 "나를 붙잡을 때는 관대하게 부탁하네."라고 말하고는 십대 흑인에게 주먹질을 하기도 했다.

캘리포니아 출신의 백인전도사로 차별주의자인 코니 린치는 폭도들에게 터무니없는 설교를 해서 "예수 크리스트는 백인의 것이다."라고 망언을 하고 남자나 여자들도 "검둥이들에게 따끔한 맛을 보여 주라."고 권했다.

6월 25일 목요일에 경찰은 다섯 명의 백인을 체포했으나, 폭도들의 "석방하라!"는 공갈에 당장 석방시키고 말았다. 그날 밤, 약 8백 명의 KKK단원이 매너시의 무전 지시에 따라 SCLC의 데모대를 습격했다. 그들은 달아나려는 열세 살의 흑인소녀 옷을 잡아찢고 말리려 든 〈뉴스위크〉지의 기자에게 뭇매를 때렸다. 그 틈에 흑인소녀는 피를 흘리면서 달아났다. 열아홉 명의 흑인들이 병원에 실려가고 다시 몇십 명이나 되는 흑인들이 부상당했다.

다음 날, 패리스 브라이언트 주지사는 야간 데모를 또다시 금지시켜 재판소의 재정을 무시했다. 이러한 행동은 위싱턴이 연방보안관의 파견을 거부한 것과 함께 SCLC를 막다른 곳까지 몰아넣는 결과가 되었다. 그러나 데모가 중지되자, 매너시는 약탈자들을 데리고 떠났다. 결국 주지사는 오래도록 지연시켜 오던 양 인종위원회의 설립에 착수해서 6월 30일, 킹 목사는 드디어 승리를 얻었다고 선언했던 것이다.

7월 2일, 린든 B. 존슨 대통령이 1964년의 공민권법안에 서명했을 때, 킹 목사는 다른 공민권운동 지도자들과 함께 백악관에 있었다. 이것으로 모든 희망이 충족된 것은 아니었지만 중요한 한 걸음이 내디딘 것은 사실이었다.

그런데 벌써 새 법은 무시되어 모텔이나 그 밖의 공공장소에서 또다시 흑인들이 축출되었는데, 그 중에는 서비스를 요구했다가 얻어 맞는 자도 나왔다. 상인들은 협박당하고 있었다. 킹 목사는 세인트 오거스틴으로 되돌아가 이와 같은 폭력이 지배하는 한, 공민권법에 대해서 모든 남부를 비롯한 흑인들의 저항이 퍼질 것이라고 경고했다. 그래서 헤이링 박사는 매너시와 그 밖의 인간들이 폭력을 휘두르

오하이오 주의 옥스퍼드에서 훈련을 받고 최초로 도착한 사람들 중에는 앤드루 굿맨이나 마이켈 슈워너 등이 있었다. 그런데 그들은 미시간 주의 메리디언 출신으로 SNCC에서 일하고 있던 흑인인 제임스 체니와 함께 행방불명이 되었는데 피살된 것이 아닌가 하는 소문도 나돌고 있었다.

킹 목사는 실망했으며 슬퍼하고 그리고 화를 내었다. 수주일 전의 그의 터질 듯하던 희망이 벌써 무너지고 말았다. 그는 동료인 흑인들이 사랑과 용기를 나타내는 것을 몇 번이나 보았지만, 그것이 성공하리라고는 생각하지 않았다. 자신의 생명의 안전도 보장되는 것은 아니었다.

앨라배마에서의 운동도 정돈 상태에 빠져서 COFO의 계획에 대응할 만한 하기(夏期) 계획의 전망도 희박했다. 그는 세인트 오거스틴에서의 성공을 갈망했으나 징조는 전혀 없었다. 그는 열심히 기도해서 새로운 결의가 솟아올라 오는 것을 피부로 느꼈다. 그는 말했다. "우리는 이 투쟁을 다시 추진하는 수밖에 없다."

다음 주는 호스 매너시의 세상이었다. 노예시장 옆의 종려나무 밑에서 데모에 참가하고 있던 세 명의 흑인이 히스테릭한 백인 일당의 습격을 받았다. 한 어린 흑인 소녀가 도움을 청하며 필사적으로 외치고 있는데도 어떤 경관은 히죽히죽 웃고는 난폭자 한 명에게 자신의 경봉을 건네주면서 말하는 것이었다.

"핏하면 이 막대를 좀 써보는 것이 어때?"

모래사장에서는 뉴저지 출신으로, 감독과 교회의 백인 목사인 월터 햄프셔가 선두에 서서 무릎꿇고 흑인 형제들과 기도하고 있었다. 매너시의 부하 두 명은 경관이 본체만체하고 있는 동안에 목사를 때려눕혀서 바다에 던지자, 흑인들이 몸을 돌보지 않고 목사를 감싸려 하는 것을 다시 두 번이나 두들겨팼다. 불량배의 하나가 히죽히죽 웃고 있는 경관에게 "나를 붙잡을 때는 관대하게 부탁하네."라고 말하고는 십대 흑인에게 주먹질을 하기도 했다.

캘리포니아 출신의 백인전도사로 차별주의자인 코니 린치는 폭도들에게 터무니없는 설교를 해서 "예수 크리스트는 백인의 것이다."라고 망언을 하고 남자나 여자들도 "검둥이들에게 따끔한 맛을 보여주라."고 권했다.

6월 25일 목요일에 경찰은 다섯 명의 백인을 체포했으나, 폭도들의 "석방하라!"는 공갈에 당장 석방시키고 말았다. 그날 밤, 약 8백 명의 KKK단원이 매너시의 무전 지시에 따라 SCLC의 데모대를 습격했다. 그들은 달아나려는 열세 살의 흑인소녀 옷을 잡아찢고 말리려 든 〈뉴스위크〉지의 기자에게 뭇매를 때렸다. 그 틈에 흑인소녀는 피를 흘리면서 달아났다. 열아홉 명의 흑인들이 병원에 실려가고 다시 몇십 명이나 되는 흑인들이 부상당했다.

다음 날, 패리스 브라이언트 주지사는 야간 데모를 또다시 금지시켜 재판소의 재정을 무시했다. 이러한 행동은 워싱턴이 연방보안관의 파견을 거부한 것과 함께 SCLC를 막다른 곳까지 몰아넣는 결과가 되었다. 그러나 데모가 중지되자, 매너시는 약탈자들을 데리고 떠났다. 결국 주지사는 오래도록 지연시켜 오던 양 인종위원회의 설립에 착수해서 6월 30일, 킹 목사는 드디어 승리를 얻었다고 선언했던 것이다.

7월 2일, 린든 B. 존슨 대통령이 1964년의 공민권법안에 서명했을 때, 킹 목사는 다른 공민권운동 지도자들과 함께 백악관에 있었다. 이것으로 모든 희망이 충족된 것은 아니었지만 중요한 한 걸음이 내디딘 것은 사실이었다.

그런데 벌써 새 법은 무시되어 모텔이나 그 밖의 공공장소에서 또다시 흑인들이 축축되었는데, 그 중에는 서비스를 요구했다가 얻어맞는 자도 나왔다. 상인들은 협박당하고 있었다. 킹 목사는 세인트 오거스틴으로 되돌아가 이와 같은 폭력이 지배하는 한, 공민권법에 대해서 모든 남부를 비롯한 흑인들의 저항이 퍼질 것이라고 경고했다. 그래서 헤이링 박사는 매너시와 그 밖의 인간들이 폭력을 휘두르는 것을 금하고, 레스토랑이나 모텔에서 흑인손님을 받아들일 것을 강제하기 위한 연방 정부의 개입을 요구했다. 이리하여 신법은 겨우 궤도에 올랐다.

7월 18일, 할렘에서 폭동이 일어났으며 이것은 로체스터, 필라델피아, 져지 시티, 일리노이 주의 딕스무어를 휩쓸었다. 길고 무더운 여름 폭동의 시초였다. 미국의 비폭력운동의 대표자로서의 킹 목사는 로버트 F. 와그너 뉴욕 시장으로부터 뉴욕 시로 초대받았다. 그는 뉴욕의 흑인지도자들과는 상의도 하지 않고 또한 와그너 시장으로부터 미리 아무런 언질도 받지 않고 급히 이것을 수락했다.

그 때문에 그의 행동은 심한 비난을 받았고 킹 목사는 백인 권력기구에 고용되어 있다고 말하는 자까지 있었다. 이에 대해서 킹 목사는 이렇게 말했다.

"무법, 약탈, 폭력은 차별주의자들에 의해서 행해지든 어떠한 인종의 폭도들에 의해서 행해지든 간에 간과할 수는 없다."

몇 번에 걸친 장시간의 회담에서 그는 와그너 시장에게 경찰의 잔학행위의 책임을 조사하는 사문위원회의 설립을 제안했으나 거부되었다. 그러나 킹 목사는 흑인의 불만을 완화시키기 위해 이용당하고 있는 것이 아닌가 하는 의문에 대해서 몇 번인가 자기의 입장을 밝혔다. 그는 다음과 같이 써놓았다.

"흑인이 번영하는 사회에서, 빈곤이라는 감옥에서 신음하고 있는 한, 흑인이 그 자유에의 비상(飛翔)을, 백인 권력기구의 정표(情表)주의와 약간 베풀어지는 물질로 지연되고 있는 한, 폭력과 폭동의 위협은 언제까지라도 계속될 것이다.

요컨대 폭력을 유발하는 환경을 제거하는 일은 폭력을 비난하는 일과 마찬가지로 필요하다.……국가의 수백만이나 되는 인간들이 그들 사회에서 자신들의 몫이 없다고 느끼게 되는 일만큼 비극적인 일은 없다."

SCLC의 서기를 지낸 에러 베이커는 그 무렵에 미시시피에서

SNCC와 행동을 함께 하고 있었다. 6월 2일, COFO의 유권자계획은 민주당의 대통령후보 예선대회에 몇 명의 후보자를 냈다. 그보다 빨리 다수의 흑인 선거민들의 장기에 걸친 선거권박탈에 반발해서 그들은 MFDP(미시시피 자유민주당)이라는 정치단체를 결성하고 있었다.

4월 24일에 에러 베이커는 워싱턴으로 나가서 MFDP의 사무소를 열었다. 나중에 그녀는 마틴 킹 목사와 접촉하고 등록을 촉진시키며 보수적인 백인 우월주의자인 미시시피 대표의 자리에 도전하기 위해서 8월의 민주당 전국대회에의 참가를 노리고 있는 MFDP를 지원해줄 것과 그를 위해 유권자의 중심지를 5일간에 걸쳐 순회해달라고 킹 목사에게 부탁했다.

킹 목사는 즉석에서 승락했다. 7월 20일에 그는 미시시피에 도착해서 24일까지 주내(州內)를 돌았다. 미시시피에서 묵는 동안에 그는 잭슨에서 애틀랜틱 시티 회의의 전술을 상의하기 위해 제임스 파머, 베이어드 래스틴, 에러 베이커, 봅 모제스 등과 지도자회의에도 참가했다.

8월 4일, 미시시피 주 필라델피아 근처의 연못에서 체니 굿맨 슈와너의 시체가 발견되었다. 아론 헨리, 에드윈 킹, 파니 루 헤이머가 8월 22일의 민주당대회의 자격심사 위원회에서 증언을 시작하자, 국민들은 체니 일행의 살해와 하버드 리, 메드가 에버즈의 죽음을 상기했다. 마틴 루터 킹 목사도 출석해서 MFDP의 대표를 정식으로 인정하고 그들에게도 의석을 주라고 되풀이하여 요구했다.

전국적으로 이름이 통하는 민주당원들은 타협을 제의해서 아론 헨리와 에드윈 킹은 이것을 승인했으나, 자유민주당원의 대다수는 받아들이지 않았다. 처음에 킹 목사는 후자의 열의와 정당한 주장에 감동해서 그들에게 동조했다. 그러나 베이어드 라스틴은 8월 24일에 그의 입장을 바꿀 것을 권했다. 이틀 후에 킹 목사는 자유민주당원에게 이 타협안을 받아들이라고 설득했다.

그에게는 라스틴과 마찬가지로 이것이 당원들의 유일한 기회이며 연속적인 공민권법안과 마찬가지로 구체적인 이익이 얻어지는 첫걸음인 것같이 보였다. 킹 목사의 이상주의는 정치의 세계에서는, 실리적인 가능성을 받아들이는 것이 아니면 안 된다는 것이 단단히 알려지고 있었다. 그는 대표들에게 말했다.

"이처럼 위대한 결정은 없을 것이다. 이 결정의 중대성은 미국뿐만 아니라 전세계의 정세를 좌우하게 될 것이다."

68명의 MFDP의 대표들은 간부회의를 열었으나 사실상 그들은 실(實)이 있는 타협을 버리고 이름만의 결벽성을 택했다. 이 선택에서 후년 자유운동에 중대한 균열이 생겼는데 그 균열은 치명적이 아니라 하더라도 서서히 퍼지게 되었다. MFDP의 대표가 취한 입장은 깊이 결부된 SNCC와 더욱 유연한 입장을 취하는 SCLC와의 내부갈등은 분열로 발전할 위험이 있었다.

아이러니컬하게도 같은 '비폭력'을 모토로 하는 조직인 SNCC는 마침내 비폭력을 진행 중인 투쟁의 기본적인 공약에서 제외하게 된다. 민주당대회가 끝날 무렵에 베이어드 라스틴이나 마틴 루터 킹 목사도 린든 B. 존슨의 입후보지지를 선언했다. 킹 목사는 선거민의 무관심으로 배리 골드워터에게 승리를 날치기당할 것을 걱정했다.

그는 골드워터가 당선할 경우에 이익을 얻는 사람들은 세인트 오거스틴, 그 밖의 지역 백인족속들이라는 것을 너무 잘 알고 있었다. 그는 존슨을 위해서 북부의 여러 도시를 유세했다.

그 무렵의 킹 목사는 자신의 계획, 즉 '혜택받지 못한 자의 권리장전'을 제창했다. 그는 말했다.

"고대의 습관법은 한 개인의 노동이 다른 인간에 의해서 사유화되지 않도록 적용해야 한다. 이제까지의 학대나 착취에 대한 보상으로서 각종의 대대적인 구제계획을 실시해야 할 것이다……. 연방정부는 퇴역군인들을 위해서 GI법안을 채택했듯이 오랫동안 권리가 주어지지 않았던 흑인이라는 '노병'에 대해서도 장기의 연금을 지급하는 일도 좋을 것이다."

킹 목사는 이와 같은 계획은, '2세기 동안에 걸친 미불임금(未拂賃金)과 누적이자를 기초로 하는 배상에 비한다면 매우 값싸게 먹힌다."는 점을 지적했다.

몇 주일 후 어느 잡지의 기고에서 그는 마찬가지의 공격을 계속했다. "연방정부, 주정부, 시청은 흑인측의 경고와 투지가 높아졌는데도 적당한 해결책으로 농락하고 있다. 백인들의 일부는 변화를 요구하는 흑인들의 압력을 인정하면서도 그것을 생존을 위한 절망적인 외침이라고는 인식하지 않고, 특권의 요구로만 오해하고 있다. 그뿐 아니라 백인들은 반격해오면서 처음부터 발뺌하려는 정부관리들을 협박해서 당장에라도 적극적인 대책이 필요한데도 당국을 활동불능의 상태에 빠뜨리고 있다."

그리고 그는 의도는 좋았지만, 비극적인 과오를 범하고 있는 청년들, 즉 뉴욕 만국박람회에서의 차별에 반대해서 트래이보로 브리지의 교통차단을 해치운 뉴욕의 CORE의 전투적인 청년들을 훈계했다.

그는 이러한 무책임한 사건은 자신을 포함한 지도자들이 운동에 필요한 지도력을 발휘하지 않았기 때문이라고 자책했다. 이런 실태는 첫째는 지도자들이 그러한 행동의 책임회피를 할 것만을 생각하고 있는 것이 원인이라고 지적하고, "우리는 (그들을) 엄하게 비판했어야 했다. 행동 그 자체는 미덕이 아니다. 그 목적, 그 형식이 그 가치를 결정한다."라고 말했다.

그의 이 말은 도시의 흑인 거주구역의 폭동에 대해서 말한 것은 아니었다. 그런 종류의 폭동에 자유운동에서는 아무도 참가하지 않았기 때문이었다. 그는 다시 말을 계속하며 백인의 권력기구에게 흑인이 무상으로 폭력을 부정하는 것을 기대하지 않는 편이 좋다고 경고했다. 그는 백인의 권력기구는 "의의있는 변화를 주지 않고 비폭력에서 이익을 얻으려 하는데, 그러한 태도가 흑인들의 불신을 낳게 한다."라고 말했다.

9월 상순에 킹 목사는 그의 개인논문—— 요계(澆季 ; 인정과 풍속이 경박하고 세상이 어지러워질 시대,말세를 일컬음)에 가득차 있었다 —— 을 보스턴 대학의 중앙도서관에 보낼 준비를 했다. 이것이 끝나자, 애버내시 목사와 더불어 당시 빌리 브란트 베를린 시장의 초청을 받고 베를린으로 날아갔다. 시의 연중행사인 문화제의 일부로서 9월 14일에 케네디 대통령 추모음악회가 그곳의 새로운 필하모닉 홀에서 열렸다.

킹 목사는 이천 명의 청중들로부터 열렬한 환영을 받았다. 그곳에서의 체류 중에 두 사람은 베를린 브란덴부르크 복음교회의 연차대회가 열리고 있는 거대한 발트뷔네 원형극장에서 2만 5천여의 사람들에게 소개되었다. 그 뒤에 킹 목사는 동교회 감독인 오토 디벨리우스의 저택에서 열린 리셉션에 주빈으로 초대되어 감독으로부터 베를린 복음신학 대학의 명예박사 학위를 수여받았다.

벽을 넘고 동 베를린에 들어간 킹 목사는 소피아 교회와 마리아 교회에서의 설교를 통해서 "설사 사람의 손으로 장벽이 만들어지더라도 크리스트교도로서의 우리 모두를 맺어주는 그 무엇인가가 있고 또 흑인은 우리 나라의 양심이기를 요구되고 있습니다."라고 말했다. 그는 자신의 설교에 앞서서 마리아 교회 성가대가 '우리 사람들을 나아가게 하소서'를 처음에는 독일어로, 이어서 영어로 노래불렀을 때에 깊은 감동을 받았다.

킹 애버내시 목사는 교황 바오로 6세와 회견하기 위해 로마로 비행했다. 교황은 두 목사를 이십 분간 접견하고, 킹 목사에게 최근 행해진 바티칸 회의를 기념하는 은메달을 선물하고, 목사의 저서인 《사랑하는 힘》과《흑인은 왜 기다릴 수 없는가》의 두 권을 보내달라고 부탁했다.

킹 목사는 이 회견이 "우리와 공민권운동에 관계가 있는…… 모든 크리스트교도들로서 커다란 격려"가 되는 것을 느꼈다. 긴 감옥 생활을 함께 한 두 목사는 미국에 돌아오기 전에 마드리드에 들러서 며칠을 지냈는데, 이것은 좀처럼 없는 휴식을 취한 한때가 되었다.

귀국 후에 킹 목사는 또다시 존슨을 위한 유세에 나서 9월 28일 사배나에서 공식으로 전면적인 존슨 지지를 발표했다. 그때까지 그는 골드워터를 백악관에 보냈을 경우에 어떻게 되는가에 대해서만 경고했을 뿐이었다. 그의 연설이 모두 선거운동이 목적이 아니었던 것은 더 말할 나위도 없다.

10월 13일, 세인트루이스에서 그는 프로테스탄트 감독파교회의 대리인 모임에서 연설하고, ESCRU(문화인종통합감독파협회) 주최의 연회에 출석했다. 이것은 다소 색다른 연회로, 손님은 풀코스의 요리몫의 값을 치르게 되는데 나오는 것은 비엔나 소시지 뿐, 그 차액은 폭탄으로 불탄 미시시피의 교회재건을 위해서 감독파 기금에 보태졌다.

다음 날 애틀랜타에 돌아온 그는 세인트 요셉 진료소에 입원해서 검사를 받고, 잠시 휴양을 취했다. 6년 전에 가슴을 찔리고부터 의사들은 그에게 과격한 운동을 피하라고 경고해왔던 것이다.

진료소에 입원할 때 코레타로부터 전화가 걸려왔다. "마틴, 마틴! 당신, 노벨상을 받게 되었어요."

한 시간 후에 그의 곁에 달려온 코레타는 얼굴을 반짝이면서 그의 가슴팍에 뛰어들었다. 마틴은 넋을 잃고 있었다. 그는 훗날 이렇게 술회하고 있다.

"처음 나는 꿈이 아닌가고 생각했다. 정말이라는 실감이 난 것은 잠시 후의 일이었다."

그는 마음을 진정시키는데 상당한 시간이 걸렸다. 〈타임〉지의 '올해의 인물'에 뽑힌 직후에 이 명예가 주어졌으므로 더욱 더했다. 스웨덴 의회의 여덟 명의 의원은 "그를 따르는 사람들을 비폭력의 원칙에 따르게 하는데 성공했다…… 주지하는 바와 같이 킹의 이 원칙의 힘을 발휘했기 때문에 데모도 행진도, 유혈에 끝나지 않고 그칠 수가 있었던 것이다."라는 이유로 그를 뽑은 것이다. 특히 그는 이 영예로운 수상이 시작된 이래 최연소의 수상자였다.

한참 동안 그는 어떻게 해야 좋을지를 몰랐다. 요 1년은 믿기 어려울 만큼 부침이 심했던 해였다. 그는 벌써 앨라배마에서의 SCLC의 실패 대신에 다음 운동의 계획을 짜고 있었다. 이제야 그는 미국과 전세계의 주목을 받기에 이르른 것이었다.

11월 15일, 그는 할렘에 있는 애덤 클레이튼 파우엘의 에비시니어 뱁티스트 교회에서의 아침 예배 설교를 했다. 그리고 얼마 후에 그는 파우엘 목사의 호의로 바하마 제도의 비미니로 날아가 그곳에 있는 파우엘 별장에서 미국에서는 얻을 수 없는 평화와 자유를 즐겼다.

도착 후 곧 그는 노벨상 수상의 인사와 그 다음 날 오슬로 대학에서 행할 더한층 긴 연설── 노벨 재단기념 강연── 의 원고쓰기에 착수했다. 그런데 이 일을 시작하자마자, J. 에드거 후버 FBI장관이 워싱턴의 기자회견에서 "킹은 미국 최고의 악명높은 거짓말쟁이이다."라고 말했다는 뉴스가 들어왔다.

후버에 의하면, 킹 목사는 조지아 주 올바니의 공민권운동가들에게 FBI의 족속들은 남부인으로 아무것도 해주지 않으니까 그들에게는 인종문제를 둘러싼 사건의 보고를 하지말라고 말했다는 것이었다. 이것은 터무니없는 언행으로 너무 지독했다. FBI의 족속들이 문제인 것은, 그들이 남부인이기 때문이란 것이 아니라, 남부의 경찰과 한패가 되어 움직이면서 마찰이 일어날만 하면 대개 달아나버린다는 점에 있었다.

후버는 공민권운동이나 자유를 위한 투사는 아니었다. 그가 킹의 성실성을 악의를 가지고 공격한 것은 자신이 진실에 눈을 돌리려 하지 않았던 것에 불과했다.

킹 목사는 후버와 정면대결을 할 생각은 없었다. 그는 이 공격에 오직 "아연했다."는 성명을 내고 "이와 같은 무책임한 비난이 어떠한 동기에 의한 것인지, 나는 도무지 알 수가 없다."라고 말했다. 교회나 공민권운동의 지도자들 몇 명이 그를 변호하려고 급히 모여들었다. 2주일 후에 비미니에서 돌아온 그는 후버를 만나러 워싱턴으로 찾아갔다. 그는 후버와의 '화기애애한 회담'을 마치고 FBI장관이 그에게 미시시피에서 피살된 세 명의 공민권운동원의 범인은 얼마 후에 체포되게 될 것이라고 말했다고 발표했다.

오슬로로 가는 도중에 킹 목사는 세인트 바울 성당에서 설교를 하기 위해 런던에 들렀다. 거기서 그는, 자신은 노벨상의 상금 5만 4천 달러를 사용할 의사가 전혀 없다는 것을 공표했다. 세금을 뺀 1만 2천 달러는 SCLC에, 2만 5천6백 달러는 비폭력 교육을 촉진하기 위한 기금으로서 내놓을 것을 밝혔다.

코레타 부인과 그의 양친도 12월 10일 오슬로에서 거행되는 시상식에 참석했다. 그는 데님의 작업복을 입고 버밍햄의 경찰과 대치한 일이 있었다. 그러나 이날의 그는 폭이 넓은 넥타이에 모닝 코트에 줄무늬의 바지를 입고 있었다.

대학시절의 베스트 드레서의 기질을 잊지 않았던 것이다. 이 영예가 세계 최고의 것이며 개인으로서보다는 다수의 헌신적인 사람들의 업적의 대리자로서 온 이상, 이 차림이 어울리는 것이라고 그는 생각했다.

수상연설에서 그는 말했다.

"나는 자유의 세계와 정의의 지배를 확립하기 위해서 단호하고 또한 위험을 돌보지 않고 활동하고 있는, 공민권운동을 대표해서 이 상을 받는 바입니다."

그는 버밍햄의 어린 학생들이 살해당한 하기(夏期)계획의 청년들에 대해서도 말했다.

"나는 미국을 영원히 믿고, 뻔뻔스럽게도 인류의 미래를 믿으면서 이 상을 받는 것입니다.

또한 나는 국가는 차례차례로 군국주의의 계단을 내려가, 핵 파괴의 지옥으로 떨어질 것이 틀림없다고 하는 등의 아이러니컬한 사고방식에 찬성할 수 없습니다. 무장이 없는 진실과 무조건의 사랑이 진실의 최후의 말이 되리라는 것을 믿습니다. …… 나는 우리가 승리의 날을 얻게 될 것이라는 사실을 여전히 믿고 있습니다. …… 오늘 나는 인류에 대한 새로운 헌신의 마음에 격려받은 사람들의 대리자로서, 오슬로에 왔습니다. 나는 이 상을 평화와 동포를 사랑하는 모든 사람들의 대리인으로서 받고자 하는 바입니다."

이튿날 노벨 재단강연에서 킹 목사는 그의 이른바 '인간의 도덕적 소아병'의 상호관계에 있는 세 가지 면 —— 인종적 편견, 빈곤, 전쟁 —— 에 대해서 웅변으로 연설했다. 그는 아메리카, 아시아, 아프리카에서의 자유개념의 최근 흐름을 요약했다. 그리고 미국에서 진행 중인 흑인의 투쟁에 대해서 "위엄, 평등, 노동, 공민권의 요구를 포기하거나 퇴색시키거나 지연시키거나 하지는 않을 것"을 언급하고, "설사 그것이 저항과 투쟁을 의미한다 하더라도, 우리는 뒤로 물러서지는 않을 것입니다. 우리는 겁내지는 않을 것입니다. 우리는 이제 두려워하지는 않습니다."라고 단언했다.

또한 비폭력에 대해서 그는 다음과 같이 설명했다.

"우리는 타인에게 공포를 심어주고 싶지는 않습니다. …… 운동은 백인을 욕보이면서까지 흑인을 해방시키려는 것은 아닙니다. 그것은 어떠한 인간까지도 정복하려는 것은 아닙니다. 그것은 미국사회를 해방해서 모든 인간을 자기해방에 참가시키려는 것입니다."

그는 빈곤에 대해서, 빈곤이 세계인구의 3분의 2의 생명에게 주고 있는 비인간적인 영향을 열거하는 동시에, 통계를 인용하면서 상세히 설명하며 말했다.

"빈곤에 관해서는 새로운 것은 아무것도 없습니다. 그러나 새로운 것이라면, 우리에게는 그것을 배제하는 자력(資力)이 있다는 것입니다 …… 비폭력이 인종적인 편견에만 구실을 드러내 보였듯이 빈곤이라는 전염병, 병은 드러내놓고 치료하지 않으면 안 됩니다. 그 증상은 물론이고 그 근본적인 원인까지도 말입니다 …… 빈곤이라는 전면적인 세계전쟁의 때가 이제야말로 찾아온 것입니다.

그는 강한 남부사투리로 죤 던의 유명한 시의 일부를 인용했다. "인간은 어떤 사람도 고도(孤島)는 아니다."

전쟁문제에 대해서, 그는 핵전쟁의 결과는 단테의 상상을 초월하는 지옥이라고 말하고 비폭력이 전쟁을 절멸시키는 중요한 구실을 한다는 것을 거듭 말했다. 그러나 그는 전쟁을 없앨 뿐만 아니라 평화를 건설할 필요를 강조해서 "평화와 번영을 세계각국을 위해서 실현시키는 데에는 인간의 창조적인 천재(天才)를 이용하는 적극적인 경쟁"을 요구했다. 그리고 끝으로 그는 "인생의 숭고하고 통일적인 원리인 사랑……궁극적인 현실에 통하는 문을 여는 열쇠인 사랑……"에 대해서 말했다.

비미니에서 끝맺음의 말을 쓰고 있을 때, 몇 달 동안의 추억이 그의 뇌리를 스쳐갔으나 지금 그 말이 그의 입에서 나오자 그의 인품과 경험의 무게가 더해졌다.

"도처에서 개인 또는 그룹이 스스로 나아가 사랑을 나타내며 도의적인 성숙의 극치를 나타내고 있습니다. 그렇기 때문에 이제야말로 살 만한 위대한 때라고 할 수 있는 것입니다. 따라서 나는 미래에 대해서는 아직 실망하고 있지는 않습니다.

가령 어제까지의 안이한 낙천주의는 불가능이라고 합시다. 가령 평화와 자유의 투쟁에 솔선해서 참가하는 사람들이 여전히 불쾌한 형기(刑期)나, 죽음의 괴로운 위협에 직면하는 것이라고 합시다. 사람들은 벌써 그와 같은 무거운 짐에는 견딜 수 없다라기보다 조용하고 평화로운 생활에 틀어박히고 싶다는 유혹에 끌리는 것같은 박해의 폭풍에 여전히 심신이 들볶이고 있을 것입니다.

가령 우리가, 왕왕 인생의 불안한 바다의 파도 한복판에서 오도가도 못하는 진퇴유곡의 상태와 같은 세계적인 위기에 직면했다고 합시다. 그러나 위기라는 것은 어떠한 위험에도 위험한 면과 동시에 보이지 않는 기회를 숨기고 있는 것입니다.

그것은 구제에도 통하고 파멸에도 통하는 것입니다. 어둡고 혼란한 세계에 있으면서 역시 신의 왕국은 인간의 마음속에 머물 수 있는 것입니다."

## 제 10 장
## 산꼭대기를 내려와서

스톡홀름을 방문하고, 이어 케냐의 독립기념일 축하식에서 연설했으며, 파리에서는 공민권법의 공공시설에서의 차별철폐와 연좌데모 운동 참가자의 석방을 명한 합중국 최고재판소의 재정(裁定)을 칭찬한 뒤에 마틴 루터 킹 목사는 뉴욕으로 귀환했다. 그는 영웅 대접을 받아서 12월 18일에는 시의회에서 연설하고, 그 뒤 월도프 아스토리아 호텔의 우아한 리셉션에 참석했다.

그날 밤 그는 부통령에 당선된 휴버트 H. 험프리와 뉴욕 주지사인 넬슨 A. 록펠러와 함께 할렘의 제369 포병공창에서 열린 8천여 명의 인원이 운집한 환영집회에 주빈으로 초대받았다.

석상에서 그는 스칸디나비아 제국에는 빈곤과 실업이 없는 현상을 이야기하고 노벨상 수상의 기쁨을 말했다. 그는 앞으로도 몇 번이나 같은 이야기를 되풀이했는데, 그의 하지 않으면 안 될 일은 좀더 낮은 데에 있었다. 그는 말했다.

"나는 지금까지 산꼭대기에서 살아왔으나, 앞으로는 매일 죽음의 위협을 받아가면서 살아가겠다. 그것은 사람들로부터 미사여구의 겉치레의 인사를 듣는 것과는 대조적이다. 될 수만 있다면 나는 산꼭대기에 머무르고 싶다고 생각한다. 그러나 골짜기가 나를 부르는 것이다. 미시시피의 절망적인 계곡에는 희망을 필요로 하는 사람들이 있다. 나는 골짜기로 되돌아가지 않으면 안 된다."

이틀 후에 몇 마장 앞의 오듀본 무도장에 미시시피 자유민주당의 파니 르 헤이머 부인이 말콤 X가 새로 조직한 아프로 아메리칸 통일협의회의 손님으로서 얼굴을 나타냈다. 말콤 X는 킹 목사의 스칸디나비아 제국의 순방을 평해서 이렇게 말했다.

"미국은 세계에서 가장 풍요한 나라이면서도 빈곤, 주택사정의 불량, 슬럼, 열악한 교육시설 등이 좀체로 개선되지 않는다.…… 만약 가난한 나라들이 실업문제의 해결에 성과를 올리고 있다고 하면, 여러분은 시청에 피킷을 치거나 온시내를 여기저기 뛰어다니는 일은 그만두고, 그들이 문제해결에 어떠한 손을 쓰고 있는가를 우선 알 필요가 있다. 저 사나이가 제군과 내가 할렘이나 미국의 바깥을 바라보는 것을 좋아하지 않는 까닭은 바로 여기에 있다."

말콤 X는 다시 다른 장소의 연설에서 케냐의 마우마우 단(團)이나 미시시피의 자유의 투사들을 칭찬하고 CORE(인종평등회의)의 제임스 파머와의 우호적인 회담에 대해서 이야기했다. "우리가 서로 싸우고 있는 한, 저 사나이를 공격할 수는 없다. 그자야말로 우리가 처음부터 싸우지 않으면 안 될 상대인 것이다."

3월에 에라이자 무하마드와 충돌한 이래, 말콤 X는 자유운동에 크게 접근해서 도시의 흑인사회에서 독자적인 발언을 하는 중요인물로 흑인혁명의 자칭 대변인이 되어가고 있었다. 그는 이미 흑인 회교단의 신도가 아니라 이 운동내부의 지위를 노리는 인물로서, "만약 제군들이 45구경의 권총을 손에 들고 '승리의 날까지'를 노래부르게 된다면, 나는 제군들과 손을 잡겠다."라고 하는 따위의 말을 입에 담는 인물로 되어가고 있었다.

말콤 X의 출현과 운동에의 그의 영향은, 복잡하고도 미묘한 것을 내포하고 있었다. 그는 킹 목사의 라이벌로서도 나타났으나 그것은 단순한 의미에서가 아니었다. 이를테면 케냐의 독립을 둘러싼 이 두 사람의 태도를 비교해보면 흥미가 있다.

말콤 X는 마우마우 단이 생각이나 태도가 분명치 않은 미지근한 케냐인들을 자진해서 죽인 것을 칭찬하고, 미국 흑인의 무장자위(武

裝自衛)를 강조했다. 그러나 마우마우 단의 활동이 한 고비를 넘기자 공격적인 폭력의 행사를 주장하지 않게 되었다.

킹 목사는 스톡홀름에서 연설했을 때 마우마우 단을 묵살하고, 죠모 케니야타를 칭찬했다.

"우리는 또 서로 용서하는 것을 배워야 할 것입니다. 백인 사회든 황색인종이나 흑인의 사회든, 천사의 사회는 존재하지 않습니다. 우리는 인간이며 인간으로서 과오를 범하는 것은 부득이합니다."

아니러니컬하게도 보수적인 〈내셔널 레뷰〉지는 킹 목사는 케니야타의 좋은 점을 자주 입에 담고 있지만 이것은 은근히 마우마우 단의 테러행위를 용인하는 것으로서 위선이라고 그를 비난했다. 흑인들은 케니야타를 단지 그가 자유의 투사라는 이유만으로 칭찬했듯이, 말콤 X와 킹 목사 두 사람에 대해서도 비폭력에 찬성이냐 반대냐를 떠나서 무조건 칭찬했다.

1965년에 킹 목사는 또다시 앨라배마를 SCLC의 활동중심지로 채택했다. 그 주요목표의 하나는 셀마였다. 이에 앞서 2년 전에 바너드 라파이에트 목사내외가 이미 그곳에서 유권자계획을 시작하고 있었다. 그리고 인구 2만 8천3백85명인 이 소도시는 SNCC의 활동 근거지로 되어 있었다.

1963년 가을에 킹 목사와 작가인 제임스 볼드윈, 딕 그레고리 목사가 대집회를 지도했지만 SNCC의 노력은 1964년을 통해서, 처음에는 짐 클라크 보안관의 힘으로 하는 전술과 이어서 공민권운동을 금지하는 주(州) 재판소의 명령으로 심한 방해를 받았다. 65년 1월 2일, 킹 목사는 셀마의 브라운즈채펠 AME 교회에서 7백 명의 흑인들에게 한 연설에서 '몇천 명이나 되는 흑인에 의한 투표소에의 행진'을 선언하고, "우리는 한덩이가 되어 나아가서 투옥당하지 않으면 안 된다. 우리는 투표권을 부탁하고 있는 것이 아니라, 요구하고 있는 것이다."라고 말했다.

유권자운동의 개시를 측근자에게 맡긴 킹 목사는 네브레스카 주의 링컨으로 갔다가, 그 이튿날 4년에 한 번 열리는 메소디스트 교파 학생운동의 집회에서 연설하고, 학생도 목사도 이 투쟁에 참가할 필요성을 강조했다. 1월 18일, 셀마에 돌아온 킹 목사는 열한 명의 흑인들과 함께 호텔 알버트에 운좋게 숙소를 잡았으나, 이때 버밍햄 출신의 스물한 살의 백인 제임스 로빈슨이 군중들을 헤치고 걸어나와 킹 목사의 오른쪽 관자놀이를 두 번 때리고 가랑이를 발길로 걷어찼다. 킹 목사는 다소 두통을 느꼈으나, 잠시 후에는 괜찮아져서 특별한 탈은 없었다. 킹 목사 일행은 호텔에 묵은 최초의 흑인이 되었다. 그날 흑인들은 그때까지 차별을 하고 있던 세 군데의 호텔에서 서비스를 받을 수가 있었다.

아이번 알렌 시장이나 해츠필드 전 시장을 포함한 애틀랜타 시의 유력자들이 킹 목사를 위해서 연 대연회에서, 킹 목사는 노벨상을 수상하는 이유가 된 '수많은 업적의 산더미'에 대해서 또다시 이야기했다.

"나는 남부일대와 북부의 대도시에 있는 골짜기로 되돌아가지 않으면 안 됩니다. 부유한 사회의 한복판에 존재하는 빈곤이라는 밀실 속에서 몇백만이나 되는 우리 백인과 흑인 형제들이 웅성대며 허덕이고 있는 골짜기로 말입니다.

그것은 그릇된 지도를 받아 피에 굶주린 폭도들이 넘치는 골짜기입니다만, 동시에 작은 마음의 하늘에 열등감이라는 불길한 구름을 감돌게 하고 있는 흑인 소년소녀들이 넘치는 골짜기이기도 합니다……."

6일 후에 랄프 애버내시 목사와 함께 그는 이 골짜기의 한복판으로 갔다. 그들은 흑인유권자의 등록을 고의적으로 지연시키려 하고 있는 등록관들에게 항의해서 행해진 브라운즈채펠에서 셀마 재판소에 이르는 데모행진의 선두에 섰다. 이 데모에는 이백오십 명의 흑인과 열다섯 명의 백인이 참가했다. 전원이 체포되었으나 대부분 보석금을 물고 석방되었다.

그러나 킹과 애버내시 목사는 수감될 것을 택해서 5일간 구류당했다. 2월 3일, 형기(刑期) 이틀째에 말콤 X가 두 명의 SNCC 운동원의 초청으로 셀마에 도착해서 우선 환영을 받았다. 그는 킹 목사들의 석방을 기다리지 않고 돌아갔다가 18일 후에 뉴욕의 오듀본 무도장에서 암살당했다. 뉴스를 들은 킹 목사는 오한을 느꼈다.

이틀 전에 지미 리 잭슨이 셀마에서 30킬로미터 떨어진 마리온에서 데모 중에 구타를 당해 죽었다. 그리고 이번 사건이 일어난 것이다. 메드가 에버즈, 케네디, 말콤 X······.

그는 말콤 X 암살 소식을 듣는 순간에, 다음은 KKK단이 살인자를 고용해서 자신을 죽이려 할 것이 틀림없다고 생각했다. 2월 22일, 자유의 날에 셀마에서 열린 대집회에서 킹 목사는 이 암살계획의 일에 대해 언급했다.

이런 그의 개인생명을 노리는 계획은 그가 말하는 '골짜기'의 범위를 더욱더 넓히는 것이었다. 왜냐하면 그것은 단순한 수사적인 의미를 넘어선 현실적인 죽음의 그림자의 골짜기를 의미하는 것이었기 때문이었다. 2월 27일에 그는 로스앤젤레스로 비행해서 2천여 명의 청중을 앞에 놓고 말했다.

"나는 전국에 걸친 특히 말콤 X 암살 이래 흑인사회 내의 폭력과 폭력의 위협을 우려하는 바입니다."

암살된 말콤 X를 위해서 복수하려는 검은 회교도의 연쇄반응을 두려워한 킹 목사는 말콤 X 파와 에라이쟈 무하마드 파의 중재를 맡겠다고 나섰지만 양쪽 모두 이것을 무시했다.

킹 목사는 앨라배마로 돌아와 3월 1일 월요일에 페리, 헤엘, 댈라스, 윌콕스 라운즈의 각 군(郡)을 SCLC의 유세대군을 이끌고 돌았다. 마지막의 두 군에서는 선거인 등록명부에 흑인은 한 명도 기재되어 있지 않았다. 페리와 헤엘에서는 5천을 넘는 흑인 유자격자 중에서 3백 미만만이 등록되어 있을 뿐이었다.

댈라스 군의 소재지인 셀마에서 그는 "앨라배마 주 셀마의 도시에 선거법을 실현시키자."라고 외치면서 3백50명 데모 군중의 선두에 서서 재판소로 향했다. 춥고 비오는 날 저녁에 2백 66통의 신청서가 만들어졌다. 심사 결과, 얼마쯤의 수가 거부당할지는 알 도리가 없었으나 그들은 이처럼 다수의 신청서가 접수된 것은 연방재판소의 명령이 나왔기 때문이라는 것을 알고 있었다.

수요일에 킹 목사는 페리 군(郡)의 마이온에서 지미 리 잭슨의 죽음을 애도하는 설교를 했는데 "우리는 과격해서는 안 된다. 우리는 백인의 형제들을 믿어야 할 것이다……. 그는 자신을 위해서 죽은 것이 아니라, 우리 모두를 위해서 죽은 것이다. 우리는 그의 죽음이 헛되지는 않았다는 것을 알아야 한다. 그의 죽음에 의해서 우리는 한층 더 결의를 굳히지 않으면 안 된다."라고 말했다.

킹 목사는 금요일에 이 결의를 가지고 워싱턴에 가서, 존슨 대통령과 두 시간 반 동안 회담을 하고 대통령에게 선거권법안의 성립을 촉구하고 연방정부 등록관의 파견을 주장했다. 잭슨의 죽음은 헛되지는 않았다. 버밍햄에서는 셀마에 지난 날에 살았던 흑인 루터 교회의 백인목사 조제프 에르윈더가 다른 백인들과 연락해서 경찰의 만행과 셀마와 그 밖의 앨라배마 각지구에서 선거등록을 하려는 흑인에 대한 협박행위를 비난하는 성명을 작성했다. 그는 버밍햄에서 온 아내와 '인간관계의 앨라배마 회의'의 열성적인 멤버를 중심으로 하는 앨라배마 주의 4개 도시에서 모인 서른네 명의 백인들과 함께 셀마에 가서 흑인교회에서 재판소까지 데모행진을 감행했다.

스무 명의 보안관 조수가 그들을 기다리고 있다가, 그 중의 한 명이 그들에게 미주리 교회회의의 지구(地區) 대표로부터의 전보를 읽었다. 전보에 의하면 미주리 지구대표는 에르원저의 행동을 인정하지 않는다는 것이었다. 에르원저는 백 명 남짓한 백인 시민들로부터 적의에 불타는 조소를 받았다. 그는 성명서를 읽고 다음과 같이 끝맺었다.

"끝으로 이러한 부정이 즉각 제거되지 않는다면, 우리는 법의 시행과 등록관의 파견에 대해서 연방정부의 원조를 바랄 따름이다."
　셀마에서의 그 밖의 데모와 마찬가지로 이런 데모는 흑인들을 격려하고 백인의 우월주의자들을 격노케 한 것 이외에는 이렇다 할 효과가 없었다. 남북전쟁 끝에 셀마는 북군에 의해 파괴되고 흑인부대가 점령하고 있었던 곳이었다. 그리고 백 년 동안 셀마의 백인사회는 복수심과 인종차별을 깊이 길러왔다.
　이곳은 불 코너의 고향으로, 1954년에 첫 백인의 시민회의가 만들어진 장소였다. 경찰서장인 윌슨 베이커는 상당히 훌륭한 인물이었으나 보안관인 짐 클라크는 심술궂은 차별주의자로 알 링고우 대령의 친구였다. 링고우 대령이란 앨라배마 하이웨이 패트롤 대(隊)를 백인 우월주의자들의 군대로 만들어 흑인데모대에 대한 공격훈련을 실시한 사람으로 유명했다.
　킹 목사는 데모는 3월 7일 일요일에 출발해서 몽고메리 주의사당으로 향한다고 발표했다. 월레스 주지사는 데모금지 명령을 내렸다. 셀마의 동지들로부터 최루가스를 가진 주병부대가 행진을 저지시킬 모양이라는 연락이 있었을 때 킹 목사는 주말을 애틀랜타에서 보내고 있었다. 그들은 킹 목사가 애틀랜타에 머물면서 국민의 지원을 북돋우는 일에 전념하는 편이 낫다고 생각했다.
　그 경우에 하우지 윌리엄즈가 대신해서 일요일의 데모를 지휘하게 될 것이다. 그러나 아무리 보아도, 그것은 약간 믿음직스럽지 못한 것같이 생각되었다. 윌리엄즈와 그 동지들은 주병들과 맞부딪치면 퇴각당할 것이며, 그들도 또 그 명령에 따르고 말 것이다. 그렇게 된다면 끝장이다.
　그들은 이번의 데모행진이 전국민의 주목을 끌고 있는 이상 폭력을 포함하는 중대한 충돌은 우선 없을 것으로 보고 있었다. 그러나 만일에 대비해서 뉴욕에 본부를 두는 인권의료위원회의 4대의 구급차가 대기하기로 되었다.
　일요일 오후에 5백 25명의 데모대는 두 줄로 서서, 주병과 보안관

일대(一隊)의 곁을 통과해서 합중국 고속도로 80호선으로 통과하는 에드먼드 페티스 교를 건넜다. 다리의 남측에서 그들은 헬멧과 가스마스크로 무장한 주병부대와 마주쳤다. 이 주병부대는 3열 횡대로 죽 늘어서 있었고, 그 곁에는 보안관대리 한 명과 경찰대가 대기하고 있었다.

데모대는 이 놀랄 만한 군세력이 15미터 거리까지 접근했을 때 스피커에서 "이것은 불법집회이다. 여러분의 행진은 공공의 안전을 방해하는 것이다. 그러니 해산해서 교회든 자기집으로 돌아가라고 명령되어 있다."고 외치는 소리가 울려퍼졌다.

그 목소리는 주병부대의 죤 크라우드 소령의 목소리였다. 데모의 선두에 서 있던 하우지 윌리엄즈는 "소령과 회담하게 해달라."라고 외쳤다.

"회담할 것은 없다. 즉각 교회로 돌아가주기 바란다."라고 소령이 말했다. 데모대는 움직이지 않았다. 일분남짓 동안을 완전한 침묵이 지배했다가 갑자기 "주병 전진!" 하는 구령으로 깨졌다.

이 명령으로 주병들은 데모의 대열에 똑바로 뛰어들어 순식간에 스무 명의 흑인들이 땅바닥에 쓰러뜨려졌다. 소수의 백인들을 포함한 데모 대원들은 후퇴해서 무릎을 꿇고 신에게 기도했다. 주병들은 또다시 공격을 시작해서 데모군중을 경봉으로 마구 때렸다.

그리고 이어서 최루가스를 데모대의 한복판에 쏴대고, 또다시 전진해서 허덕이고 기면서 후퇴하는 데모대를 닥치는 대로 패고 때리기 시작했다. 클라크 보안관은 즉석의 보안관대리가 된 백인의 유지부대원들에게 달려들라고 명령했다. "저 새끼들 검둥이를 때려 눕혀라! 저 새끼들 검둥이편을 드는 백인놈들도 해치워라!"

기마대가 환성을 지르며 덮쳐들어 다리를 건너 달아나는 데모대를 브라운즈채펠 열의 죠지 워싱턴 카버 단지(團地)까지 추격했다. 여기까지 왔을 때 베이커 경찰서장은 자신의 관할권을 주장했다. 그런데 보안관대리 부대와 주병들은, 그보다 먼저 삼십분 동안이나 단지

내에서 어린이들까지 쫓으면서 제1뱁티스트 교회에 최루가스를 발사한 뒤에 겨우 해산했다. 열여섯 명의 데모대원이 병원에 실려가고, 오십 명 이상이 최루가스와 그 밖의 부상으로 응급치료를 받았다.

애틀랜타에 있던 킹 목사는 이 사건에 깜짝 놀랐다.

"나는 막다른 판에서는 행진의 지휘를 하지 않기로 했지만, 설마 그와 같은 만행이나 인간에 대한 인간의 저와 같은 비인간성이 발휘되리라고는 설마 생각지도 않았다."

그는 애버내시 목사와 더불어 화요일의 행진을 지휘한다고 발표했다. 한편 그는 전국의 종교계의 지도자들에게 참가를 호소해서, "……나는 오늘 앨라배마에서 생긴 놀랄 만한 테러의 횡포에 충격을 받았다. 인종차별의 부정에 항의하는 평화적이고 또한 질서있는 행진에 참가한 흑인시민이 주병들에 의해서 매맞고, 잔인한 처사로 고통을 당했다. 앨라배마에서는 법률집행 기관이 민주주의와 흑인주민의 권리를 존중하지 않는 일이 뜻밖에도 폭로된 것이다."

월요일 밤에 킹 목사는 대책에 고심했다. 킹 목사의 호소에 응해서 30개주에서 몇백 명이나 되는 동정자들이 셀마로 모여들었다. 한편 재판소는 화요일로 예정되어 있는 행진을 금지하는 임시명령을 내리고 존슨 대통령은 그것에 따를 것을 요구했다.

다른 한편에서 젊은 투사들은 킹 목사가 피의 일요일의 행진에 '겁을 내어 참가하지 않았던' 일에 불만을 터뜨렸다. 킹 목사는 일요일의 참사를 되풀이하고 싶지는 않았으며, 그렇다고 행진을 중지시키고 싶지도 않았다.

그는 간디가 비슷한 딜레마에 직면하지 않으면 안 되었던 때를 상기하고, 이러한 경우에 간디라면 어떻게 했을지를 생각하면서 새벽 네시까지 고민했다. 그에게는 SNCC의 존 루이스나 제임스 포맨이 어떠한 행동으로 나올지 알고 있었다. 그들은 데모의 단행을 주장할 것이다. 그렇게 되면 이제까지 강력하던 지도부가 흔들리게 되어, 어쩌면 커다란 균열이 생기게 될 것이다. 마침내 킹 목사는 자신에게 타일렀다.

"자신의 양심을 죽일 정도라면 차라리 고속도로에서 죽는 편이 낫다. 그러니 이 방침을 관철하는 편이 낫다." 이렇게 생각하고 겨우 잠들 수가 있었다. 그러나 한 시간 후에 법무장관과 연방 사회관계 담당국장이 전화로 데모 중지를 요청해왔다. 킹 목사는 거절했으나 법무장관은 물러서지 않았다. 그는 셀마로 비행해서 링고우 대령과 클라크 보안관과 회담하고, 데모대가 명령에 따라 돌아간다면 손대지는 않겠다는 확약을 받아내었다.

이어서 연방 사회관계 담당국장은 킹 목사를 만나러 갔다. 킹 목사는 벌써 SCLC의 변호사에게 명령이 나왔을 때, 데모대가 물러서면 금지명령 위반에는 저촉되지 않는다고 듣고 있었다.

이러한 보장을 받은 킹 목사는 화요일 오후부터 일찌감치 열린 대집회에서 그를 박수로 맞아준 구백 명 정도의 참가자들에게 약간 연극조의 연설을 했다.

"우리는 지금 돌아서기에는 너무나도 멀리까지 와버렸다. 우리는 그들에게 우리를 제지시키는 것은 아무것도 없으며, 죽음조차 우리를 제지시킬 수 없다는 것을 알리지 않으면 안 된다. 우리는 한때의 고난을 각오해야 할 것이다."

그는 언젠가는 주병이 공격해 올 것을 알고 있었다. 천5백 명의 데모대가 출발했을 때에는 따뜻한 날씨였다. 앞 줄에는 킹 목사와 제임스 파머, 제임스 포맨, 메소디스트 교과 감독인 죤 위슬리 로드, 프레드 샤틀즈워스, 시카고 신학교 교장인 하워드 쇼머 등이 늘어섰다. 카톨릭의 수녀와 신부, 모든 교파의 프로테스탄트 목사, 유대교 율사 등 대충 4백50명의 성직자들이 참가하고 있었다.

성직자의 반 수와 전파견단의 반 수 이상은 백인이었다. 셀마의 백인들은 표면적으로는 조심스럽고 소극적이었으나, 한 사람만은 킹 목사를 향해서 "이 새끼! 투표하고 싶거든 인간답게 굴어라!" 하고 외치는 자가 있었다.

행진의 행렬은 다리를 건너 1킬로미터 반쯤 걸어가다가 주병부대와 만났다. 그들은 무릎을 꿇고 기도한 뒤에 우향우를 했다. 해산 전에 킹 목사는 데모대원들에게 말했다.

"우리는 오늘 남부에서 일찍이 그 예를 보지 못한, 자유를 위한 큰 데모 행진을 한 것이다." 해산 후에 보도 관계자들의 질문을 받은 그는, 그를 비롯한 운동의 지도자들이 주병의 병력 속을 돌파하는 것 같은 짓은 하지 말자고 사전에 협의하고 있었다는 것을 설명했다. "솔직히 말해서, 우리가 몽고메리에는 갈 수 없다는 것을 알고 있었다. 그러나 일반 행진 참가자들에게는 이런 것을 알리지 않았다."라고 그는 말했다. 그러나 그날 사건이 없었던 것은 아니었다. 세 명의 유니테리언 교파의 백인목사가 흑인의 레스토랑에서 식사를 한 직후에 스포츠셔츠를 입은 네 명의 KKK단원의 습격을 받았다. 그들은 "흰 검둥이 새끼! 백인이면서 이꼴이 뭐냐?" 하고 더럽게 매도당한 끝에 보스턴의 제임스 리브 목사는 곤봉으로 의식불명이 될 때까지 얻어맞고, 버밍햄의 병원으로 실려가서 뇌수술을 받았다. 그러나 목사는 의식을 회복하지 못한 채 이틀 후에 사망했다.

세 명의 어린 자식의 부친이었던 그는, 보스턴의 퀘이커 기관의 사회사업에 참가하기 전에 필라델피아의 병원부설 교회의 목사, 워싱턴의 만령(萬靈) 유니테리언 교회의 부목사로 근무했던 경건한 인물이었다. 그는 셀마에 간 다수의 백인 자유주의자들의 전형적인 인물로, 즉 유명하지도 않고 최전방에서 활동하지도 않았으나 인종평등을 조용하게 신봉하는 뛰어나고 착한 마음의 소유자였다.

윌슨 베이커 경찰서장은 민첩하게 움직여서, 그날 안에 리브를 덮친 범인 중의 세 명을 체포했다. 킹 목사는 동료들의 권유로 그날 현장에 모습을 나타내지는 않았다. 그가 한 화요일의 행동에는 석연치 않은 데가 있었으며, 그가 '적과 홍정했다.'는 소문도 퍼지고 있었으므로 SCLC와 SNCC와의 마찰을 조장시키지 않는 편이 낫겠다고 생각했기 때문이었다.

킹 목사가 셀마와 몽고메리 사이의 데모를 금지하는 연방재판소의 명령을 철회시키기 위해 몽고메리로 떠날 준비를 하고 있는 동안, 애버내시 목사가 계속되는 세 곳의 데모를 지휘했다. 몽고메리에서는 목요일에 링고우 대령과 월레스 주지사의 변호사가 킹 목사가 화요일의 데모에서 법정모욕죄를 범했다는 것을 입증하려고 했다. 반대심문에서 킹 목사는 말했다.

"국가와 국민에 대해서 투표권과 경찰의 만행을 못 하게 하는 권리를 요구하는 정당한 요구를 밝히는 것은…… 매우 중대한 일이다."

그가 지도한 데모행진은 "사람들에게 그들의 분노를 털어내는 배출구, 수로(水路)를 주기 위해서" 필요했었다. 다시 그는 이렇게 말했다. "그들은 우리의 행진을 저지시키려고 노력하는 대신 주병들의 만행을 금지시키도록 노력해야 한다."

다수의 SNCC의 관계자들이 수요일의 행진에서 피신했으나 이 날의 행진에는 세인트루이스에서 참가한 수녀그룹이 5백 명의 흑인과 백인으로 이루어지는 군중들을 지도했다. 해가 지고나서 약 3백 명의 십대 흑인들이 충동적으로 뱁티스트 교회에서 데모행진을 시작했다. 〈뉴욕 타임즈〉는 "그들은 주병들의 경봉에 얌전하게 쿡쿡 찔리고 해산했다."고 보도했다. 그런데 좀더 솔직한 보도에 의하면 이 '얌전히 쿡쿡 찔린' 결과, 몇 명인가는 이빨이 부러지고, 머리가 깨어져서 피를 흘렸다고 한다.

브라운즈채펠에서 온 몇 사람인가의 목사와 신부가 손을 서로 맞잡고 흑인 젊은이와 주병들 사이에 비집고 끼어 들었다. 이리하여 그들은 중대한 충돌을 막고, 젊은이들을 거리에서 내보내기 위해서 설득과 육탄공세를 교대로 폈다.

월요일 이래, 동정대모가 전국각지에서 일어나고 있었다. 그리고 제임스 리브의 죽음이 전해지자 수만 명의 미국인들이 다른 피의 일요일에 항의해서 투표권법의 성립을 촉구하고 연방정부의 개입을 요구하는 데모행진을 전국각지에서 펼쳤다.

3월 12일의 금요일에 4천 명이 넘는 종교지도자들이 1년 전에 했듯이 투표권 법안의 성립을 촉구하기 위해서 워싱턴으로 모였다. 목사들은 질서정연하게 백악관에 피킷을 치는 한편, 흑인행동대는 대통령관저의 복도에서 연좌데모와 단식투쟁을 시작했는데 이것은 SNCC나 CORE의 투사들이 다른 여러 도시의 정부관청에서 몇 번이나 되풀이했던 전술이었다.

셀마식의 데모는 각지에서 한참 동안 계속되었다. 셀마에서는 경찰이 자유운동을 하고 있는 교회에서 조금 떨어진 실번 스트리트에 밧줄을 치고 경계하고 있었으나, 월요일에 연방재판소가 시의 데모 금지령을 폐기했기 때문에 이 밧줄은 사라졌다.

셀마의 경찰과 셀마의 SCLC나 목사들의 압도적인 세력에 눌린 제임스 포맨을 비롯한 SNCC의 지도자들은 수백 명의 학생부대와 함께 몽고메리로 갔다. 월요일에 킹 목사는 셀마에 돌아와 있었다.

그는 수요일에 워싱턴에서 개최될 예정인 지도자회의에 대해서 월터 루터와 회담하고 1963년 8월의 행진과 같은 대행진을 단행할 것을 검토했다. 두 사람은 다시 남북 미주(美洲) 그리스 정교회의 대주교인 이아고보스와 함께 이천 명에 이르는 흑백인 군중들의 제임스 리브 추도행진에 참가했다. 재판소의 계단에서 킹 목사는 리브를 인권의 대의를 위해서 죽은 순교자로 부르고 감동적인 추도연설을 행했다. "왜 선인이 선인이기 때문에 죽지 않으면 안 되는가?" 하고 물었다. "그의 죽음에 의해서 백인의 남부가 양심에 눈뜰 것을 바라고 싶다."면서 화환을 든 채 그는 계속했다.

"우리는 인종차별이 악이며 그것을 제거하지 않는 한, 국가는 절대로 성숙하지 않는다는 우리의 맹세를 재확인하기 위해서 여기에 모였다. 오늘의 집회는 암흑의 어제를, 빛나는 내일로 바꾸는데 도움이 될 것이다."

군중들은 '승리의 날까지'를 노래부르고, 킹 목사는 화환을 재판소의 문 앞에 놓았다. 이 화환은 행렬이 사라질 때까지 거기에 놓여져 있었다. 그리고 해가 지자마자 안에서 누군가가 나와서 몰래 그 화환을 치워버렸다.

같은날 밤에 존슨 대통령은 텔레비전 카메라 앞에서 전국민에게 연설했다. 이것은 역대대통령 중에서 초유의 일이었다. 존슨의 메시지를 킹 목사가 백악관에서 들을 줄이야 꿈에도 생각지 않았던 내용이었다. "셀마에서 일어난 사건은 미국의 각지, 각주에 침투해가고 있는 훨씬 더 큰 운동의 일환이다. 그것은 미국적인 생활의 은혜의 모든 것을 자신들의 것으로 하려는 미국 흑인들의 노력이다.

그들의 대의는 또 우리의 대의가 아니면 안 된다. 왜냐하면 미온한 신앙과 부정이라는 왜곡된 유산을 극복하지 않으면 안 되는 것은 흑인이 아니라 우리들 쪽이기 때문이다.

그러므로 우리는 승리의 날을 실현하지 않으면 안 된다.

이 싸움의 참된 영웅은 미국의 흑인들이다. 그들의 행동, 항의, 몸의 위험을 무릅쓰고 생명까지 거는 그들의 용기는 이 나라의 양심을 눈뜨게 했다. 그들의 데모는 부정을 직시시키는 것을 노린 것이며, 변화를 가져오고 개혁의 기운을 일으킬 것을 의도한 것이다. 그들은 '미국의 약속'을 지키라고 우리에게 요구해왔다. 그들의 부단한 용기와 미국 민주주의에 대한 신념이 없더라도 우리와 같은 진보를 이룩했을 것이라고 단언할 수 있는 인간이 과연 있을 것인가?

대통령은 다시 계속해서 수요일에 의회에 제출할 투표권법안에 대해서 말했는데, 강한 어조로 동법안을 최우선시킬 뜻을 발표했다. 킹 목사는 감동해서 말했다.

"존슨 대통령은 인종차별 문제의 심각성을 놀랄 만큼 잘 이해하고 있다는 것을 밝혔다. 그의 어조와 연설내용은 진면목 바로 그것이었다. …… 우리는 앨라배마 주 셀마에서 우리 투쟁이 투표권문제를 국가의 양심 앞에 들이댔다는 것을 알고 만족하고 있다."

그는 제출된 법안을 보고 있지는 않았지만, 존슨은 일요일 밤에 그에게 전화를 걸어왔다. 킹 목사는 "이것은 상당히 강력한 법안으로, 우리가 당면하는 문제와 씨름하는 상황에서 크게 도움된다."는 인상을 받았다. 그러나 킹 목사는 데모 중지를 명령하기는커녕, 신문기자들에게 이렇게 말했다.

"법안이 통과될 때까지 우리는 문제를 추구해서, 그 긴급성을 국민 앞에 제시하지 않으면 안 된다."

그가 이와 같은 발언을 할지 망설이는 동안 조수가 급히 뛰어들어와서 몽고메리에서 방금 일어난 사건을 킹 목사에게 보고했다. 한시 조금 지나 제임스 포맨과 6백 명의 흑백인종의 혼합그룹이 재판소로 향해 행진하던 중에 다섯 명의 주병과 말에 탄 열 명의 보안관이 군중 속에 파고 들어 여덟 명을 부상시켰다는 것이다. 화가 난 포맨이 그날 밤 대집회를 소집했으나, 킹 목사는 포맨의 용기와 대담성을 크게 평가하고는 있었지만, 이 SNCC의 지도자가 냉정을 잃은 상태에서 행동하는 것을 두려워했다. 그는 급히 몽고메리로 비행했다. 베울러 뱁티스트 교회에서 포맨은 1천2백 명의 군중들 앞에서 격렬한 연설을 했다. "존슨 대통령은 도대체 어쩔 작정으로 있는 것일까?"

그는 몽고메리에서 일어난 사태를 보고 회의적이 되어 있었다. 그는 존슨을 시험하기 위해서 직접행동으로 나갈 것을 요구했다. 그는 거리와 버스를 모조리 멈추게 해놓고, 전례가 없는 시민적인 불복종 행동을 취할 것을 제안하고, '인간이 두들겨맞는 것을 보는 것에 질렸다.'라고 말했다.

포맨의 연설이 끝나자 킹 목사가 연단에 서서 말하기 시작했다.

"흑인으로서의 인생이 막다른 곳에 출입구가 없다는 안내판이 붙여진 길고 휑뎅그렁한 복도와도 같이 생각되는 한, 나는 만족하지 않는다. 인내에는 한도가 있다."

그는 이런 말투로 설교사로서의 최고의 태도로 말을 계속해 청중들의 분노에 동조하면서도 가락을 바꾸어서 비폭력을 강조하다가 마지막에는 재판소를 향해서 평화적으로 '전면적인' 행진을 행하자고 제안했다. 포맨은 냉정을 되찾아서 킹 목사의 계획에 동의했다.

9년 전에 킹 목사는 애버내시 목사와 함께 몽고메리의 법정에 출두했었다. 그것은 자유의 대의를 찾으려는 그들의 첫번째 공판 때의 일이었다. "마틴, 자, 여기서부터 또 시작해볼까?" 하고 애버내시는 말했다.

"글쎄." 하고, 킹 목사는 미소지으면서 대답했다. 두 사람이 위대한 '자유에의 행진' 시대는 아직 어리숙했으나 이제 운동의 베테랑이 된 사람들과 포맨, 존 루이스들과 손을 잡았다.

적어도 몇 가지 점에서 사정은 변화하고 있었다. 지금의 소동으로 난처해진 몽고메리 경찰은 우호적인 제스처를 보여 백 명을 데모대의 경호에 할당해서 1천 6백 명의 데모대가 찾아올 첫 교차점에 네 명의 흑인경관을 배치했다. 재판소 앞에서 킹 목사는 연설했다. "우리가 오늘 여기에 온 것은 어제 몽고메리에서 일어난 사태가 불만이기 때문이다. 우리는 백인에 대해서 우리가 이제는 그들에게 어두운 구석에서 곤봉을 휘두르는 짓은 용서하지 않는다는 것을 알리기 위해서 여기에 모인 것이다. 그들의 그러한 행동을 텔레비전의 눈부신 빛 속에 속속들이 드러내주자."

그 날은 심하게 비가 내렸으나 행진 참가자의 대부분은 킹 목사를 비롯한 지도자들이 법무성 공민권부장 죤 도어의 입회하에 맥 버들러 보안관과 회담하고 있는 동안, 재판소의 바깥에서 기다리고 있었다.

그는 네 시간쯤 후에 나타나 몇 가지 점에서는 합의했으나 전면적인 것은 아니었다고 발표했다. 워싱턴에서는 약 3백 명의 포맨 지지자들이 백악관 앞의 질퍽거리는 보도에서 네 시간 동안이나 앉아 있다가 몽고메리의 행진이 무사히 끝난 것을 듣자 즉시 해산했다.

이튿날 팔십명의 SNCC 데모 참가자들이 주의사당 근처의 거리에서 연좌데모를 행했다는 이유로 몽고메리의 경찰에 체포되었다. 킹 목사의 행진은 경찰의 간섭을 받지 않은 것은 아니었지만 차별주의

자들의 방해는 없었다.
 한편 셀마에서는 3,4백 명 정도가 시장관저 앞에 피킷을 치고 기도를 올렸다는 혐의로 수요일과 금요일에 체포되었으며, 그 태반은 백인목사들이었다. 베이커 경찰서장은 SCLC의 지도자인 해리 보디에게 말했다. "이런 바보 같은 짓들을 하다니. 당신들 조직은 남부 바보지도자 회의라고 부르는 편이 나을 거야."
 "베이커, 나는 자네의 폭언을 용서해주겠네." 하고 보디가 미소지으면서 대답했다.
 "해리, 나는 자네를 용서할 수 없네. 크리스트교도 타락했군." 하고, 베이커는 잔뜩 불평을 늘어놓았다.
 적어도 한참 동안은 셀마의 투쟁이 평화적으로 진행되었다. 수요일에 서른여섯 명의 데모 참가자들의 이름이 적히고, 지문을 찍게 할 때 신원을 밝힌 자는 석방되었다. 그러나 스물한 명은 서명하고 석방되는 것을 거부했지만, 경찰은 그들을 투옥하는 것을 단념했다. 수주일 전과는 대단한 차이였다.
 그래서 그들은 재판소에서 연좌데모를 시작했다. 그러나 이러한 밝은 전망과는 정반대로 두 명의 사망자, 무수한 부상자, 3천8백 명의 체포자를 냈음에도 불구하고, 겨우 오십 명 정도의 흑인이 유권자명부에 신규 등록이 되었을 뿐, 그것도 앨라배마의 엉터리 자격심사에 합격한 자가 대부분이라는 것도 숨길 수 없는 사실이었다.
 이것으로 미뤄보면, 셀마의 투쟁은 실패한 것같이 생각될지 모르지만 킹 목사는 그 속에서 처음부터 더욱 커다란 목적을 위한 수단을 찾고 있었다. 그리고 그 점에서는 그는 굉장한 성공을 거두었다.
 대통령의 3월 15일의 연설은, 사실상 킹 목사가 링컨 기념관에서 행한 연설 내용의 하나하나를 해설한 것이나 다름없었다. "우리에게 투표권을!"이라는 킹 목사의 외침은, 의회의 의사일정에도 실렸다. 미국은 그의 꿈을 인정하는 것같이 보였다. 적어도 본질적인 부분은 전진했다.

몽고메리에의 행진을 기다리며 셀마에 있는 자도 있었고 이미 그 도중에 있는 자도 있었다. 2주일 내에 행진을 방해하는 법률의 장벽은 제거되었으며, 존슨 대통령은 월레스 지사에는 앨라배마의 주병부대를 연방군에 편입시키고 필요하다면, 행진자를 보호하기 위해 합중국 육군부대 4천 명을 대기시켰다.

1965년 3월 21일 월요일, 5백여 명의 데모대가 행진을 개시하고 나서 2주일 후에 그 20배의 인원이 킹 목사를 따라 에드먼드 페터스 교를 건넜다. 참가자는 좀더 많았을지도 모르지만, 연방재판소는 처음의 13킬로미터를 지나고부터는 몽고메리에 행진을 계속하는 인원수를 3백 명으로 제한했다. 킹 목사는 이 조건을 즉석에서 수락했다.

3월 9일 그의 '타협'에 경솔한 점이 있었다 하더라도, 그것은 그의 이날의 승리와 쓰라리지만 평온한 나흘간의 행진으로 완전히 날아가버렸다고 할 수 있었다. 86킬로미터에 이르는 고된 순례를 끝내었을 때 버스, 기차, 비행기 등으로 주의사당에 집결하고 있던 2만 5천 명의 군중들이 이에 합류했으며 그 속에는 처음의 13킬로미터에서 되돌아서지 않을 수 없었던 사람들도 다수 포함되어 있었다.

그들은 다 함께 의사당까지 행진했으나 월레스 주지사의 비서관이 나와서, 의사당은 폐쇄되었으므로 대신 청원을 수리하라는 지사로부터의 지시를 받았다는 것을 그들에게 알렸다. 이러한 제스처에 놀랄 것은 없었으므로 대표단은 청원서를 건네주지 않았다. 킹 목사는 참가자들을 향해서 연설했다.

"나는 오늘 오후에 인종차별이 앨라배마에서 빈사상태에 있다는 확신을 가지고 제군들의 앞에 서 있다. 다만 분명히 말할 수 없는 것은 차별주의자들과 월레스가 이 장의(葬儀)를 얼마나 값비싼 것으로 할 것인가 하는 점이다…….

셀마라는 작은 사회에서 선악의 대결은 전국민을 새로운 방향으로 돌리는 거대한 힘을 낳았다. 남부에서 태어난 대통령은 이 나라의 의사를 감지하는 신경을 가지고 있었다. 역사에 남을 연설속에서 ……그는 몇 세기에 걸친 어두운 그림자를 제거하는 연방정부의 힘을 약속했다. 존슨 대통령은 국가의 양심을 눈뜨게 한 흑인들의 용기를 올바로 칭찬했던 것이다.

우리는 이제야 행동에 나섰다. 인종차별의 어떠한 물결도 우리를 가로막지는 못할 것이다. 교회를 불태우거나, 개인의 집에 폭탄을 던져넣거나, 자유의 투사들을 때리거나 죽이거나 해도 그들의 용기를 꺾을 수는 없을 것이다."

그는 다시 말을 계속했다.

"미국의 꿈의 실현을 향해서 나아가자…… 오늘 우리의 전투는 우리의 수중에 있다. 길은 반드시 평탄하지만은 않다. 우리를 조급한 해결에 응하게 하면서도 용이하면서 반드시 인도할 만한 넓은 길은 없다.…… 우리가 여전히 어떤 기간 동안 고난을 받을 것은 필연적이다.…… 언제까지일까? 그렇다고 길지는 않을 것이다. 왜냐하면 거짓말은 영원히 존속할 수는 없기 때문이다." 또 그는 '공화국 찬가'의 가사를 인용해서 "우리의 신이 진군을 계속하고 있다."라고 말하고 연설을 끝마쳤다.

미시시피의 백인 우월주의자의 신문 〈그린우드 콘웰스〉지는, 사설에서 이 행진은 혁명의 일부라고 쓰고, 만약 대통령이 혁명은 앨라배마에서의 행진으로 끝난다고 생각한다면, 그는 커다란 착각을 하고 있는 것이라고 경고했다.

KKK단의 테러리스트들은 더 말할 나위도 없었다. 킹 목사의 연설 몇 시간 후에 SCLC의 백인 볼런티어(사회사업에 무보수로 일하는 사람)로 차를 운전하고 있던 여성이 고속도로 80호선의 셀마와 몽고메리 중간에서 피살되었다.

디트로이트의 트럭 운송조합 사무원의 아내인 비올라 리우초 부인이 그 희생자로, 그녀는 셀마에 행진자를 차로 실어나르는 일을 끝내고 다시 다수의 행진자를 실어나르기 위해서 몽고메리로 돌아오는 참이었다. 이 자유혁명의 그늘의 영웅은 반혁명파의 테러 희생자로서 세계에 그 이름이 알려지게 되었다.

아내와 엄마를 잃은 그녀의 남편과 다섯 명의 아이들은, 킹 목사가 말하는 '고난의 계절'이 어떤 것인가를 알았다. FBI의 수사관은 곧 수사를 전개해서 네 명의 KKK단원을 체포했다. 존슨 대통령은 이례적인 텔레비전 방송에서 KKK단의 하수인들을 '우리 미국사회의 오점'이라고 심하게 꾸짖었다.

행진의 중간 무렵에 킹 목사는 하룻밤을 빠져나와 클리블랜드의 만찬회에서 연설했다. 그는 셀마와 몽고메리 간의 행진은 "간디가 지도한 바다를 향한 행진이 인도의 역사상 큰 비중을 차지하듯이, 미국의 역사상에서도 중대한 사건이 될 것이다."라고 말했다.

1930년 3월에 간디는, 영국인 지배자들에게 연간 2천5백만 달러의 수입을 가져다주는 소금의 과세에 반대하고, 소금을 손에 넣기 위해 동조자의 일행과 바다까지 3백 킬로미터의 도보행진을 했던 것이다. 킹 목사의 앨라배마 행진은, 미국의 투쟁이 인도의 그것과는 많은 점에서 달랐다. 간디는 외국정부의 법률과 군사력을 무시하기 위해 우호적인 시골길을 통과했던 것이다.

앨라배마의 블랙 벨트는 적의에 가득찬 소수의 백인과 겨우 자유에 눈을 뜬 가난한 다수의 흑인들을 안고 있었다. 뒤진 셀마에서 남부연방의 발상지인 몽고메리까지, 세계적으로 그 이름이 알려진 한 흑인에게 지도되는 양쪽 인종에 의한 자유를 위한 행진은 수적으로 차이는 있어도 획기적인 워싱턴 대행진을 어떤 의미에서는 능가할 정도의 상징적인 중요성을 지닌 행동이었다. 월레스 주지사와 그 광신적인 주병들과 보안관 일당들은 지역의 흑인들을 대표하지 못했을 뿐만 아니라, 심하게 압박한 점에서 그들은 외부세력이며 나아가서는 미국과 인류의 자유로운 정신에 있어서도 이질적인 무리였다.

킹 목사는 클리블랜드의 청중들을 향해서 말했다.

"오늘의 세계에 있어서는 미국에는 이제 빈혈증적인 데모크라시를 허용해둘 여지는 없다. 우리 나라가 끊임없는 흑인의 압박에 대해서 치르지 않으면 안 될 댓가는 스스로의 파괴뿐이다. 우리는 세계를 동포애에 입각한 세계로 만드는 싸움에 도전받고 있다. 우리는 형제로서 함께 살아갈 것을 배워야 할 것이다. 그렇지 않는다면 우리는 모두 어리석은 자들로서 멸망하게 될 것이다."

리우초 부인이 살해된 라운즈 군의 인구 80퍼센트는 흑인들이었다. 그녀가 살해되기 일주일 전까지 유권자 등록자 명부에는 한 사람의 흑인도 등록되어 있지 않았다. 그러나 그녀가 사살된 고속도로에서 수킬로미터 떨어진 트리켐 뱁티스트 교회의 라운즈 군에선 처음인 흑인집회가 3월 28일 일요일 밤에 열렸다.

그것은 승리라기보다는 오히려 새로운 싸움의 시초로서 커다란 의미를 가지고 있었다. 오랫동안 굴복당해온 흑인들이 가파른 고갯길을 오르기 시작한 것이다. 몇 달 후에 트리켐 교회는 테러리스트들의 손으로 파괴당할지도 모른다. 그러나 그것도 또 속죄의 일부인 것이다.

라운즈 군의 흑인들이 모여 있을 때, 킹 목사는 샌프란시스코에 나타나 그레이스 감독파 교회에서 3천 명의 청중들 앞에서 설교했다. 안에도 들어가지 못한 천오백 명 남짓한 청중들은 바깥에서 설교를 들었다.

그의 이야기는 새삼스럽게 새로운 것은 아니었으나, 리우초 부인이나 하버드 리에서 제임스 리브에 이르는 몇십 명의 죽음에 대해서 말한 점이, 생각을 새롭게 하는 바가 있었다.

"만약 육체적인 죽임, 우리와 백인의 형제들을, 정신적인 영원한 죽음에서 구원하기 위해 누군가가 치르지 않으면 안 될 댓가라고 한다면, 이 이상의 속죄의 희생은 있을 수 없을 것이다."

그 후, NBC방송의 기자회견 프로에서 그는 월레스 주지사나 '이 테러에 의한 지배의 책임자인 그 밖의 족속들'에게 압력을 넣는 것 같은 앨라배마의 지도적인 실업가들을 비롯한 '유력자들'에게 작용할 '창조적이고 또한 확고한 계획'의 개시를 전국민에게 호소했다. 그는 앨라배마에서 생산되는 상품의 전국적인 보이콧을 촉구해서 "며칠이 지나면 나는 노동조합에 앨라배마 제품의 수송이나 사용을 거부하라고 요구할 작정이다."라고 발표했다.

보이콧 제안에 대한 반응은 냉담했다. 존슨 대통령은 "우리는 억울한 인간을 처벌하지 않도록 충분히 주의해야 한다고 생각한다."라고 평했다. NAACP의 로이 윌킨즈나 NUL의 호이트니 영도 소극적이었다. 실제로는 이 운동의 두세 가지의 용감한 발언이나 움직임도 보였으나, 보이콧 안건은 어느 새 은근히 무시당하고 말았다.

한편 앨라배마 주는 〈더 저널 어브 코머스〉 지에 돈을 주고 28페이지에 걸친 특별기사를 실어, 1963년 1월에서 1969년 1월까지 십억 달러의 자본이 새 공장 건설과 공장확장이라는 명목으로 흘러들어오게 된다고 발표했다. 그 결과의 하나로서 해머밀 제지 회사가 셀마에 새 공장의 건설을 결정한 것 등을 선전했다. 백인 차별주의자들의 이런 경제 강조주의는 여전히 인종문제보다도 훨씬 더 어필하는 요소를 가지고 있었던 것이다.

킹 목사는 뉴욕의 중앙 노동회에서 한 연설에서 KKK단에의 대항행동을 촉구하고, 존슨 대통령의 공민권운동가의 살해를 처벌하는 연방법의 제안을 지지한 뒤에 4월 1일부터 SCLC의 이사회에 출석하기 위해 볼티모어로 떠났다. 그는 동지들에게 정부의 투표권법안이 존슨 대통령이 제출한 것보다도 '더욱 포괄적인 형태'로 의회를 통과하도록 기대하고 있다고 말했다.

하우지 윌리엄즈의 지도하에 SCLC는 6월에는 새로운 등록운동을 추진하기로 되어 있었으나, 그 무렵에는 법률이 발표하게 될 것이다. 새 운동은 버지니아에서 루이지애나에 이르는 제주(諸州)의, 40퍼센트 내지는 그것을 웃도는 흑인유권자가 있는 농촌 120개 군을 중심으로 전개하기로 되어 있었다.

이들의 군에는 72만 5천에 가까운 흑인의 유권자가 있는데, 그 중에서 15만 1천 정도가 등록되어 있는데 불과했다. 같은 이들 군에서 등록되어 있는 백인유권자의 수는 총 62만 8천 명 중에서 53만 6천이나 되고 있었다. 이러한 통계의 배후에는 흑인들로부터는 착취할 수 있는 데까지 착취하고 고압적인 학대 이외에는 무엇하나 주려고 하지 않는, 백인 권력기구에 의존하는 120명의 보안관이 있던 것은 더 지적할 것도 없다.

투표권을 획득해도 만사가 호전되는 것도 아니었지만 흑인들이 자신의 운명을 결정할 수 있는 힘을 획득하는 첫걸음이었다.

회의 2일째에 이사회의 반대에도 불구하고 킹 목사는 SCLC의 활동을 북부에도 확대한다고 발표했다.

"볼티모아, 필라델피아, 디트로이트, 로스앤젤레스, 시카고 등지에서의 우리 활동을 기대해주기 바란다. 우리는 조직과 규모를 고려하지 않으면 안 되겠지만 합중국 전역에 비폭력운동을 추진할 작정이라는 것을 전해 둡니다."

3주일 후에 그는 북부로 나가 뉴욕 법조인 협회에서 많은 변호사들을 앞에 놓고 연설했다. 그는 자신을 '악명높은 피고로, 유치장의 단골'이라고 부르고 유머러스한 어투로 이야기를 시작했다.

그는 자신이 애버내시나 샤틀즈워스와 함께 '변호료 기금'의 최대의 단골손님이며 "우리가 '최대의 단골손님'으로 불리우는 것은, 무수한 사건에서 변호사인 여러분의 신세를 지면서도, 변호료를 물지 않는 방침을 취하고 있기 때문입니다."라고 말했다.

여기서 그는 진지한 태도로 돌아가서 셀마와 몽고메리에의 행진이 전국적인 흥분을 불러일으킨 뒤의 위험한 무관심에 대해서 말했다. "3월 15일의 존슨 대통령의 웅변을 듣고 칭찬을 아끼지 않은 국민들은 그 경계심을 늦추고 있다.……그러나 여러분의 목소리는" 하고 변호사들을 향해서 손가락질을 했다.

"경청할 만하고, 존경할 수 있는 목소리입니다. 여러분의 목소리는 헌법수정 제15조의, 백 년이래 무시되어 온 공약을 투표권법안의 성립에 의해서 이제야말로 달성할 때가 왔다고 국민에게 알리는 힘인 것입니다.

3백 50년 동안에 희생자뿐만 아니라, 그 가해자들까지도 타락시켜온 인종관계의 부패하고 추악한 제도에 종지부를 찍기 위해서 …… 소리를 크게 해서 외치도록 하십시오.

만약 법조계의 여러분이 우리와 같은 정열을 가지고 행동에 참가해주신다면 우리의 위대한 목표를 달성하는 데에 커다란 힘이 될 것입니다."

그는 다시 말을 계속해서, 수천의 사람들이 하는 비폭력투쟁이 미국이라는 무대에 깊은 영향을 끼쳤으며, 불과 10년 전에 버스 보이콧 운동이 행해졌던 도시로는 생각되지 않을 만큼 변모한 오늘의 몽고메리의 모습에 대해서 말하고, "언젠가는 미국의 모든 것이 10년 동안 영광된 업적을 이룬 비폭력 영웅들의 일을 자랑으로 삼을 것입니다."라고 했다. 끝으로 그는 변호사들에게도 투쟁에 참가하도록 권하고 "오늘의 우리 비폭력 군대에 대한 법조계의 협력은 전장에서 부상한 병사를 살리는 혈장(血漿)에 필적하는 것입니다."라고 맺었다.

이튿날 그는 보스턴에 가서, 매사추세츠 주의회의 합동회의에서 인사하고 보스턴의 흑인 거주구역인 록스베리를 돌아보았다. 다음 아침에 그는 1만 5천여 군중의 선두에 서서 데모를 행했다. 그는 또 매사추세츠 교회와 예수회 계통의 세인트 존스 신학교 주최의 크리스트교 각 파가 한자리에 모이는 합동회의에도 참석했다.

일주일 후에, 그는 8개월 전의 노벨상 수상식 강연 이래 입에 담은 적이 없는, 또 확신을 가지고 솔직하게 말한 적도 없는 문제에 대해서 이야기했다. 피터즈버그에서 열린 SCLC의 버지니아 주대회에서의 일이었다. 다른 자유운동 지도자들과 마찬가지로, 그는 전쟁반대를 강하게 표명하고 있는 FOR(융화회)의 중요한 멤버였음에도 불구하고, 미국의 월남전 개입에는 애써 저촉되지 않으려 하고 있었다.

그러나 이제야 그는 쌓이고 쌓인 감정을 터뜨리는 듯한 말투로 날카롭게 발언했다.

"나는 묵묵히 전쟁이 확대되어가는 것을 보고 있을 수만은 없다 …… 인종통합에 귀를 기울이는 세계가 없다면 인종통합을 말하는 것은 무의미하다. 나는 공산주의를 쳐부수는 일에 누구에도 못지 않을 관심은 가지고 있다.

그러나 우리는 총포, 폭탄, 가스를 사용해서 공산주의를 타도할 생각은 없다. 우리는 민주주의적인 활동을 통해서 행할 작정이다 …… 베트남 전쟁은 중지하지 않으면 안 된다. 상대가 베트콩이더라도 교섭에 의해서 해결해야만 할 것이다."

그는 다시 말을 계속해서, SCLC의 자유집회와 마찬가지의 평화 집회의 가능성을 시사했다.

7월 6일, 그는 시카고에서 크리스트 연합교회의 회의에 참석해서 연설했다. 그는 유니온 신학교 교수 로저 L. 신으로부터 '위대한 교인, 당대의 거물'로 소개되어 "오늘밤 이후 우리는 그가 깊이 이해하고 있는 십자가 앞에서 이 연단에 선 것을 잊는 일은 없을 것이다."라는 찬사를 받았다. 회의의 테마는 '정의와 평화를 위한 투쟁에서의 용기'였다.

킹 목사는 청중들 사이에서 고속도로 80호선 이후 다수의 낯익은 행진자들의 얼굴을 볼 수 있었으며, 그 중에는 행진의 모든 거리를 목발로 걷던 여성도 있었다. 이 집회는 교회의 공민권운동 계획과 그것을 통한 투표권법안의 통과를 추진시키기 위해 열린 것이었다.

'혁명적인 세계에서의 인간'이란 제목의 그의 연설의 대부분은, 이 목적에 돌려지고 있었는데, 그는 이 기회를 이용해서 교회의 독자적인 사명에 대해서도 말했다.

"사회의 주요한 도덕적인 보호자로서 교회는 강한 결의를 가지고, 이 인종문제의 해결을 위해서 일하지 않으면 안 된다. 인종차별을 극복하는 작업은 조직적인 종교가 당면하고 있는 피할 수 없는 '의

무'이다.

　시야를 넓혀 현실에 도전해서 필요하다면 사회적인 관습을 타파하는 것이 언제나 교회의 책임이었다 …… 우리는 사회의 온도를 바꾸거나, 조절하거나 하는 온도조절의 장치가 되도록 소명받은 것이지 단지 다수의견이라는 온도를 기록하기 위해서 소명받은 것은 아니다."라고 말했다.

　그는 교회가 반드시 그 예언적인 사명에 따라서 행동한 것만은 아니라고 말했다.

　"인종적인 증오에 가득찬 국가 안에서 교회는 빗나간 신앙을 강요하고 사소한 일까지 짐짓 신성한 체하는 발언을 너무하는 폐단이 있었다. 사회악과 싸우라는 소명을 받으면서도 그것은 스테인드 글라스의 온실 속에서 왕왕 침묵을 지킬 뿐이었다."

　그는 마지막으로 자유의 의미와 인종차별이 왜 도덕적으로 악인가에 대해서 논했다.

　"인종차별이 인간에게 주는 사회적인 타락을 이해할 수 있는 것은 흑인들뿐이다.

　억압된 공포와 분노, 표면에 나타난 불안과 감수성은 나날의 생활을 혼란에 빠뜨린다. 구속과의 대결은 끝없는 싸움이며 또 하나의 정신적인 투쟁이다. 그들은 다음에 어떠한 사태가 닥쳐올지를 전혀 알지 못하고 그 운동 속에서 발돋움을 한 상태를 강요당한 채로 있는 것이다."라고 말했다. 교회는 많은 일을 할 수 있으며, 또 하지 않으면 안 된다고 킹 목사는 말했다.

　"종교기관은 관념의 영역에서 활동하는 것만으로 충분하다고는 할 수 없다. 그들은 인생의 싸움터에 출전하지 않으면 안 된다 …… 그들은 강력한 공민권 입법을 지지해야 할 것이다. 또한 그들은 그 세력을 올바른 경제의 확립에 사용해서 주택, 교육, 경찰행동이라는 제 문제와 대처해야 할 것이다."

　말하자면 교회는 최고의 법률조차 행사할 수 없는 일이 주어지고 있는 것이다.

"인간의 손으로 만들어진 법률은 정의를 약속한다. 그러나 더욱 고도의 법은 사랑을 준다. 어떠한 예의범절도 아비가 그 자식을 사랑하고, 남편이 아내를 사랑하도록 강요할 수는 없었다.

법정은 그에게 가족의 부양을 강제할 수는 있어도, 그에게 사랑의 빵을 가족에게 주게 할 수는 없다. 좋은 아버지는 강제가 없는 것에 따르는 법이다."

그것은 강제되지 않는 것에 따르려는 인간의 의사이며, 거기에 '인종문제의 최종적인 해결'이 있다. 킹 목사는 법률이나 관습의 벽을 타파하는 일을 언급했을 때 '통합'이라는 말을 쓰는 것을 언제나 회피해왔는데, 그것은 그로서는 '참된 통합'이란, 차별철폐의 중간적인 수단이기보다는 오히려 이런 '최종적인 해결'을 의미하고 있었기 때문이었다. 이것은 교회의,

"냉엄의 도전이며 또 숭고한 기회이며, 신을 진정으로 위대한 국가건설로 향하는 우리의 마음속에 머무르게 하는 일이다. 만약 교회가 비참한 현상에서 스스로 족쇄를 벗으려고 한다면 …… 교회는 인류의 상상력을 불태우게 하고 인간의 혼을 불태워서 그들에게 진리와 정의를 열애시키게 될 것이다."

시카고 방문 중에 킹 목사는 지방의 공민권운동 지도자들과 회담했다. 그들은 수개월에 걸쳐 그곳의 격리학교의 제도를 타파하려고 노력하다가, 그 첫 단계로서 공립학교 장학사인 벤자민 O. 윌리스의 경질을 요구하고 나섰다. 그러나 그들이 할 수 있는 일이란, 백 명 내지 이백 명의 데모를 조직하는 일 정도여서 그 저항은 무력할 것으로 보였다.

그들은 킹 목사의 응원을 바라고 있었는데, 그는 병 기색이 완연하고 피로함에도 불구하고 승낙하고는 7월 24일 시카고에 도착해서 3일간에 걸쳐 대회장을 돌아다니면서 교회나 공공의 장소에서 수천 명의 청중들 앞에서 연설했는데, 노스 쇼어 교외의 인종차별이 격심

한 위네카 마을에서는 백인들만 1만 명의 청중들이 모여들었다.

최종일에 그는 시카고의 바킹검 파운텐에서 시청까지 흑백인 2만 명을 넘는 데모대를 지휘했다. 시청 앞에서 그는 다음과 같이 선언했다.

"시카고는 일인당 아동교육에 뉴욕 예산의 절반 조금의 돈을 쓰고 있는데 불과하다. 흑인아동의 90퍼센트는 따로 격리되어 콩나물교실에 넣어져 있다. 흑인의 젊은이들은 교육면에서 병신취급을 당하고 있다."

그가 떠난 뒤에 시카고의 행진참가자의 수는 또다시 2백 명을 간신히 넘어서고 말았다. 〈크리스찬 센추리〉지는 그 사설에서 "코스모폴리탄으로 닳아빠지고, 마음이 들뜬 커다란 시카고는 킹 목사의 도래를 단순한 즉흥이나 일시적인 자극제와도 같이 받아들였다."라고 평했다.

킹 목사는 디트로이트, 클리블랜드, 필라델피아 등의 북부 제도시의 '양심의 연합'을 요망하는 방문을 되풀이하면서, SCLC의 '인간 대 인간'의 유세를 계속하면서도 시카고에서 본격적인 운동을 시작할 경우에 어떠한 결과가 생기는지에 대해서 깊이 생각해보았다.

8월 6일에 그는 존슨 대통령이 투표권법에 서명하는 것을 보기 위해 백악관에 있었다. 그리고 워싱턴 체류 중에, 그는 워싱턴 자치제에 찬성하는 발언을 했다. 일주일 후에 그는 버밍햄 시공회당에서 4천 명의 청중 앞에서의 연설에서, 즉각적인 베트남 화평교섭을 처음으로 세상에 호소했고 그의 입장은 4백 명의 대표에 의한 SCLC의 연차대회에서 정식 승인을 얻었다.

1961년 이래 자유운동에 몸을 담고 있던 감독파교회의 백인목사인 말콤 보이드는 마이애미 비치의 집회에서 "대중들은 마틴 루터 킹 목사가 자신들의 지도자가 아니며, 그들의 목소리를 대변하고 있지는 않다고 생각하고 있다."라고 말했다. 로스앤젤레스에서 8년이나 생활하고 있던 보이드는 폭동 후에 모리스 사뮤엘 목사와 함께 워츠에서 잠시 묵었다.

이 사뮤엘 목사도 감독파교회의 백인 목사로, 셀마의 데모에 참가한 일도 있었으며 폭동의 클라이맥스에 워츠에 있던 오직 한 명의 백인목사였다. 킹 목사를 특수 거주구역의 흑인들 사이에서는, 흑인과 백인지도자와의 중개인으로 생각하였으며, 너무 유명해져서, 특수 거주구역(게트)의 생활과는 조화를 이룰 수 없는 인물로 보여지고 있다고 그는 말했다.

킹 목사는 화를 내기에 앞서 참았다. 보이드의 워츠 보고가 〈크리스찬 센추리〉지에 실렸을 때 그는 그것을 재료로 고민에 가득찬 반성을 행했다. 그는 도시의 흑인문제에 몰두하지 않으면 안 되었다. 그는 이 문제를 효과적으로 해결하는 데 일조를 하고 싶다고 결심하고 있었기 때문이었다.

그는 그런 기분을 전부터 밝히고 있었는데, 사실 남부에서 투표권을 획득하는 날에는 도회지로 눈을 돌리려고 스스로 맹세하고 있었다. 워츠의 불꽃이 도회지의 하늘을 불태우고 있을 때 연방정부의 등록관이 블랙 벨트의 여러 군에 몰려들었다.

여름이 끝나기 전에 그는 〈새터데이 레뷰〉지의 기고에 착수했다. 워츠의 대화재는 공민권운동의 결함, 자신의 운동의 결함을 노출시켰다고 썼다.

"오랫동안 공민권운동의 지도자는, 북부가 남부의 투쟁에서 파생적으로 이익을 얻는 것으로 생각하고 있었다. 그들은 전국민이 그 양심을 재검토하고 탐구하고 있을 때 폭동이 없어도 제도의 변혁은 가능하다고 해석하고 있었다. 그러나 이것은 착각이었다."

비폭력의 직접행동이 남부에 진보적인 변화를 초래하고 있던 요 10년 동안 북부의 흑인 거주구역의 상황은 악화되어가고 있었다.

"당시에도 황폐하던 10년 전의 집에 또 10년의 노후가 겹쳤다. 학교의 격리는 감소하기는커녕 증가했다. 특히 흑인의 실업자는 일반적으로 경제적인 번영에서 남겨두어지게 되었다. 흑백인을 포함하는 온국민들이 남부 경찰의 만행에 분격하고 있을 때 북부 경찰의 직권남용은 합리화되어 관대하게 보여지게 되었으며 "그와 같은 사실은 없다"는 것으로 되어져 있었다.

과거 2년 동안 그는 그를 기꺼이 주빈으로 맞는 북부의 관리들로부터 몇 번이나 영웅취급을 받았던가?

"그들의 대부분은 연단에 앉아 …… 남부 흑인의 영웅행위를 절찬했다. 그러나 일단 문제가 북부지방의 상태에 관계하게 되면, 말만은 공손하지만 반대는 매우 분명했다."

킹 목사와 그 동료들이 국제적인 명성을 획득했음에도 불구하고, 그의 지도력은 지방적인 것으로 그쳤다. "그 위에 그들은 국법의 입안에 있어서는 주로 남부사정의 해결만을 생각했다. 결국 그들은 북부에 주어야 할 것을 북부에서 빼앗았던 것이다." 도시의 실업이나 빈곤도 그 일부에는 틀림이 없으나 '쥐와 쓰레기가 으레 붙어다니기 마련인 노후된 아파트는, 백인의 전국적인 범죄조직에 의해 기획되고 지도된' 조직적 범죄의 침투에 의해서 비참한 생활의 견본을 만들어내는데 공헌했다.

킹 목사는 워츠에서는 흑인의 실업이 대불황시대의 실업보다 심하고, 그 인구의 과밀도가 최악의 상태인 것을 지적했다. 특수 거주구역의 외부에서는 백인들의 부유함을 항상 상기시키는 사치스런 생활의 이미지가 굉장한 기세로 침입해오고 있었다. 더구나 북부로부터는 사태를 악화시키기는 해도 절대로 좋게 할 것으로는 생각되지 않는 행동이 들어왔다.

1964년에 백인의 반격으로 주택차별을 금지하는 캘리포니아 주법은 유명무실화되고 연방정부원조는 지방정치가들의 좋은 장난감이 되고 말았기 때문에, 워츠의 무리들은 막다른 골목에 몰아넣어지고 있었다.

'이러한 갖가지의 이유에서 흑인의 자유운동은, 장차 그 방침을 변경시키게 될 것이다. 북부의 여러 상황이 초점이 되어, 격심한 투쟁이 시작될 것이다.

　중요한 것은, 이 운동이 폭력이 되느냐 비폭력이 되느냐이다 …….
무기를 갖지 않는 청원자를 웃음거리로 삼는 것 같은 완고한 비타협
성이나 악의에 찬 속임수가 횡행하게 된다면, 이성이 분노로 뒤바뀐
다 ……. 북부의 백인 지도자들은 형식뿐인 것, 대용품이나 흑인의
인내에 너무나 의지해왔으며 그 결과는 눈에 보이고 있다.

　단결력이 있고 폭발력을 내부에 숨긴 북부의 흑인사회는 오랜 학
대에 인내의 한계가 드러나지고 있으며, 일단 유사시에는 언제라도
폭발할 상태에 있다.''

　남부의 흑인들이 비폭력으로 역사를 만들고 있는 한편, 북부의 특
수 거주구역(게트)의 흑인들은 '무의식적으로 폭력을 시험해서,' 이
것이 성과를 올리는 유일한 방법이라고 주장하는 지도자를 찾아왔
다. 그러나 폭력의 문제점은 폭력은 보다 우세한 폭력에 의해서 무
너진다는 것이다.

　한편 대규모적인 비폭력의 행진은 사람 혹은 물건에 손해를 끼치
지 않고 '워츠의 폭동 못지 않게 그들의 괴로움에 사람들의 주의를
돌리게 할 수가 있다.'

　킹 목사는 그 활동범위를 북부로 확대해서 세계적인 규모로까지
발전시켜 나갔다. 그의 인생은 시종 채무를 말하는 것에서 이루어지
고 있는 것같이 보였다. 남부 장로파교회의 목사들은 노스캐롤라이
나의 몬트리트에서의 인종문제 협의회에 구식 신자들의 비난을 초래
할 위험을 무릅쓰면서 그를 초청했다. 저어지 시티의 세인트 피터스
대학과 암스테르담 자유대학에서 명예박사 학위가 증정되었다.

　사실 그는 명사였다. 그러나 그는 이미 많은 면에서 산꼭대기에
도달해 있었다. 그는 외부적인 명예에서 초연하고 있었다. 눈앞에 가
로놓인 문제 쪽이 훨씬 더 중요하게 보였기 때문이다. 그의 노벨상
수상은, 전세계와 자신의 양심이 기대하는 것을 그에게 상기시키는
점에서 의의가 있었다. 시에서 행운의 열쇠를 증정받아도 그것은 곧

경에 처해 있는 사람들이 서 있는 복도로 통하는 문을 여는 것이라야만 비로소 가치가 있는 것이다.

메달이나 감사장을 수여받는 연단도 그로서는 동포애, 평화, 사랑의 복음을 설교하는 장소였다. 그는 자신을 몇백만이라는 인간의 희망을 지키는 관리자로 보고 있었다. 이러한 자부심을 가지고 그는 버나드 리, 앤드루 영, 베이어드 라스틴과 9월 10일 국제연합 본부에 가서 골드버그 대사와 회담했다.

이 사람들은 그의 고문이자 친구들이며 그의 이상을 이해하는 유능한 인물들이었다. 그러나 그 혼자서 떠들고 듣는 꼴이 되었고, 회담은 아무런 성과도 거두지 못했다. 수개월 후에 그와 존슨 정권은 주로 전쟁을 둘러싸고 의견 차이를 보이게 되었다. 킹 목사는 분별을 지키려고 노력했다.

그는 하노이(월맹)가 미군의 철수를 주장하는 것을 비판했다. 그러나 미국인으로서 그는 먼저 미국이 주도권을 잡아야 한다고 생각했다. 그는 "우리는 어느 정도의 희생을 치르더라도 널리 신용을 획득하도록 노력해야 한다. 왜냐하면 문제는 너무나도 중대하기 때문이다."라고 말했다.

그 문제에는 인간의 미래가 걸려 있었다. 그리고 그 미래 속에는 불쌍한 월남의 농부를 죽이거나 자신이 죽거나 하기 위해서 보내진, 가난하고 불운한 미국청년(그 태반이 흑인들이었다)들의 운명이 걸려 있었다.

노벨 재단의 강연에서 그는 인종차별, 빈곤, 전쟁의 상호관계에 대해서 일반적인 설명을 했다. 그 이래, 그의 인생은 발전적인 체험과 이러한 영역의 하나하나와 그것들을 합친 것보다 더 큰 내적인 일체의 것을 이해한다는 체험에 의해서 형성되게 되었다.

8월이 되자, 라운즈 군에서는 3월의 킹 목사의 호소에 호응해서 셀마에 찾아온 사람들 중의 두 명이 데모로 투옥되었다. 8월 20일에 킹 목사가 로스앤젤레스를 떠날 때, 그들은 라운즈 군 형무소에서 석방되었다. 한 사람은 감독파의 신학생 조나단 다니엘즈이고 또 한 사람은 시카고 출신의 카톨릭 사제인 리차드 모리슬로우 신부였다.

그러나 그들이 그 밖의 동료들과 함께 석방될 때 갑자기 총성이 울리더니 그들을 땅바닥에 쓰러뜨렸다. 다니엘즈는 피살되고 모리슬로우는 중상을 입었다. 그들에게 무슨 일이 있었단 말인가? 그들은 흑인들에게 새 투표권법 시행 후 그들의 권리에 대해서 말하고, 연방정부 등록관에게 갈 것을 권했을 뿐이었다. 사살되기 전인 10일 동안 하루 평균 82명의 흑인이 등록되었다.

백인 보안관대리인 톰 L. 콜맨은 고발당했으나 두 명의 비무장 성직자를 쏜 것은 '자위를 위해서'라는 구실로, 백인들만의 배심원에 의해서 무죄로 판결되었다. '자위'라는 의미에서는 그가 옳았다. 그리고 그것은 배심원들이 자신들을 정당화하는 수법이기도 했다.

왜냐하면 블랙 벨트의 군에서, 흑인의 권리를 촉진하는 사람들은 콜맨이나 코리 릴로이 윌킨즈와 같은 인간의 손에 총을 쥐어주는 썩어빠진 생활방식을 비난하고 있었기 때문이었다. 킹 목사는 비올라 리우초를 살해한 사건으로 기소된 윌킨즈나 일당인 KKK단원들을 배심원들이 석방시켰을 때, 셀마에 있었다. 5월 11일의 일이었다. 킹 목사는 "이 족속들은 누구 한 사람도 기소당하는 일은 없다고 생각하지만, 나는 새로운 수법의 불의의 기습에는 놀라지 않는다."라고 말했다.

킹 목사는 코리 윌킨즈가 재심에서 석방되었다는 소식을 받은 10월 25일에 파리에 묵고 있었다. 그는 이 석방을 "남부가 겨우 실현의 목표에 도달하게 된 정의에 대한 가장 비열한 범죄"라고 불렀다. 이것은 콜맨의 석방에 이은 말도 안 되는 수법이었다. 그는 유럽 순방 계획을 중지하고, 뉴욕으로 돌아왔다.

그리고 그는 항의운동을 계획해서 '공민권 운동원에 대한 살해, 폭행, 공갈, 협박 등의 행위'를 일체 금지시키는 연방법을 제안하고, 이 법률은 절대로 필요하다고 말했다. 다니엘즈가 살해된 뒤 한 달

동안은 유권자의 등록이 하루에 21명으로 떨어졌다. 이것은 명백히 무장 백인세력의 영향에 의한 것이었다.

'블랙 파워'의 슬로건이 라운즈 군에 생긴 것은 하등 이상하지 않았다. 그 대표자는 SNCC의 현장지도원인 스톡클리 카마이켈이었다. '블랙 파워'의 슬로건이 백인 크리스트교교도가 양 인종 사이의 동포애를 위해서 생명을 바친 장소에 세워진 것은, 어떤 의미에서는 아이러니컬한 일이었다. 그러나 사실 사건이 사태의 급변을 낳은 것은 사실이었다.

이 사건 바로 뒤에 카마이켈은 군의 주민들 사이에 백인과 흑인의 상호협력의 가망이 없다고 판단하고, 미시시피 자유민주당의 본을 뜬 흑인들만의 정치조직을 결성했다. 이러한 형세가 어디까지 발전할지, 예언할 수 있는 사람은 없었다. 베트남, 라운즈 군, 북부의 망가진 게트(흑인의 특수 주거구역)와 문제는 매우 심각했다. 그리고 마틴 루터 킹은 이들 세 가지의 죽음의 그림자 골짜기와 마주 대했을 때 무거운 책임감을 뼈저리게 느꼈다.

제 11 장
흑과 백의 블루스



 랭스턴 휴즈는 '할렘'이라는 시속에서 "채워지지 않는 꿈은 어떻게 될까?…… 햇볕에 탄 건포도와 같이 오므라들까? ……아니면 폭발할까?"라고 노래부르고 있다. 1965년 2월, 시카고의 웨스트사이드의 빈민굴에서 킹 목사는 이 구절을 마음에 떠올리고 있었다.
 "그러나 꿈은 결코 채워진 것이 아니다. 사악하고 교묘한 착취의 손에 의해 거부되고 거절당하고 있을 뿐인 것이다.…… 우리의 꿈은 햇볕에 익은 오렌지와 같이 썩어서 벌레나 새에게 먹히고, 마침내는 땅위에 떨어져서 땅의 양분이 된다."라고 킹 목사는 이렇게 생각했다.
 론데일 빈민가의 빌딩의 8할은 건축된지 60년 이상이나 지난 고물들이었다. 14만을 넘는 흑인주민들 중에서 실업자는 7.6퍼센트에 달하고 있었다. '반실업상태'에 놓인 자의 수는 더욱 많았다. 사회학자로부터 '시카고의 시중의 시'로 불리고 있던 이 흑인 게트(특수거주구역)는 몽고메리보다 다소 클 뿐이라고 킹 목사는 생각했다.
 애틀랜타나 몽고메리의 목사 사택과는 달라서 햄린 아베뉴의 3층에 있는 그의 주거에서는 아름다운 시카고의 도시의 불빛이 한 눈에 들어왔다. 그러나 근처의 '살벌한 10번가'에는 마약중독자나 노상강도나 불량배들이 우글거리고 있었다. 킹 목사는 가끔 거기에 식사하러 나갔다.
 킹 목사에게 방을 빌려준 제임스 비벨은 그 부근을 '론데일'이 아니라 '슬럼데일'로 부르고 '국내의 식민지'라고도 말하고 있었다.

킹 목사 외에 열네 명의 SCLC(남부 크리스트교 지도자 회의)의 활동가들은 1965년 10월에 시카고에 와서 비벨의 조언에 따라, 웨스트사이드 크리스트 교구에 자리를 잡았다.

그들의 첫 일은, 입만으로는 움직이려 하지 않는 주민들의 신뢰를 얻는 일이었다. 그런 한 사람인 버밍햄의 제임스 오린지 목사는 '악의 왕자'와 '독사'라는 원수끼리의 갱단의 족속들을 모아놓고, 자신을 18번이나 때리게 해서 비폭력을 실천하고 있다는 것을 몸소 가르치고, 그 대신에 데모의 시기가 오면 절대로 폭력을 휘두르지 않겠다고 그들에게 맹세시키려고 했다.

이것에는 정말 그들도 항복했다. 그리고 '마틴 형제'가 찾아오면 기꺼이 그를 받아들이게 되었다. 햄린 아베뉴의 이웃사람들은 그에게 '파이드 파이퍼'(햄멜린의 〈피리부는 사남이〉에 나오는 주인공 이름)라는 별명을 붙였다. 잠들고 있는 아이가 쥐에게 잡아먹히지 않도록 불침번을 서고 있는 사람들로서는 안성맞춤의 별명이었다.

마틴 형제의 이웃사람들은 그가 있기만 해도 당장 슬럼 가가 깨끗해지는 것에도 깜짝놀라고 있었다. 자기 집에 세든 사람이 누구인가를 알자 집주인은 당장 일꾼을 보내어 아파트를 청소하고, 시의 건축법규에 위반하고 있는 불법건축물을 즉시 철거시키는 것이었다.

〈시카고 선 타임즈〉지는 사설에서 킹 목사가 이대로 차례차례로 주거를 옮겨가면 '비슷한 건강하고 유익한 충격파'를 차례차례 낳아서 시당국자까지도 깜짝 놀라게 할 정도로 훌륭히 시내의 쓰레기 등이 쌓인 곳을 일소해주는 것이 아닐까라고 썼다.

시카고 대학 신학부의 로버트 W. 스파이크는 좀더 냉정하게 "SCLC의 시카고에서의 모험은, 미국의 대도시에서의 최대의 정치적, 사회적인 활동이 되는 것이 아닐까? 그들의 진정한 목표는 데일리 시장의 권력기구에 있다."라고 말하고 있다.

킹 목사는 "수천, 수만의 동포들이 비참한 상태에 놓여져 있는데,

자신만 특권을 누릴 생각은 없다."라고 말했었다. 킹 목사내외는 동포들과 생활을 함께 하기 위해서 일부러 전형적인 빈민주택에 살았다. 남부의 흑인들과는 달리 북부의 흑인빈민들은 킹 목사가 품은 꿈에는 공감을 느끼고 있지는 않았다. 보다 나은 생활에의 희망을 체념하고 말았다.

시카고의 게트의 교회는 번창하고 있었지만, 이곳의 흑인사회는 SCLC가 남부에서 친숙해온 것 같은 종교와의 유대는 약했다.

실제로 시카고의 흑인사회는 사회라고 할 수 있을 정도의 것도 아니어서 냉담하고 무관심하며 짓궂고 위축된 흑인들에게 사회적인 연대의식을 주는 사업은 교회가 아니라, 알 레비가 이끄는 CCCO(사회단체 조정회의)가 하고 있었다. 킹 목사측의 SCLC가 말하는 "자신들을 예속시켜서 학대할 수는 없다는 자각을 갖게 해서 슬럼 가에서의 생활 제반문제에 부단히 대처할 수 있는 민주적인 조직을 만드는" 사업은 CCCO에 맡겨지고 있었던 것이다.

그래서 킹 목사는 '건설적인 계획'이라는 간디의 아이디어의 일부분을 빌리기로 했다. 건설적인 항의의 방법으로서 실업자들에게 도로수리를 시키는 '역(逆) 스트라이크'를 감행한 시칠리아의 다니로 도르치의 일도 그의 염두에 있었다.

1월에 킹 목사의 도착과 함께 비벨의 웨스트사이드 교구는 '슬럼 철폐연합'이라는 세속적인 이름으로 개칭했다. 시카고 시 전도협회도 기념 갱생협회로 이름을 바꾸었다. 다 같이 크리스트 교도로서의 목적을 다하려면 반드시 크리스트 교에만 구애되지 않는 공통의 언어를 써서 길을 열지 않으면 안 된다는 것을 알았기 때문이었다.

이것과 함께 SCLC는 차츰 세속적, 실제적, 비전통적인 태도를 취하게 되었다. 비폭력 직접행동의 정신적인 힘뿐만 아니라, 비정신적인 힘까지도 인정하게 되었던 것이다. 비벨이나 앤드루 영── 1965년에 와이어트 워커의 후임으로서 SCLC의 사무국장이 되었다.── 등의 소장인사들은 보이콧이라든가 집세나 지대를 치르지 않기 따위의 전술의 세속적인 가치를 인식하는 점에서 킹 목사보다 빨랐다.
'고양이는 그 급소인 가슴을 때리지 않으면 안 된다.'라는 셈이었다.
그 점에 대해 킹 목사는 〈뉴 사우스〉지와의 인터뷰에서 "사랑? 물론 나는 사랑을 계속 말할 것이며, 인종문제 뿐만 아니라 사랑을 굳게 믿고 있다. 사랑 이외에 대답은 없다."라고 대답하고 있다. 만약 달리 있다면 그것은 이제까지 이상으로 그의 철학에 깊이 뿌리박은 것으로 바깥을 향해서 큰소리로 이렇다 할 만한 성질의 것은 아니었다. 대중집회에서 그는 애써 세속적인 말을 써서 시민의 기호에 가락을 맞추었다. 남부의 흑인교회라면 '아멘!'으로 대답할 것을, 시민들은 '그렇다!'라고 했다.
"우리는 슬럼주의의 희생자이다. 알았나? 우리는 허리를 쭉 뻗지 않으면 안 된다."
"그래서?"
"우리의 문제란 뭐라고 생각하나?"
"그게 알고 싶은 거야!"
"그것은 우리가 무력하다는 것이다. 어떻게 하면 힘을 얻을 수가 있다고 생각하나?"
"그것은 가르쳐주게, 마틴!"
"자신들의 조직을 갖는 일이다. 모두 함께 되는 것이다."
"그렇다!"
"우리는 신의 아들이다. 그러므로 인간으로서의 대접을 받지 않으면 안 된다."
"그렇겠군!"
"사람을 미워할 필요는 없다. 화염병을 쏠 필요도 없다. 폭동은 우세한 힘으로 언제라도 저지할 수 있다. 그러나 폭력을 쓰지 않고 행진하는 수천 명의 발을 멈추게 할 수는 없다!"
군중들은 잘됐다고 휘파람을 불며 발을 구른다. 그는 청중이 조용해지기를 기다렸다가 또다시 담담하게 연설했다.
"이제부터 제리코의 길을 구석에서 구석까지 고치자. 그렇게 하면 월렌 스트리트 크리스트 연합교회의 벽이 소음으로 덜컹거릴 걱정도 없어진다."

1월이 되자마자 '슬럼가 박멸'의 깃발이 웨스트사이드의 게트에 구석구석까지 빠짐없이 달렸다. 벽돌담벽은 말할 것도 없고 레스토랑의 간판이나 보도, 빌딩의 복도는 물론 깨끗이 인쇄된 삐라나 백묵으로 마구 씌어진 이런 표어가 여기저기 붙여졌다.

2월 23일, 킹 목사는 광범한 동맹을 결성하려고 하이드파크의 맨숀에 '블랙 모슬렘(흑인 회교단)'의 지도자인 에라이저 무하마드를 방문했다. 두 사람은 45분간의 회담 뒤에 '공동전선'의 결성을 발표했다. 그러나 1주일도 지나지 않아 에라이저는 이유도 없이 킹 목사를 '거짓말쟁이'라고 비난했다.

그때 킹 목사는 '초법률적인 신탁'이라고 일컫고, 사람이 안 사는 폐가를 막 점거한 참이었다. 집주인의 고소에 의해 4월 5일, 그는 법정으로부터 신탁을 해제하라는 명령을 받았다.

킹 목사는 집의 수리나 관리를 행할 작업반을 조직했는데 실업자 중에서 작업반원을 모집해서 땅주인이나 집주인에게 지불해야 할 임대료 중에서 그들에게 임금을 지급하려는 원대한 계획의 일환으로서 이런 수법을 썼던 것이다.

3월 초에 자동차 노조연합이 1백50명의 공작원을 보내주었다. 그들은 4일간에 걸쳐 셋집에 사는 사람들을 '슬럼 박멸연합'에 가입시켜 집주인들과 수리나 개축의 교섭을 시키기 위해서 정력적으로 일했다. 또 '자유축제'가 개최되어 킹 목사나 가수인 해리 벨라폰테, 딕 그레고리 목사—— 그는 시카고 흑인운동자의 한 사람이기도 했다.——마해리어 잭슨 등의 연예인들이 출연해서 모금이나 사기 앙양에 한몫을 했다. 그러나 그때까지는 아직 명확한 계획은 서 있지도 않았으며 지상의 계획조차 아직 없었다.

킹 목사가 확신을 굳힌 일의 하나는 도시의 게트의 상태가 긴급을 요할 정도로 악화되고 있다는 것이었다.

"시카고 흑인의 수는 미시시피 전체의 수를 합친 것보다 많다. 비폭력단체를 조직화하지 않으면 로스앤젤레스의 워츠 폭동이 여기서도 일어난다. 여기서 폭동이 일어나면 워츠 폭동은 비교도 안 될 것이다. 그것에 비하면 워츠 따위는 주일학교의 소풍과도 같은 것이다."

물론 그는 흑인사회를 조직화하는 것만으로는 부족하다는 것을 잘 알고 있었다. 그는 자조(自助)는 만능통치약이 아니라는 것, 그것은 계획의 하나의 요소에 지나지 않으며 시나 주, 특히 대대적인 연방정부의 행동이 필요한 것을 알고 있었다.

3월 28일, 킹 목사는 파리에서의 집회에서, 5천 명의 청중 앞에서 미국 흑인인구의 반수 이상이 살고 있는 도시의 흑인 게트의 실정을 호소했다.

4월 11일에 킹 목사는 뉴욕에 나가 시드니 힐먼 상을 받은 뒤에 마이애미의 SCLC의 연차총회에 참석해서 월남에서의 미군철수를 호소했다.

민주당의 대통령후보 예비선거가 가까워짐에 따라 킹 목사는 앨라배마 주 내의 9개도시를 유세하고 다녔다. "투표를 유효하게 행사하기 위해서는 단결해서 투표하지 않으면 안 된다."라고 4월 28일 셀마의 연설회에서 그는 이렇게 호소했다.

그는 SNCC의 거점인 라운즈 군에는 가지 않았다. 그곳의 스톡클리 카마이켈과 그 밖의 SNCC(학생 비폭력 조정위원회)의 활동가들은 흑인들에게 예비선거를 보이콧하고 플랙 판사당(힐의 퐁)으로 모이라고 부르짖고 있었기 때문이었다.

5월 16일, 육아학의 권위자인 벤자민 스포크 박사와 예일 대학 목사인 윌리엄 스로온 코핀 목사가 월남전쟁에 항의하고 워싱턴에 모인 1만5천의 군중들 앞에서 연설했다. 코핀 목사는 킹 목사의 메시지를 대독했다.

"전쟁의 확대는 국내의 복지계획을 축소시켜 흑인이나 백인을 불문하고, 가난한 사람들에게 전쟁터나 후방에서 최악의 무거운 짐을 짊어지게 하는 것이다."라고 킹 목사는 이렇게 호소하고 있었다.

더욱 반전운동에 힘을 넣기 위해서 그는 CLCAV(베트남을 우려하는 성직자와 신도의 모임)의 공동의장이 될 것에 동의했다. 이 단체에는 미국 유수의 종교계 지도자들이 다수 참가하고 있었다. 그로서는 이것은 단지 고상한 목적을 위해서 뿐만 아니라 자유획득 투쟁의 하나이기도 했다.

로이 윌킨즈를 비롯한 온건한 공민권운동의 지도자들은 전쟁과 인종문제를 혼동하고 있다고 그를 비판했다. 그러나 SNCC, CORE (인종평등회의)의 전투적인 흑인들이나 A. J. 마스트와 같은 과격한 평화주의자들로서는 그는 너무나도 신중하고 지나치게 온건한 것같이 생각되었다.

일부 사람들은 혁명가와 같이 생각하였고, 또 일부 사람들은 온건파와 같이 생각되었는데 그의 진정한 참모습은 어쩌면 온건한 혁명가라고 해야 할 것이다.

그는 젊은 시절부터 보수와 혁신의 혼합물이었으며, 그대로 해를 거듭함에 따라 두 가지 방향으로 퍼져나간 사람이었다. 그는 또 변함없이 열렬한 크리스트교도이기도 했다.

5월 20일에 그는 헐리우드에서 열린 유니테리언 유니버어서리스트 협회의 총회에서 연설했다.

"오늘날 흑인은 10년 전에 비하면 훨씬 자유로워졌습니다. 그러나 아직 해방되었다고는 할 수 없습니다. 흑인은 역사상 일찍이 없을 정도의 품위를 가지게 되었습니다만, 백인과 평등해졌다고는 할 수 없습니다." 그는 여기서 역사의 변증법과 희망과 불만의 변증법뿐만 아니라, 자신의 마음속의 변증법까지도 피력했던 것이다. 그리고 또다시 "사랑의 윤리를 이 사회혁명에서 현실적인 것으로 할 수 있는 것입니다."라고 자신의 근본적인 주장을 털어놓았다. 물론 사랑만으로는 사업을 할 수 없다는 것을 그는 알고 있었다. 그가 그리던 조화의 혁명에는 돈이 필요했다.

그러나 그 돈은 이제 전쟁쪽에 쏟아넣어지고 있었다. 5월말에 공민권에 관한 백악관에서의 회의에 대비해서 킹 목사는 A. 필립 랜돌프가 집필한 《자유를 위한 예산》을 제시하고, 앞으로 10년간 가난한 흑인들을 위해서 천억 달러를 지출하도록 요구했다.

시카고에 3일 있는가 하면, 애틀랜타에 3일, 끝내는 또 스웨덴에서 캘리포니아에 이르는 각지에서 3일——이것이 킹 목사의 1주일 동안이었다.

SCLC는 시카고에도 애틀랜타의 흑인 게트, 바인 시티에도, 버밍햄의 선거인 등록에도, 어디라도 갔다. 당시는 그 어느 곳에서도 극적인 사태가 발생할 가능성은 없었다. 7월 10일에 대집회가 예정되어 있는 시카고를 빼놓으면 대규모적인 데모의 계획은 없었다.

6월초에 1962년 미시시피 대학에 인종차별의 벽을 타파하고 오직 한 명의 흑인학생으로서 입학한 제임스 메레디스가 미시시피의 진보와 당연한 자유를 행사하는 흑인으로서의 자신의 용기를 시험하기 위해 미시시피 주 내를 혼자서 행진할 작정이라고 발표했다. 킹 목사는 메레디스와 그의 네 명의 친구가 미시시피와의 주경계의 북측에 있는 멤피스에서 미시시피를 향해 출발할 때, 그들을 격려했다. 6월 7일 월요일 애틀랜타의 SCLC 정례회의의 사회를 보던 중에 메레디스가 저격당했다는 소식을 받았다. 첫 소식에 의하면 메레디스는 엽총으로 사살되었다는 것이었으나 실은 부상을 당해 멤피스의 병원에 실려갔다는 것이 판명되었다. 킹 목사는 SCLC의 멤피스 지부장인 제임스 모슨에게 전화로 메레디스를 문병하러 간다고 연락했다. CORE의 프로이드 맥시크도 SNCC의 신위원장인 스톡클리 카마이켈도 문병하러 왔다. 네 사람은 자유를 위한 행진을 계속할 것에 의견 일치를 보았다.

"개인이 하는 것보다 그러는 것이 낫다. 나혼자서 하는 것보다도 그편이 강력하다."라고 메레디스는 이렇게 말했다.

1964년의 공민권법이 부분적으로밖에 시행되고 있지 않는 일에 전미국의 주목을 환기시킬 필요가 있었으며, 새로운 입법조치를 촉구하지 않으면 안 되었다.

미시시피 주 NAACP의 서기로, 살해된 메드가 에버즈의 동생인 찰스 에버즈는 행진에는 마음이 내키지 않았으며, NUL(도시연맹)의 호이트니 영은 행진의 끝무렵까지 방관만 하고 있었다. NAACP(유색인종 지위 향상협회) 전국위원회의 로이 윌킨즈는 킹 목사의 월남전 반대에 비판적이었듯이, 이번에도 행진에 반대하는 뜻을 곧 성명으로 발표했다.

킹 목사측은 멤피스에서 로슨의 센테내리 메소디스트 교회에 본부를 두고 4대의 자동차에 타고 메레디스가 전날 총맞은 국도 51호선 연변의 하난드 근처까지 갔다. 그리고 스무 명쯤으로 기도를 마치자, 미시시피 하이웨이 패트롤의 감시 속을 팔을 끼고 행진하기 시작했다.

맥시크와 SCLC의 운동원인 로버트 그린이 보도에 내려서자, 두 명의 순경이 달려와서 "하이웨이에 내리지 말라."라고 호통치면서 어깨를 쿡 찔렀다. 이런 말썽 때문에 행진은 멎었다. 흑인들이 순경의 난폭한 행동에 대들자 세 번째의 순경이 응원으로 달려왔다. 이 사내는 참을 수가 없다는 표정으로 허리춤의 총에 손을 대고 당장에라도 뽑아 들 것 같은 노기 등등한 태도였다. 스톡클리 카마이켈은 이런 처사에 노해서 순경을 들이받으려고 했으나 로슨과 킹 목사가 달래며 제지했다.

행진은 3주일간 계속되었는데 일행은 거의 매일밤 트럭으로 실어온 텐트에서 잠잤다. 첫날밤에는 텐트도 없었으므로 멤피스의 모텔까지 되돌아가지 않으면 안 되었다.

도중에서나 모텔에서도, 킹 목사는 젊은 활동가들의 언동에 곤혹스러워했다. "이 행진은 흑인들만의 행진으로 해야 한다."라고 한 명이 말했다.

"이제는 백인의 남을 위하는 체하면서 자기 실속만 차리는 일이나 진보파를 우리의 운동에 끌어들일 필요는 없다. 이것은 우리의 행진이다."

그들은 '승리의 날까지'를 합창했으나, "흑인도 백인도 다 같이'라는 부분에 오면 입을 다물고 마는 사람도 있었다.

나중에 킹 목사가 그것을 말하자 그들은 "이 노래는 시대에 뒤졌다. 차라리 '제패하는 날까지'로 해야 한다."라고 하는 형편이었다. 킹 목사가 순순히 타일러서 설득시키고 말을 듣지 않으면 손을 떼겠다고 하자, 그들은 간신히 폭력을 쓰지 않겠다는 것과 백인의 참가자도 환영하는 일에 동의했다.

그날 밤 늦게까지 토론한 끝에 일동은 선언문을 기초했다. 존슨 대통령에게 남부 6백의 군에 연방 선거인 등록관을 보내도록 호소할 것과 '자유를 위한 예산'을 지지하는 일의 두 가지가 선언문의 골자였다.

이 선언에는 킹 목사 외에 맥시크, 카마이켈, 찰스 에버즈, 텔타 목사회의 아서 토마스 목사들이 서명했다. 일행은 이튿날 아침에 공동 기자회견을 갖고 행진을 재개했다.

그 주일은 평온무사하게 행진이 계속되었다. 그러나 킹 목사가 앞서 항의한 잡음은 여전히 수습되지 않고, 그의 신념도 무시당하기 일쑤였다.

6월 13일 일요일에 하이웨이 패트롤은 그레나다에 접근한 350명 남짓한 행진의 대열을 '우스운 족속들의 대집회'라고 보고했는데, 신문기자들도 거의가 이것에는 같은 의견이었다.

일행들 중에는 셔츠에 블루진 바지에 샌들을 신고 수염을 기른 오십 명 남짓의 백인청년도 끼어 있었다. 그러나 '징글 벨, 엽총탄, 길은 어디까지나 자유, 순경을 힘차게 내던지는 것도 얼마나 유쾌하냐'

하는 따위의 〈징글 벨〉의 뒤숭숭하고 위험한 곡조는 같고 가사만 바꾼 노래를 들어야 하는 것이 킹 목사에게는 제일 괴로웠다.
 그는 세인트 오거스틴에서 시위행진을 하는 KKK단에 대해서 "나는 만인을 사랑한다."의 노래 소리로 대답한 흑인 크리스트교도들의 비폭력에 투철한 목소리를 상기했다. 그런데 이제야 그레나다를 눈앞에 두고 메레디스의 행진에 참가한 한 흑인소녀가 곡조는 같고 가사만 바꾼 노래를 불러서 모두를 웃기고 있는 것이다.

  나는 만인을 사랑한다.
  나는 만인을 사랑한다.
  나는 진심으로 만인을 사랑한다.

  나는 거짓말을 했노라.
  나는 거짓말을 했노라.
  나는 진심으로 거짓말을 했노라.

 킹 목사는 젊은 혈기의 소치라고 한 귀로 듣고 한 귀로 흘러버리려 했으나, 역시 가슴에 메이는 것을 느끼지 않을 수가 없었다. 셀마에 속속 모인 저 선량한 신도들은 어디로 가버렸을까. 그들은 어떻게 되고 말았을까.
 흑인 급진파가 '백인들이 흑인을 위하는 체하면서 자기 실속만 차리는 일이나 진보파를 상대로 하지 않는 것은 지나쳤다.' 하겠으나 거기에는 그런대로의 진리가 있다. 이 지나침에는 때로는 분노를 느끼면서도 그는 그 원인을 이해하고 있었다. 그는 스톡클리 카마이켈의 일도 그가 겪어온 괴로움과 쓰라림도 알고 있었다.
 카마이켈은 목사도 아니며 교회와도 원래부터 인연이 없었다. 올해 스물네 살인 그에게는 대공황은 옛이야기였으며, 제 2 차대전의 일은 어슴푸레한 기억밖에 없었다. 그는 세속적인 전후세대의 한 사람이었다.
 자신의 세대와 카마이켈의 세대와의 단절은 요 4, 5년 사이에 확대되기만 했다. 킹 목사는 자기 주변의 활동가들 사이에도 그러한 흔적이 있는 것을 깨닫고 있었으며, 같은 세대나 연장자의 속까지, 젊은 세대의 영향을 받고 있는 자가 있는 것을 느끼고 있었다. SNCC는 그것을 선동해서 사고방식 뿐만 아니라 자세로서도 자신들의 방식을 자랑으로 알고 있었다.
 카마이켈은 열아홉 살에서 스물네 살까지 5년 동안에 체포경력이 27회로, 미시시피의 1964년 하기계획에서는 '그린우드 자유학원'의 책임자를 지냈으나, 백인 테러리스트의 화공을 당했으며 현지의 비폭력 흑인운동가들이 지독한 폭행을 당하는 것을 목격했다.
 이어서 그는 앨라배마 주 라운즈 군으로 옮겼으나, 거기서도 흑인에 대한 백인들의 갖가지 폭력행위를 목격할 수 있었다. 따라서 살해된 순교자 말콤 X의 의발을 전수할 결심을 한 것은 그로서는 오히려 당연한 일이었던 것이다.
 그레나다 행진의 환영할만한 부산물은 지금까지의 7백 명에 더해서 새로이 1천3백 명 이상의 흑인들이 순식간에 선거인등록을 행한 일이었다. '블랙 파워'라는 슬로건의 당면한 목표는 거기에 있었다.
 행진이 가까운 그린우드에 다다르자 카마이켈은 앞으로는 '블랙 파워'를 이. 행진의 표어로 하고 싶다고 말했다. 그날 밤 시내의 공원에서 열린 집회에는 대군중이 모여들었다.
 "흑인 여러분, 베트남에 가서 싸우지 말라. 그린우드에 머물면서 싸워라. 놈들(백인)이 우리를 투옥하더라도 보석금을 물고 출옥시키는 것은 그만두자. 감옥에 우르르 몰려가서 우리의 손으로 감옥에서 꺼내 주자!"라고 카마이켈은 외쳤다. 대단한 허세였으나 군중들은 열광했다. 그리고 SNCC의 조직책인 윌리 릭스가 단상에 뛰어 올라가서 "제군이 바라는 것은?" 하고 외치자 "블랙 파워!"라고 일제히 대답했다.

"제군이 바라는 것은?"
"블랙 파워!"
 군중의 외침은 그때마다 높아져갔다.
 그보다 먼저 킹 목사는 군중들을 향해서 비폭력을 호소했으나 군중들의 반응은 작았다. 그뿐 아니라 연설 도중 "가부를 물어 결정하라. 블랙 파워의 배지를 모두들의 검은 가슴에 달자.……경찰관의 머리를 후려 갈겨라!"라고 외치는 자까지 있었다. 킹 목사는 언성을 돋구어 "투표를 통해서 블랙 파워를" 하고 대답했다.
 옆에 앉아 있던 카마이켈은 히죽거리면서 "물론 그렇죠." 하고 한마디 거들었다. 그리고 카마이켈은 폭력행사를 선동할 생각은 없으나 자신의 연설을 들은 군중의 한 사람이 총을 사러갔다 해도, 그것은 자신의 책임은 아니라고 못을 박았다. 그는 추궁해서 캐물으면 자위를 위한 폭력행사와 폭력적인 공격과는 구별된다고도 말했으나 그의 연설은 전체적으로 도발적인 영향을 군중들에게 주었다.
 '블랙 파워'냐 아니면 '즉시 자유를'이냐, 어느 쪽의 슬로건을 택하느냐로 행진은 드디어 선택을 강요당했다. 여어스 시에 도착하자 킹 목사는 행진의 걸음을 멈추게 하고 협의를 하자고 제안했다. 그는 맥시크와 카마이켈에게 '블랙 파워'의 슬로건을 철회하도록 다섯 시간에 걸쳐 설득시켰다. 카마이켈은 폭력문제는 관계없다고 주장했다. "마틴, 미국에서는 다른 인종그룹도 역시 모두 같은 것을 하고 있다는 것을 당신도 잘 아시잖아요."
 "문제는 거기에 있다네. 유대인은 따로 유대 파워라는 슬로건을 공공연히 부르짖거나 하지 않지만 힘을 가지고 있다. ……인종적인 긍지를 갖게 해서 흑인은 나쁜 놈, 추한 놈이라는 따위의 생각을 뜯어 고치게 하지 않으면 안 되는데, 그것을 실현하려면 슬로건 뿐만 아니라 계획이 필요하다."라고 킹 목사는 대답했다.
 킹 목사는 대안으로서 '블랙 이퀄리티(동등)'라는 슬로건을 제안했으나, 카마이켈과 맥시크가 양보하지 않아 결국 나머지 과정에서는 일체 슬로건을 사용하지 않는다는 것으로 타협이 성립되었다. 그러나 카마이켈은 마지막에 한 마디 호되게 꾸짖듯이 말했다.
 "마틴, 나는 전국적인 토의에 붙이는 의미에서, 도중에서 이 문제를 의식적으로 꺼낼 작정이니까요. 그렇게 되면 당신도 역시 '블랙 파워'를 지지하지 않을 수 없을 것이 뻔해요."
 "그런 것에는 이젠 익숙해졌으니까, 또 한 번 그렇게 되었다고 해도 예사다." 하고 킹 목사는 웃으면서 대답했다.
 행진의 마지막 주에 들어선 6월 22일에 킹 목사가 행진의 일대를 거느리고, 본대와는 따로 미시시피 주 필라델피아의 추도행사에 나갔을 때, 마침내 폭력사태가 일어나고 말았다. 1964년 6월 21일에 이곳 필라델피아에서 체니, 굿맨, 슈워너크의 세 명이 살해당했다.
 보안관인 로렌스 레이니와 조수인 세실 프라이즈는 그 용의자로 고발 중인 몸이었으나, 시내의 번화가에서 연설을 시작한 킹 목사를 향해서 백인시민들이 버찌를 던져도 모르는 체를 하고 있었다. 백인소년들에게 걷어차이거나 두들겨 맞은 흑인들도 많았다.
 킹 목사는 대통령에게 전보를 쳐서 주말에 재차 찾아올 데모대원들을 보호하기 위해 연방보안관을 파견해 달라고 호소했다. 그러나 백악관은 아무런 공식성명도 내지 않고 보좌관을 통해서 미시시피 하이웨이 패트롤에 필요한 보호조치를 취할 것이라고 말해왔을 뿐이었다.
 며칠 후에 돌아와보니 확실히 패트롤은 와 있었다. 그러나 차가 데모대를 위협하듯이 옆을 스쳐서 빠져나가도 모른 체를 하고 있었으며, 차가 후방에서 돌입해와서 데모대원들이 도망치려고 우왕좌왕하면 차를 운전하는 백인에게는 모르는 체를 하고 흩어진 데모대원들에게는 총뿌리를 들이대고 대열이 흩어지지 않게 걸어가라고 호통치는 것이었다.
 필라델피아의 보안관은 흑인 거주구역 외출금지령을 내리고, 일몰 후에 흑인 거주구역에 반 협박조의 단속을 했다. 어느 날 밤에 백인이 '자유의 집'에 총을 쏘자, 안에 있던 SNCC의 운동원이 이에 응전하는 사건이 발생했다.

6월 24일에 데모대가 캔턴에 도착했을 때, 시 당국은 일행이 흑인 국민학교의 교정에 캠프하는 것을 금지했다.

카마이켈은 겁내지 않고 흑인동네로 찾아가서 대군중을 데리고 군 재판소 앞으로 밀어닥쳤다. 킹 목사와 맥시크 두 사람과 팔을 낀 그는 이렇게 부르짖었다. "놈들은 흑인 국민학교에 텐트를 쳐서는 안 된다고 하고 있다. 좋다, 그렇다면 이쪽에서 우르르 몰려가서 텐트를 치자!" 그 목소리를 신호로 군중들은 학교로 몰려갔다.

킹 목사와 맥시크는 트럭에서 텐트를 내리기 시작했다. 데모대와 현지의 흑인들이 '승리의 날까지'를 노래부르면서 작업에 가담했다.

가스 마스크를 끼고 대기하고 있던 시, 군, 주의 경관, 보안관, 주병들은 일제히 최루탄을 발사했다. 그것은 셀마의 에드먼드 페터스 다리에서의 충돌의 재현이었다. 흑인들을 보호해야 하는 하이웨이 패트롤의 족속들은 그것을 제지하기는커녕 되려 함께 흑인들을 발로 걷어차거나 총의 개머리판으로 때리기 시작했다.

"야이, 검둥이들아. 자유가 부러우면 줄게. 자아 이것이다. 이거라도 쳐먹어!" 하고 주병 하나가 말하자마자 가스에 휩싸여 비틀거리는 흑인여성의 옆구리를 걷어찼다. 부상자의 수는 셀마 때 정도는 아니었으나 상처의 정도는 이번이 심했다. 백인 의대생 찰스 메이어는 소총의 개머리판으로 두들겨맞고 양다리가 부러진데다가 한쪽 가슴이 일그러졌다.

비폭력으로는 소용없다고 말해왔음에도 불구하고 데모대원들은 이 폭행에 저항하지는 않았다. 최루가스에 당한 카마이켈은 자신도 모르게 "모두들, 가만히 있지 말라. 놈들은 또 쏴댈거야, 자아, 모두 달아나라!" 하고 고함치며 돌아다녔다. 맥시크와 킹 목사는 그를 달래어 근처의 집으로 데리고 갔다.

이튿날 아침에 성직자들이 카첸버크 법무장관을 방문하고 이 폭행에 항의했다. 카첸버크는 데모대가 제공된 세 군데의 캠프장소를 거부한 것이 화근이 되었다고 냉담하게 서슴지 않고 단언했다. 감독교와의 사교(司敎)가 "듣고 싶은 것은 이 폭행을 당신이 어떻게 생각하는가이다." 하고 반박했다. 그런데 법무장관은 "대통령이 부르고 있으므로"라고 말하고 일어서고 말았다.

"존슨 정권이 카마이켈과 SNCC의 나쁜 인상을 의식적으로 퍼뜨릴 생각이라면, 연방정부의 개입을 요구하는 킹 목사의 호소에 귀를 기울이지 말고, 내버려두는 것이 제일이다.……암묵의 거절에 의해서 그들은 또다시 이 노벨상 수상자를 미국의 무력한 한 흑인과 같이 다루고 있는 것이다."라고 어느 저널리스트가 말했는데, 바로 그대로였다.

마지막 2일 동안에 제임스 메레디스는 또다시 행진에 참가했다. 호이트니 영도 6월 26일 토요일 밤 잭슨에 도착했다. 킹 목사는 NAACP의 찰스 에버즈에게 27일의 대집회에서 연설시키라고 주장했으나 SNCC, CORE, 미시시피 자유민주당 등의 반대로 허사가 되고 말았다.

27일 일요일, 투걸루 대학에서 주의사당까지의 행진에는, 미시시피 역사상 최대의 흑인들이 모였으나 의사당 앞 캔턴에서 갖은 폭행을 다한 패트롤의 족속들이 다수 진을 치고 있는 것을 보고, 흑인들의 열광은 즉시 식어버리고 말았다.

의사당에는 2백 미터 이상 접근하는 것은 허락되지 않았다. 킹 목사는 피로한 심신을 격려라도 하듯이 미국의 꿈에 대해서 말했으나 지난 주에 체험한 악몽의 일도 이야기하지 않을 수는 없었다.

"언젠가의 날에는 여기 미시시피 주에도 정의가 만인의 앞에 열릴 때가 올 것이다." 그는 미래에의 희망의 말로 연설을 끝맺었으나, 그의 마음은 거기에 없었다. 쓰디쓴 이 현실 앞에서 그는 한시바삐 잭슨에서 달아나고 싶었던 것이다.

그의 마음은 오히려 7월 10일에 시카고에서 행해질 '자유의 일요일'의 준비에 있었다. 이것은 시카고에서의 SCLC 운동의 제 3 단계의 개시를 의미하는 것이었다.

7월 6일, 전국 뱁티스트 회의의 죠세프 H. 잭슨 박사가 '자유의 일요일' 행사에서 손을 떼겠다는 공식성명을 내고, 그 지도자의 이름을 들지 않고 부드럽게 비판했다.

킹 목사는 4만 5천의 군중들을 이끌고 솔저즈 필드에서 시청까지 데모행진을 했다. 메레디스 행진이 스타트하기 직전에 킹 목사는 시카고에서 인종평등을 실현하는 대규모적인 계획을 상세히 발표했지만, 이번에는 그것을 군중들을 향해서 발표하고 데모행진의 끝남과 함께 시장에게 제출했다.

제안은 실로 어마어마한 것으로 공립학교에서의 교직원과 학생의 흑백공학의 완전실시, 공립학교 예산의 배증, 흑인에게 담보부(擔保附) 융자를 거부하는 은행과의 시나 군의 거래의 중지, 인구밀도에 균형이 맞는 공공 서비스의 배분, 시내 각지에 '뉴 타운'을 건설할 것, 거기에 집세가 싼 공영주택을 건설해서 흑인을 분산거주시키라는 등 여러 가지에 걸쳐 있었다.

대집회 후에 우선 주택면에 운동을 집중시키기로 결정을 보았다. 1965년 봄에 딕 그레고리가 데일리 시장이 사는 백인주택가에 데모를 벌여서 주목을 모은 일이 있었으나 이번에는 매주마다 이런 종류의 데모를 쉴 새 없이 벌이기로 했다.

7월 31일 일요일에 킹 목사는 비폭력부대를 이끌고 애슈랜드 아베뉴의 보이지 않는 벽을 뚫고 흑인가에서 백인의 주택가로 발을 들여놓고 마켓 파크에서 점심을 먹은 뒤에, 어느 부동산 회사에다 데모를 벌이려고 했다. 그러나 일행은 공원에서 아메리카 나치스 당의 당수인 조지 링컨 로크웰이나 KKK단의 복장을 한 사내들이 거느리는 백인폭도들의 방해를 받았다. 경찰과 텔레비전의 방송차가 현장에 달려왔다.

경관대는 길의 중간에 비상경계선을 쳤다. 그 배후에서 돌이나 벽돌을 던지는 백인폭도들에게 밀려서, 흑인 데모대는 애슈랜드 아베뉴를 되돌아갈 수밖에 없었다. 백인들이 던진 돌멩이 몇 개는 데모대원에게 명중했으며, 킹 목사도 벽돌에 맞아 비틀거렸으나 기가 죽지는 않았다. 일행이 보이지 않는 경계선의 저쪽으로 물러서자 백인들은 돌을 던지던 것을 그쳤다. 시카고 주택차별의 놀라운 냉혹함을 이처럼 웅변적으로 말해주고 있는 것도 없었다.

8월 17일에 시카고 운동의 지도자들과 시당국자는, 세인트 제임스 에피스코팔 성당에서 질질끌며 열 시간에 걸쳐 담판했으나 결말은 나지 않았다.

4일 후에 카톨릭 교회의 죤 P. 코디 대주교의 지원을 얻어 킹 목사는 또다시 5백 명의 데모대를 이끌고, 비에도 아랑곳 없이 8킬로미터에 걸쳐 백인 거리를 행진했다. 데모의 양쪽은 경찰관으로 단단히 경호되고 있었다.

백인들은 일행을 야유해서 '코디 대주교와 빨갱이의 검둥이놈들'이라고 비난했다.

이튿날 킹 목사는 워싱턴으로 비행해서 텔레비전 프로 '신문기자회견'에 제임스 메레디스, 스톡클리 카마이켈, 칼 로완들과 함께 출연했다. 시카고에서의 운동에 대해 그는 데모의 효용을 역설해서 "모두가 그렇게 하지 않으면 안 된다는 것을 알게 되면, 흑인과 이웃이 되어 사는 일에도 익숙해진다."라고 주장했다.

8월 20일 토요일, SCLC의 지도자들은 쿠크 군 보안관 리차드 B. 오글비에게 시세로에서 데모 행진을 행할 계획을 통고했다. 오글비는 킹 목사에게 행진의 중지를 부탁해왔다. 초여름에 시세로에 두 흑인이 일자리를 찾아왔다가 뭇매를 맞아 한 사람은 사망하고, 한 사람은 간신히 경찰서로 달아나는 사건이 있었기 때문이었다. 흑인 일가가 시세로에서 집을 산 것을 계기로 유혈폭동이 일어난지 벌써 15년이 지났는데도 이런 형편이었다.

시세로는 시의 행정권 밖이었으므로 만일의 경우에는 주병을 출동시키지 않으면 안 되었다. "우리는 단호히 행진을 단행할 작정입니다."라고 킹 목사는 대답했다. 시카고의 입구에서 유혈참사가 일어날 것이 틀림없다고 본 시의 당국자들은 당황해서 해결에 나섰다. 8월 26일에 시카고의 종교·인종 위원회의 주최로 갑자기 쌍방에 의한 회합이 열렸다. 시세로 행진의 이틀 전의 일이었다.

백인측에서는 데일리 시장, 코디 대주교, 게다가 시카고 부동산, 시카고 주택공사와 상공업계 그 밖의 공사의 대표들이 참석했다. 킹 목사와 데일리 시장은 대등한 대우를 받으면서, 1963년의 버밍햄의 경우와 마찬가지로 부분적인 타협이 성립되었다.

급진적인 시카고 CORE의 로버트 루커스와 웨스트사이드 오거니제이션의 체스터 로빈슨은 이 협정을 '매도'라고 마구 나무라고, 시세로 행진을 결행한다고 발표했다. 두 사람은 SCLC의 앤드루 영과 협의한 끝에 행진을 일단 9월 4일로 연기하기로 했다.

다시 로빈슨이 마지막 순간에서 항복하는 바람에 결국 행진은 루커스와 2백 명 남짓한 지지자들에 의해서 단행되었으나, 2천 명의 주병의 보호에도 불구하고 돌멩이나 빈 병을 소나기처럼 얻어맞고 일찌감치 해산했다.

킹 목사는 9개 항목으로 이루어지는 협정을 '대도시에서의 주택개방을 실현하기 위한 가장 중요한 계획'이라고 칭찬했다. 그는 "비폭력 투쟁을 정말로 정당화하는 것은 오직 한 가지, 더욱 고도한 조화의 달성뿐이다."라는 신념을 거듭 역설하고 "우리의 자유운동'의 주택개방 투쟁에 의해서, 사회적인 불만의 시정을 요구하는 비폭력적인 방법이 유효했다는 것이 증명되었다."라고 말했다.

한편 〈크리스챤 센추리〉지는 "시카고의 복잡하고 폭발적인 인종문제를 처리하는 데는, 관계자를 한자리에서 만나게 하는 방법 이외에는 없었을 것이다."라고 말하고 "킹 목사의 운동의 성공은 1천 킬로미터에 이르는 긴 행진의 첫걸음이다."라고 썼다.

그리고 그 성과의 하나로서 당국의 위선과 '백인시민들의 격심한 인종적인 증오'가 폭로된 것을 지적했다.

협정이 시행될지 어떨지는 아직 앞으로의 문제였다.

## 제 12 장
## 멤피스로 돌아서 가는 길

 1966년에 들어서서 시카고의 운동은 신문지상을 떠들썩하게 하는 일도, 사람들의 마음을 북돋우는 대중의 데모행진으로 발전하는 일도 없어져서 활기를 잃었다. 연방정부가 가난의 추방이나 공민권운동의 촉진을 지연시키거나 중지하거나 하는 반면, '블랙 파워'의 외침은 그 수와 강도를 더하는 형편이어서, 전미국의 형세는 양자의 충돌로 쏜살같이 나아가고 있는 느낌이었다.
 9월에는 새 공민권법안이 의회에서 부결되고, 베트남전쟁에 대한 국내의 반감은 높아지는 형편이어서 시카고에서의 킹 목사의 승리도 눈에 띄지 않는 것이 되고 말았다.
 시카고에서는 아직도 해야 할 일이 많이 남아 있는 것을 생각한다면, 원래 그 승리는 사소한 것으로 여러 가지의 문제를 내포하고 있었다.
 10월에 킹 목사는 전미국 각지의 '자유운동'의 지도자들과 함께 '비폭력, 사회적인 방법, 차별철폐와 흑백간의 협력'을 부르짖는 선언을 발표했다. 이러한 유대의 과시는 견해의 차이나 블랙 파워 문제를 둘러싸는 의견의 대립이 존재한다는 사실을 바꾸는 것이 아니라, 다만 이러한 대립이 집안문제인 것을 가리키는데 그쳤다.
 그러나 백인이 좌지우지하는 보도기관은 블랙 파워를 될 수 있는 대로 나쁘게 그려내는 데에 전력을 기울였다. 블랙 파워의 슬로건인 '흑인의식'을 강화하는 중압과 비폭력의 철학에서 떼어놓는 인력이 한꺼번에 모든 방면에서 가해지고 있는 느낌이 있었다.

그것은 이 두 가지의 생각이 정면에서 대립하기 때문이 아니라, 킹 목사가 걱정하고 있었듯이 완고하고 비타협적인 백인의 인종차별주의가 비폭력주의적인 노력에 부응하지 않았기 때문이었다.

시카고의 대집회――한 번 뿐임――에서 자유운동 내의 블랙파워 논자들은 킹 목사를 야유했다. 상처입은 그는 그 일을 생각하니 하룻밤 내내 잠들 수 없었다. 처음에 그의 마음에 떠오른 것은 '과거 12년에 걸친 자신의 노고와 희생'이었다.

그러나 생각함에 따라 그는 군중이 자신이 약속한 자유가 실현되지 않기 때문에 참을 수가 없게 되어 있는 것을 깨달았다.

"나는 그들에게 미국과 백인사회를 신뢰하라고 설교해왔다. 그들은 이것에 다대한 기대를 걸었다. 그런데 우리가 이 약속을 완수하지 못했다고 보고 그들은 불평을 하기 시작했다. 백인들이 너무나도 여러 번 불성실한 태도를 보였기 때문이며 우리가 그 불성실한 백인들을 믿으라고 설교한 탓으로 그들은 야유를 퍼붓게 되었다. 그들은 자신들이 부랴부랴 맡긴 꿈이 무참한 악몽으로 변해버린 것을 보고 적의를 품게 된 것이다."

그러나 그는 흑인들이 욕구불만을 알면 알수록, 자신이 전부터 주장해오던 블랙 파워와 비폭력의 양립성, '양심의 연립'에 대한 신념을 깊이해갔다. 문제는 백인 진보파에게 영합하느냐 이것을 거부하느냐가 아니라, 그들을 교묘히 행동으로 결단을 내리게 하느냐, 아니면 참사를 초래하느냐에 있다고 생각했던 것이다.

그는 그런 것을 A. 필립 랜돌프가 집필한 《자유를 위한 예산》에 보낸 서문 속에서 다음과 같이 말했다.

"앞에 가로놓인 긴 여로에서 우리는 전미국의 가난한 사람들의 구제를 역설할 필요가 있다. 흑인만을 위해서 취직이나 주택건설이나 공학을 요구할 권리는 없기 때문이다. 우리는 게트를 헐고 만인을 위한 새로운 도시를 만듦으로써 흑인 빈민가를 없앨 수가 있는 것이다.

　만인을 위한 완전하고 공정한 고용을 요구함으로써 흑인의 실업을 없앨 수가 있는 것이다. 만인을 위한 가장 앞선 교육제도를 실현시킴으로써, 교양과 기술을 가진 흑인대중을 키울 수가 있는 것이다."

　《자유를 위한 예산》은 전미국의 번영을 도모하는 것에 중점을 두고 국민 총생산에 대한 세수(稅收)의 비율을 1965년과 같은 율로 그대로 놓아두고 매년 GNP의 증가에 수반되는 세금의 증수분을 직업의 알선, 주택, 학교, 병원의 건설 등에 충당한다는 형식으로, 앞으로 10년간에 1천850억 달러를 지출하라고 제안하고 있다. 바꾸어 말하면 그때뿐인 입법조치 대신에 연방정부가 당면한 필요를 충족시키기 위해서 재정적인 뒷받침을 갖는 종합적인 시책을 행할 것을 제창한 것이다.

　12월 중순에 킹 목사는 SCLC의 의장직을 두 달 동안 쉬고, 새 저서 《우리는 여기서 어디로 갈 것인가》의 집필에 몰두했다. 원고는 벌써 거의 써놓았으므로, 얼마 후에 그는 코레타 부인을 데리고 바하마 제도의 비미니로 오래간만에 휴양을 떠났다.

　1967년 3월 25일, 시카고 콜로세움에 이어서 4월 4일에는 뉴욕의 리버사이드 교회에서 그는 백인과 흑인의 병사가 '같은 학교에서 동석을 허용하지 않는 나라를 위해서' 함께 싸우며 죽이거나, 죽거나 하고 있는 사실을 '통렬한 야유'를 담아서 탄핵했다.

　그는 노벨 평화상 수상자로서, 크리스트교의 목사로서, 또 비폭력주의의 실천자로서의 자신의 책임에 대해서 말했다. "전쟁은 공산주의에 대한 회답은 아니다. 필요한 것은 '참된 가치관의 혁명'이다. 미국의 군사력은 이제까지 베트남뿐만 아니라 과테말라, 페루, 콜롬비아 그 밖의 여기 저기에서의 '반혁명적인 행동'에도 왕왕 '우리 나라의 투자에 필요한 사회적인 안정을 유지하기 위해'서 사용되어져 왔다.

　서방측의 자본가들은 아시아, 아프리카, 남미 등에 거대한 투자를 해왔으나, 그것은 이익을 올리기 위해서지 투자한 나라의 사회적인 향상에는 조금도 관심을 보이지는 않았다. 이것은 옳지 못하다. 진정한 가치관의 혁명이 필요한 것이다."라고.

킹 목사는 '해외기자 클럽'의 기자회견에서 다시 자신의 개인적인 우려를 역설했다.

"솔직히 말해서 소집영장을 받으면, 나는 양심적인 징병거부를 할 것이다. 종군목사가 될 생각은 없다.…… 이 전쟁은 공민권운동을 저해하고 국내계획을 손상시키고 있다."

16일의 일요일에 킹 목사는 베트남전쟁 반대 춘기(春期) 총궐기 지도자의 한 사람으로서, 15만 5천의 데모대의 선두에 서서, 뉴욕의 센트럴 파크에서 UN광장까지 행진했다. 데모행진 후의 인터뷰에서 "공민권운동의 활동가가 베트남전쟁에 대해서 말하는 것은 당연하다고 생각한다. 도의적인 대문제는 갈라서 생각할 수는 없다. 나에 대해서 말한다면, 나는 훨씬 전부터 비폭력을 주장해왔다. 그런 내가 베트남전쟁 반대를 부르짖는 것은 당연하지 않는가."라고 말했다.

또〈월드 저널 트리뷴〉지의 리차드 스탠즈 기자의 질문에 대해서 "공민권운동의 지지가 대폭적으로 줄어든 것은 내가 반전을 부르짖고 있기 때문이 아니라, 오히려 공민권운동이 법적인 차별을 넘어서서, 진정한 평등을 지향하는 훨씬 더 어려운 단계에 들어선 결과이다. 행동을 일으키지 않는 사람은 무엇에든 핑계를 댈테니까."라고 대답했다.

"평화운동과 공민권운동의 두 가지를 일체화하는 데에는 이유도 계획도 없다. 나는 매일 옷을 벗을 여가도 없을 정도로 일하고 있다. 하루 4시간만 잠자면 몸은 견딜 수 있다. 이제 신변의 위험은 두렵지 않다. 죽음의 위험은 매일같이 있는 일이며, 무서워하다간 일을 할 수 없다는 것은 훨씬 전부터 잘 알고 있다.

문제는 내가 언제까지 살 수 있느냐가 아니라, 고상하고 고귀하며 선량한 진리의 실현에 내가 어디까지 몸을 바칠 수가 있을까 하는 것이다."라고 말했다.

그는 평화에의 끊임없는 노력의 일환으로서 5월 30일에 제네바를 방문하고 값비싸고 출혈만 많으며, 더구나 무익한 베트남전쟁을 그만두자고 거듭 호소했다.

킹 목사는 결코 정치나 그 밖의 국내문제에 관심을 잃었던 것은 아니었다. 6월 12일에는 클리블랜드를 매월 둘째 주일 주말에 찾아와서 흑인 시장후보인 카알 스토크스를 후원해서 브레드바스켓(빵시식사왈직) 작전을 개시한 흑인 해방운동 지도자인 소니 덴튼을 돕겠다고 언명했다.

브레드바스켓 작전은 처음에 애틀랜타에서 시작되어 시카고로 옮겨져서, SCLC의 활동 중에서도 가장 성공한 작전의 하나가 되었다. 제시 잭슨 목사의 지도로 1966년 5월 이래, 시카고에서 흑인들을 위해서 2천2백의 취직자리를 개발했다.

같은 해의 7월 20일, 시카고 신학교에 모인 전미국 42개도시의 150여 명의 목사들은 브레드바스켓 작전을 전미국에 전개하기로 결정했다. 당시의 계획으로는, 목사들이 팀을 만들어서 현지 기업에 대한 기본적인 자료——전종업원의 수, 흑인종업원의 수, 종업원의 직종, 보수 등——를 모아 검토한 후 그에 따라 현지 흑인인구에 비례하여 흑인들의 취직이나 대우개선을 당국이나 기업측에 요구했다. 교섭이 실패했을 경우에는 목사가 중심이 되어 보이콧이나 피킷을 친다는 것이 정석이었다.

시카고에서는 2백 명의 목사들의 협조를 얻은 잭슨 목사가, 네 가지의 식료품·일용품 체인 사이에 다수의 흑인 종업원을 채용하는 협정을 맺는 단계에까지 이르고 있었다.

이 회의에서 킹 목사는 다음과 같이 말했다.

"비슷한 협정이 다른 데서도 맺어져서 이제까지는 받아들이려 하지 않았던 다른 큰 연쇄점에서도, 흑인의 제품이나 흑인종업원을 채용하는 길이 열렸다. 또하나의 선구적인 승리는 흑인의 금융기관에 주 정부의 구좌가 트이게 된 일이다.
 …… 우리는 경제분야에도 지금까지에는 없었던 대규모적인 진출을 할 예정으로 있다. 호주머니 사정에 대해서도 유해한 제도를 공격할 작정으로 있다. 이러한 수단은 흑인사회의 경제적인 빈곤을 구제해서 폭동이라든가 소위 가두에서의 낙폭한 행동을 미연에 막는데에 도움이 될 것이다.…… 사회개혁을 효과적으로 수행하는 데는 조직이 필요한 것이다. 그러므로 우리는 성직자를 중심으로 조직을 만든다. 성직자가 흑인사회의 지도자인 것을 생각한다면 이것은 당연한 일이다."
 7월 23일 새벽, 이번에는 디트로이트에 일대폭동이 발생해서 4일간에 걸쳐 난동을 부린 끝에 세른세 명의 흑인과 열 명의 백인이 살해되었다. 이 폭동은 67년 1월에서 9월에 걸쳐 전미국 각 도시에서 발생한 164건에 이르는 소동의 정점을 이루는 것이었다.
 폭동 중에 킹 목사는 비상수단으로서 군대의 투입을 지지했다.
 "연방군을 투입하지 않으면 안 되었던 것은 유감이지만, 폭동이 발생하면 이것을 진압하는 것이 당연하다. 그러나 의회가 실업을 없애기 위해서 어떤 창조적이고 대규모적인 계획의 실시를 허용하지 않는 한 폭동은 앞으로도 일어날 것이다." 그는 이렇게 말했다.
 그리고 윌킨즈나 영과의 의견차이를 극복하고 A. 필립 랜돌프의 부르짖음에 응해서 "폭동진압법의 밑에서는 아무도 얻는 것은 하나도 없다. 즉시 폭동을 중지하라."라는 어필에 서명했다.
 디트로이트의 폭동이 끝나자 킹 목사는 SCLC의 워싱턴 대표인 월터 파운트리를 도시연맹[NUL]의 SCLC 대표로 파견했다. 도시연맹은 교회, 실업계·노동계, 공민권운동가 등의 대표 열여덟 명으로 구성되어 있었다.
 같은 무렵에 존슨 대통령은 일리노이 주지사인 오토 카아너를 위원장으로 시민 폭동에 관한 전국자문위원회를 창설했다. 이 카아너 위원회의 아홉 명 위원 중에는 뉴욕 시장인 존 V. 린제이(부위원장), 철강노조 회장인 I. W. 아벨도 포함되어 있었는데, 이 두 사람은 도시연맹의 대표이기도 했다.

공민권운동의 지도자이며, 카아너 위원회의 위원에 임명된 것은 로이 윌킨즈 한 사람뿐이었는데 그는 도시연맹에도 대리인을 내세워서 참가하고 있었다.

그들의 활동개시에 즈음해서, 킹 목사는 〈뉴욕 타임즈〉 지의 투서란에서 '흑인들의 생활의 어려움'을 구제하기 위해 백인들이 "지금까지 이상의 정치력을 발휘하고 희생을 치르라."라고 호소했다. 그는 다시 흑인들 중에도 피비린내나는 손을 가진 자가 있어, 그들은 응당 속죄를 해야 하지만이라고 전제하고 다음과 같이 말했다. "그러나 흑인 게트에 매일같이 아기가 쥐에 잡아먹히고 있는데도, 그 쥐를 구제할 사소한 예산안마저 부결시킨 의회의 피묻은 손은 어떻게 할 것인가. 모델도시 계획을 백지화하고 집세나 지대(地代) 보조금을 중지시키고 빈곤추방 계획에 없어서는 안 될 것을 무시한 책임은 어떻게 할 것인가. 워츠의 폭동 이후, 보수적인 매콘 위원회에서까지 권고가 있었음에도 불구하고 백인사회가 개혁반대의 태도를 강화하고 있는 사실은 어떻게 평가해야 할 것인가."

매콘 위원회는 "8월의 폭동은 어차피 폭발할 가능성이 있는 대폭동의 겨우 서막에 불과할지도 모른다."라고 말하고 있지 않는가. 2년간 좌시하고 있는 동안에 벌써 그 날은 찾아온 것이다. 흑백을 불문하고 피고들은 모조리 법정으로 내보내야 할 것이 아닌가."

1963년 당시의 킹 목사측은 버밍햄에서의 데모에 대한 판결에 대해 공소했다. 67년 6월에 연방 최고재판소는 금고 5일의 이 판결을 지지하는 재정을 내리고, 10월에는 사건의 재심청구를 기각했다.

유명한 〈버밍햄 형무소에서의 편지〉를 쓴 그 감옥에 다시 가지 않으면 안 된다는 것은 매우 아이러니컬한 일이었으나 킹 목사는 흔쾌히 이 재정에 따랐다.

10월 23일, 그는 카아너 위원회에 '학대받는 사람들을 위한 권리장전'을 제출하고——이보다 먼저 케네디 대통령에게도 이미 제출했다——일주일 후에 항공편으로 버밍햄으로 떠났다.

샤틀즈워스 목사 외의 네 명의 인사들은 이미 4일간의 형기를 마치고 출옥해 있었으므로, 킹 목사와 함께 입옥한 것은 랄프 애버내시 목사와 동생인 A.D.킹 목사, 뉴욕의 목사로 록펠러 주지사의 특별고문을 하고 있던 와이어트 T. 워커 목사 세 명이었다. 그들은 감옥에 가서 여가가 생긴 것을 기회로 킹 목사가 제창하는 대규모의 비폭력 직접행동의 실시에 대해 여러 가지로 작전을 짰다.

이 옥중회의의 결과, 하나의 시안이 마련되었는데, 이 시안은 12월초에 애틀랜타의 SCLC 회의에서 밝혀졌다. 비폭력 직접행동의 훈련을 받은 약 3천 명의 데모대로 '빈자(貧者)의 행진'을 일으켜서 1968년 봄에 워싱턴에 집결한다는 것이 그 골자였다.

"미국은 역사의 기로에 서 있다. 차제에 새 길을 택해서 결의와 용기를 가지고 그 길을 걷는 것이 국가로서 사회로서의 우리에 대한 사활적인 중요성을 가지고 있다. 미국의 당면하고 있는 위기를 과소평가할 수는 없다. 하나의 문명의 안정과 자유로운 정부의 능력과 개개인의 명예 그 자체가 문제가 되어 있기 때문이다." 킹 목사는 이렇게 회의에서 말했다.

"이런 종류의 데모는 위험하지 않을까?"라는 질문에 대해서, 그는 "일부 흑인들의 분노나 원한의 극심함을 생각하면 위험한 것은 확실하지만 행동을 일으키지 않는다는 것은 도덕적인 무책임이다."라고 대답했다.

"빈자의 행진은 이제까지 어느 나라도 경험한 적이 없는 최악의 혼란과 증오와 폭력을 면하기 위한 최후의 절망적인 요구인 것이다."

새로운 운동의 계획이 굳어짐과 함께 킹 목사는 베트남전쟁에 대한 활발한 항의활동을 전개했다. 이 반전활동도 차츰 지지를 얻게 되어 갔다.

1967년 9월에 칼 로완은 킹 목사의 반전 성명은 "공민권운동에 새로운 긴장과 무거운 짐을 부과하게 되었다."라고 비난했다. 킹 목사는 존슨 대통령으로서는 '바람직하지 못한 인물'이 되어, …… 흑인은 불성실하다는 인상을 낳게 함으로써 민주·공화 양당의 흑인의 친구들과 사이가 틀어져 흑인의 적에게 무기를 주는 꼴이 되었다는 셈이었다.

로완은 아마 흑인의 절반은 킹 목사의 반전론에 동의하지 않을 것이라고 말했으나, 68년 1월에 〈포춘〉 지가 도시의 흑인들을 대상으로 행한 조사에서는 83퍼센트가 킹 목사는 흑인의 희망을 실현시키기 위해 싸우고 있는 것으로 '진심으로' 믿고 있다고 대답했으며, 82퍼센트가 킹 목사를 '진심으로' 신뢰하고 있다고 대답했다.

향군의 날 연설에서 킹 목사는 흑인 게트에서 폭동이 발생할 경우 "폭동이 절정에 달한 경우에도, 폭도의 태반은 자신들의 분노를 물건을 향해서 폭발시키지만 사람에게 터뜨리지 않는다."라고 지적했다.

블랙 파워가 더욱더 난폭한 기성을 지르고, 백인의 보도기관이 그것을 과대 보도하게 되었음에도 불구하고, 대인적(對人的)인 폭력은 변함없이 백인들의 전매특허라고 해도 좋았다.

1월 하순 시카고의 국민학교에 입학한 일곱 명의 흑인아동에 대해서 백인데모대는 야유와 공갈을 퍼부었다. 그리고 백인의 차별철폐론자 두 명이 이에 대항해서 무언의 데모를 시작하자 그들은 두 사람에게 폭행을 가했다. 경찰은 사십오분 동안이나 방관한 끝에 두 사람을 체포해서 차별차 데모대 지지의 태도를 밝히고, 두 사람에게는 쓸데없는 짓을 하지 말라고 꾸짖었다.

2월 8일에 경관대와 주병이 사우스캐롤라이나 주립대학의 흑인학생 데모대에게 발포해서, 세 명의 사망자와 서른일곱 명의 부상자를 내는 사건이 발생했다. 대부분은 배후에서 총을 맞고 있었다. 백인의 보도기관은 이 사건을 '폭동'이라고 떠들썩하게 써대었다.

백인측의 부상자는 막대기에 부딪친 주병 한 명뿐이었다.

1주일 후에 메드거 에버즈의 모교인 미시시피 주 앨콘 대학의 흑인학생에 대해 경관이 발포해서 여섯 명의 부상자가 나왔으나, 이 사건은 거의 보도조차 되지 않았다. 그러나 이런 종류의 탄압이나 백인에 의한 폭력행위는 전미국의 흑인들이나 킹 목사의 눈을 피할 수는 없었다.

오렌지버그의 학살 이전부터 욕구불만이나 백인의 반격이나 베트남 전쟁의 확대등이 점점 심해지는 데다가 '빈자의 행진'이나 워싱턴 대집회 등의 각종 준비를 위해서 킹 목사는 심신이 바싹바싹 마르는 느낌이었다.

1월 초순에 그는 워싱턴에서 2월 5, 6일의 양일에 열릴 반전 대집회에 참가를 호소하는 대열에 참가했고, 2주일 후에는 4월 22일의 빈자의 행진 워싱턴 대집회를 "단호히 결행한다."라고 말했다.

그가 대승리를 거두고부터 벌써 3년이란 세월이 흐르고 있었다. 그런데 지금 형편은 조급하게 승리를 얻을 수 있는 가망은 조금도 없었다. 사태가 이처럼 절박하고 더구나 불리한 것도 전례가 없었다.

1월 30일은 힌두교도와 회교도를 화해시키려고 노력하던 간디가 광신적인 힌두교도에게 암살된지 20년째가 되는 날이었다. 간디는 비폭력으로 힌두교도와 회교도 혹은 자이나교도와 시크교도, 조로아스터교도와 크리스트교도 등 화해로 장식된 자유로운 인도라는 꿈을 가지고 있었는데, 이 꿈이 현실적으로 대학살의 악몽으로 변한 것을 눈앞에 보고도 역시 신념을 잃지 않았다.

이에 대해 이곳 미국에서는 이제부터 앞으로의 전망은 어떨까. 여전히 "나에게는 꿈이 있다."라고 단언할 수가 있을까? 확실히 킹 목사의 꿈은 사라지지는 않았다. 그러나 그 꿈에 이처럼 검은 그림자가 비친 일도 없었다. 그는 불길한 예감을 오싹오싹 느꼈다. 정상까지는 아직 먼 길이 남아 있었다. "그래! 자신은 죽음의 그림자의 골짜기를 걷고 있지만……." 하고 그는 혼잣말을 했다.

십수년 전 1월 30일에 그의 집은 폭탄 세례를 받았다. 그것이 그의 생명을 노리는 음모의 제1발이었다. 이제부터 앞으로 얼마나 신변에 위협을 당할 것인가. 그는 곤혹스러웠다. 앞으로의 일은 조금도 알 수 없기 때문이었다. 알고 있는 것은 자신이 계속 살아가면서, 이 길을 걷지 않으면 안 된다는 것뿐이었다.

그러나 어차피 재난이 기다리고 있는 것이라면, 차라리 자신이 그 희생이 되어 죽는 편이 살아서 일체의 희망이 무너지는 것을 목격하는 것보다 낫다고는 생각했다.

다음 일요일 아침에 에베니더 뱁티스트 교회의 성단에서 킹 목사는 자신의 죽음과 인생의 의의에 대해서 설교했다. 그의 말투에는 조금도 침울한 데가 없었고 오히려 생기에 넘치고 있는 것 같았다. 당장 그는 자신의 죽음이 눈앞에 임박하고 있다는 것 같은 말은 내색도 않았으며, 죽음에 대해서 개오의 경지에 달한 것을 털어놓았을 뿐이었다.

"누구나가 죽음을 생각지 않는 사람은 없습니다. 나도 자신의 죽음에 대해서 자주 생각하게 되는데, 자신의 장례식은 어떨까하고 생각하는 일조차 있습니다. 다만 죽음을 두렵다고 생각한 적은 없습니다.

내가 죽지 않으면 안 될 날에, 여러분 중의 누군가가 어쩌다 거기에 공교롭게도 있게 되거든 내가 어떤 장례를 지내주고 추도의 말을 해주고 어떤 것을 기억해달라는지 아십니까?

노벨상을 비롯해서 여러 가지 영예나 훈장 따위는 보잘 것 없습니다. 나의 일로서 기억해 주실 것은 그러한 영예가 아니라 내가 평생을 통해서 노력한 일, 즉 자신의 생명을 사람들을 위해서 바치려 했던 것과 사람을 사랑하려 했던 일입니다."

그는 애써 배고파하는 사람에게 먹을 것을 주고 누더기를 걸친 사람에게는 옷을 입혀주며 죄인을 위해 그 감옥으로 찾아갔다. ── 그렇게 말해주기를 바랐으며, "저 사람은 인류를 사랑하고, 봉사하려고 노력했다고 말해주기를 바랍니다. 소원이라면, 내가 군악대장이었다고 말해도 좋습니다. 내가 정의를 위한 군악대장이었다고 말해 주십시오. 평화를 위한 군악대장이었다고도 말해주십시오.

다른 말은 아무래도 좋습니다. 나에게는 이 세상에 남길 만한 돈도 없습니다. 사치스런 재산도 없습니다. 그러나 평생을 바쳤다는 사실만은 후세에 남기고 가고 싶다고 생각합니다."

2월 12일의 링컨 탄생일에 킹 목사는 SCLC의 사무소에서 종일 빈민운동의 작전회의에 몰두했다. 그 자리에서 전미국 10개 도시와 5대 지방에서 워싱턴을 향해 행진을 일으키기로 결정을 보았다.

그 하나는 보스턴의 흑인 게트인 로크스버리에서 시작해서 뉴욕, 뉴어크, 필라델피아를 거쳐 워싱턴으로 향하기로 되었다. 다른 일대(一隊)는 시카고의 론데일에서 루이스빌, 디트로이트, 피츠버그를 거쳐 수도로 가기로 결정되었다. 남부 일대는 미시시피에서 동상(東上)해서 사배나, 찰스턴을 거쳐 북으로 향하고, 다른 일대는 애팔래치아 산맥을 따라 행진하기로 결정했다. 서해안에서의 행진은 없었으나, 그 대신에 데모를 행할 준비가 갖추어졌다.

보급지원의 세부종목을 결정하는 것은 앞으로의 일이었으며, 예에 따라 임기응변으로 계획을 세우거나 일련의 하부공작을 할 여지도 남겨져 있었다. 그 중에는 킹 목사가 각지를 뛰어다니면서 직접 사람들에게 호소하거나 격려하거나 하는 일도 포함되어 있었다. 벌써 그 주 안에 그는 지난 날의 위대한 투쟁의 무대를 찾게 되었다. 2월 15일에 그는 버밍햄으로 날아갔고 다음 날에는 셀마와 몽고메리를 찾았다. 가는 곳마다의 집회에서 연설하는 그의 가슴속에는 지난 날의 기억이 차례차례로 되살아나, 그때마다 전도에 가로놓인 장대한 계획을 앞에 둔 그의 기대와 불안을 강하게 북돋우는 것이었다.

이보다 먼저, 그는 SCLC의 지지자들에게 편지를 보내어 다음과 같이 호소했다.

"일찍이 버밍햄이나 셀마에서 직접행동을 일으켰을 때에도, 우리의 사기를 저해시키려고 시끄럽게 떠들어대는 자들이 다수 있었습니다. 그러나 오늘날, 버밍햄이나 셀마에서의 우리의 성과나 그 결과 생겨난 개혁은 각 계층의 사람들로부터 칭찬받고 있습니다.

…… 이제부터 개시될 운동은 '새로운 재앙의 여름'을 저지하는 '최후의 찬스'입니다. 정부는 폭동의 '근본적, 사회적인 원인'을 무엇 하나 제거하려고 하지 않았습니다.

분노와 욕구불만의 불씨에 기름을 부은 것은, 비참한 상대에 대처하는 정부의 냉혹무도한 태도에 있습니다. …… 이 회의속에서는 흑인의 생명은 값이 싸서 단호한 대책을 취할 가치가 없는 것으로 되어 있습니다. 설사 피가 흘려지든 말든, 아무것도 하지 않는 편이 낫다는 셈입니다."

앨라배마 여행에서 킹 목사는 마음이 든든해졌다. 셀마에서는 짐 클라크 대신에 윌슨 베이커가 댈라스 군보안관에 취임해 있었다. 이상적이라고는 할 수 없더라도 적어도 이것은 이 땅에 순명이 널리 퍼지게 하기 위한 첫걸음이었다.

이튿날 코레타 부인, 앤디 킹 등과 함께 자메이카의 킹스턴으로 대사전의 휴양을 취하려 찾아온 킹 목사는 의기양양해 있었다. 귀국하면 카네기 홀에서 행할 예정으로 되어 있는 연설의 원고에 손질을 하는 여유도 생겼다.

그의 생애에서 그 해는 기념할 만한 해였다. 빈민의 대행진이 워싱턴에 들어서는 그 날은 바로, 간디 사망 20주년이 되는 날이었으며, 스스로 가나에 망명한 위대한 흑인학자인 W. B. E. 듀보이스 (뒤브아)의 탄생 백 년째이기도 했다. 듀보이스는 킹 목사의 조부인 A. D. 윌리엄즈 목사보다 다섯 살 연하로, 조부의 고향인 애틀랜타에서 명성을 얻은 사람인데, 그 이래 수십년 동안 흑인세계의 최고봉으로서 변함없는 존경을 받아왔다.

청년시대의 A. 필립 랜돌프에게 눈을 뜨게 한 것도 듀보이스였다. 만년에는 공산당에도 입당했으나, 그가 수십 년에 걸쳐 쌓아올린 성과는 정치 영역을 넘어 공산주의에는 반대하는 킹 목사까지도 솔직히 받아들일 수 있을 만큼의 커다란 것이 있었다.
 2월 23일 〈프리덤 웨이즈〉지 주최의 듀보이스 생탄제가 뉴욕에서 열리자 킹 목사는 주빈으로서 연설하기로 되었다.
 킹 목사의 듀보이스 기념연설은 NAACP의 조직자이며 《흑인의 재건》의 저자이기도 했던 고인의 일뿐만 아니라, 킹 자신의 일을 말하는 것이기도 했다. 요컨대 그는 듀보이스를 '흑인을 위해서 헌신한 인물'이라고 칭찬하고 "그는 그 거대한 업적이나 명성을 개인적인 부나 백인사회의 한패거리에 가입하기 위해서 쓰지는 않았다. 그는 그 경력에도 불구하고 항상 무엇보다도 먼저 흑인이었다. 그는 그 풍부한 재능을 흑인들을 위한 자산으로서 사용했다……"라고 말했던 것이다.
 "절망 일색으로 뒤덮인 오늘날, 듀보이스 박사야말로 추모되어 마땅한 인물입니다……. 그는 전투적인 인간상의 전형으로서 기성사회와 대결해서 이것을 부정하고 모든 중상이나 경멸에도 불구하고 그 힘찬 목소리는 그칠 줄을 몰랐던 것입니다. 더구나 그는 흑인임을 함부로 미화하거나 하지는 않았습니다. 그는 흑인동포를 자랑으로 여기고 있었습니다만, 그것은 검은 피부가 흑인에게 어떤 막연한 위대한 것을 주고 있기 때문이 아니라, 흑인들이 투쟁을 통해서 달성한 구체적인 성과가 인류를 진보시켰기 때문이며 검든, 희든, 황색이든, 갈색이든, 진보적인 인간을 사랑하고 있었기 때문입니다.
 그는 박학하고 또한 투사였습니다. 흑인에 관한 온통 거짓말로 뭉쳐진 백인의 미국은 무지몽매의 속에서 너무나도 오래 살아왔습니다. 듀보이스는 이런 거짓과 싸워 흑인과 미국의 정확한 역사의 기초를 만들었던 것입니다.
 이런 '진실이라는 선물'에 대해서 미국인은 영원히 감사하지 않으면 안 될 것입니다. 현대의 전투적이면서 성내는 흑인들이나, 교양은 있지만 무관심한 흑인들은 듀보이스의 생활태도에서 배우지 않으면 안 됩니다.

그는 블랙 파워가 달생해야 할 모범을 가리키고, 블랙 파워를 조직해서, 행동으로 일어서게 했습니다. 그로서는 블랙 파워란 추상적인 슬로건은 아니었던 것입니다.

듀보이스의 정신은 그 억압된 모든 사람들에 대한 전면적인 공감과 일체 불의 부정에 대한 성스러운 분노라는 형태로, 다가올 4월에 워싱턴으로 향할 빈자들의 대행진의 대열속에서 되살려질 것입니다.

우리는 여전히 부만을 품도록 계속 강요당하고 있습니다. 원컨대, 만인이 그 몸에 필요한 먹을 것이나 물자가 주어지고, 그 마음에 필요한 문화와 교육이 주어지며, 그 혼에 필요한 자유와 인간의 존엄이 주어지는 날까지 그 불만의 불꽃을 계속 불태우고 싶습니다.

쥐나 해충이 득실거리는 빈민국이 과거의 악몽이 되어, 모든 가족들이 마땅히 청결한 주택에서 살 수 있게 될 때까지 만족하는 것은 그만둡시다.

미시시피의 굶주린 빈 배를 안은 사람들이 배불리 식사를 취하고 애팔래치아의 침체한 산업이 활기를 되찾게 될 때까지 만족하는 것은 그만둡시다. 형제라는 말이 교회의 공염불이 아니라, 의회의 첫 의제가 되는 날까지 만족하는 것은 그만둡시다.

…… 이 공중에 뜬 우주의 에너지가 평화에의 창조적인 찬가가 되고 정의가 세찬 폭포와도 같이 도도히 흘러내릴 때까지 불만의 불빛을 계속 거두지 않으렵니까?"

다음 주에 카아너 위원회의 보고서가 공표되자 킹 목사의 주장이 대부분 옳았던 것이 실증되었다.

그는 보고가 공표된 직후에 〈루크〉지에 기고해서, 다가올 빈자의 행진을 지지하라고 다음과 같이 호소했다. "우리 나라는 이제야 둘의 대립되는 사회로 분열되어 가고 있는데 …… 그 중에서도 이 분열을 심화시키는 칼날의 역할을 다하고 있는 것이 백인의 인종차별주의이다. 폭력은 도의적으로 삼가해야 할 일일 뿐만 아니라, 실제적으로도 성과없는 일이기는 하지만 흑인의 분노의 폭발시간은 벌써 눈앞에 다가오고 있다.

...... 비폭력 직접행동은 정부를 카아너위원회의 권고에 따라서 '전국적인 행동'────지상 최강의 가장 풍요한 나라의 자원에 뒷받침된 인간미 있는 대규모적인────을 단행하게 하기 때문에, 감히 이 폭발을 저지시키는 역할을 짊어지지 않으면 안 될지도 모른다. 이것에 실패하면 비폭력 직접행동은 신용을 잃어 전국은 파국에 돌입할 위험이 있다. 이 비극은 피할 수 없다는 것을 알고 있었던 만큼 한층 더 비참한 것으로서 받아들여지게 될 것이다.

따라서 꼭 성공시켜야 할 필요가 있다. 폭동은 백인들의 공포심을 격화시키고 죄의식을 마비시켜서 보다 대규모적인 탄압에의 문을 열게 되기 때문이다. 불만이 이처럼 뿌리 깊고 생각이 이처럼 격렬해서 절망과 불온한 공기가 널리 퍼지고 있는 지금, 이러한 심각한 감정의 배출구가 될 수 있는 것을 무엇인지 만들지 않으면 안 된다."라고 강조했다. 그리고 자신의 일에 대해서는 이번 여름의 비폭력 직접행동이 설사 실패로 끝나더라도, 계속해서 비폭력주의를 주장할 것이라고 말했다.

"그러나 이 흑인 게트의 절실한 경제문제에 아무런 손도 쓰지 않는 한, 게릴라전의 이야기는 차츰 진짜가 되어 갈 것이 틀림없다."라고 경고했다.

또 빈민운동의 목표는 탄력적인 것으로 '학대받는 사람들을 위한 권리장전'(1백 20억 달러의 예산조치를 수반하는)을 채택해주기를 바라지만 "우리가 워싱턴에서 얻어낼 수 있는 것은 모두 의회를 이 이상 더 악한 것으로 만들지 않기 위한 것이라고도 할 수 있을 것이다."라고 말했다.

킹 목사는 도시의 폭동은 표면적인 악으로서 처리되어 왔으나, 실은 '치명적인 중병'으로 발전할 전조라고 주장하고 백인들은 인종차별주의와 민주주의적인 이상의 양쪽을 버릴 수 없다고 하여, 카아너 보고에서 위험과 희망을 발견했다.

"그들은 나쁜 짓을 저지르면서도 정의를 행하는 잠재적인 능력을 가지고 있다. 변혁을 단행할 만한 일대결심은 없지만, 그렇다고 해서 지금까지대로 나가려는 배짱도 없다."

4월의 운동은 "전국적인 재앙을 회피해서 계급간, 인종간의 조화라는 새로운 정신을 낳게 하는 좋은 기회가 될 것이다.…… 우리는 모두 이 곤란한 시기에 즈음해서 시련 앞에 세워져 있는 것이다. 그러나 투철한 양심을 가지고 미래에 직면할 시간은 아직 남겨져 있다."

자신의 말을 직접 사람들에게 전하기 위해, 3월 17일에 킹 목사는 디트로이트 교외의 백인 상류계급의 주택지인 그로스 포인트에서 열린 집회에 흑인 하원의원인 존 콘여즈와 함께 참석했다.

그를 소개한 감독파의 리차드 에밀리치 사교(司敎)는 킹 목사에게는 감탄하고 있지만, 그의 베트남 반전론과 워싱턴에의 행진에는 찬성할 수 없다고 말했다. 3천을 넘는 청중들의 대부분은 그의 연설을 따뜻하게 맞았으나 '빨갱이'라든가 '매국노'니 하는 우익족속들의 쉴 새 없는 야유와 놀림에는 그도 시종 시달렸다. 이렇게도 지독한 야유를 당한 것은 처음이었다.

그 무렵에 제임스 로슨이 이끄는 SCLC의 멤피스 지부는 흑인 청소노동자들의 파업에 관계해서 벌써 한 달이 다되가고 있었다. 1월 31일에 비가 내리기 시작하자, 백인 청소부들은 그대로 작업을 계속시키면서, 흑인 청소부들은 작업중지가 명해졌다. 그리고 주말의 봉급날에 백인 청소부들에게는 일당이 전액 지급되었고 흑인들에게는 두 시간분밖에 지급되지 않았다. AFL·CIO 산하의 주·군·시 종업원 전국연맹 제1733 지방지부의 흑인노동자 1천375명은 이에 항의해서, 2월 12일 파업에 들어갔다. 당선된지 얼마 안 되는 새 시장 헨리 로브는 이 파업을 위법이라고 엄하게 책할 뿐만 아니라, 노조를 정식 교섭단체로 인정하지 않겠다는 태도를 보였다.

그러나 파업은 중지되지 않고, 2월 23일에는 현지의 NAACP의 지도자들이 로슨을 비롯해서 목사나 조합원들과 함께 메인 스트리트에서 데모행진을 했다. 데모는 수블록 앞까지 평온하게 계속되었으나, 얼마 후에 경관대가 규제에 나서 비폭력의 데모대원들을 향해서 메이스라는 폭동진압용의 가스를 발사했다.

이 가스는 닿으면 일시적으로 실명하거나, 피부에 염증을 일으키거나 한다. 이어서 세 명의 경관이 데모대의 한 사람을 붙잡았다. 경관의 하나가 그 데모대원의 머리를 때리는 것을 보고 미국 공민권위원회의 지부장인 잭 윌모어가 말리려고 뛰어들려 했다.

"나는 경관 쪽으로 걸어가서 신분증을 내밀었다." 훗날 그는 이렇게 말했다. "그런데 그 순간에 그들은 나의 눈을 겨냥해서 두 번, 세 번 가스를 발사했습니다.

백인 신문은 이 경관의 행동이나 시장의 태도를 칭찬했다. 이에 대해서 역시 보수적인 흑인 성직자들도 파업의 한패가 되어, 백인의 신문이나 로브 시장측의 점포에 대한 보이콧 운동이 시작되었다. 클레이본 템플 AME(미국 메소디스트 에피스코팔)교회가 집회와 데모의 근거지가 되었다.

AME 교회의 책임자인 랄프 잭슨 박사는 2월 26일의 대집회에서 이렇게 외쳤다.

"우리는 청소노동자들이 '만족했다'고 할 때까지 행진을 계속한다. 그러나 여기서 뉴스를 하나 말하겠다. 그것은 우리가 그 후에도 행진을 계속한다는 것이다!"

항의서의 필두 조목에는 경찰의 태도에 대한 불만이 들어 있으며, 주거, 취직, 임금, 학교의 문제 등도 열거되어 있었다. 노조의 계약문제를 중심으로 거시적으로 전면적인 운동이 일어나려 하고 있었던 것이다.

청소작업원들은 갖가지 요구를 내걸고 있었는데 첫째의 요구는 청소부노조를 정식으로 승인하라는 것, 요컨대 인격을 존중해서 두목 중심의 태도를 지양하라는 것이었다. 이 이름도 없는 시골의 흑인노동자들의 주장은 중앙의 제리 워프 회장, AFL·CIO 산업노조 회장인 월터 루터의 관심이 표적이 되었다.

파업개시 후 4주일 동안에 5백 명의 백인의 조합활동가가 흑인들과 나란히 매일 데모에 참가하고 멤피스 AFL·CIO 중앙 노동평의회의 톰 파우엘 회장이 그 선두에 섰다. 멤피스의 백인교회의 목사들도 몇 명인가 이 데모에 참가했다.

테네시 휴먼 리렐이션 평의회의 백스턴 브라이언트 전무이사는 로브 시장과 두 차례에 걸쳐 간담하고 시장에게 사태의 긴박성을 인식시키려고 했다. 그는 카아너 보고를 인용해서, 멤피스는 두 개의 대립되는 사회의 전형이 되어가고 있으며 이대로 가다간 폭동이 발생하는 것은 확실하다고 역설했다.

그러나 시장은 완고하게 계약 조인 거부의 태도를 계속 취했다. 대화의 계속은 환영하며 파업노동자의 대우를 개선하고 보복조치를 취하지 않을 것은 약속하지만 계약의 조인만은 "절대로 거절한다."는 것이었다.

3월 초순의 어느 대중집회에서 '침입자'라고 씌어진 상의를 입은 흑인청년이 연단에 올라섰다.

"나는 급진파이다. 헨리 로브가 하는 말을 듣기 전에 쓰레기를 뒷마당에서가 아니라 거리로 꺼내서 트럭을 막아버리지 않으면 안 된다. 트럭이 움직이고 있는 한 놈들은 쓰레기를 수거해갈 수가 있으니까.

…… 설교나 모금도 좋다. 그러나 누군가가 그것을 중지시켜야 한다. 그러나 그러한 사람은 이미 있다. 우리는 '싸움'을 해야 한다. 행진이 아니라 전투를! 이 도시와 같이 경관이 많은 도시에서는 싸움을 걸려면 총을 손에 든 편이 낫다. 일이 수습되기 전에 틀림없이 무기가 필요해질 것이다!" 그는 이렇게 선동연설을 했다.

이에 대해서 의장은 청년이 자신의 의견을 표명하는 것은 자유이지만 "우리는 우리나름의 무기를 택할 것이다. 그것은 비폭력이라는 무기이다." 하고 못을 박았다.

　제임스 로슨은 멤피스의 정세에 대해서 끊임없이 킹 목사에게 보고를 보내고 있었다. 지난 날의 버밍햄이나 셀마와 같이, 그리고 세인트 오거스틴이나 댄빌이나 올바니와 같이, 멤피스는 해방운동의 시련의 장으로 되어가고 있었다.

　빈민운동의 일거리가 불어나게 되었음에도 불구하고 킹 목사는 멤피스에 뛰어들어 직접 지휘를 해달라는 부탁을 거절할 수가 없게 되었다. 3월 18일에 그는 디트로이트에서 멤피스로 날아가 1만5천의 군중을 앞에 놓고 연설을 하기로 결심했다.

　그리고 그 주의 금요일에는 빈민의 행진을 지도하기 위해 되돌아갈 작정이었으나, 계절에 걸맞는 대설때문에 멤피스로 가는 일은 28일로 연기되었다.

　한편 뉴욕으로 막 돌아온 애덤 클레이턴 파우엘은 흑인들의 불만에 편승해서, 3월 25일에 "백인은 처리되었다. 마틴 루터 킹의 시대는 끝났다."라고 선동을 했다. 다음 날 뉴욕에 찾아온 킹 목사는 파우엘의 말이 신문에 큼직하게 나와 있는 것과 맞딱뜨렸다. 별로 뜻밖의 일은 아니었으나 견딜 재간이 없는 심정이었다.

　그러나 킹 목사는 3월 27일에는 측근자들을 향해서 "애덤 노인이 만나러 와준다면 좋겠는데." 하고 말했다. 그는 뉴어크의 사우스 사이드 고등학교에서 1천5백 명 가량의 학생들과 환담하고 돌아온 참이었기 때문이다. 학생회장인 윈슬럽 매글리프는 킹 목사를 소개하면서 파우엘을 넌즈시 빈정대어 "킹 목사를 엉클 톰이라고 큰소리로 부르는 '전투적인' 지도자는 많으나, 그들에 비하면 킹 박사야말로 학대받는 흑인의 용기와 희생정신과 힘을 상징하는 인물이다."라고 말했다.

　킹 목사는 회장에 폭탄을 투입한다는 협박에도 굴하지 않고, 이 집회에 출석했다. 그는 이 일년쯤은 워츠의 폭동 때 "불을 질러라, 베이비. 불을 질러라!"라는 맞춤소리에 대신해서, "건설해라, 베이비. 건설해라!"를 연설의 슬로건으로 해왔는데, 이날도 같은 말을 외쳤다.

전투적인 극작가인 릴로이 존스마저도 킹 목사가 뉴욕의 흑인 게트에 있는 그의 연극스튜디오에 들렀을 때 킹 목사를 따뜻하게 맞았다.

그가 이처럼 쾌활한 기분이 된 것은 요 얼마 동안에는 없었다. 그는 애틀랜타에 전화를 걸어 스케줄을 문의했다. 비서는 빡빡한 스케줄의 간격을 넓히라고 권했지만, 그는 웃으면서 "어쨌든 간에 모두들이 달라붙어서 나를 죽이려고 하잖겠나? 어차피 머지 않아 요절할 운명이니 말이야."라고 말했다.

그날 그는 오렌지를 방문해서 "새 미국을 건설하자!"라고 호소하고, 저지 시티와 패터슨에서는 "생명이나 재산을 파괴하는 일없이, 부정한 체제에 반대해서 일어서지 않으면 안 된다."라고 부르짖었다. 그리고 또다시 뉴어크로 되돌아와 할렘의 파우엘의 교회 이름을 닮은 애베시니어 뱁티스트 교회에서 연설하고, 4주일 후에 빈민의 행진이 워싱턴에 다다르면, 남부출신의 의원들을 끌어내어 매달고 모진 규탄을 하자고 제안했다.

조수의 한 사람인 A. R. 샘슨 목사는 뉴어크에 남아서 현지의 성직자들을 운동에 참가시키기 위한 비폭력교실을 열기로 하였다.

다음 28일 아침 아홉시에 킹 목사는 멤피스의 행진의 선두에 설 예정이었으나, 멤피스에 당도한 것은 열한시였다. 그 사이에 시내에서는 혼란이 일어나고 있었다. 시내의 항의운동 지도자들은 총파업을 호소하고 있었다. 흑인 고등학교인 해밀턴에서는 파업과의 학생들이 수업에 나가려는 학생들과 옥신각신하고 있었다.

현장에 출동한 경관들은 돌이나 병 소나기를 맞았다. 이 소동으로 열네 살의 소녀가 경관에게 얻어맞고 입원했다. W. C. 핸디 공원 근처의 클레이본 템플에서는 데모행진 지도자가 보도에서 나오지 말고, 정연하게 열을 지으라고 데모대원들에게 호소했으나 효과는 없었다.

데모가 지나가는 길가의 구경꾼들은 몹시 술에 취해 있었다. 그리고 열시경에 2,30명의 사내들이 마침내 교회근처의 술집으로 난입하는 지경이 되고 말았다.

피로에 지친 몸에 채찍질하면서 뒤늦게 뛰어온 킹 목사는 이 광경을 보고 깜짝 놀랐다. "나는 인간이다."라고 쓴 플래카드 외에 "로브 저리비켜라. 블랙 파워가 지나가신다."라든가, 시장에게 욕을 퍼붓는 플래카드를 든 청년들도 섞여 있었다.

짧막하게 보고를 들은 킹 목사는, 저 청년들은 데모행진과는 관계가 없다고 주장했다. 그러나 데모대원들은 더 기다릴 수 없다는 표정들이었으므로, 그는 행진개시를 호령했다.

겨우 2,3마장을 간 데서, 일행은 가게의 유리창이 깨어지는 소리에 자신도 모르게 발을 멈추었다. 로슨과 그 밖의 사람들은 킹 목사에게 모텔로 돌아가는 편이 낫겠다고 권했다. 로슨은 킹 목사를 돌려보내고, 데모대를 향해서 교회로 철수하라고 부르짖었다.

데모대원의 태반은 되돌아갔으나 전투적인 흑인청년들은 불만스러운 듯이 그 자리에서 움직이려 하지 않았다.

십분 후에 경관대가 부근을 에워싸고 최루 가스를 발사하기 시작했다. 청년들은 개미새끼가 흩어지듯 사방으로 달아났으나 경관들은 거리낌없이 덤벼들어, 열여섯 살 흑인소년을 사살한 것 외에 육십 명을 부상시켰으며 데모대, 약탈자, 구경꾼 할 것 없이 닥치는 대로 2백80명 남짓을 체포했다.

연로한 흑인 한 사람은 메이스(폭동진압용의 가스)를 맡았을 뿐만 아니라 총의 개머리판으로 세 번이나 손발을 사정없이 두들겨 맞았다. 경관에게 대들었던 폭도는 다수의 경관들에게 포위되어 죽도록 맞았다.

주병 4천 명이 급거 출동하고, 시내에는 계엄령이 선포되었다. 유리창이 부서진 점포가 15개소에 방화도 다수 있었다. 그러나 쇼 윈도우에서 상품을 도난당한 점포는 60여개소나 되었다. 폭도들이 난입한 가게는 8개소 뿐이었고, 방화에 의한 피해도 경미했다. 경관의 폭력에 의한 피해 쪽이 훨씬 더 많았다.

모텔로 돌아온 킹 목사는 창에서 몸을 던져서 죽고 싶은 심정이었다. 그는 쇼크에 어리둥절하고 있었다. 이런 경우에 간디라면 어떻게 했을까. 애버내시 목사와 제시 잭슨이 곁에 있었지만 두 사람 모두 이렇게 절망하는 킹 목사의 모습을 본 적이 없었다. 간디가 가끔 하고 있었듯이 잠시 참고 물러섰다가 재고하는 편이 낫지나 않을까. 오히려 죽음을 걸고 흑인들에게 폭력을 부정시켜서 스톡클리 카마이켈이나 시랩 브라운에서 호이트니 영이나 로이 윌킨즈에 이르는 전 흑인 지도자들을 비폭력의 깃발 밑에 집결시키는 편이 빠른 길이 아닐까── 그는 두 사람에게 그렇게 말했다.

금요일 아침에 킹 목사는 전투적인 흑인청년의 일단과 대화를 가졌다. 그들은 로슨 잭슨과 그 밖의 지도자들이 데모의 계획에 자신들을 참가시켜주지 않았다고 불평을 했다. 그러나 실제로는 그들 중의 두 명이 준비위원회에 참가하고 있어 청소트럭을 스톱시키려는 것을 거부당했기 때문에 자신들 쪽에서 나가버리고 말았다.

그들의 이야기에 귀를 기울이고 있던 킹 목사는 비폭력에 투철할 생각이 있는가 아니면 데모대와 손을 끊겠는가고 묻기 시작했다. "나의 철학에 찬성할 필요는 없지만 단결을 지키며 같은 전술에 따라야 한다."라고 그가 이렇게 말하자 청년들은 납득했다.

그 뒤에 열린 기자회견에서, 그는 기자단으로부터 현시점에서 대중데모가 어제와 같이 통속이 되지 않는 것을 막을 수는 있다고 생각하는가라는 질문에 이렇게 대답했다.

"일단 폭동이 일어나면, 누구든 이 장소를 평온으로 되돌리기는 어렵다. 멤피스의 폭동에 대해서 한 마디 한다면 정말 나의 오산이었다."

첫째는 자신이나 동료들이 그 입안에 참가하지 않았고, 청년들 사이에서 폭력사태가 일어날 것 같다는 이야기를 전혀 모르고 해온 것이 원인이다. 충분한 사전준비도 없이 멤피스에 뛰어들어 비폭력 직접행동의 승리가 당장에라도 가능하다고 생각한 것이 잘못이었다.

그러나 전투적인 흑인청년들과 시의 흑인지도자의 사이에 정보의 갭이 있었던 것은 자신의 책임은 아니다. 자신은 체념하고 있지는 않다. 새로운 데모를 일으킬 작정이며 시민적인 불복종운동을 일으키는 일도 있을 수 있다.

"요 수년 동안 미국에서 인종차별주의가 얼마만큼 깊이 뿌리를 내리고 있는가를 몸소 맛보아온 이상, 우리가 차츰 전투적으로 되는 것은 당연한 일이며, 필요한 일이기도 하다.…… 그러나 나는 비폭력 행진의 실행이 가능하다는 것을 단호하게 확신하고 있다. 이곳 멤피스에서는 폭동이 일어났으나 이것은 미국사회의 추한 공기의 반영이다.

폭동이 일어났다고 해서, 그것은 나의 책임은 아니다. 우리 나라의 정부나 백인의 대다수는 폭동을 초래할 조건을 무엇하나 제거하려고는 하지 않았다. 우리가 일제히 행진을 취소했다고 해도 이번 여름은 작년보다도 불길한 사태가 일어날 것이라는 것은 전문가들도 인정하고 있던 대로이다."

멤피스는 이번 여름에 대비한 무대연습이 될 터이었다. 자신은 폭도들의 에너지를 건설적인 항의로 바꾸어 시가전보다도 더욱 효과적으로 사회를 변혁하는 '폭동저지자'인 것이다. 그는 이렇게 말했다.

그러나 그렇게 말해도, 킹 목사의 마음의 상처는 깊었다. 그는 그날 밤에 애틀랜타로 날아가 다음 날 SCLC의 참모회의를 소집했다. 일동이 에베니더 교회의 그의 서재에 모이자, 그는 우리들 중에는 의견의 대립이 있으며 호흡이 잘 맞지 않는다고 불평을 터뜨렸다. "워싱턴에 당도하기 전에 이 중에서 문제가 일어날 것이 틀림없다." 그는 이렇게 말하고는 바깥으로 나가버렸다. 애버내시 목사가 걱정이 되어 그의 뒤를 쫓아갔다.

이처럼 기진맥진해진 친구의 모습을 본 적은 없었기 때문이다.

"나는 손을 떼겠네, 랄프." 하고 킹 목사가 말했다. "자네는 안에 들어가게. 내 일이란 걱정말고."

몇 분 후에 안에서 사람이 부르러 왔다. "박사님, 방에 성령이 강림했어요."라고 했다. 일동은 무슨 일이 있더라도 킹 목사가 워싱턴에 가서 운동을 계속해줘야 되겠다는 것과 워싱턴에는 멤피스를 경유해서 가는 것에 의견이 결정되었던 것이다.

다음 3월 31일에는 부활절 전야까지 40일의 패션 선데이(대재〈大齋〉제5일요일)에 해당하고 있었다. 워싱턴 대성당의 프란시스 B. 세이어 대주교로부터 오후에 강화(講話)를 해달라는 초청이 있었다. 감독파의 행사로서는 최대의 청중이 환호하면서 그를 맞았다. 교회나 성당의 주위에는 천 명 남짓한 신도들이 몰려들어 있었던 것이다.

킹 목사는 그 군중들을 향해서 자신은 자유를 위한 혁명의 템포를 늦추라는 소리를 들어왔으며, 또 시간이 해결해 줄 것이라는 말도 들어왔지만 하고 서두를 달고 다음과 같이 말했다.

"그러나 시간은 중립적인 것입니다. 건설적으로 쓸 수도 있지만 파괴적으로 쓸 수도 있습니다. 불행하게도 과격파나 우익분자들은 자신들의 시간을 우리보다 효과적으로 쓰고 있습니다. 혁명이 성취되었다고 보일 때까지는 인종적인 부정의 마지막 한조각까지도 말끔히 씻어두지 않으면 안 됩니다.

인종차별은 미국의 백인 대다수의 생활양식이 되어 있는 것입니다. 빈민운동은 이것과 대결하지 않으면 안 됩니다. 우리는 거인 골리앗에 맞서는 다윗인 것입니다. 그러나 그래도 변화를 낳을 것으로 생각합니다. 빈민운동은 약속과 실제의 어긋남을 노출시켜 눈에 보이지 않는 것을 보이도록 하는 것을 목적으로 하는 것입니다.

국회의원들은 가난한 사람들의 절망적인 생활을 말해주는 보고나 통계에도 지극히 냉담합니다. 그러므로 가난한 사람들은 스스로 일어서지 않으면 안 된다는 것입니다. 국회의원들은 대중들이 그 결의를 나타내어, 요구를 들이댈 때까지는 일어서려 하지 않을 것입니다.
 오늘의 빈곤의 태반은 흑인들이 법적으로는 노예에서 해방되었지만, 경제적으로는 꽁꽁 묶여진 채였던 노예해방 시대에까지 거슬러 올라가는 것입니다. 노예상태라는 것은 불법투옥과도 같은 것입니다. 노예해방령은 재판소의 재정과도 같은 것으로 인생의 태반을 감옥에서 지낸 뒤에 겨우 무죄석방이 된 사람과 비슷합니다.
 그를 석방시키기는 했지만 집까지 갈 버스차비는 주지 않은 셈입니다. 빈민운동은 단순한 '연극조의 제스처'는 아닙니다. 불우했던 사람들이 오래도록 기다리고 바랐던 보상의 요구인 것입니다. 더구나 질서정연한 데모인 것입니다."
 한편 시당국은 연방법정의 금지명령을 구실로 킹 목사를 비롯한 외래자가 집단으로 데모를 조직하거나 데모에 참가하거나 하는 것을 금지시켰다.
 수요일의 아침에 킹 목사와 애버내시 목사는 다른 SCLC의 지도자들과 함께 멤피스로 날아갔다. 일행은 이 금지명령에 대해서 변호사나 현지의 목사들과 협의해서 금지 명령이 철회되지 않더라도 월요일에는 데모를 강행하기로 결정했다. 킹 목사는 금명간을 멤피스에 머무를 예정으로, 그날 밤에 대집회가 열리기로 되었으나 밤늦게 폭풍우가 친다는 경보가 나왔다. 그는 로렌 모텔 밖의 어두운 하늘을 응시하며 서 있었다. 멤피스에 기록영화를 찍으러 온 조제프 루가 함께 있었다.
 비가 내렸다. 메이슨 템플에서의 대집회의 참석자들도 무척 줄어들겠지. 킹 목사의 측근들은 사람들이 나오지 않는다면 비폭력운동의 선전에 마이너스가 되지 않느냐고 진언했다. 신문은 파우엘이나 랩 브라운과 같은 족속들의 언동을 화려하게 다루는 경향이 있었다. 킹 목사는 멤피스에서 돌파구를 만들지 않는 한, 비폭력운동의 장래는 암담하다고 생각했다.
 애버내시 목사가 대신해서 청중들의 집합상황을 보러가기로 되었다. 그런데 비를 무릅쓰고, 2천 명 남짓한 군중들이 몰려들고 있었다. 애버내시 목사는 킹 목사에게 즉시 전화를 걸어 모두가 당신의 연설을 갈망하고 있다고 알려주었다.

킹 목사는 레인코트를 입고 나갔다. 그는 월요일에 행진의 선두에 서겠다고 군중들에게 언명했다. 금지명령은 '헌법수정 제 1 조에 규정된 재권리를 부정하는 것」이며 문제가 안 된다고 단언했다. 또 설사 투옥되거나 죽거나 하는 위험이 있더라도 비폭력주의 규율을 절대로 지키지 않으면 안 된다고 역설했다.

그가 전에 나이프로 찔렸을 때의 일을 언급하면서 화이트 브레인즈의 한 소녀가 편지로 상처가 심장을 벗어나서 다행이었다고 기뻐해주었다는 이야기를 하고 자신도 그때에 죽지 않은 덕분에, 그 후의 연좌데모나 자유를 위한 자유의 편승과 그 밖의 위대한 사건들을 경험할 수가 있어서 정말로 기쁘게 생각하고 있다고 말했다.

그의 말투는 침울하고 회고적이었다. 그는 멤피스에 온 일에 언급해서 이렇게 말했다.

"오늘 아침에 애틀랜타를 떠날 때, 우리 일행 여섯 명이 탄 비행기가 이륙하자 파일럿이 기내방송을 통해서 이렇게 말하는 것입니다. '출발이 늦어서 죄송합니다. 이 기내에는 마틴 루터 킹 박사가 타고 계시며, 그 신변의 안전을 기하기 위해 저희들은 면밀한 점검을 하지 않을 수가 없었습니다. 저희들은 이 비행기를 밤새 호위했습니다."

그리고 멤피스에 다다르자, 이번에는 나한테 협박전화가 날아들었다는 소문이나, 나의 신변에 무슨 변이 일어나지 않을까하고 염려하는 소리가 나올 지경이었습니다. 물론 나는 앞 일을 알 수 없습니다. 그러나 그런 것은 이제 나로서는 문제가 아닙니다. 나는 산꼭대기에 섰기 때문입니다. 나는 태연합니다.

여러분과 마찬가지로 나도 장수하고 싶습니다. 장수에는 그만한 가치가 있기 때문입니다. 그러나 지금으로는 그것도 마음에 없습니다. 다만 신의 뜻을 살리고 싶다고 생각할 뿐입니다. 신은 나에게 산상에 오를 것을 허락하셨습니다. 산상에 올라 나는 사방을 둘러보았습니다. 그리고 약속된 땅을 보았던 것입니다.

여러분과 함께 약속의 땅으로 가는 일은 나로서는 할 수 없을지도 모릅니다. 그러나 우리 백성이 반드시 약속된 땅에 도달할 수 있을 것임을 오늘밤 여러분은 알아주시기 바랍니다.

그러므로 오늘밤의 나는 행복합니다. 걱정거리는 하나도 없습니다. 두려운 사람도 없습니다. 나는 이 눈으로 주님의 나타나심의 영광을 보았던 것입니다."

백스턴 브라이언트는 나중에, 킹 목사가 "자신의 조사를 읽고 있는 것같이 들렸다."라고 감상을 말했는데 기자들은 브라이언트의 감상을 듣고, 즉시 그날의 연설을 '예고(豫告)'라고 이름붙였다.

킹 목사는 군중들의 터질 것 같은 박수갈채로 얼마쯤 기분이 좋아져서 모텔로 돌아왔다. 그러나 마음속의 고뇌는 가라앉지 않았다.

다음 4월 4일, 그는 마지막 토요일을 지내는 것 같은 기분으로 오로지 방 안에서만 지냈다. 그는 동료들 중에 비폭력에 철저해지는 것을 주저하고 있는 자가 있는 것을 느끼고 있었다. 그래서 간디나 예수의 고뇌와 착실성을 그들에게 길다랗게 설교해서 들려주었다. 미국의 혼을 구제할 희망은 비폭력 이외에는 없다고도 말했다.

"제군 속에는 걱정하는 사람도 있을지 모른다. 그러나 나는 걱정하지 않는다. 나는 죽음의 문제와는 일찌감치 대결을 끝냈다."

저녁식사 시간이 다가와서 사람들은 제각기의 방으로 돌아갔다. 애버내시 목사는 현지의 목사인 사뮤엘 B. 카일루즈 목사와 함께였다. 카일루즈 목사는 일행을 자택으로 저녁식사에 초대해주었다. 현지의 장의사의 한 사람이 운전수가 달린 캐딜락을 보내주었다. 차는 벌써 아래층의 주차장에서 기다리고 있었다.

킹 목사는 가방 속이나 옷장 속을 뒤지고 있다가 이윽고 고개를 들더니 누군가가 자신의 넥타이를 가져가버린 모양이라고 투덜거렸다.
 "마틴, 거기야. 의자 위에."라고 애버내시 목사가 말했다.
 "정말이군. 틀림없이 누군가가 가지고 있는 줄로만 알았다."라고 킹 목사는 말하면서 넥타이를 손에 들었다. 그리고 타이를 매면서 카일루즈 목사를 보고 "자네 부인은 아직 젊으니까 남부흑인의 요리를 만드는 것이 서투르지는 않을까? 아직 서른한 살이라고 했지? 그 젊은 나이에 해낼 수 있을까?"하고 놀렸다. "글쎄, 프랑스 요리를 먹으러 자네집에 가는 것은 아니니까. 소울 푸드(흑인<br/>요리)가 먹고 싶거든. 구엔(카일루즈<br/>목사부인)은 만들어낼 수 있을까?"하고 애버내시 목사도 말했다.
 "맡겨두라니까?"하고 카일루즈 목사가 반박했다.
 "셔츠가 꽉 끼이는 군."하고 킹 목사는 또 불평을 했다.
 "그야 살이 쪘으니까 그렇지. 그 셔츠는 내가 세탁해준 거야."하고 애버내시가 농으로 돌려버리듯이 말했다.
 "거북해서 못 입겠는걸."하고, 킹 목사가 무뚝뚝하게 대답했다. 그러더니 그는 목의 단추를 끼우고 넥타이를 매고 상의를 입었다. "자아, 다됐다. 식사하러 가자. 구엔의 솜씨는 확실하겠지?"
 카일루즈 목사는 맨먼저 차 쪽으로 내려갔다. 애버니시 목사는 수염을 깎은 자리가 얼얼했으므로 당황해서 로션을 바르러 되돌아갔다. 킹 목사는 손잡이에 기대어 그를 기다렸다. 밑의 주차장에는 벌써 제시 잭슨, 앤드루 영, 게다가 음악가인 벤 브랜치가 내려와 있었다. 킹 목사는 위에서 벤에게 소리질렀다. "벤, '주여 인도하옵소서'를 꼭 연주해주게나."
 "좋아, 알았어." 브랜치가 대답했다.
 "멋지게 말이야. 나를 위해서."하고 킹 목사가 다짐을 했다.
 애버내시 목사가 로션을 얼굴에 바르려고 하는 순간 바깥에서 라이플의 총성이 들려왔다. 뛰어나간 그의 눈 앞에서 킹 목사는 뒤로 몸을 젖혔다. "마틴, 마틴!"하며, 그는 킹 목사의 뺨을 두들겼다.

"랄프야. 준비는 다되었어."

그러나 킹 목사는 위를 향해 쓰러진채 움직이지 않았다. 눈을 뜨고 보면서도 목의 상처에서는 피가 계속 흘러나왔으며, 검정과 금빛의 타이는 찢어지고 오른쪽 턱은 깨어져 있었다.

제시 잭슨과 앤드루 영이 밑에서 뛰어 올라왔다. 주차장에서는 제임스 비벨이 땅에 무릎꿇고 기도하기 시작했다. 잭슨이 킹 목사의 고개를 부축해서 들어올리자, 마침 그 자리에 있던 법무성의 관리가 타월을 찢어서 상처를 묶어 출혈을 멎게 하려고 했다. 영은 맥을 짚었다.

애버내시 목사는 그 자리에서 넋을 잃고 멍하니 서서 "마틴! 마틴!" 하고 친구의 이름만 되풀이할 뿐이었다. 친구들의 눈은 그를 향해서 "보라구, 랄프. 이렇게 될 거라고 내가 자네한테 말한 대로잖아?" 하고 힐문하고 있는 것같이 보였다.

구급차가 달려와서 킹 목사를 병원으로 실어갔다. 그를 태운 단가가 세인트 죠제프 병원의 응급실로 간 것은 오후 여섯시 십오분이었다. 그 다음 한 시간 십오분 후에 의사단이 병실접수부 근처에 모여서 킹 목사의 측근자 일동을 불렀다.

"괜찮을까요?" 하고 병실에 오자마자 누군가가 물었다.

"아니오. 틀렸습니다." 하고 의사단의 옆에 섰던 한 흑인이 대답했다.

병원장이 성명서를 읽어내렸다.

"오후 일곱시에 마틴 루터 킹 박사는 경부(頸部)의 총상때문에 응급실에서 사망하셨습니다."

## 제 13 장
## 넋의 부활로

　지도자가 쓰러졌을 때 사람들은 동료들을 향해서 무엇이라고 할까? 아무거나 빗나가는 일이 많은 것 같다. 사인이 병이라든가, 사고의 경우에는 그 반응은 상상할 수도 있다. 천 명 앞에서 무력감이나 무상감을 느끼는 것이 보통이다. 그러나 사인이 암살자의 총탄에 의한 것이라면 억누를 수 없는 복수심이 불타오르는 것이 보통이다.
　적을 때리고, 죽이며, 분쇄해서 파괴하고 반격을 가해서 깨닫게 해 주어 이쪽이 받은 것과 같은 손실을 상대에게 주어야겠다는 생각이 드는 법이다. 1965년에 말콤 X의 죽음을 들은 부하의 한 사람은 옥중에서 그렇게 써놓고 있었다.
　킹 목사의 사후 몇 시간 동안에 몇백만이라는 미국의 흑인들은 폭발하지 않고는 못 배길것 같은 심정에 휘몰리고 있었다. 그러나 무엇에 대해서 폭발시켜야 좋을지. 폭동에는 독자적이고 내재적인 역학이 있다. 강력하지만 맹목적인 동기에서 시작되는 전술전략을 갖지 않는 게릴라전과 비슷한 것이다.
　워싱턴, 시카고 그 밖의 1백 30여의 도시에서 흑인들은 그 고투나 욕구불만을 폭발시켰다. 그 결과 서른세 명의 흑인과 다섯 명의 백인이 죽고 피해액은 줄잡아 1억 3천만 달러나 되었다.
　킹 목사를 동경하는 백인들은 자신들의 말이 흑인들의 마음속에 전혀 통하지 않은 것을 깨닫고, 폭도를 '킹 목사가 살해되기 훨씬 전부터 방화나 절도를 꾀하고 있던 일련의 흑인그룹'으로 단정하고, 그들은 '범죄자'라 하여, 이 폭동을 '킹 목사의 반역과는 거의 관련이 없는 족속들이 행한, 킹 목사의 죽음에 대한 모독행위'라고 단죄했다.

시카고의 리차드 데일리 시장은 경관이 폭도들을 모조리 사살하지 않은 것을 분하게 여겨 다음에 폭동이 발생한다면 "방화범은 사살하고, 절도범은 병신을 만들라."고 시경찰에 엄명했다.

존슨 대통령은 킹 목사의 죽음을 애도해서 공정주택법의 의회통과를 서둘렀으나 연방정부 고관이 애틀랜타의 킹 목사 장례식에 참석하고 있을 그때에, 북동부의 제도시에의 빈곤추방 예산의 지출은 묵살당했으며, 존슨 대통령 자신이 카아너 위원회 보고의 수리를 거부하는 형편이었다.

극우파의 족속들은 형식적인 애도의 말을 했을 뿐이지, 그것에 몇 배가 되는 비폭력주의 비난과 공민권운동을 비난하는 말을 퍼부었다. FBI(연방수사국) 출신의 던 스무트는 "킹은 공산주의자나 변태 성욕자들과 통하고 있어, 그의 미국을 위한 계획이라고는 것은 틀림없이 공산주의자의 계획이다."라고 아우성치는 형편이었다.

킹 목사 암살의 하수인은 누구였을까. FBI는 북부출신의 백인으로 킹 목사보다 한 살 연장인 제임스 알 레이라고 점찍었다. 그가 가지고 있던 레민턴 게임마스터 라이플총이 범행에 사용된 흉기임이 확인되었기 때문이었다.

그러나 더욱 깊은 의미에서는 킹 목사를 죽인 것은 백인이 지배하는 미국이었다. 다른 순교자들을 쓰러뜨린 총알과 마찬가지로 이 총알은 킹 목사를 노렸다기보다는 오히려 목사가 대표하고 있는 것을 노렸던 것이다. 스톡클리 카마이켈은 4월 5일의 기자회견에서 많은 흑인들의 심정을 대변해서, 다음과 같이 말하고 있다.

"백인의 미국은 어젯밤에 킹 목사를 죽임으로써 우리에게 선전포고를 한 것이다.…… 백인의 미국이 랩 브라운이나 스톡클리 카마이켈 내지는 이 두 사람을 죽였다면 그런대로 나았을 것이다. 그러나 킹 박사를 죽임으로써 백인의 미국은 이 싸움에서 패했다.⋯⋯이 나라의 전혹인들의 눈을 뜨게 하고 말았다. 그는 우리 흑인들 중에서 백인에게 사랑과 동정과 자비를 주게 하라고 가르친 제1인자였기 때문이다."

그날 밤 늦게 카마이켈은 워싱턴의 약탈자들에게 집으로 돌아가라고 호소했다. 〈뉴욕 타임즈〉지는 그가 "집에 돌아가 총을 들고 나오라."고 했다고 보도했다. 그러나 〈워싱턴 포스트〉의 흑인기자는 그가 총을 들고 나오라는 말은 절대로 하지 않았다고 전했다.

뉴어크에서는 67년의 폭동 후에 무기 불법소지로 검거된 전투적인 흑인작가인 리로이 존즈가, 킹 목사의 죽음을 계기로 일어난 폭동에서 폭도들의 설득에 나섰다.

유나이티드 코뮤니티 사의 이사인 실베스터 오덤 박사는 뉴어크의 흑인 게트의 방화사건의 몇 가지는 백인의 인종차별주의자의 짓이라고 말하고 있고, 리로이 존스도 백인이 몇 명인가 센트럴 워드 부근을 석유통을 들고 배회하고 있는 것을 목격하고 있었다.

"그들은 소동을 부채질하려 하고 있었다. 그들은 흑인들이 이길 수 없다는 것을 안 뒤에야, 흑인과 경관을 정면충돌시키려고 했다. 우리는 뉴어크를 좌우할 힘을 요구하고 있는데 그 힘은 경찰과의 무력충돌에서가 아니라 정치세력과 흑인의 단결 —— 블랙 파워를 통해서 획득할 수 있을 것으로 믿고 있다." 존스는 그때 이렇게 말하고 있었다.

일주일쯤으로 폭동은 수습되었으나, 그 원인은 여전히 제거되지는 않았다. 킹 목사의 죽음은 폭동의 원인이 아니라 워츠나 디트로이트를 비롯해서, 64년의 할렘 폭동 이래, 매년 백인이 폭력행위를 한 가지 저지르면, 그것이 계기가 되어 흑인들의 분노가 폭발했듯이 폭동의 계기에 불과했다.

가령 '킹 목사 암살 훨씬 이전부터' 흑인들 중에서 방화를 생각하는 자가 있었다 하더라도, 킹 목사는 그 이유를 알고 있었으므로 왕왕 그 이유를 지적해왔다. 가령 이 폭동이 '범죄'라 하더라도 그것은 흑인들에 내재하는 것이 아니라 부당한 억압과 희망의 부정과 거듭되는 어필의 거부가 초래한 결과일 따름이었다.

킹 목사의 생애는 미국의 넋을 구제하는 시도에 쓰인 것이며, 그의 죽음은 백인미국의 인종차별의 죄—— 정신의 개조와 생활의 근본적인 변혁 이외에는 극복할 수가 없을 만큼 깊은 죄에 대한 생활이었던 것이다.

"마틴 루터 킹 박사는 비폭력주의의 최후의 거물이었다."라고 프로이드 맥시크는 그의 죽음 몇 시간 후에 말했다.

"비폭력의 철학은 죽었다. 그러나 죽인 것은 흑인이 아니다. 비폭력주의를 죽인 것은 백인이다. 백인의 인종차별주의자가 해치운 것이다."

맥시크, 카마이켈과 그 밖의 급진파 흑인들로서는, 비폭력주의는 킹 목사의 죽음과 함께 죽은 것은 아니었다. 그 기일은 메레디스 행진 아니면 그 이전까지 거슬러 올라간다. 비폭력주의와 블랙 파워의 관계는 언어상으로는 밀접하지만 복잡해서, 첫째는 말콤 X가 '필요한 일체의 수난에 의한 흑인의 해방'이라는 슬로건을 부르짖은 데서 생겨나고 있다.

1963년에 버밍햄의 교회가 폭탄을 맞고 네 명의 흑인어린이가 죽고부터 흑인지식인의 대부분은 비폭력주의를 '철학'으로는 인정하지 않게 되었다. 계속해서 전술로서는 도움이 되지만 기본적인 자세로서는 소용없다는 것이었다.

그 후 해를 거듭함에 따라 분산적이기는 하나, 무상에 의한 자위—— 무장공격에 대한 반격의 경향이 강해져갔다. 그러나 실제로는 무기의 사용은 적었으며, 무기의 사용도 정당화된다는 주장이 불어났을 뿐이었다.

비폭력을 거부하느냐 받아들이느냐의 차이도, 실제면보다도 이론면에서 많았을 뿐이었다. 말콤 X까지도 적어도 만년에는, 폭력행위의 주창자는 아니게 되어 있었다. 그는 변혁이 행해지지 않으면 폭력행위가 필요해질 때가 온다고 단언했음에 불과했다.

그와 킹 목사의 차이는, 말콤 X가 흑인에 대해 그러한 필요가 생기기 전에 그 준비를 해두라고 권한데 대해서, 킹 목사는 자신의 지도하에서는 있을 수 없으나, 그러한 사태가 발생할 위험성은 있다고 경고하고 있는 점에 있었다.

벌써 1963년경부터 리로이 존즈와 같은 급진적인 흑인은 비폭력을 '백인선교사의 병'의 부산물이라고 비난하고 있었다. 이런 종류의 비판에는 어느 정도 핵심을 잘 찌른데도 있다. 그 밑바닥에는 백인의 크리스트교의 위선성에 대한 날카로운 항의가 있기 때문이다. 존즈는 백인들이 흑인들에게 자신들의 것보다도 더욱 소박한 크리스트교를 철저히 가르치려 하고 있다고 주장하고 있는 셈이다.

우선 남부의 선창에 이어서 북부의 박애주의자나 미국 선교사협회와 교회조직의 노력에 의한 자유민국을 통해서 백인 크리스트 교도가 하자는대로 흑인교회나 흑인대학이 설립되었다.

뱁티스트나 조합교회파 그 밖의 교파는 모두 흑인을 위해서 해준 것을 자랑하고 있다. 과연 그들은 모어하우스, 하워드, 투걸루 그 밖의 흑인대학들을 만들기는 했지만, 그 교사들에게는 흑인학생의 사상이나 행동을 그들의 평등을 위해서가 아니라 백인이 지배하는 사회조건에 알맞은 주형에 끼워넣을 수 있을 만한 인물들을 앉혔다. 존즈에 의하면 이와같이 해서 흑인신도들을 무저항으로 하는 길이 만들어져 갔다는 것이다.

리로이 존즈나 말콤 X로서는, 전통적이고 전형적인 흑인교회는 백인교회라기보다는 백인교회가 일으킨 특별한 전도사업의 부속물에 불과했다. 해외포교와 같이 신도의 획득이 아니라 사회통제와 사회조작의 훈련대였으며, 흑인신도에게 이 세상의 무상을 감수하는 대가로서 천국에서의 구원을 주어 백인의 권력기구의 이익을 위해 봉사시킴으로써, 흑인들을 영원히 정신적인 노예에 붙들어두기 위한 수단이라는 것이다.

이 교묘하게 짜여진 자기포기의 체제 속에 있으면서, 비폭력주의는 백인지배를 유지하기 위한 제동의 쐐기가 되고 있다.── 존즈는 그의 저서 《비폭력이란 무엇인가》의 속에서 이렇게 말해놓고 있다.

블랙 모슬렘 교의(教義)의 대부분은 백인의 지배를 단호히 거부할 것과 자위권을 주장하는 등 흑인교회의 일면에 대한 직접적인 반발에서 생겨났다고 볼 수가 있다. 이들의 특색은 코란에서 생겼다기보다는 흑인교회와 그 주위와의 대립에서 생겨난 것이다.

그 밖의 특징도 회교의 성전에 입각하든 그렇지 않든 간에, 흑인교회에서 주로 설교되고 있는 가르침에 대한 반발이거나 그것을 좀 더 극단화한 경우가 많다.

블랙 모슬렘 이외에도 비슷한 유형을 볼 수 있다. 자신들이 그 속에서 자라난 흑인교회의 감화력은 제임스 볼드윈이나 스톡클리 카마이켈 등의 사상에서도 엿볼 수 있다. 그들로서는 교회의 존재는 무관심일 수는 없었던 것이다.

아버지도 조부도 경건한 성직자였던 니체와 같이, 그들도 또 크리스트교의 유산을 버리고 태연한 세속주의자가 될 수는 없는 것이다. 크리스트교의 손때가 묻은 제가지를 직접 두들겨 고쳐서 세속적이고도 크리스트교의 그것에 못지 않는 가치를 만들어내지 않으면 그치지 않는 것이다. 안티 크리스트를 표방한 니체조차도 예수가 자유로운 정신의 대표자임을 인정하고, 말 뿐이지 예수의 가르침에 따르지 않는 족속들을 핑계삼아 예수를 칭찬했다.

킹 목사의 예언자로서의 천성은 그가 '백인선교사의 명'에 구애되지도 않았으며 편협한 흑인 중심주의로 치우치지도 않았던 점에 있다. 그의 유산은 이 두 가지의 어느 쪽에도 물들지 않은 점에 있는 것이다.

그는 반드시 자신의 태도를 선명하게 밝히지는 않았지만, 어느 의견에도 일방적으로 기울지 않고 그 접점에 서서 투쟁의 모든 면에 적극적으로 참가했다.

그는 생애를 통해서 흑인교회 내부 세력의 대표였다. 흑인교회의 경건성을 나눠갖고 있었으며 구식 찬송가도 노래불렀다. 개인의 도의심이나 그 예절 등은 주로 흑인교회 전통의 것이었다.

그는 또 미국 종교계의 한 세력의 대표자였다. 빌리 그레이엄조의 연설을 했으며, 19세기의 러셀 로우웰이나 토마스 카알라일, 윌리엄 칼렌 브라이언트와 같은 예스러운 지식인의 말을 인용하거나 종교계의 진보파가 흔히 쓰는 고풍의 표현을 쓰기도 했다. 킹 목사의 종교사상의 결점을 논한다면 진부한 것뿐이라고 할 수 있을지도 모른다.

지식인으로서도 그는 평범해서 신학이나 사회이론, 그 밖의 문제에 대한 가장 현대적인 조류에서 배어져 있다고 할 수 있을 것이다. 그러나 이러한 것뿐만 아니라 킹 목사의 독자적인 것으로는 깊은 통찰이라고 할 수 있는데 이것으로 그는 미국의 실정이나 인간의 상태나 흑인빈민의 고뇌를 정확하게 포착하고 있었다.

같은 흑인목사의 아들이었던 제임스 볼드윈은 본인 이상으로, 킹 목사의 통찰의 핵심 몇 가지를 가르쳐주고 있다. 1963년에 그는 그의 저서 《다음은 불이다》에서 미국의 운명은 이 나라가 백인의 나라가 아닌 것을 우리가 인정하느냐 않느냐에 달려 있다고 써놓고 있다.

킹 목사의 필생의 꿈은 미국이 백색인종 우월주의를 탈피하는 일이었으며 링컨 기념관이나 그 밖의 장소에서의 연설에서, 여러 번 말해온 대로이였으며 세계도 그런 말을 여러 번 들어왔다. 킹 목사도 볼드윈도 인종차별주의가 악이라든가, 악인의 짓이라든가로 비난하는 입장은 취하지 않고, 오히려 그것을 어리석은 잘못으로 간주해서 변혁을 통해 백인들이 흑인과 마찬가지로 미국은 하나라는 것을 깨닫도록 호소했다.

볼드윈은 이렇게 말했다.

"이 변혁에 필요한 것은 흑인을 무조건으로 해방하는 일이다. 오랫동안 자유가 주어지지 않았던 흑인들에 대해서 심리적이나 사회적인 위험은 어쨌든지 백인이 두 손을 들고 포옹하지 않으면 안 된다는 것이다."

그러나 먼저 이 위험을 굳이 흑인측에서 무릅쓰지 않으면 안 된다는 것이 바로 킹 목사의 비폭력주의자로서의 진면목이었다. 그는 '백인선교사'의 견인불발의 가르침에서, 간디의 중생제도를 위한 고행을 가해서 이 정신적인 혼합물에 실제적인 태도를 가미해서 그릇된 사람들을 구원하려 했다. 인간은 선에도 악에도 강한 것이지만, 킹 목사는 '인간의 성질에는 선에 보답할 수 있는 그 무엇이 있다.'는 것을 믿고 여기에서 '부정한 체제에 사로잡힌 개개의 인간보다도 그 체제, 그 자체를 타파하려고' 했던 것이다.

킹 목사는 상대가 분명히 잘못 되었을 경우에도 분명히 선의를 표시해서 그것에 의해서 불만을 두드러지게 했을 뿐만 아니라, 상대가 과오를 불평없이 고치지 않을 수가 없는 입장을 만들었다. 더구나 상대에게 그 과오를 고칠 수 있는 여지를 남겨두도록 했던 것이다.

비폭력 직접행동의 제창자들은 변화를 낳게 할 수 있도록 압력을 넣어서 대립의 원인을 표면화시키는데, 그러면서도 자신들이 정세를 좌우할 수 있는 입장을 확보하고 나중에 화해할 소지를 빈틈없이 남겨둔다는, 정신적인 이점을 가지고 있었던 것이다.

간디는 '헛된 괴로움'을 '업(業)'으로 받아들이고, 유익한 행실을 쌓아올림으로써 업에서 해탈하는 것을 염원했다.

킹 목사의 경우는 그것이 크리스트교의 동포애라는 형태를 취하고 있다. 그는 왕왕 창조적인 선의라는 것을 강조하고 있지만, 그것은 루터의 '넘쳐 쏟아질 것 같은 무상의 사랑' 아니면 '인간의 마음속에 머무르는 신의 사랑'과 같은 것이다.

그가 끝내 입밖에 내지 않았던 것은, 성서의 사상에서 꺼낸 백인 미국의 흑인구세주로서의 사명에 이용한 그의 독자적인 생각, 즉 이러한 사랑을 위해서는 설령 무익한 책임이라도 억지로 그 무거운 짐을 스스로 짊어지지 않으면 안 된다는 신념이었다. '자신은 동포들의 파수꾼일까? 바로 그렇다.' 이것이 킹 목사의 답이었다.

그는 집안의 내력과 성격에서, 그 점에 특히 민감했다. 자신이 책임을 느끼고 있는 사람들에게 재난이 닥치면, 그 때문에 자신이 가책을 느끼는 경향마저 있었다. 그것은 첫째는 죄가 있는 백인에의 지탄을 딴 데로 돌리고 흑인에게 자기자신을 책망하게 해서 백인을 맹목적으로 사랑하게 하려는 '백인선교사'의 가르침 탓이라고도 할 수 있다.

그러나 킹 목사는 거기에서 다시 복음서의 핵심인 십자가에 대한 심리적 사회적인 신학의 핵심에 접근해서 흑인으로서의 자신을, 자신에는 인간의 죄로 비난당할 이유는 없지만 굳이 동포가 범한 죄의 책임을 진 예수와 동일시했던 것이다. 예수의 고난에 구원이 있는 것은 그 때문이라고 킹 목사는 생각했다. 그의 마음속에서 간디보다도 크리스트와 그 '사랑의 윤리'가 커다란 비중을 차지하고 있던 이유도 거기에 있다.

마찬가지로 신학생시절에 그는 고뇌를 긍정적인 행위로 변혁하는 수단으로서 키에르케고르가 '마음의 순수성'을 부르짖고 있는 것에 깊은 감명을 받았다.

킹 목사의 저서나 연설을 보면 뚜렷한 형태로 나타나 있는 일은 적지만 고뇌의 목적성,── 자학적인 것이 아니라 자신의 주체성을 확립해서 정의와 타자와 그리고 '신의 모습'을 위해서, 스스로 나아가 고뇌에 견디며 기꺼이 고뇌에 응하려는 그의 테마가 빈번히 엿보인다.

그것에 의해서 그는 '극단적인 인종 차별주의자라도 인종 평등주의자로 바꿀 수 있다.'고 믿었다. 요컨대 백인을 구제해서 자신이나 예수가 품고 있는 인간의 세계는 하나라는 비전을 가르칠 수가 있다고 믿었던 것이다.

청년시절에 그는 자기자신이나 백인에 대해서 많은 것을 배우고 자신이 자기를 이해하는데 있어서 대다수의 백인보다도 뛰어나다는 것을 알았다. 백인들은 그의 속에서 자기자신을 볼 수가 없었는 데도 그는 백인들의 속에서 자기자신을 볼 수가 있었기 때문이다.

그는 또 —— 특히 클로우저 학교에서 —— 백인의 편견은 선천적인 것이 아니라 극복할 수 있는 것임도 배웠다. 킹 목사는 볼드윈이 그의 조카에게 준 충고를 잘 이해할 수가 있었다. 그것은 자신의 체험을 뒷받침하는 것이며, 그의 책임인 신학을 말로서 나타낸 것이었기 때문이다. 볼드윈은 그의 저서《다음은 불이다》에서 이렇게 말했다.

"네가 백인을 좋아하지 않으면 안 될 이유는 없으며, 그들이 너를 받아들이지 않으면 안 된다고 생각할 근거도 없다. 무엇보다도 무서운 일은 네가 그들을 받아들이지 않으면 안 된다는 일이다. 나는 진심으로 말하고 있다. 너는 그들을 받아들이지 않으면 안 된다.

더구나 사랑을 가지고 말이야. 왜냐하면 그 철없는 족속들에게는 그 이외에는 바람은 없으니까 말이야. 실제로 그들은 역사의 올가미에 사로잡혀 있으면서도 그것을 모르고 있다. 더구나 그런 것을 이해하지 않는 한, 그들은 그 올가미에서 달아날 수는 없는 것이다……. (인종)통합이라는 말에 뭔지 모를 의미가 있다고 하면 그것은 이러한 의미이다. 요컨대 사랑을 가지고 우리의 동포에게 자기자신을 있는 그대로 보이게 해서 현실에서 도피하는 것을 못하게 해서 변혁을 시작시키는 일인 것이다."

리로이 존즈의 비폭력 비난에는 근본적인 오해가 있는데, 그 오해에도 정말 짐작이 틀렸다고는 할 수 없는 점이 있다. 백인들의 저항의 끈질김과 백인들의 양심의 둔감함을 지적한 점이 그것이다.

존즈에 의하면 킹 목사의 비폭력은 흑인사회의 불만을 전하기 위한 전제조건으로서 흑인의 정신행동의 기준을 끌어올리려는 것이며, 결국 백인들의 수법을 답습하는 것이므로 도리어 백인들의 양심을 잠재우게 된다는 것이다.

"흑인은 조직적인 폭력에 호소하려고 한 적은 거의 없으며, 흑인이 억압되고 있는 이상으로 체제에 대해서 정치적인 폭력을 가하기란 우선 불가능하니까…… 백인의 진보파나 흑인의 중산계급이 흑인들에게 좋건 싫건 간에 이제까지 따라 온 길을 계속 지키도록 설득시킬 필요가 어디에 있을까?" 존즈는 이렇게 말했다.

중요한 것은 킹 목사의 비폭력주의가 실제적으로 아니면 그 효과의 점에서, 흑인교회가 옛날부터 설교해 온 무저항과 같은 것은 아닌가 하는 점이다. 존즈는 흑인의 비폭력 항의운동의 지원에 힘을 쏟기보다는 백인의 진보파가 폭력과 만행의 근원인 백인사회에 직접 선교활동을 해야 한다고 말했는데 이것은 일리가 있었다. 확실히 백인진보파가 백인사회를 상대로 진지하게 선교활동을 벌이지 않는 한, 그들이 흑인의 비폭력운동을 지지해 보았던들, 그 동기를 의심받아도 도리가 없다.

'백색인종 우월주의'에 대한 카아너 위원회의 비난은, 이러한 복잡한 관점에서 검토하지 않으면 안 된다. 그 복잡성에 대해서는 달리 할 말이 있다.

백인의 인종차별주의 중에서 가장 일반적인 것은, 볼드윈이 '그들 철없는 족속들'이라고 말하고 있는 백인들의 태도 즉 흑인의 심정을 전혀 이해하지 못하는 무분별하고 악의없는 태도이다.

이것을 명백히 인종 차별주의라고 할 수 있을 것인가 어떨까에는 문제가 있을 것이다. 폴 굿맨이 지적하고 있듯이, "딜레마는 흑인이 지금의 재산제도와 경찰제도의 희생자인 것은 사실이나 오늘의 북부의 백인들은 의식적으로나 실제적으로도 가해자라고는 할 수 없는 데에 있다." 그들은 지금 제도의 무의식적인 수익자이나, 그들이 받는 이익은 수상쩍은 것이며 긴 안목으로 보면 정말 마이너스인 것이다.

이러한 생각이 천박한 족속들에 대한 흑인의 분노를 선동해서 그들에게 모든 죄를 뒤집어씌움으로써, 일시적으로 어떠한 만족이 얻어지든 간에 긴 안목으로 보면 그것은 오해를 더하게 할 뿐이다.

제일 적절한 것은 그들의 죄를 과장하거나 비난하거나 하는 일이 아니라, 미국 생활의 현실에 대해서 그들을 교육시켜 킹 목사의 꿈은 그들도 함께 나눠가질 수가 있는 것이며 나눠갖지 않으면 안 되는 일이라는 것 —— 꿈꿀 만한 유일한 일이라는 것, 그 때문에 싸우고 몸을 던질 가치가 있는 일이라는 것을 깨닫게 하는 일인 것이다.

마틴 루터 킹의 참모습이 충분히 이해될 수 있는 때가 오면 그는 위대한 흑인지도자로서 뿐만 아니라, 미국인 전체의 위대하고 유일한 지도자였다고 간주되게 될 것이다. 더구나 흑인이었기 때문에 그는 될 수 있었던 것을 알게 될 것이다.

그는 그러한 인물이었으며, 그 이상의 사람이기도 했다. 그가 그린 새 미국상은 인류의 보편적이고 탁월한 비전의 일부였기 때문이다. 더구나 그의 비폭력이라는 방법은 이러한 목적을 달성하기 위한 단순한 수단에만 그치는 것은 아니었다.

"킹 안목으로 보면 목적이란 거기에 이르는 수단에 지나지 않으며, 그 과정에서 형성되는 이상일 뿐이라는 것을 알지 않으면 안 된다." 하고 그의 저서 《사랑, 법, 시민적인 불복종》에서 이렇게 말해 놓고 있다.

사랑이 없는 법과 질서의 사회에서는 악법을 어기거나 선법을 시행하거나 하는 것만으로는 충분하지가 않다. 양심과 공감의 기능을 몸에 지니고 솔선수범할 필요가 있다. 킹 목사의 운동을 연방정부의 원리나 개입을 요구하는 일을 제일의(第一義)로 한 것으로 생각하는 것은, 짐작이 틀려도 이만저만이 아니다. 이를테면 유권자등록에 연방정부 직원의 수고를 요구하고 있는 것도 미국 민주주의의 뿌리를 깊게 내리게 하고, 국회나 주 정부뿐만 아니라 시카고의 빈민가의 조직이나 브레드바스켓 작전과도 같은 말단적인 지역사회의 조직을 통해서, 시민권을 더욱 본격적이고 효과적인 것으로 하려는 광범한 목적을 가진 운동의 일환인 것이다.

그의 최후의 운동이 된 멤피스의 청소부 파업은 풍요한 사회에서의 하층계급 사람들의 인간으로서의 존엄을 당국에 인식시키려는 노력의 발로였던 것이다.

중요한 문제는 청소부의 임금에 있었던 것은 아니다. 시당국과의 계약의 당사자가 되는 것은 그들의 권리이며 문제는 시당국의 태도에 있었던 것이다. 킹 목사의 사후에, 코레타 미망인이 예정대로 데모의 선두에 서고 노동자의 지도자 그 밖의 사람들도 이에 참가해서, 마침내 청소부들은 시당국과 계약을 맺을 수가 있었다.

그 후에 다시 애버내시 목사가 빈민의 행진을 이끌고 워싱턴으로 향했다. 처음에 워싱턴에서의 캠프 예정지는 희망의 도시로 불리울 예정이었으나 애버내시 목사는 '부활의 도시'라는 이름으로 고쳤다. 이것은 매우 깊고 상징적인 의미가 있었다. 킹 목사의 암살은 진보라는 길에 가로놓인 한 장애물 이상의 것이었기 때문이다.

흑표범 당의 지도자인 엘드리지 클리버가 《비폭력을 위한 진혼가》에 써놓고 있듯이, 흑인들은 킹 목사의 죽음을 "평화적, 비폭력적인 수단에 의한 화해의 희망과 변혁과 희망의 그 모든 것을 백인의 미국이 최종적으로 거부한 것을 의미하는 것"으로 받아들였다. 그 희망을 앞으로도 존속시키기 위해서는 죽은 킹 목사의 재생이, 재기가 필요했던 것이다. 킹 목사 자신이 빈민의 행진을 '최후의 찬스'라고 하여 다급한 심정이 되어 있었지만, 그의 사후에 더욱더 사태는 절박했던 것이다.

멕시코 체류 중에 킹 목사 암살의 소식을 들은 소련의 시인 에프게니 에프투셴코는 다음과 같이 읊고 있다.

그는 흑인이었으나
그의 마음은 백설같이 깨끗했다.
그는 검은 마음을 가진 백인에게 죽여졌다.
이 소식을 받을 때
그를 죽인 탄환은

나의 가슴에도 쭉 찔렸다.
그러나, 그를 죽인 탄환은
나를 다시 태어나게 했다.
나는 흑인으로 다시 태어난 것이다.

이와 같은 재생이 미국의 정신내부에 일어나지 않으면 안 된다. 그것은 미국의 백인이 백인임을 그만두라는 것이 아니라 미국이란 무엇인가, 인도(人道)란 무엇인가에 대해서도 커다랗게 눈뜨지 않으면 안 된다는 것, '흑(黑)은 아름답다'는 것, 흑인은 '그들'이 아니라, '우리'의 일원임을 인식함으로써 백인과 완전히 일체화하는 일이다.

미국의 백인은 자신들 속에 이런 현실을 부정하는 요소가 있는 것을 자각하지 않으면 안 된다. 백인의 인종 차별주의의 쪽을 흑인의 폭도들보다도 무서워해야 할 것이며, 마이너스가 많다는 것을 배우지 않으면 안 된다.

그들은 킹 목사와 경쟁할 생각이 있다면, 개인으로는 아무리 책임이 없더라도 필요한 변혁을 실현시킬 책임을 스스로 져야 할 것이다. "자신에게는 인종적인 편견은 없다."라고 말해본들 그것은 책임회피에 불과하며 무의식중에 도리어 희망을 부정하는 일을 한몫하는 것임을 인식하게 될 것이다. 마틴 루터 킹 목사의 죽음은 흑인만을 위한 것이 아니라, 그들을 위한 것이었다는 것을 깨달을 것이다. 킹 목사는 66년 〈에버니〉지에서 이렇게 말했다.

"남자와 여자가 함께 살며, 사람들이 자신의 일과 집을 가지고 자식들이 모두 자질에 어울리는 교육을 받을 수 있는 세계를 창조하는 것은 결코 쉬운 일은 아니다. 그러나 그와 같은 세계가 우리가 살고 있는 동안에 만들어질 수 있다면, 그것은 이곳 미국에서 흑인과 선의의 백인들의 힘에 의할 수밖에 없다.

그와 같은 세계는, 타인에게 고통을 짊어지게 하기보다도 스스로 고통을 짊어짐으로써 괴로움에 종지부를 찍을 용기를 가진 사람들에 의해서 구축될 것이다. 서구 문명의 특징이었던 인종차별, 물질주의, 폭력을 부정하는 것에 의해, 특히 동포애와 협력과 평화세계를 지향하는 활동에 의해서 실현될 것이다."

어쩌면 킹 목사를 위한 가장 어울리는 기념의 하나는 윌리엄 J. 레비트가 자발적으로 발표한, 레비트 & 선즈 회사가 건설한 주택 수천 호를 흑백을 불문하고 문호개방한다는 정책일 것이다. 이 발표에 촉구되어 연방정부는 주택개방법을 시행했다. 이것을 계기로 다른 회사나 민간재단이나 도시연합 등도 흑인빈민들의 문제해결을 위한 노력을 개시하거나, 배가하기 시작했다.

그러나 아직 남은 일도 한없이 많았다. 스웨덴의 사회학자인 군너 뮬달의 말을 빌린다면, 랜돌프의《자유를 위한 예산》도 너무나 사소해서 비현실적이라 하겠다. 그는 문제의 전면적인 해결을 위해서는 1천850달러는 고사하고, '일조 달러'의 예산과 미국의 백인이 태도를 일변시킬 것이 필요한데, 그래도 문제를 외면하는 경우의 손해보다는 값싸다고 말했다.

흑인 하원의원 존 콘이어즈가 의회에 제출한 3백억 달러의 완전고용법안은 겨우 시작에 불과했으며, 더구나 빈민운동이 목표로하는 돌파구가 열리지 않는다면 그 전망은 어두웠다. 소식통은 의회의 완고함은 선거민의 기분을 반영한 것이라고 할 수 있었다. 〈뉴욕 타임즈〉지의 레스턴 기자도 68년 4월 7일에 이렇게 써놓았다.

"우리는 이제까지 흑인에 대한 약속을 지키지 않았다. 진정한 죄는 그 점에 있으며, 킹 박사의 암살은 그 기피해야 할 상징에 불과하다. 이 죄는 흑인들의 생활변혁에 의해서만이 구제받을 수 있다. 그러나 이제까지 미국은 이런 역사적인 부채에는 눈을 돌리려고도 하지 않았다."

범죄, 부채, 죄, 책임 등 이러한 말들은 이 문제를 해결하는 하나의 길을 시사하고 있었다. 킹 목사는 링컨 기념관에서의 역사적인 연설에서 '약속어음'이라는 표현을 썼다. 그는 백인의 죄를 찾아내는 일보다도 흑인을 위해서뿐만 아니라, 모든 미국인을 위해서 그 약속이 지켜지기를 원하고 있었던 것이다.

흑인빈민의 구제, 게트의 빈곤추방이 대단한 일임은 그도 알고 있었다. 그러나 그것은 백인으로부터 우려내어서 흑인에게 베푼다는 것만은 아니었다. 흑인의 승리는 백인의 패배를 의미하는 것은 아니었다. 만인이 보다 더 풍요해지자는 일이었다.

흑인혁명은 미국혁명이며, 권력의 공평한 재분배를 위한 민중혁명이었다. 이 혁명에서 미시시피 주 출신의 제임스 이스트랜드 상원의원과 같은 족속은 패할 것이다. 그러나 미시시피 주의 백인들이 패하는 것만으로는 되지 않을 것이다.

킹 목사의 혁명의 메시지는 마음에서 우러나는 동정의 메시지, "너 자신을 사랑하듯이 너의 이웃을 사랑하라."라는 것이며, 형식적인 동정이나 남을 위하는 체하면서 자기실속을 차리는 자비가 아니라 인간으로서의 전면적인 공감이었다.

C. 에리크 링컨은 《문화면에서 본 흑인혁명》에서, 그 점에 대해 다음과 같이 말했다.

"혁명이 성공하면 대립을 지양하는 총화는 보다 건전하고 강력하며, 보다 민주적인 사회이다. 혁명이 성공하느냐 어떠냐는 책임있는 미국사회가 어디까지 이것에 주력하느냐에 달려 있었다.

백인의 참가가 없었기 때문에, 아니면 흑인 민족주의자의 배타주의때문에, 아니면 또 연방정부가 우선순위와 책임순위를 잘못 해석했기 때문에, 이 혁명이 유산되는 일이 있다면 그 때문에 손해를 보는 것은, 미국 전체이며, 미국사회는 백 년 전으로 거꾸로 되돌아갈 가능성도 있다. 사실 이 '민중의 정부'는 지구상에서 자취를 감추게 될 것이다."

'혁명'이라는 말은 변혁의 템보를 재촉할 필요성이 임박하고 있는 것을 시사하고 있을 뿐만은 아니었다. 그것은 혼돈해진 상황을 시사하고 있는 것이 아니라, 권력과 우선순위의 재분배를 기초로 하는 철저하고 또한 급속한 변혁을 의미하는 것이었다. 네이던 라이트가 그의 저서 《블랙 파워와 도시의 소란》에서 지적하고 있듯이 "도시의 빈민문제의 개선뿐만 아니라 '만인이 자신의 자질을 살려 미국에의 책임과 그 운명의 일부를 부담할 수 있도록 권력의 균형을 바꾸는' 일인 것이다."

이 혁명은 미국이 태어나는 계기가 된 (독립)혁명의 올바른 계승이지 부정은 아니었다.

킹 목사는 시카고에서 빈민의 복지를 분명한 목표로서 내거는 기구나 기관이 존재하는 것을 발견했다. 그러나 그 시카고에서도 또 빈민은 인간 이하의 것으로밖에 취급되지 않았던 것이다. 권력이 없었기 때문에 빈민은 비인격적인 관료기구나 그 직원으로부터 은혜를 받기보다도 희생자가 되는 일이 많았던 것이다.

신학자 하베이 콕스는 킹 목사를 "그의 덕분으로 나는 뱁티스트임을 자랑으로 여기게 되었다."라고 말했다. 킹 목사는 성직자로서 전통파도, 근대파도, 교파에 구애되는 자도, 구애되지 않는 자 모두를 포용했던 것이다. 그도 또 남몰래 뱁티스트임을 자랑으로 생각하고 있었으나 목사가 되기 전부터 뱁티스트의 자유로운 전통을 살려 복음서에 독자적인 해석을 가하고, 자신이 어떠한 뱁티스트가 될 것인가를 스스로 결정하고 있었던 것이다.

월터 라우셴부쉬도 그러한 뱁티스트의 한 사람이었다. 그러나 이 점에서 마틴 루터 킹에 필적할 수 있는 목사는 20세기의 미국에서는 매우 적었다. 그는 새로운 교파 '진보적 뱁티스트 회의' 창시자의 한 사람이었다. 이 교파는 흑인교회의 범위 내에서의 개혁의 중요한 담당자였으며, 그 창설은 어떠한 종류의 완고한 현상유지에도 '신성한 불만'을 품고 킹 목사의 모습을 상징하고 있었다.

그의 연설어조는 보통의 연설과는 달리 설교에 가까웠다. 제단이든 연단이든 그는 설교사로서 이야기를 했다. 그 설교나 연설의 대부분은 흑인교회의 전통적인 형식을 밟은 것이며, 단시(短詩)와 같이 뚜렷한 형식을 가지고 있었다. 그는 독특한 웅변을 한 설교사였다.

그는 또 신학자이기도 했다. 자신의 신앙의 골자를 말한 저서나 논문은 하나도 쓰지 않았지만, 인생과 그 의의에 대한 그의 견해는 신학적인 해석에 근거한 것이며, 그것도 신과 인간에 대한 크리스트교의 교의뿐만 아니라 복음서에 대한 그의 독자적인 확실한 해석에 뿌리박은 것이었다. 이 복음서에 대한 그의 독자적인 정리된 해석은 내면과 외면이나 개인과 사회를 불문하고 생활에 기초가 되는 철학적인 신념을 그에게 주었을 뿐만 아니라, 그가 후세에 남긴 유산으로도 되었다.

킹 목사와는 거의 공통점이 없는 경력을 갖는 하버드 대학의 학자 하버드 리차드슨이 킹 목사를 '현대 최대의 신학자'로 부른 것도 결코 변덕에서 한 말은 아니었다. 리차드슨은 정말이지 오늘날의 기술시대에 어울리는 신학자인데, 그러한 그가 "킹 목사는 새로운 신학을 창조했을 뿐만 아니라, 새로운 형식의 경건성과 새로운 형식의 크리스트교도의 생을 창조했다."고 말했다.

킹 목사는 신과 인간을 이해하는 점에서 어디까지나 인격주의적이며, 그의 비폭력의 사상은 신에의 충성이라든가 고백이라는 따위의 것보다도 이것을 기초로 형성된 것이었다. 비폭력 이외에 화해의 방법으로서 사랑과 모순되지 않는 수단은 없다.

무미건조하고 완고한 절대주의와 현대의 특징인 상대주의 횡행(橫行)의 어느 것에도 바뀔 수 있는 것을 제공하고 있는 것은 비폭력을 통한 화해이며, 이것이야말로 이 지상에 신이 내리신 조화의 힘찬 표현인 것이다.

이와같이 킹 목사의 비폭력이란, "성서에 그렇게 씌어져 있으니까" 하는 따위의 맹종은 아니었다. 오히려 —— 예수의 가르침과 같이 —— 성서의 가르침은 현실적인 하나의 과정을 가리키는 것이며, 그런대로 보편적인 유효성을 가지고 있다는 것이 킹 목사의 해석이었다.
 신앙이란 맹목적인 것이 아니라 통찰의 하나의 양식이며 그 통찰에서 확실한 결과가 태어나는 것이다.
 "비폭력 이외에, 현실 그 자체에의 올바른 이해를 기초로 한 것은 없다. 그렇기 때문에 비폭력 이외에 악과 싸울 실제적인 방법은 없다"고 킹 목사는 말하고 있다.
 이데올로기적인 대립의 테두리 안에서 악과 싸웠던들, 무엇 하나 해결할 수는 없으며 도리어 악 그 자체의 구조를 인정해서 문제를 오래 끌게 하는 것이 결함이다. 양심적인 사회행동이 왕왕 역효과를 초래하는 것은 그 때문이다. 어떤 이데올로기는 그것에 반대하는 상대를 다른 이데올로기로 달리게 해서 그 결과 대립할 때마다 상대를 강화하는 것이 되고 말기 때문이다.
 킹 목사는 이 세상의 악의 구조가 인간을 악행으로 휘몰아서 인간을 억압하고, 결국은 인간을 '외부의 자' 모두에 대한 증오와 공포로 가득차게 해버리는 구조를 깊이 이해하고 있었다. 그의 신학이 아무 데도 보이지 않는 중요한 시점을 가지게 된 것도 그 때문이다."라고 리차드슨은 이렇게 말했다.
 한편 킹 목사의 신학적인 순례는 여러 번의 여행에 의해서 얻는 바가 많은 것이 되어 교회와 흑인사회의 사명자임을 자각하게 해서 전인류와의 친근감을 깊이 하게 되었다. 그는 대통령이나 노조지도자나 유대교의 율사나 각 교파의 성직자들과도 친구가 되었다. 그는 이러한 사람들에게 공통되는 인간성을 자신의 일과 마찬가지로 알게 되었으며, 수많은 위험한 시련이나 사랑과 공포의 경험이나 희망과 비극의 체험을 통해서 자기자신을 알게 되었다.
 그의 크리스트교의 목사로서의 천직은, 크리스트교도이며, 신── 막연한 보편적인 신이 아니라 사랑이며 예수에게 맡긴 신──의 아들이라는 자각에 의해서 뒷받침된 것이었다. 크리스트교계 전체에서의 지위의 덕분으로, 그는 뱁티스트 교파의 유산에 대해서도 딱딱한 해석을 하지 않아도 되었으며, 그의 단체인 SCLC(남부 크리스트교 지도회의)도, 뱁티스트 교파의 흑인목사가 중심이기는 했지만 그 규모나 의도의 관점에서는 교파를 초월하고 인종을 초월하는 것이 될 수 있었던 것이다. 킹 목사는 말했다.

"우리는 인생의 길가에서 좋은 사마리아인의 역할을 다하라는 신의 뜻을 받고 있다. 그러나 그것은 겨우 시작에 불과하다. 어쨌든 제리코의 길은 모두 남자나 여자도, 인생의 여로에서 매질당하거나 도둑을 만나거나 하는 일이 없도록 다시 만들지 않으면 안 되는 것이다.

진정한 동정이라는 것은 거지에게 푼돈을 동정해주는 일만은 아니다. 거지를 낳게 하는 구조를 뜯어고칠 필요를 깨닫는 일이 진정한 동정이다."

킹 목사에게 비폭력은 결코 만능약은 아니었다. 그것은 만인이 품위를 지키고 생활할 수 있는 사회와 세계를 구축한다는 목적에 어울리는 수단이었던 것이다.

그의 비폭력적인 힘의 행사는 부정과 불평등의 그릇된 소극적인 평화를 극복하기에는 대립은 피할 수 없다는 인식에서 생긴 것이지, 민인이 인생의 아름다움을 향수하고 그것에 수반되는 책임을 나눠가질 수 있는 참된 평화의 달성이 가능하다는 깊은 신념에 촉구된 것은 아니었다.

요컨대 진정한 동정이란 모든 점에서 사랑의 예지로 이어지는 것이다. 어떠한 개인적인 부(富)도, 사람을 물건 취급을 하는 강대한 권력도, 진정한 우정의 기쁨이나 선의의 사양에는 미치지 못한다. 기계나 컴퓨터로는 그것을 낳게 할 수는 없는 것이다.

사람이 궁핍하고 있는 데도 일부의 인간이 부를 늘리는 일이나, 다른 인종을 희생으로 해서 어떤 인종이 권력이나 특권을 가로채는 일—— 이들은 어느 것이나 그 희생자를 무사할 뿐만 아니라, 우정이나 사회를 부정하고 인간의 가치를 비소화하는 것이다.

죽음을 앞에 두고 마틴 루터 킹은 전도를 걱정하고 있었다. 그는 무조건적인 낙천가는 아니었다. 그것은 십자가의 위에서의 낙천주의라고 할 수 있는 것이었다. 그의 신념과 꿈은 현실이라는 토양에 단단히 뿌리를 내린 것이었기 때문이다.

승리가 용이하지 않다는 것은 그도 알고 있었다. 사실, 신념의 올바름 이외에 승리를 보증해주는 것은 없었다. 그의 꿈, 그의 비전, 그의 신념, 그리고 부활의 힘── 그것을 살리는 것은 결국, 뒤에 남겨진 우리들이다.

## 역자 후기

이 책은 윌리엄 로버트 밀러 저 《마틴 루터 킹 주니어, 그 생애, 순교 및 세계적 의미》 (William Robetrt Miller, "*Mirtin Luther King, Jr. His Life matyrdom and menaing for the World*", Weybright and Talley, New York 1968)의 완전 번역이며 킹 목사의 출생에서 죽을 때까지의 생애 전체에 걸친 최초의 전기이다.

저자 윌리엄 R. 밀러는 1956년 초 FOR(인종융화회)의 기관지 〈펠로우샵〉의 편집자로서 킹 목사의 논문 〈자유로의 위대한 발자취〉를 이 잡지에 게재한 이래 1968년 4월, 킹 목사가 테네시 주 멤피스의 모텔에서 흉탄에 쓰러질 때까지 12년 동안 킹 목사나 그 측근 활동가들과 친교를 맺고 항상 흑인 해방운동의 안쪽에 서서 킹 목사나 그 운동을 면밀하게 관찰하고 그 자신도 운동에 참가했다. 그런 만큼 킹 목사의 전기 작가로서 가장 적임자라 할 수 있다.

저자는 또 간디 스마라크 니디(간디 기념재단)의 계간지 〈간디 마르그〉의 정기적인 기고가로서 간디의 비폭력주의와 불복종 운동에 정통하며, 그의 저서 《비폭력》에는 킹 목사 자신이 서문을 썼으며 CORE(인종 평등회의)의 창설자 제임스 파머로부터 "현재의 비폭력 흑인혁명의 기초와 의미를 알려는 사람에게는 필독의 도서이다." 라는 찬사를 받았다. 그리고 그에게는 《새로운 크리스트교》, 《현대 아메리카 프로테스탄트 사상 1900~1968》 등의 저서도 있으며 크리스트, 특히 사회적 관심과 행동을 주창한 신학자 폴 틸리히의 신봉자로서도 킹 목사와 상통하는 점을 가지고 있다.

저자가 지적하듯이 킹 목사의 사상과 행동이 크리스트와 간디에 근거하고 있다는 것은 의심할 여지가 없다. 킹 목사는 이 두 성자의 발자취를 따라서 '자유로의 위대한 발걸음'을 시작하여 미국의 흑인 해방운동 사상 최고의 지도자 중의 한 사람이 되었으며 현대의 성자로 되었다. 다만 미국 남부의 흑인 뱁티스트 교회의 아들로 태어나서 그 자신도 목사가 된 킹 목사의 근저를 이룬 것은 역시 크리스트교였다고 밀러는 말한다. 역자가 '킹 박사' 내지는 '킹'이라는 호칭을 사용하지 않고 '킹 목사'라는 표현을 택한 이유도 거기에 있다.

  킹 목사의 암살로 미국의 양심은 빛을 잃었고 흑인운동은 혼미기로 들어서게 되었다고 한다. 그러나 그가 흑인들의 마음속에 불붙인 희망과 긍지와 결의의 등불은 그 어떤 탄압이나 중상이나 '정중한 묵살'에도 불구하고 결코 사라지지 않을 것이다. 종종 저널리즘을 떠들썩하게 하는 블랙 반사의 움직임도 그러하지만 우리는 킹 목사처럼 다시 지방에서 풀뿌리같은 활동으로 돌아간 많은 활동가 중에서 그 증거를 본다. 물론 그 중에서 '제2의 킹 목사'가 출현할지 어떨지는 속단할 수 없다. 그러나 킹 목사에게 찬성하는 사람도 반대하는 사람도 흑인도 백인도 '아메리카의 꿈'의 실현을 지향하는 사람은 한결같이 킹 목사의 길을 뒤돌아보고 킹 목사의 죽음을 뛰어넘어 전진하지 않으면 안 될 것이다.

역　자

## 마틴 루터 킹의 세계

지은이 W. R. 밀러
옮긴이 김 심 온
펴낸이 남     용
펴낸데 一信書籍出版社

121-110 서울 마포구 신수동 177-3
등 록: 1969. 9. 12. No. 10-70
전 화: 703-3001~6
FAX: 703-3009

ⓒ ILSIN PUBLISHING Co. 1993. 05-①

❶ 값 12,000원